보정판

회사제도의 상상력

시장 자율과 ESG 경영

신 현 탁

박영사

머리말

회사라는 개념은 익숙하지만 마음에 와닿지는 않는다. 기본적으로 경제적 필요에 의해 임의로 설계된 것이기 때문이다. 영미에서 창안하여 그들의 정치경제적 환경에서 발전시킨 제도를 우리나라에 도입하면서 시행착오를 줄이려다 보니 다양한 규제가 덧붙여졌다. 그동안 우리나라의 시장은 괄목하게 성장하였고 자본주의가 심화되면서 종전에 만들어진 규제들은 더 이상 몸에 맞지 않는 경우가 많아졌다.

회사제도를 미래지향적인 관점에서 재구성한다면 우리나라의 기업경제가 도약할 수 있는 발판이 마련될 것으로 기대한다. 이에 대학생 수준에서 회사제도에 관한 큰 그림을 이해할 수 있는 입문서로서 활용할 수 있도록 이 책을 준비하였고, 나아가 회사제도의 해체적 발전방향을 생각해 볼 수 있는 기회를 제공하고자 한다. 회사제도가 반드시 현재와 같은 모습이어야 한다는 필연성과 당위성은 별로 없다. 미래세대는 얼마든지 상상력을 발휘하여 회사제도를 더 유용하게 만들어나갈 수 있다는 점을 강조하고 싶다.

*　　*　　*

이 책에서는 특히 다음과 같은 아이디어에 비중을 두었다.

① 회사제도를 시장에게 돌려주어야 한다. 개발도상국 단계에서는 시장도 미성숙하고 회사에 대한 시민의 관념도 희박하였기 때문에 경제당국의 규제도 많았을 뿐만 아니라 각종 위반사항에 대하여 형사처벌을 함으로써 회사제도에 대한 시장의 신뢰를 억지로 형성하였다. 경제발전 과정에서 중요한 역할을 하였다고 볼 수 있지만, 우리나라 시장은 이미 세계적 수준으로 발전하였는바 정부규제는 이제 시장에게 자리를 내어주고 시장의 자정기능이 작동하길 기다려줘도 좋을 것이다.

② 회사제도는 더 유연해져야 한다. 회사에 관한 원칙들이 그동안 매우 엄격하게 요구되면서 예외를 별로 허용하지 않았다. 현재와 같이 회사가 시장경제의 주역을 차지하고 있는 상황에서 특히 주식회사를 다양한 수요에 맞추어 활용할 수 있어야 할 것이다. 요즘은 커피 주문도 통일하는 일이 없고 복잡하기 이를 데 없지만 그것이 소비자를 만족시키고 시장의 발전을 가져온다.

③ 기존의 회사제도는 단기이익극대화라는 외면하기 힘든 굴레를 안고 있었다. 종전에는 경제현상을 정치사회적 환경과 분리함으로써 회사제도를 이해해보려 노력하였으나 한계가 있었던 것이 사실이다. 2008년 글로벌 경제위기도 결국 단기이익극대화를 위한 경영방식이 초래했다고 평가받으며 사회적 지탄을 받았다. 최근의 ESG 경영은 미로에 갇힌 것과 같던 종전의 상황을 완전히 뒤바꾸는 게임체인저 역할을 하고 있다. ESG 경영은 회사제도를 창의적으로 발전시켜 나갈 수 있는 훌륭한 나침반이다. 이에 기초하여 회사제도의 발전방향을 모색하고자 한다.

* * *

이 책을 쓰기까지 항상 옆에서 아낌없는 사랑으로 지지해준 아내에게 감사의 말을 전하고 싶다. 모든 이에게 하나님의 은총이 함께 하길 바란다.

2023. 9.

저자 신현탁

목 차

Introduction 회사의 기원과 성공 레시피 / 18

1 | 중상주의 시대의 회사 ········ 18
(1) 도입 ········ 18
(2) 준국가기관의 역할: 영국 동인도회사 사례 ········ 18
(3) 맹목적 이익극대화: 네덜란드 동인도회사 사례 ········ 21
(4) 회사의 도구적 성격 ········ 23

2 | 산업혁명기의 회사 ········ 24
(1) 산업화 경쟁의 주역 ········ 24
(2) 출혈경쟁: 미국 철도회사 사례 ········ 26
(3) 기업연합 트러스트: 록펠러의 독과점 사례 ········ 28
(4) 혁신경영: 포드 자동차회사 사례 ········ 30

3 | 과거와 현재 ········ 33

PART I 회사의 본질과 정치 · 경제적 환경 / 37

Chapter 01 시장경제와 회사제도 ········ 38

1 | 경제발전의 메커니즘 ········ 38
(1) 일반론 ········ 38
(2) 애쓰모글루(Acemoglu)의 경제발전 메커니즘 ········ 39
(3) 회사제도에 대한 시사점 ········ 41

2 | 회사 설립에 의한 외부 시장의 내부화 ········ 41
(1) 자유시장의 본래적 형태 ········ 41
(2) 법경제학적 기업이론(firm theory) ········ 42
(3) 기업이론의 시사점 ········ 43
3 | 시장 통합 및 경제력 집중에 대한 제도적 관점의 변천
– 미국의 사례 ········ 45
(1) 농업국가에서 제조업국가로 바뀌는 과정의 혼란 ········ 45
(2) 대규모 산업화 과정: 경제권력 집중에 대한 지속적 견제 ········ 46
(3) 대량생산·대량소비 체제의 확산 ········ 47
4 | 무한경쟁의 시장논리 ········ 48
(1) 회사의 독과점 전략 ········ 48
(2) 독과점의 폐해에 대한 사회적 대응 ········ 48
(3) 시지프스의 형벌 ········ 49
5 | 독과점에 대한 재평가와 한계 ········ 51
(1) 타협의 현실적 필요성 ········ 51
(2) 수직계열화에 의한 시장통합 ········ 51
(3) 과점체제에 의한 과잉경쟁 방지 ········ 53
(4) 사업다각화 경향과 역풍 ········ 54
(5) 중첩적 상황의 위험성 ········ 54
6 | 비즈니스 생태계의 선순환 ········ 55

Chapter 02 회사와 정부의 긴장관계 ········ 58

1 | 정부와 기업의 대립 혹은 유착 ········ 58
(1) 정부와 기업의 본질적 밀접성 ········ 58
(2) 경제권력의 정치적 영향력 ········ 59
(3) 정부의 역할에 관한 고민 ········ 61
2 | 경제제도와 자유방임적 자유주의 – 미국의 사례 ········ 62
(1) 번영의 판타지 ········ 62
(2) 자유방임적 헌법주의 ········ 62
(3) 연방대법원의 자유방임적 법형식주의 ········ 65
3 | 자유방임주의의 반작용과 역동적 전개 ········ 67
(1) 사회적 갈등의 고조 ········ 67

(2) 규제국가 시대의 명암 ··· 67
(3) 신자유주의 시대의 명암 ··· 68
(4) 법실질주의 ··· 70

4 | 정부의 시장개입에 대한 제도적 평가 ··· 71
(1) 경제성장과 공황의 반복적 순환 ··· 71
(2) 제도적 시사점 ··· 72

5 | 개발국가모델 ··· 73
(1) 정부 역할에 관한 다양한 모델 ··· 73
(2) 개발국가모델의 시초 ··· 74
(3) 개발국가모델의 본격적 시도 ··· 75
(4) 동아시아의 개발국가모델 ··· 76
(5) 우리나라의 경우 ··· 77

6 | 포용적 시장 형성을 위한 제도적 노력 ··· 79
(1) 경제헌법 ··· 79
(2) 회사제도의 포용성 ··· 80
(3) 정부개입의 법적근거 ··· 82

PART II 주주와 이해관계자, ESG / 85

Chapter 03 회사의 법인격과 구성원 ··· 86

1 | 법인격을 인정할 수 있는 근거 ··· 86
(1) 법인격? ··· 86
(2) 인공지능(AI)의 법인격에 관한 논란 ··· 87
(3) 법인격에 관한 논의의 전개 ··· 88

2 | 가상적인 법인격에 대한 사회적 신뢰의 딜레마 ··· 90
(1) 법적 허구(legal fiction)의 개념과 한계 ··· 90
(2) 가상화폐(cryptocurrency)의 취약성 ··· 93
(3) 법적 허구의 존재의의: 도구적 성격 ··· 97

3 | 회사의 구성원 ··· 98
(1) 법인격의 울타리가 수용하는 범위 ··· 98
(2) '누구를 위해 회사가 존재하는가'에 관한 오래된 논쟁 ··· 99

(3) 이해관계자 중심주의에 의한 검토 ············ 100

4 | 주주 중심주의 관점의 가치 ············ 102

(1) 주주 중심주의 법이론 ············ 102
(2) 경영자 중심주의 상황을 극복하기 위한 다각적 노력 ············ 103
(3) 주주 중심주의 경향 ············ 104
(4) 주주 중심주의와 경영판단의 원칙 ············ 106
(5) 주주 중심주의 원리에 따른 제도화 ············ 107
(6) 주주 중심주의와 민주주의 ············ 108

5 | 이해관계자의 취약한 지위 ············ 110

(1) 경제발전을 위한 창조적 파괴가 이해관계자에게 미치는 영향 ············ 110
(2) 회사가 유발하는 부정적 외부효과 ············ 112

Chapter 04 ESG 경영과 공익적 가치 ············ 116

1 | 회사의 공익성에 관한 역사적 전개 ············ 116

(1) 초창기 회사의 의무적 공익성 ············ 116
(2) 회사설립 유치를 위한 규제완화 경쟁 ············ 117
(3) 이원적 회사제도의 탄생 ············ 119

2 | 회사는 무엇을 위해 경영해야 하는가? ············ 120

(1) 회사의 목적에 관한 현대적 논란 ············ 120
(2) 회사 목적의 진화 ············ 122
(3) 실험적 회사제도: PBC ············ 123

3 | ESG 경영의 새로운 비전 ············ 124

(1) ESG 경향의 전개 ············ 124
(2) ESG 경영과 이해관계자 자본주의 ············ 126
(3) ESG 경영과 주주 중심주의 ············ 127
(4) 시장의 무한경쟁과 ESG 경쟁력 ············ 128

4 | ESG 경영에 대한 평가 ············ 129

(1) 경영자 중심주의, 주주 중심주의, 이해관계자 중심주의 비교 ············ 129
(2) ESG 경영의 게임체인저(game changer) 역할 ············ 131
(3) ESG 경영에 대한 비판적 전망과 기대 ············ 133

5 | ESG 경영의 국내적 시사점 ············ 134

(1) 우리나라 회사의 입장 ············ 134
(2) ESG 관련 정부규제 ············ 135

(3) ESG 관련 법적 책임의 리스크 ······ 137
(4) 우리나라의 ESG 경영의 현실적 부담 ······ 139
(5) 국내 시장에서 중요한 ESG 요소 예시 ······ 140

6 | ESG 경영 활성화를 위한 제도적 고려사항 ······ 141
(1) ESG 플랫폼 ······ 141
(2) ESG 평가 ······ 142
(3) ESG 정보공시 ······ 144

PART Ⅲ 회사의 설립과 자금조달 / 147

Chapter 05 회사의 설립 ······ 148

1 | 회사의 다양한 종류 ······ 148
(1) 회사법정주의 ······ 148
(2) 기업경제의 현황 ······ 149
(3) 합명회사 ······ 151
(4) 합자회사 ······ 152
(5) 유한회사 ······ 152
(6) 유한책임회사 ······ 153

2 | 주식회사의 기초 ······ 153
(1) 주주, 주식, 자본 ······ 153
(2) 자본의 3원칙 ······ 155

3 | 회사설립 일반론 ······ 157
(1) 주식회사 설립절차 ······ 157
(2) 발기인 ······ 158
(3) 설립중의 회사 ······ 158

4 | 정관 작성 단계 ······ 159
(1) 정관의 개념 및 기재사항 ······ 159
(2) 정관상 목적에 의한 권리능력 제한 ······ 160

5 | 주주 확정과 납입 단계 ······ 161
(1) 주식의 발행 방식 ······ 161
(2) 주식의 인수·납입 프로세스 ······ 162

(3) 현물출자에 의한 납입절차의 규제 ······ 162
(4) 현물출자 규제회피에 대한 추가규제 ······ 163
(5) 위장납입의 규제에 관한 논의 ······ 164

Chapter 06 기업금융 ······ 170

1 | 기업금융과 지배구조의 관계 ······ 170
(1) 회사의 자금조달 방식 ······ 170
(2) 기업금융에 관한 시장 메커니즘 ······ 174
(3) 정보비대칭의 문제 ······ 175
(4) 자금조달 시장의 보완을 위한 경영진 견제장치 ······ 175
2 | 주식발행에 의한 자금조달 ······ 178
(1) 다양한 종류주식 ······ 178
(2) 추가적인 신주발행 ······ 180
(3) 기존주주의 신주인수권 ······ 180
(4) 주주배정 방식에 의한 신주발행 ······ 182
(5) 제3자 배정 방식에 의한 신주발행 ······ 183
(6) 실권주의 문제 ······ 184
(7) 신주발행 무효소송 ······ 186
3 | 사채발행에 의한 자금조달 ······ 187
(1) 사채 일반론 ······ 187
(2) 전환사채(convertible bond; CB) ······ 187
(3) 신주인수권부 사채(bond with warrant; BW) ······ 188
(4) CB 및 BW에 의한 신주발행 ······ 189

Chapter 07 회사형태의 구조조정 ······ 192

1 | M&A 일반론 ······ 192
(1) 합병의 개념 ······ 192
(2) 합병에 반대하는 주주의 보호: 주식매수청구권 ······ 193
(3) 분할의 개념 ······ 194
(4) 분할회사 채권자의 보호절차 ······ 195
2 | 영업양도 및 영업양수 ······ 198
(1) 일반론 ······ 198

(2) 합병·분할과 영업양도·양수의 선택적 활용 ······ 198

PART Ⅳ 주주와 주주총회 / 205

Chapter 08 주주의 지위 ······ 205

1 | 합작투자 ······ 206
(1) 투자방식에 따른 차이: 주주 vs. 채권자 ······ 206
(2) 주주평등의 원칙 ······ 208
(3) 주주·채권자 2분법의 한계 ······ 211
2 | 동업자의 안전장치: 주주간계약 ······ 213
(1) 우선매수권 ······ 213
(2) 동반매도참여권(tag-along right) 및 동반매도청구권(drag-along right) ······ 214
(3) 의결권구속 약정(voting agreement) ······ 216
(4) 주식양도제한 약정(lock-up agreement) ······ 217
(5) 회사의 업무집행에 관한 주주간계약의 효력 ······ 219
3 | 주주 이론 ······ 220
(1) 일반론 ······ 220
(2) 주금납입 의무자의 판단기준 ······ 220
(3) 주주지위 취득의 판단기준 ······ 221
(4) 차명약정의 쟁점 ······ 222
4 | 주식의 소유 및 양도의 제한 ······ 224
(1) 일반론 ······ 224
(2) 권리주 양도제한 ······ 224
(3) 주권발행전 주식양도의 제한 ······ 224
(4) 자기주식 취득의 제한 ······ 227
(5) 자회사의 모회사 주식 취득금지 ······ 231
(6) 주주의 재산권 ······ 231

Chapter 09 주주권의 행사와 주주총회 ······ 234

1 | 주권 ······ 234
(1) 주권의 발행 ······ 234

(2) 주권이론 ········· 234
(3) 주권점유의 추정력 ········· 235
(4) 주권의 선의취득 ········· 235

2 | 주주권 행사의 기준 ········· 236

(1) 주주명부의 역할 ········· 236
(2) 명의개서의 절차 ········· 236
(3) 명의개서의 대항력 ········· 237
(4) 명의개서의 추정력 ········· 238
(5) 명의개서의 면책력 ········· 239
(6) 명의개서 미필주주의 지위 ········· 240

3 | 의결권 ········· 240

(1) 개념 ········· 240
(2) 의결권의 대리행사 ········· 241
(3) 특별이해관계인의 의결권 제한 ········· 242
(4) 상호주의 의결권 제한 ········· 243
(5) 통지의무 위반에 대한 의결권 제한 ········· 243
(6) 파생상품 거래방식에 의한 규제회피 ········· 245

4 | 주주총회 ········· 248

(1) 주주총회의 권한 ········· 248
(2) 이사회의 주주총회 소집결정 ········· 249
(3) 주주총회결의 ········· 249
(4) 주주총회결의 하자 ········· 250
(5) 종류주주총회 ········· 251

PART V 이사의 지위와 책임 / 255

Chapter 10 이사의 지위 ········· 256

1 | 경영진 개관 ········· 256

(1) 이사회와 임원진 ········· 256
(2) 경영자 중심주의 ········· 257
(3) 모험사업과 경영진의 역량 ········· 259
(4) 경영진의 역할에 대한 딜레마 ········· 260

(5) 회사제도에 내재된 기본가치: 투명성과 안정성 ······ 262

2 | 이사 ······ 264

(1) 일반론 ······ 264
(2) 이사의 선임 ······ 265
(3) 이사의 해임 ······ 266
(4) 이사의 보수 ······ 269

3 | 이사회 ······ 270

4 | 대표이사 ······ 271

(1) 일반론 ······ 271
(2) 전단적 대표행위 ······ 272
(3) 대표권 남용 ······ 272
(4) 공동대표이사 ······ 273
(5) 표현대표이사 ······ 274

5 | 경영권 쟁탈 ······ 276

(1) 경영권의 의의 ······ 276
(2) 경영권 방어와 참호효과(entrenchment) ······ 278

Chapter 11 이사의 의무 ······ 282

1 | 경영판단의 원칙 ······ 282

(1) 일반론 ······ 282
(2) 미국의 경영판단원칙(business judgment rule; BJR) ······ 283
(3) 행위기준과 심사기준의 분리 ······ 286
(4) 민사 판례상 경영판단의 원칙 ······ 288
(5) 경영판단의 원칙에 의한 보호가 적용되지 않은 판례 ······ 290
(6) 형사 판례상 경영판단의 원칙 ······ 291

2 | 선관의무(duty of care) ······ 294

(1) 일반론 ······ 294
(2) 선관의무의 구체적 유형 ······ 295
(3) 충실의무 및 신인의무와의 관계 ······ 297

3 | 충실의무 ······ 298

(1) 일반론 ······ 298
(2) 경업금지의무 및 겸직금지의무 ······ 298
(3) 자기거래 금지의무 ······ 299

(4) 회사기회유용 금지의무 ··· 300
4 | 이사의 손해배상책임 ··· 302
(1) 이사의 회사에 대한 손해배상책임 ··· 302
(2) 손해배상책임의 제한 ··· 303
(3) 이사의 제3자에 대한 손해배상책임 ··· 305
5 | 업무집행지시자 등의 책임 ··· 306

Chapter 12 경영감독 시스템 ··· 308

1 | 주주의 경영관여의 원칙적 제한 ··· 308
2 | 소수주주권의 행사 ··· 309
(1) 소수주주의 주주총회소집 청구권 (§366) ··· 309
(2) 소수주주의 주주제안권 (§363-2) ··· 309
(3) 이사선임의 집중투표제 (§382-2) ··· 310
(4) 이사해임청구권 (§385②) ··· 310
(5) 이사의 위법행위 유지청구권 (§402) ··· 310
(6) 신주발행 유지청구권 (§424) ··· 311
(7) 재무제표 열람·등사권 (§448②) ··· 311
(8) 회계장부 열람·등사권 (§466①) ··· 311
(9) 주주대표소송 ··· 312
3 | 감사의 감독기능 ··· 312
(1) 감사의 지위 ··· 312
(2) 감사의 권한 ··· 313
(3) 감사의 제3자에 대한 책임: 중과실 판단기준 ··· 313
4 | 감사위원회 ··· 315

제도설계의 가능성 목차

제도설계의 가능성 #1 계열사 지원의 허용범위 ···· 52
제도설계의 가능성 #2 비즈니스 생태계의 지속가능성을 위한 무한경쟁과 시장퇴출 ···· 56
제도설계의 가능성 #3 인공지능(AI)의 법인화 논란 ①: EU의 전자인격 법안 ···· 87
제도설계의 가능성 #4 인공지능(AI)의 법인화 논란 ②: 법인격 이론 ···· 89
제도설계의 가능성 #5 법적 허구에 대한 신뢰와 한계 ···· 91
제도설계의 가능성 #6 분산형 자율조직(DAO)의 법인화 ···· 96
제도설계의 가능성 #7 이해관계자 중심주의 분석 ···· 100
제도설계의 가능성 #8 영리성 개념의 함정 ···· 121
제도설계의 가능성 #9 ESG 경영과 기관투자자의 역할 ···· 132
제도설계의 가능성 #10 ESG 등급 평가에 대한 평가 ···· 143
제도설계의 가능성 #11 자본 규제의 역할 ···· 156
제도설계의 가능성 #12 규제적 관점: 법형식주의 vs. 법실질주의 ···· 165
제도설계의 가능성 #13 우리나라의 경영감독시스템 ···· 177
제도설계의 가능성 #14 신주인수권의 수단성 ···· 181
제도설계의 가능성 #15 법인격 절대화의 오류 ···· 182
제도설계의 가능성 #16 적대적 M&A, 경영권 방어(poison pill), ESG ···· 195
제도설계의 가능성 #17 주주중심주의와 판례의 혼란 ···· 200
제도설계의 가능성 #18 일부 주주 특혜의 정당화 및 그 한계 ···· 209
제도설계의 가능성 #19 주주·채권자 지위의 유연화 ···· 211
제도설계의 가능성 #20 주식양도 금지규정의 과잉규제 ···· 226
제도설계의 가능성 #21 자기주식 처분의 규제 필요성 ···· 229
제도설계의 가능성 #22 주주의 재산권 보장 vs. 제한 ···· 231
제도설계의 가능성 #23 5% Rule과 후견적 과잉처벌 ···· 244
제도설계의 가능성 #24 혁신과 안정의 딜레마 ···· 261
제도설계의 가능성 #25 회사제도의 안정 vs. 혁신 ···· 263
제도설계의 가능성 #26 이사 지위의 단체법적 성질 ···· 266
제도설계의 가능성 #27 이사 신분보장의 수준 ···· 267
제도설계의 가능성 #28 상업등기의 현대적 활용과 제도취지 ···· 276
제도설계의 가능성 #29 경영권과 근로자의 업무방해죄 ···· 277

제도설계의 가능성 #30 Business Judgment Rule의 한계와 ESG 경영 보호기능 283
제도설계의 가능성 #31 자율규제에 의한 경영감독 필요성 287
제도설계의 가능성 #32 이사에게 허용되는 재량범위와 주주이익 극대화의 관계 288
제도설계의 가능성 #33 경영진 형사처벌의 과잉규제 문제 292
제도설계의 가능성 #34 감사 역할의 한계 314
제도설계의 가능성 #35 감사위원의 이중적 성격 316

Business history 목차

Business history 창신동과 을지로의 분업생산 방식 42
Business history 협동조합의 경제활동 44
Business history 미국 노예제도의 극적 전개 59
Business history 미국의 건국초기 연방주의자 논쟁 64
Business history 해외차관의 정부보증 77
Business history 종합무역상사 78
Business history 산업합리화 정책 78
Business history 가상화폐의 혁신 vs. 신기루 93
Business history J. P. Morgan과 금산분리 사례 103
Business history 포드자동차 사례 104
Business history 블루벨 아이스크림 회사 사례 106
Business history 영국과 미국의 산업혁명 경쟁 112
Business history 영국의 아동근로 규제 112
Business history Race to the bottom 117
Business history 대우 흥망사 171
Business history 두산인프라코어의 합작투자 분쟁 214
Business history TRS 투기 246
Business history 부실회사의 투자사기 260
Business history 적대적 M&A 사례 280
Business history 월트디즈니 회사 경영진의 과다보수 사례 285

참고자료 목차

참고: 주주중심주의와 이해관계자 중심주의에 대한 오해 …… 99
참고: 혁신과 창조적 파괴 …… 110
참고: 미국의 이해관계자 고려조항 …… 115
참고: "Capitalism: The Great Debate - Stakeholder v. Shareholder" (Youtube) …… 120
참고: 미국의 LLC & LLP …… 149
참고: 배당가능이익의 산정방식(§462) …… 156
참고: 종류주식에 관한 정관 규정 …… 178
참고: 복수의결권 주식의 예외적 허용 …… 179
참고: 삼성 에버랜드 사건과 주주이익 극대화 원칙 …… 185
참고: LG텔레콤 합병사례 …… 193
참고: LG그룹 분할사례 …… 195
참고: 무효인 손실보전약정 예시 …… 211
참고: 이사의 자격 vs. 능력 …… 265
참고: 소버린의 ㈜SK 적대적 M&A 사건 …… 309
참고: 외환은행 M&A 사건 …… 310

Introduction

회사의 기원과 성공 레시피

회사의 기원과 성공 레시피

1 | 중상주의 시대의 회사

(1) 도입

세계 역사와 더불어 회사는 정글과 같은 경제 현실에서 다양한 방식으로 존재하였다. 애초에 리스크를 감수하면서 모험사업을 수행하도록 만들어졌기 때문에 소멸을 두려워하지 않았다. 영리한 회사를 같은 편으로 삼을 수 있다면 회사는 최고의 파트너로서 봉사하였지만, 그런 회사의 반대편에 선다면 치열한 경쟁을 각오해야 했다. 회사는 목표를 위해 사활을 걸고 수단과 방법을 가리지 않는 야수와 같았다.

(2) 준국가기관의 역할: 영국 동인도회사 사례

법인격을 갖춘 세계 최초의 회사는 영국 동인도회사(East India Company; EIC)이다. 근세 대항해시대를 거치면서 국제무역의 가능성이 주목받게 되자 영국의 귀족과 거상들은 현재 가치로 140억 원에 달하는 자본금을 모아서 모험투자를 감행하였고, 1600년 12월 31일 엘리자베스 여왕으로부터 특허장(charter)을 받아 영국 동인도회사를 설립하였다.

원래는 15년의 기간 동안 남아프리카 희망봉 동편부터 남아메리카 마젤란 해협 서편까지 독점무역을 실시하도록 허가를 받았지만, 인도 등지에서 뛰어난 무역성과를 입증하였기 때문에 300년 가까이 허가기간을 계속 연장받을 수 있었다. 상품과 귀금속을 가득 싣고 돌아오는 무역선을 약탈하려는 해적도 들끓었는데 이는 영화 캐리비안의 해적에서 시대적 배경으로 등장한다.

중상주의 시대 동인도회사의 특징은 독점무역을 실질적으로 보장받기 위하여 군대를 동원하고 범죄자를 처벌할 수 있는 국가권력도 함께 위탁받았다는 점이다.

동인도회사 선단

영국 동인도회사와 네덜란드 동인도회사의 전투

무허가 영업선박이나 타국 선박은 강제로 나포하여 운송화물을 압수한 뒤 왕실과 절반씩 이익을 나누었다. 1664년에 설립된 프랑스 동인도회사와 독점적 지위를 차지하기 위하여 경쟁할 당시에는 시장에서 가격으로 경쟁한 것이 아니라 실제로 군대를 동원하여 수시로 치열한 전투를 벌였다. 1670년대 찰스 2세가 영국 동인도회사에게 군대를 동원할 권한을 허가하면서 본격적인 무력경쟁에 돌입하였다.

1765년 영국 동인도회사가 프랑스 동인도회사와의 전투에서 승리한 이후에는 벵골지역에서 지방정부를 대신하여 조세를 징수할 수 있는 행정적 권한을 부여받았고, 이를 시초로 하여 영국 동인도회사의 정치적 권력은 점차 확대되어서 급기야 영국 정부를 대신하여 인도를 식민통치하는 준국가기관(quasi-government)의 역할까지 꿰찬다.

영국 동인도회사 직원의 연봉은 1천 파운드였지만 실제 수입은 4만 파운드라고 알려질 정도로 공적 권한을 남용한 뇌물과 약탈이 노골적으로 자행되었다. 영리를 목적으로 하는 회사가 국가 권력을 장악하였으니 이해상충 금지와 같은 기본적인 원칙은 기대할 바가 아니었다.

영국의 시장에 인도산 직물이 너무 많이 수입되었기 때문에 영국의 생산자를 보호하기 위하여 수입량이 제한된 적도 있었으나 영국의 산업혁명 이후에는 오히려 시장 상황이 역전된다. 방직기계를 이용하여 대량으로 만드는 영국산 직물에 비하여 전통적 수공업 방식의 인도산 직물의 가격 경쟁력은 형편없이 떨어졌기 때문에 영국산 직물이 인도로 역수출되는 상황이 발생한 것이다.

보스턴 차사건

인도의 면방직산업은 거의 붕괴되었기 때문에 매출에 차질이 생긴 영국 동인도회사는 생존 활로를 모색하기 위하여 인도에서 아편을 재배하여 중국에 팔고 중국에서는 홍차를 수입하여 영국에 판매하는 삼각무역을 시도하였다.

삼각무역은 세계 정치질서에 격변을 야기하는 나비효과를 일으킨다. 영국 동인도회사의 면세 특혜 때문에 도저히 경쟁을 할 수 없게 되자 격분한 미국인들은 인디언으로 위장하여 영국 동인도회사 선박에 적재되어 있던 홍차상자들을 바다에 던져버린다. 이것이 1773년에 발생한 보스턴 차 사건이며 미국 독립전쟁의 단초를 제공한다.

한편 중국에 대량으로 판매된 아편 때문에 아편중독은 심각한 사회문제로 부상하였고, 중국정부는 아편단속을 강화하여 마약상들을 홍콩으로 쫓아낸다. 그러나 중국 정부의 저항을 무력화시키기 위하여 1840년 영국 정부는 무역항을 확대한다는 명분으로 아편전쟁을 개시한다. 1·2차 아편전쟁에서 잇달아 패배한 중국은 1894년 청일전쟁에서도 패배하면서 점차 쇠락의 길을 걸었다.

근대사의 세계질서를 뒤흔들어 놓으며 멀티 플레이어로 활개쳤던 영국 동인도회사는 대영제국의 국제무역을 통한 경제성장에 막대한 공헌을 하였다. 동인도회사에서 영국으로 돌아온 상인들은 신흥부자 세력을 형성하면서 기득권 계층으로부터 극심한 질투를 받았고 특히 노예무역으로 돈을 벌었다는 것에 대하여 불명예스러운 비난을 받았다. 영국은 1807년에 노예무역 폐지법을 제정하여 불법적인 노예무역을 단속하기 시작하였다.

아편전쟁

영국 동인도회사는 1858년 국유화되면서 영국 정부가 인도를 직접 통치하였고 1874년에는 완전히 해산되었다. 다른 동인도회사와의 전투에서 승리하고 경쟁자를 물리적으로 제거함으로써 독점적 지위를 강화하였고 다른 나라들의 저항을 무력화하여 시장을 개방시키고 지배할 수 있었지만, 준정부기관의 지위를 십분 활용하여 성공을 거머쥐었던 만큼 정치적으로 깊숙이 엮이는 것도 불가피하였기 때문에 결국 국내의 정치력 경쟁에서 밀려나면서 입지를 상실하게 되었다.

(3) 맹목적 이익극대화: 네덜란드 동인도회사 사례

세계에서 두 번째로 만들어진 회사는 1602년에 설립된 네덜란드 동인도회사(Vereenigde Oost-Indische Compagnie; VOC)이다. 아시아 무역의 독점권을 허가받은 네덜란드 동인도회사 역시 최초 허가기간은 21년이었으나 200년 가까이 갱신되었고, 군대를 동원할 권한과 범죄자를 처형할 사법권 및 자체 화폐를 제작할 권한까지 부여받았다.

영국 동인도회사가 소수의 유력 인사들에게 투자금을 모아서 설립된 것과는 달리, 네덜란드 동인도회사는 일반인 주주 1143명을 공개적으로 모집하여 자본금 650만 길더로 설립되었다. 자본금 규모의 현재가치에 대해서는 의견이 분분하지만 적어도 영국 동인도회사의 10배 이상인 것으로 평가된다.

네덜란드 동인도회사는 최초의 증권거래소인 암스테르담 거래소에 상장하여 공모방식으로 일반인 주주를 모집하였기 때문에 매년 회계를 실시하였고 배당을 중요하게 여겼다는 점에서 현대적인 주식회사의 면모를 갖추었다. 또한 그 덕분에 네덜란드는 상장주식을 거래하는 금융업 발전의 기초를 마련하였다는 사실도 주목할 만하다.

네덜란드 동인도회사는 초기부터 인도네시아에서 영국 동인도회사를 몰아내는데 성공하고 무역을 독점하였다. 영국 동인도회사가 생산시장 겸 소비시장으로 식민지를 개발했던 것과는 달리 네덜란드 동인도회사는 이익극대화라는 목표를 위하여 다양한 방식을 취하였다.

특히 메이스와 육두구 같은 인기 향신료의 재배기법이 유출되지 않도록 반다제도에서 대학살을 벌인 뒤 나머지 소수의 주민으로 노예제 대농장을 설립하여 실질적인 지배를 하였다. 특정 향신료를 독점적으로 재배하였기 때문에 전세계 공급량을 조정하여 가격을 2배로 높일 수도 있었다. 이러한 극단적인 방식들은 착취적 경제제도의 전형적인 모습에

해당한다.

한편 네덜란드 동인도회사는 대만을 점령하여 지배하였고, 일본에서는 나가사키의 데지마 섬에 거점을 마련하고 화란학을 전파하면서 200년간 교역을 하였다. 1653년 제주도 앞바다에 표류하면서 14년간 우리나라에 억류되어 있었던 하멜 역시 네덜란드 동인도회사의 회계담당자였다.

부지불식간에 동인도회사들은 이미 우리나라 주변 해역을 헤집고 다녔던 것인데 우리나라가 동인도회사와 교류하지 않은 것이 행운인지 불행인지 현재의 시점에서 사후적으로 판단하기란 어려운 일이다. 평화적으로 교류할 수 있었을지 아니면 점령되어 착취당했을지는 알 수 없는 일이기 때문이다. 다만 우리나라가 당시 세계적 발전의 흐름에 동참하지 못하였다는 것이 아쉬울 따름이다.

네덜란드 동인도회사는 1799년 12월 31일 해산되었는데 사업기간 동안 주주들에게 연평균 18%의 배당금을 지급할 정도로 엄청난 호황을 구가하였다. 네덜란드 동인도회사의 기업가치를 현재 수준으로 평가한다면 대략 7.9조 달러로 추정한다. 이는 세계 역사상 견줄 수 있는 회사가 없다는 의미이다.

네덜란드 동인도회사의 활약에 힘입어 당시 암스테르담은 900개의 제재소가 들어선 최초의 산업단지를 형성하였다. 특히 표준 설계도에 의한 분업 방식을 활용하면서 유럽에서 가장 많은 선박을 건조해냈기 때문에 네덜란드 동인도회사의 사업 확장도 순조로울 수 있었다. 1669년경 네덜란드 동인도회사는 상선 150척에 직원 5만명, 전투선 40척에 군사 1만명이라는 놀라운 규모를 유지하였다.

17세기 네덜란드 조선소

그 덕분에 17세기 네덜란드의 1인당 소득은 세계 1위였다. 당시 인구 20만 명 수준의 네덜란드가 세계를 주름잡았다는 것이 놀라운 사실이지만 결국 군사력을 앞세운 주변 국가들에게 국제무역에서 밀려나면서, 그 대신 네덜란드는 금융산업을 발전시켜 나간다.

네덜란드 동인도회사가 몰락한 또 다른 원인으로 '사업이익을 재투자하는 비중이 적고 배당으로 분배하는 것을 중시하였기 때문에 위기를 견뎌내지 못했다'는 점이 지적되기도 한다. 다만 이를 달리 해석하자면 주주 배당을 충실히 하였기 때문에 자본시장이 탄탄하게 발전할 수 있었다고 평가할 수도 있다. 네덜란드 동인도회사 역시 네덜란드의 경제성장은 물론 자국내 산업구조의 체계적 발전에 막대한 공헌을 하였음은 분명하다.

(4) 회사의 도구적 성격

동인도회사는 국제무역을 개척한 첨병으로 활약하였지만 서로 다른 나라의 동인도회사들이 경쟁할 때에는 결국 해당 국가의 군사력이 성패를 좌우하였다. 강력한 군대를 앞세운 동인도회사가 독점무역으로 벌어들인 자본은 해당 국가의 국력 향상으로 이어졌다.

동인도회사처럼 군사권과 사법권 및 행정권을 부여받은 준국가기관이 아님에도 불구하고, 정부의 역할이 과도하게 비대해져서 회사의 독자성이 희박해질 정도로 정부에 종속되는 경우도 있다. 특히 20세기 초중반 전체주의 국가들은 시장에서 특정 기업들이 시장기능을 왜곡하면서 경제력을 끌어 모으는 것을 방치하고 배후에서는 정부가 해당 기업을 정치적으로 지배하였다. 이러한 방식으로 전체주의 정부는 경제영역까지 완전히 장악하여 착취적 경제제도를 구현한 것이다.

또한 공산주의 국가에서 회사가 존재하였다는 사실은 믿기 어려울 수 있겠으나, 소련에는 많은 회사가 존재하였다. 물론 정부의 계획경제에 의하여 목표가 설정되고 거래가격이 지정되며 분배가 이루어지는 방식으로 운영되었다. 공산주의 국가의 회사는 외형만 갖추었을 뿐 실질적으로는 공동생산을 위한 정부의 하청업체에 불과한 것으로 볼 수 있다.

현대사회에서는 회사가 독립적인 성격을 유지하면서 시장에서 경제활동에 참여하는 상황을 당연한 전제로 생각한다. 그러나 회사가 독자성을 유지하지 못한 채 준국가기관으로 운영된다거나 또는 특정한 목적을 위한 도구로서 활용되었던 시대가 있었다. 어떤 그릇에 물을 담는지에 따라서 그 형

태가 결정되는 것과 마찬가지로 회사를 어떻게 활용할 것인지에 대한 제약은 존재하지 않으며 활용가능성은 무한하다.

다만 앞서 본 방식들이 현대사회에서 재현될 것으로 보기는 어렵다. 무력에 의한 독과점이나, 영리회사의 행정권한이 초래할 이해상충 같은 문제는 용인될 수 없다. 시장기능을 왜곡하고 착취적 경제제도를 조장하는 것 역시 다음 장에서 살피는 바와 같이 시대를 역행하는 것이다. 회사제도의 역사적 경로를 살펴서 어떤 부작용 때문에 제도적 장치가 마련되었는지, 그리고 그러한 장치가 현재에 갖는 의미가 무엇인지 비교·검토하기 위하여 확인하는 것이다.

2 | 산업혁명기의 회사

(1) 산업화 경쟁의 주역

산업혁명 이후 영국과 미국에서는 회사들이 독자적인 경영을 하면서 시장에서 경쟁을 통해 발전하기 시작했다. 원래 영국의 회사들은 소규모로 운영되는 경향을 보였다. 18세기 중반부터 19세기 초반까지 진행되었던 영국의 1차 산업혁명 당시에는 방적기가 발명되어서 직물산업이 발전하였고, 증기기관이 발명되면서 철도산업과 공장화가 시작되었다. 선철과 연철을 제조하는 기술이 개발되면서 세계 수출시장의 75%를 차지하는 제철강국이 되었으며, 연료인 석탄과 원료인 철광석을 채굴하는 광산업도 함께 발전하였다.

오늘날과 같은 대규모 회사가 탄생한 것은 19세기 중반부터 20세기 초반까지 진행되었던 미국의 2차 산업혁명이었다. 특히 1875년에 설립된 앤드류 카네기(Andrew Carnegie)의 Carnegie Steel 회사는 최신식 제철소와 더불어 연료인 코크스 공장, 원료인 철광석 광산, 물류유통을 위한 철도회사와 해운회사까지 인수하면서 시장경쟁력을 극대화시켰고 미국 생산량의 60%를 차지하였다. 당시 미국은 이미 영국을 앞서서 세계 철강 생산량의 절반 이상을 생산하였다.

강철로 된 초고층 건물과 엘리베이터는 미국 각지에서 도시와 공장을 대규모로 만들 수 있게 하였고, 강철로 만들어진 철로와 기차, 파이프라인은 더 많은 사람과 화물을 빠르고

카네기 철강회사 공장

HARPER'S WEEKLY
A JOURNAL OF CIVILIZATION

카네기 철강회사 공장파업 신문기사

안전하게 수송하였다. 소재의 발전으로 인하여 산업용 기계와 가정용 도구들은 더 작고 가볍게 만들어도 내구성은 뛰어났다. 인류가 청동기 시대에서 철기 시대로 발전한 것과 마찬가지로 강철의 대량보급은 산업의 전반에서 눈부신 혁신을 가능케 하였다. 1953년까지 미국의 철강 생산량은 세계 시장의 53%에 달하였다.

그러나 미국 철강산업은 기술혁신에 실패하면서 국제경쟁력을 상실하였고, 1970년대부터 독일과 일본, 우리나라에게 차례로 따라잡혔다. 지속적인 기술혁신을 실현하지 못한다면 후발주자에게 추월당하는 것은 역사적으로 경험한 현실이었다.

(2) 출혈경쟁: 미국 철도회사 사례

최초의 철도회사는 1825년 영국에서 설립된 Stockton & Darlington Railroad 회사이지만 영국에서는 철도 부지를 획득하는 것이 매우 까다로운 일이어서 더디게 발전하였다.

반면에 미국에서는 정부가 영토개발 정책을 추진하면서 내륙의 정착지를 국가경제와 연결시킬 목적으로 철도회사에게 무상으로 철도 부지를 제공하였기 때문에 영국과는 비교도 안 될 속도로 발전하였다. 철도회사들이 받은 부지를 모두 합치면 미국에서 세 번째로 큰 주를 만들 수 있을 정도이다. 철도회사는 특히 정부와 유착관계를 형성하여 많은 문제를 야기하였다. 철도회사는 워낙 대규모 자본을 다루었기 때문에 철도 부지를 제공하고 통행권을 허가하는 등 정부가 특혜를 주는 과정에서 암암리에 부정과 비리가 발생할 소지가 다분하였다.

아직 사람이 살지도 않는 황무지에 수요파악조차 할 수 없는 상태에서 무작정 철로를 깔고 기차를 투입한다는 것은 엄청난 규모의 투자를 하면서 완전히 망할 각오도 해야 하는 것이었다. 자기 돈으로는 절대 시도할 수 없는 무모한 사업이었다. 더군다나 당시에는 비용절감을 위하여 상행선과 하행선이 구분되지 않는 단일노선으로 운행하였고 간혹 운행일정에 착오가 생기면 시속 100km로 달리는 두 열차가 정면으로 충돌하는 대형사고가 발생하였기 때문에 회사는 막대한 손해배상책임을 부담해야 했다. 그럼에도 불구하고 철도회사들이 이렇게 위험천만한 모험투자를 계속 확대할 수 있었던 것은 투자자에게 추가적인 책임을 부담시키지 않고 사업위험을 절연시킬 수 있는 주식회사 제도를 활용하였기 때문이다.

미국대륙 동서횡단 철도개통행사

미국에서는 1830년 Baltimore & Ohio Railroad 회사가 설립된 것을 시작으로 1850년대에 이미 철도회사들이 난립하였다. 1851년 당시 뉴욕 허드슨 강부터 시카고 에리 호수까지 연결하는 세계 최장노선을 완공한 Erie Railroad 회사는 4천 명의 직원을 고용하였고 1860년까지 소요된 자

본금이 11억 달러에 이를 정도로 대규모였다. 1850년대 이전까지는 미국의 주식 거래량이 1주일에 1,000주에 불과하였지만 이후 철도회사의 주식발행이 늘어나면서 1주일에 1,000,000주의 거래가 이루어졌다. 철도회사들이 대규모 자본조달을 위하여 지속적으로 주식발행을 하면서 주식시장도 부흥하였다. 1898년 철도회사 주식의 비중은 전체 주식의 60%에 달하였다.

대규모 주식발행을 통하여 확보한 자금력에 기초하여 철도회사들은 각자 1년에 수 백km의 철로를 부설하면서 출혈경쟁을 감수하였다. 1880년부터 1890년 사이에는 전국에서 절반 이상에 해당하는 700개의 철도회사가 파산할 정도였다.

특히 뉴욕에서는 철도경쟁이 난잡할 지경에 이르렀는데 이 상황을 정리한 코넬리우스 밴더빌트(Cornelius Vanderbilt)는 New York Central Railroad 회사를 포함한 다수의 철도회사와 운송회사를 소유한 대표적인 철도재벌로 유명하다. 1871년 그랜드센트럴 역을 건립하고 1873년에는 100만 달러를 기부하여 현재의 밴더빌트 대학을 설립한 밴더빌트의 힘과 추진력은 지금으로서는 상상하기 힘들 정도이다. 서부 골드러쉬에서 채굴한 금을 수송하기 위하여 밴더빌트가 니카라과를 통과하는 운송사업을 시도할 때 경쟁자들이 니카라과 정부에 압력을 가하자 밴더빌트는 니카라과와 전쟁 중이던 주변 중남미 국가들을 지원하여 아예 니카라과 정부를 무너뜨렸다.

이렇게 막강한 밴더빌트를 속여먹은 희대의 사기꾼 3인방이 있었다. Erie 철도회사를 인수한 다니엘 드루(Daniel Drew)는 젊고 야심찬 제이 굴드(Jay Gould)와 짐 피스크(Jim Fisk)를 경영진으로 선발하여 사업을 확장하는 중이었다. 이때 뉴욕의 철도재벌인 밴더빌트는 뉴욕에서 시카고까지 연결되는 Erie Railroad 회사를 인수하여 자신의 사업영역을 넓히고자 Erie Railroad 회사의

THE GREAT RACE FOR THE WESTERN STAKES 1870

주식을 사모아서 지배주주가 되기로 마음 먹었다.

하지만 이를 알아차린 Erie Railroad 회사의 경영진 3인방은 1천만 달러 상당의 전환사채를 발행한 뒤 즉시 주식으로 전환한 것처럼 위장하고, 지하실에 인쇄기를 들여놓은 뒤 10만 주의 주식을 복사하여 가짜 주식을 유통시켰다. 밴더빌트는 7백만 달러 이상의 주식을 사모았음에도 불구하고 지분율이 오르지 않자 주식이 허위 발행되었음을 깨닫는다.

3인방은 이미 돈을 챙겨서 보트를 타고 허드슨 강을 건너 관할이 다른 뉴저지 주로 피신하였다가 다시 뉴욕으로 돌아와서 상원의원들을 매수하였고, 주식대금이 완납되지 않은 신주의 발행도 유효한 것으로 인정되도록 회사법을 개정한다.

드루는 원래 기차로 소를 운송하던 업자인데 도착 직전에 소금을 잔뜩 먹이고 물을 최대한 많이 먹게 해서 중량을 늘리는 방식으로 돈을 번 것으로 악명이 높았다. 이에 주식대금을 완납하지도 않은 상태에서 유효하게 발행된 것으로 인정하는 것에 대하여 '물 먹인 주식'이라는 의미의 혼수주(watered stock)라는 오명이 붙었다.

(3) 기업연합 트러스트: 록펠러의 독과점 사례

1850년대까지 연료는 고래기름과 촉탄 추출 기름에 불과하였다. 석유는 사용하는 방법을 잘 몰랐기 때문에 펜실베이니아의 공사 현장에서 땅을 팔 때마다 솟아나는 석유는 골칫거리였다. 하지만 석유의 활용가치에 주목한 변호사 비셀은 은행가 타운젠트의 후원 하에 예일대화학교수 벤자민 실리먼(Benjamin Silliman)에게 연구를 의뢰하여 분별증류법을 개발하고 결국 등유를 추출하는데 성공한다.

이후 미국은 향후 100년간 세계 석유산업을 주도하는데 그 중심에 있는 것은 1870년에 설립된 존 록펠러(John D. Rokefeller)의 Standard Oil 회사였다. 록펠러는 석유산업의 모든 단계를 전부 지배하는 수직적 기업결합을 완성하였다. 펜실베이니아의 유전을 연결하는 강철 파이프라인을 건설하고 여러 개의 대형 정유소를 건설하였으며 석유통 생산을 위한 배럴 공장을 만들어서 가정까지 석유통을 배달해주는 마차를 운영한 것이다.

standard oil company 광고지

또한 경쟁사들에게 협력을 제안하고 거부하면 망하게 함으로써 경쟁사들과 트러스트 비밀협약을 체결하고 일사불란하게 움직이는 수평적 기업결합을 이루었다. 그 결과 Standard Oil 회사는 1882년 세계 정유시장의 90%를 차지하였다. 이와 같이 수직적 기업결합과 수평적 기업결합을 통해 시장을 장악하는 록펠러의 방식은 미국의 일반적인 경영기법으로 전파되어서 여러 산업에서 수많은 트러스트를 형성하게 된다. 그러나 트러스트는 본질적으로 기업연합체를 형성하여 카르텔처럼 독과점을 통한 이윤을 추구하는 것이어서 소비자의 후생을 악화시키는 것이었기 때문에 시민들은 트러스트를 악당으로 여겼다.

oil trust

1888년에는 석유, 위스키, 설탕 등 전국 20개 산업의 트러스트에 반대하는 시민운동이 전개되었고, 뉴욕 의회가 록펠러의 석유 트러스트에 대한 청문회를 실시하면서 그 실체가 전국에 공개된다. 결국 1890년 최초의 반독점법(Anti-Trust Act)이 제정되면서 독과점에 대한 규제가 시작된다. 또한 그동안 록펠러는 워낙 대량의 석유운송을 맡기는 큰 손이었기 때문에 철도회사에게 운송물량을 보장해주는 대신 운송비용의 일부를 리베이트로 되돌려

받았고, 또한 경쟁회사에게는 높은 운송 가격을 받도록 하여 경쟁사를 압박하였다. 이 역시 1903년 리베이트 규제법이 제정되면서 종전의 사업방식은 철퇴를 맞는다.

1902년부터 1904년까지 McClure 잡지에 연재된 아이다 타벨(Ida Minerva Tarbell)의 탐사보도는 Standard Oil 회사의 사업방식을 낱낱이 까발리면서 전국적인 관심을 끌어모았고 타벨의 문제의식은 시민들의 공감대를 얻게 되었다. 결정적으로 1911년 연방대법원은 Standard Oil 회사를 지역별로 34개의 작은 회사로 쪼개는 분할해산 명령을 내린다. 이에 뉴저지 주에서는 Exxon 회사, 뉴욕 주에서는 Mobil 회사, 캘리포니아 주에서는 Chevron 회사, 오하이오 주에서는 BP 회사 등으로 나뉘어서 분할될 채 사업을 계속 하게 된다.

분할해산 명령은 경영계에 엄청난 충격을 주었으며 이후 미국의 회사들은 기업연합체를 형성하는 것을 꺼리고 그 대신 M&A를 통해서 공식적으로 단일 회사로서 대규모화하는 방식을 택하게 된다.

(4) 혁신경영: 포드 자동차회사 사례

자동차에 사용되는 내연기관은 1876년 독일에서 발명되었지만 자동차 산업을 일으킨 것은 헨리 포드(Henry Ford)이다. 포드는 1903년에 Ford Motor 회사를 설립하고 일반 대중의 인식을 바꿔서 대중적인 자동차 시장을 개척하겠다는 야심찬 계획을 추진하였다. 초창기의 자동차는 거대한 크기의 내부에 책상과 세면대까지 설치된 고가의 장난감으로 여겨졌고, '땅 위의 요트'라는 별명으로 불릴 정도였기 때문에 당시 상황으로는 모험적인 아이디어가 아닐 수 없었다.

1908년 출시된 '모델 T'는 포드의 혁신적인 아이디어를 실현시켜 주었다. 0.5톤의 가벼운 차체에 튼튼한 소재를 사용하고 시골의 흙길을 달릴 수 타이어를 장착한데다가 가격은 일반근로자의 급여 3개월치 수준으로 매우 저렴했기 때문이다. 포드는 가격절감을 위하여 모델 T의 색상은 오로지 검은 색으로만 만들었다. Ford Motor 회사의 시장점유율은 1914

포드의 모델T

년 46%, 1923년 55%에 달하였고, 자동차의 대중화는 사람들의 일상적인 장거리 이동과 운반을 용이하게 하였다.

포드의 독창적인 혜안은 여기에 그치지 않았다. 선반 높이를 허리 위치에 맞추고 공정의 난이도별로 무빙라인의 진행속도를 조절하는 등 생산과정과 제조동선의 효율을 극대화한 일관조립 시스템을 고안하여 대량생산을 실현함으로써 포디즘이라는 이론을 만들어냈고, 과학적 경영합리화를 위한 테일러리즘과 함께 당대의 경영이론으로 손꼽힌다.

1909년에 모델 T를 1대 완성하는데 걸린 시간은 93분에 불과하였고, 이후 철광산에서 원자재가 출발하여 선철로 제조하고 자동차로 조립되어 소비자에게 판매되기까지 소요되는 시간은 81시간으로 단축된다. 포드가 구현한 대량생산과 대량소비는 근대적 대규모 회사의 특징이 되었고, 2차 산업혁명은 물질적 풍요를 상징하게 된다.

하지만 근로자의 입장에서는 극단적인 분업생산을 위하여 단순작업을 무한 반복해야 했다. 무빙라인의 일정한 속도를 따라가지 못하면 자기 때문에 전체 공정이 멈춰 설까봐 스트레스를 받았기 때문에 육체적·정신적 피로도가 상당하였다. 찰리 채플린은 영화 모던타임즈에서 당시의 비인간적 현실을 신랄하게 보여준다. Ford Motor 회사는 370%의 이직률을 기록하였고 14,000명의 근로자 규모를 유지하기 위하여 52,000명을 채용해야 했다.

포드 공장의 일관조립시스템

포드는 다시 한 번 획기적인 아이디어를 내놓는다. 1914년 당시 업계평균 보수는 일당 2.34 달러였는데, 포드는 기자회견을 하면서 당장 내일부터 일당 5 달러를 지급하고 근로시간은 8시간으로 제한하겠다고 선언하였다. 다음 날 새벽부터 Ford Motor 회사에는 지원자들이 몰려들었다. 다만 포드의 제안에는 조건이 있었다. 처음부터 일당 5 달러를 지급하겠다는 것이 아니고 사후적으로 인센티브를 채워주겠다는 것인데 인센티브를 받기 위한 자격요건을 유지할 것을 조건으로 내건 것이다.

자격요건으로는 '21세 이상 기혼 남성으로서 음주를 절제하고 검소하며 집안을 단정하게 관리하고 가족을 적절히 부양할 것'이 요구되었다. 포드는 항상 성실하게 일할 수 있는 이상적인 근로자상을 설정하고 근로자 스스로 이에 맞추도록 계약을 체결한 셈이다. 이러한 자격요건을 심사하기 위하여 50명 규모의 사회부에서 정기적으로 가정을 방문하였고, 40% 정도는 부적격 판정을 받았으나 개선이 이루어진 뒤에는 인센티브를 받을 수 있었다.

그러나 이러한 이익분배 제도는 개인 사생활에 대한 상당한 간섭을 전제로 하였기 때문에 근로자들의 반발이 심하였고 1920년대 들어서 폐지되었다. 포드는 이익분배 제도의 폐지를 계기로 근로자 처우를 극단적으로 반전시킨다. 종전의 사회부는 폭력적 방식으로 근로자를 통제하였고 스파이를 통하여 정탐체제를 가동하였으며, 경찰과 범죄조직에 연이 닿는 전직

복서를 부장으로 선임하여 이를 총괄하였다.

포드의 독단적인 경영 스타일은 새로운 시장을 개척하고 혁신을 실현하기도 하였지만 회사의 안정성을 위협하기도 하였다. 자신의 방식을 고집하면서 시대 변화에 적응하는 것을 거부하기도 하였다. General Motors 회사의 알프레드 슬론(Alfred Sloan) 회장은 자동차 모델별로 독립적인 사업부를 운영하는 새로운 경영방식을 시도하면서 1920년대부터 Ford Motor 회사를 따라잡았고 1930년대에는 훨씬 앞서 나갔다. Ford Motor 회사는 포드의 사후에 슬론의 경영방식을 모방하면서 다시 GM을 따라잡는다.

MIT Sloan School of Management

3 | 과거와 현재

회사의 역사는 아름답지 않다. 성공이 있기까지 온갖 편법과 불법이 난무하였고, 영광의 이면에는 역사의 뒤안길에 잊혀진 수많은 사람들의 아우성이 있었다. 다만 이에 대한 가치판단을 잠시 미루어 놓는다면, 회사가 현재와 같은 물질문명의 번영을 실현했다는 점은 누구도 부인할 수 없다.

미국의 2차 산업혁명에서 볼 수 있던 것처럼 회사는 경제성장을 견인하는 핵심적인 엔진 역할을 수행하였다. 개인의 창의와 자유를 보장하는 민주주의와 시장 경쟁을 보장하는 자본주의가 탄탄대로를 깔아주었고 그 위에서 주식회사는 혁신적 기술과 경영으로 보답하였다.

많은 사람들이 이 시대의 눈부신 번영을 자본주의의 성공신화로 기억하며, 바로 이것을 현재에도 재현하길 원한다.

그러나 그 성공 레시피는 결코 간단하지 않다. 시장 본연의 자연 상태에서 시장 참여자들에게 경제적 이익을 위해 경쟁하라고 하면 무력이나 불법행위도 서슴지 않는다는 점을 역사적으로 수없이 경험하였다. 과거 야만의 시대와 같이 무자비한 폭력을 행사하거나, 독과점과 정지적 로비 등 무분별한 수단을 동원하는 것은 현대 시민사회가 용납할 수 있는 방식이 아니며, 그런 식으로 현재의 첨단기술을 혁신해나갈 수 있는 것도 아니다.

Reference

1. 앨런 그린스펀 & 에이드리언 울드리지, 「미국 자본주의의 역사」 (세종, 2022)
2. 조이스 애플비, 「가차없는 자본주의 - 파괴와 혁신의 역사」 (까치, 2012)
3. 헨리 포드, 「헨리 포드: 고객을 발명한 사람」 (21세기 북스, 2006)
4. 이영석, 「공장의 역사: 근대 영국사회와 생산, 언어, 정치」 (푸른역사, 2012)
5. Fon W. Boardman, Jr., 「누가 그대를 악덕재벌이라 했던가」 (미시건주립대학교 국제대학, 1995)

PART

I

회사의 본질과 정치 · 경제적 환경

1장 시장경제와 회사제도
2장 회사와 정부의 긴장관계

01 시장경제와 회사제도

1 | 경제발전의 **메커니즘**

(1) 일반론

회사제도란 경제활동을 수행하는 회사와 시장참여자들이 직·간접적인 거래관계에 의하여 영향을 주고 받으면서 유기적인 관계를 형성하는 경제현상 전반에 관한 일련의 제도이다. 달리 표현하자면 '비즈니스 생태계를 규율하는 제도'라고 할 수도 있으며, 특히 회사의 조직과 활동을 주된 규율 대상으로 한다.

이러한 회사제도는 경제성장 내지 경제발전에 기여한다는 것에 존재의의가 있다. 전통적인 관점에서는 사회적 효용을 증대시키는 경제성장을 지향하는 것 자체로 정당하다고 보았지만, 현대에 이르러서는 '외형적인 양적 성장만을 추구하는 것은 무의미할 수 있다'는 것을 경험적으로 깨달았기 때문에 경제성장이라는 개념 대신 경제발전의 개념을 취하기도 한다. 경제발전의 개념은 '경제구조가 효율적으로 개선되고 합리적으로 향상된다'는 질적 요소를 포함한다. 이러한 취지에서 회사제도는 궁극적으로 경제발전에 기여할 수 있도록 형성되고 운영되어야 할 것인데, 이를 위해서는 우선적으로 '경제발전이 어떻게 성취될 수 있는지' 이해할 필요가 있다.

한 국가가 경제발전을 성취하기 위해서 어떻게 하면 될 것인가에 대한 오랜 논의가 있었지만 대부분 단편적으로만 설명력이 있는 불완전한 것이었고, 그런 해결방법이 있다면 전세계가 왜 아직도 가난한 나라들로 가득차 있겠는가 하는 회의론이 다분하였다. 오히려 '가난은 나랏님도 해결하지 못한다'는 자조적인 포기를 하게 만들었다.

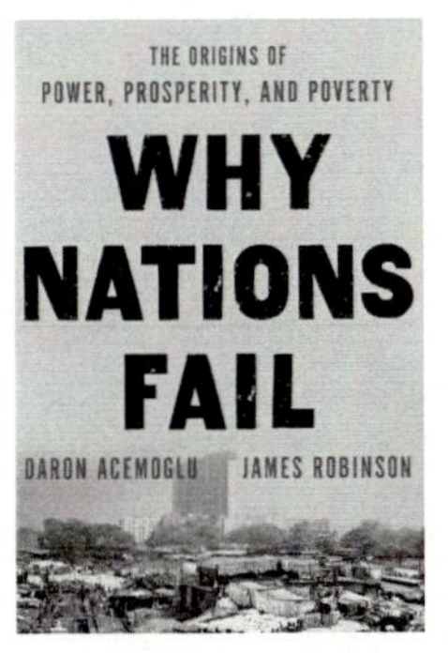

그런데 2024년 노벨 경제학상을 받은 MIT 경제학과 교수 대런 애쓰모글루(Daron Acemoglu)의 저서 「Why Nations Fail」은 경제학계에서 경제발전 메커니즘을 가장 잘 설명하는 이론으로 광범위한 지지를 얻었고 최고의 권위를 인정받는 경제발전 이론으로 등극하였다. 이에 본서에서도 애쓰모글루의 경제발전 메커니즘에 관한 개념을 사용하여 회사제도를 위한 논의의 기초로 삼고자 다음과 같이 필요한 범위 내에서 간단히 소개한다.

(2) 애쓰모글루(Acemoglu)의 경제발전 메커니즘

성숙한 자본주의 경제체제는 ① 각 개인의 직업 선택 및 행사의 자유를 보장하고, ② 개인이 성취한 재산의 소유권을 강력하게 보호하며, ③ 시장참여자 상호간의 계약에 의해 체결된 거래의 이행을 법적으로 강제할 수 있는 사법 시스템을 제공하고, ④ 다수가 참여하는 시장의 기능이 왜곡되지 않도록 관리함으로써 전반적인 회사제도가 발전하는데 필수적인 조건을 제공하는바, 이를 '포용적 경제제도'라 부른다. 물론 이러한 요소들이 충분한 조건에 해당한다고 볼 수는 없으며, 각 요소들이 다소 미흡하더라도 발전적 흐름을 이어나갈 수는 있지만, 위와 같은 '포용적 경제제도'가 회사제도 발전을 위한 적절한 환경을 제공한다는 점은 부정할 수 없으며 당연히 제도적 기준점으로 설정되어야 한다. 반면에 이와 정반대의 속성을 가진 개념으로서 한 계층의 소득과 부를 착취하는 방식으로 고안된 제도를 '착취적 경제제도'라고 부른다

한편 '포용적 정치제도'란 ① 치안과 질서를 유지할 정도의 중앙집권화가 확립됨과 동시에, ② 사회 전반에 권력을 고루 분배하고 상호 견제함으로써 권력이 편중되지 않도록

하는 다원주의가 뿌리를 내리고, ③ 통치자에게도 법에 따른 한계와 제약이 적용되는 법치주의가 실현되는 제도적 상태를 의미한다.

애쓰모글루는 정치제도와 경제제도가 상호 영향을 주고받는 메커니즘을 여러 역사적 사례를 통해 실증적으로 설명하는데 성공하였다고 평가받는다. '포용적 경제제도'에 의하여 공평한 경쟁의 장이 펼쳐지고 자원과 소득이 공평하게 분배되기 때문에 폭넓은 사회계층의 권한이 확대됨으로써 다원주의를 강화하고 나아가 '포용적 정치제도'를 더욱 공고히 할 수 있다. 또한 '포용적 정치제도'는 '포용적 경제제도'를 뒷받침해주는 경향이 있을 뿐만 아니라 자의적 권력행사가 제한되기 때문에 '착취적 경제제도'를 수립하기 어렵게 만드는 방식으로 상호 긍정적인 피드백의 고리를 형성한다. 즉 다원적 민주주의와 법치주의를 실현하고 있는 '포용적 정치제도'에서는 건강한 경제활동이 왕성하게 일어날 수 있는 '포용적 경제제도'를 배태하고, '포용적 경제제도'는 활발한 경쟁을 유도하는 자유로운 시장을 지지함으로써 회사제도를 발전시킬 뿐만 아니라 다원주의적 기초를 강화함으로써 다시 '포용적 정치제도'를 공고하게 하는 선순환 관계에 있는 것이다.

이러한 관점에서 '포용적 정치 · 경제 제도'는 회사제도 발전과 밀접한 관련성이 있다고 할 것이며, 각 제도의 공통적인 발전을 추구할 수 있는 방향으로 제도를 개선하려는 노력이 이루어져야 한다.

나아가 ① 각 개인이 자신의 능력을 발휘할 수 있는 직업을 선택하거나 창업을 통해 시장에 자유롭게 참여할 기회를 얻고, ② 공정한 경쟁을 통해 정당한 대가를 얻으며, ③ 효율성이 떨어지는 기업은 더 효율적인 기업에게 추월당하는 대신 인적 · 물적 자원은 생산성이 높은 곳으로 자연스럽게 옮겨가는 시장을 '포용적 시장'이라고 규정한다. '포용적 시장'이 활발하게 활동하는 과정에서 각 개인의 창의성이 발현되어 기술적 혁신이 탄생하고, 혁신이 사회적으로 확산되면서 산업의 진보가 이루어지며, 자원의 효율적 활용을 통해 생산성이 향상됨으로써 경제발전을 이루게 된다는 것이 중요한 결론이다.

'포용적 경제제도'의 근간 위에서 '포용적 시장'이 만들어지며, 일시적으로 일부 기능이 훼손된다면 시장참여자들이 부정적으로 반응하고 집단적으로 대체적인 선택을 함으로써 건강한 시장 메커니즘에 의한 자정기능을 발휘하고 다시 종전의 상태로 회복할 수 있다. 시장실패 현상이 심각하여 공정한 경쟁이 곤란해지고 '포용적 시장'의 기능이 작동하지 않을 경우에는 '포용적 경제제도'에 의한 시장감시와 시장개입이 이루어짐으로써 정부 규제에 의한 시장회복이 이루어진다.

(3) 회사제도에 대한 시사점

포용적 시장이 촉진하는 혁신은 시장에서 경제활동을 영위하는 회사의 경쟁력을 위해서도 필수적이며, 기업활동의 생산성 향상을 통하여 경제발전을 실현한다는 점은 회사제도의 목적에도 부합한다. 생산성이란 일정한 자본과 노동을 투입함으로써 생산할 수 있는 산출량을 의미하는데, 자본 및 노동에 혁신이 적용될 때 투입비용이나 투입량을 절감하여 생산성을 향상시킬 수 있다. 포용적 시장을 통해 혁신과 생산성의 증대를 촉진할 수 있다는 것은 회사제도의 발전을 위하여 매우 중요한 사실이다.

회사제도 초창기에는 야만의 시대를 거쳐 왔지만, 이제는 문명화를 통한 바람직한 발전방향을 고민해 볼 수 있다. 회사제도의 발전은 시장의 포용성 증진과 궤를 같이 한다. 혁신을 촉진하는 포용적 시장을 확립하지 못한 국가와 회사제도는 지속적인 경제발전이 불가능하다는 것이 바로 애쓰모글루의 경제발전 메커니즘에서 배워야 할 통찰력있는 교훈이다.

2 | 회사 설립에 의한 **외부 시장의 내부화**

(1) 자유시장의 본래적 형태

시장에서는 원자재를 채굴하거나 생산하고, 가공수단과 부자재를 조달하여 완성품을 만든 다음에 일반 대중에게 제품을 홍보하고 판매 및 물류유통을 모두 수행해야 최종적으로 소비자에게 제품을 인도할 수 있다. 그런데 이 모든 과정을 혼자서 담당한다는 것은 매우 어려울 뿐만 아니라 현실적인 비용을 감당하기 어렵기 때문에 각 단계의 업무를 전문적으로 수행할 사람에게 맡겨서 사업을 진행하는 것이 합리적이며 또한 효율적이다.

즉 시장에는 ① 생산자와 소비자가 직접 만나서 거래하는 시장도 있지만, ② 생산 단계의

AI 생성그림 - 시장의 보이지 않는 손

다양한 생산자들이 거래비용을 줄이기 위하여 계약에 의하여 상호 협력하는 시장도 있는 것이다. 이때 외부 전문업체를 물색하여 필요한 업무를 의뢰하는 과정에서 소요되는 인건비와 수수료는 동종업체 사이의 경쟁에 의하여 형성된 시장가격에 의한다.

영국의 1차 산업혁명 당시 소규모 사업체 위주로 협력하여 생산하던 시장의 모습이 이와 같았다. 애덤 스미스(Adam Smith)는 국부론에서 이러한 원형적 시장을 전제로 하여 '개별 시장 참여자들이 자신의 이익을 위하여 경제활동을 수행할 때 보이지 않는 손이 작동하여 궁극적으로 사회 전체의 효용 극대화를 가져오게 된다'고 설명하였다.

Business history **창신동과 을지로의 분업생산 방식**

우리나라에서도 1970년대 서울에서 원형적인 협력생산의 시장 형태를 쉽게 찾아볼 수 있었다. 창신동에는 3천여 개의 소규모 봉제공장에서 세분화된 분업을 실시하면서 동대문 평화시장과 남대문 의류시장에 제품을 공급하였다.

을지로에서는 '우리가 모여서 작업하면 탱크도 만들 수 있다'고 너스레를 떨 정도로 수 많은 철물점들이 업무영역에 따라 분업체계를 갖추어서 제품을 공급하였다. 자전거와 오토바이는 바쁘게 돌아다니며 중간 물류를 담당하였다. 지금도 창신동에는 1천여 개의 봉제공장이 영업 중이며, 세운상가와 그 주변에는 철물거리가 남아 있다. 독립생산자의 소규모 점포를 낭만적으로 추억하는 사람들도 있고, 구시대적인 낡은 유물로 여기는 사람들도 있다. 그런데 의도치 않게 맛집과 사진명소로 유명해지면서 다른 방식으로 활기를 찾기도 한다.

(2) 법경제학적 기업이론(firm theory)

외부 전문업체와 일일이 계약을 체결하는 방식으로도 당장은 사업을 추진할 수 있지만 장기적인 관점에서는 계획대로 원활하게 진행되지 않을 사업리스크도 만만치 않다. 원자재의 불량률이 높아진다거나, 가공을 담당하는 업체와 연락이 안 되어서 주문이 늦어진다거나, 일정한 물량의 수급시기를 맞추지 못하여 생산에 차질을 겪는다거나, 물류 업체를 제때 수배하지 못하여 납품이 안 되고 적체되는 상황을 생각할 수 있다. 즉 협력생산 시장에는 사업리스크가 상존하기 때문에 달성 가능한 최대 매출을 안정적으로 실현하기 쉽지 않은 것이다.

이러한 사업리스크를 방지하고 각 업무를 담당할 수 있는 사람들을 모아서 하나의 회사를 만드는 것이 효율적이라는 점을 깨닫게 된다. 거래비용을 줄이기 위하여 시장에서 개별적인 분업을 통한 협력생산을 하였지만, 아예 하나의 회사를 조직하여 그 울타리 안으로 들어가서 체계적인 분업시스템을 갖춘다면 거래비용을 최소화할 수 있기 때문에 회사를 형성하는 것은 시장참여자들의 합리적인 선택이다.

법경제학은 이러한 경제현상을 분석하였다. 즉 기업이론에서는 회사의 개념에 대하여 '다양한 시장참여자들이 거래비용을 줄이기 위해 지속적인 협력관계를 맺는 경제적인 조직'이라고 규정한다. 이러한 개념을 1930년대에 최초로 제시한 로널드 코즈(Ronald Coase)에 의하면 시장참여자들이 일일이 계약을 체결하는 것보다 회사를 설립하는 것이 더 효율적이고 거래비용을 낮출 수 있다고 하였다. 이에 기초하여 1970년대 계약의 연쇄(nexus of contracts) 이론에 의하면 회사란 '회사 활동에 참여하는 이해관계자들 사이에 체결되는 연쇄적 계약의 종합체'인 것으로 설명한다.

(3) 기업이론의 시사점

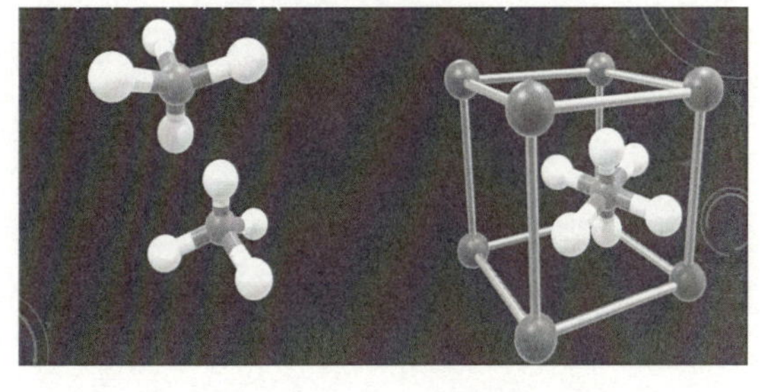

다만 법경제학적 관점은 회사를 경제학적 방법론에 의하여 분석할 목적으로 단순화한 것이어서 법적 의미를 부여하기는 어렵다는 한계가 있다. 즉 '회사란 마땅히 그래야 한다'는 당위적 의미를 내포하는 것이 아니며, '이러한 관점에서 제도적 규율이 이루어져야 한다'는 규범적 기능을 의도한 것도 아니다. 단지 회사와 관련된 경제현상 및 시장참여자들의 합리적 선택을 이해할 수 있도록 설명해 주는 수단으로 파악하면 충분하다.

Business history **협동조합의 경제활동**

기업이론은 경제조직에 대하여 일반적으로 적용되기 때문에 법인격이 인정되는 회사에 국한하여 적용되는 것도 아니다. 예를 들어 협동조합은 상법상 회사가 아니지만 경제적 조직체로서 기업이론이 적용될 수 있다. 오렌지로 유명한 미국의 선키스트는 캘리포니아 주와 애리조나 주의 농민들이 연합하여 조직한 비영리 협동조합으로서 1893년부터 영업을 시작하여 세계적인 브랜드로 자리잡았고, 우리나라의 서울우유는 1937년 경성우유 동업조합으로 창립한 이후 현재까지 수도권과 충청도, 강원도 일부까지 영역을 넓혀서 낙농업자들의 협동조합으로 활발한 경제활동을 하고 있다.

법적 의미와는 별개로 '협력생산을 위하여 사업 단계별로 회사의 외부시장에서 체결되었을 거래를 회사 조직 안으로 내부화함으로써 거래비용을 감소시킨다'는 기업이론의 분석은 통찰력을 갖는다. 보이지 않는 손이 지배하는 자유경쟁 시장이 모든 것을 해결해 주리라 믿었고 1차 산업혁명 당시의 영국에서는 그렇게 되는 것처럼 보였다. 그러나 보이지 않는 손은 자유경쟁 시장이 존재하는 경우에만 가격에 의하여 수요와 공급을 조절하면서 작동하는 것이었다.

회사 외부에 존재하던 협력생산 시장을 회사 조직 내부로 통합하여 흡수해 버리면 외부시장은 소멸하고 보이지 않는 손이 작동할 수 있는 여지가 없다. 그 때부터는 경영사의 선구자인 알프레드 챈들러(Alfred Chandler)가 분석해 낸 바와 같이 경영진의 '보이는 손(visible hand)'에 의하여 회사 내부의 모든 결정이 이루어지게 된다. 시장 거래에서 발생하는 비용을 줄이는 대신 경영진의 권한집중이 문제되는 것이다.

회사의 시장내부화는 거래비용의 절감을 가져올 뿐만 아니라 시장통합을 통해서 초과이윤이 가능하다는 점에 대해서도 힌트를 주었다. 2차 산업혁명 당시 미국의 대규모 회사들은 이러한 점을 미리 깨달았고 더 많은 수직적 시장통합과 수평적 기업결합을 위한 합병 붐을 통하여 경제력이 집중되고 엄청난 부를 쌓은 반면, 자정기능을 상실한 시장은 문제로 넘쳐났으며 소비자와 근로자 등 시민의 불만은 정치적 역풍으로 작용하여 규제국가를 초래하였다.

그러나 일단 회사가 내부화한 시장은 규제가 작동한다 하더라도 '보이지 않는 손'의 역할을 기대할 수는 없으며, 결국 규제를 담당하는 정부가 '보이는 손'의 역할을 대신하게 되었다. 특히 20세기 후반에 개발경제를 추진하던 아시아의 많은 국가들은 경제정책을 통하여 '보이는 손'의 역할을 수행하였다.

3 | 시장 통합 및 경제력 집중에 대한 제도적 관점의 변천 - 미국의 사례

(1) 농업국가에서 제조업국가로 바뀌는 과정의 혼란

미국은 전통적으로 권력이 집중되는 것에 대하여 뿌리 깊은 반감을 가지고 있었다. 독립전쟁을 통해 영국의 식민지배에서 벗어난 미국은 정치적 독립뿐 아니라 '경제적 독립' 역시 민주주의에 필수적이라는 제퍼슨의 신념을 간직하였다. 산업화에 의하여 경제권력이 집중된다는 것에 대해서는 본능적으로 거부감을 가졌다.

미국 건국의 아버지라 불리는 토마스 제퍼슨(Thomas Jefferson, 1801년－1809년 대통령)과 제임스 매디슨(James Madison, 1809년－1817년 대통령)은 특히 농업을 중시하여 자작농이라는 신분이 시민에게 필요한 덕목과 독립성을 위해 도움이 될 것으로 기대하였던 반면, 알렉산더 해밀턴(Alexander Hamilton)은 대규모 제조업을 육성하기 위해 산업정책을 역설하였다. 초대 재무부 장관을 역임한 해밀턴은 보조금을 지급하여 대규모 제조업을 육성하고 수출을 증진함으로써 위대한 미국을 건설하자는 보고서를 의회에 제출하였으나, 그런 목적을 위해 부유층과 유착관계를 형성하는 것과 무역 편의를 위해 영국에 굴복하는 것조차 감수하겠다는 극단적인 입장이었기 때문에 금권주의 귀족정치라는 비판을 받으면서 당대의 논란을 불러 일으켰다.

다만 이런 논란과 무관하게 미국의 대외무역이 번성하는 추세였기 때문에 정부가 사실상 별도로 산업정책을 실시할 필요가 없었고, 오히려 매디슨과 해밀턴은 연방정부의 권한을 강화해야 한다는 점에서 뜻을 같이 하였다. 그러나 연방정부의 권력집중은 다양한 부패를 야기하였다. 앤드류 잭슨(Andrew Jackson, 1829년－1837년 대통령)은 정부의 통치기능을 최소화시킴으로써 권한남용의 여지를 없앴다. 심지어 정부의 권한을 제한하여 기업에 대한 인위적 지원을 축소시키는 방식으로 경제 권력을 억제하였다. 잭슨의 독특한 포퓰리즘 정책은 당시 휘그당이 정부의 적극적인 역할을 요구하면서 산업정책을 주장하였던 것과 대립하였다.

이러한 미국의 전통적인 정치이념에도 불구하고 남북전쟁 이후 2차 산업혁명의 물꼬를 튼 미국의 산업은 더욱 급속도로 발전하였다. 1870년경에는 생산인구의 2/3가 임금노동자에 해당하였고, 이후 대량생산과 대량소비가 이루어지는 근대 대기업 형태가 일반화되었다.

(2) 대규모 산업화 과정: 경제권력 집중에 대한 지속적 견제

미국 공화주의 전통에서는 자기 운명을 지배하는 정치적 공동체에 참여하여 자치(self－government)를 수행함으로써 진정한 자유가 보장될 수 있다고 본다. 이와 같은 제퍼슨식 신념을 내세운 링컨은 노예제가 남부 이외의 지역으로 확산되려는 상황에서 북부를 결집시킬 수 있었다. 19세기 후반에는 대규모 산업화가 시작되었는바, 1900년대 들어서 엄청난 규모로 성장해있는 대기업들에 대한 규제가 이뤄진다.

시어도어 루스벨트(Theodore Roosevelt, 1901년－1909년 대통령)는 전국적 규모로 성장한 대기업을 규제하기 위해서 정부의 권력도 그에 상응하도록 강화하여 경제권력을 통제해야 한다는 신국가주의(New Nationalism)를 내세웠으며, 우드로우 윌슨(Woodrow Wilson, 1913년－1921년 대통령)은 트러스트에 의한 독점권력의 규제를 강력히 주장하였고, 프랭클린 루스벨트(Franklin Roosevelt, 1933년－1945년 대통령)는 민주주의와 자유를 수호하기 위하여 경제권력의 과도한 성장을 규제해야 한다고 선언하였다.

이들의 공통적인 관점은 대기업의 정치적 영향력은 공동체의 독립성을 훼손할뿐 아니라 임금노동자들에게 갑질과 같은 부당한 권력행사를 일상화하여 자치역량을 박탈한다는 것이었다. 당시에 각광받았던 루이스 브랜다이스(Louis Brandies, 1916년－1939년 연방대법관)는 자치 환경에 적합한 탈중앙 경제구조를 지향하는 판결을 주도하였다. 브랜다이스는 후대에 그의 이름을 붙인 대학교와 로스쿨이 설립되었을 정도로 많은 사람들에게 존경받는 법률가이다. 이후 브랜다이스 학파의 전통은 신(新)브랜다이스 학파로 이어져서 현재 반독점·공정거래 규제를 주관하는 연방거래위원회(Federal Trade Commission; FTC) 위원장인 리나 칸(Lina Khan)이 빅테크 규제입법을 주도하고 있다.

(3) 대량생산 · 대량소비 체제의 확산

경제권력이 대기업에게 집중되는 상황을 제도적으로 규제하려는 정부의 관점은 뉴딜시대를 기점으로 사뭇 달라진다. 경제회복을 위하여 기업활동을 촉진하는 것도 절실하였다. 프랭클린 루스벨트 대통령이 법무부 반독점국 수장으로 임명한 서먼 아놀드(Thurman Arnold)는 단순히 거대함을 죄악으로 비난하는 것은 낡은 종교이며 감상적 개념일 뿐이라고 일축하면서 독점금지법(Sherman Act)의 취지를 제한적으로 해석하였다. 다만 경쟁을 제한하여 소비자 복지를 훼손하는 행위에 대해서는 엄격한 책임을 묻는 방식을 취하였는바, 이는 현재까지 일반적인 실무관행으로 자리잡는다.

경제공황으로 고통 받던 뉴딜시대는 케인스의 확장적인 재정정책에 의하여 극복할 수 있었으며, 케인스주의 하에서는 제한적인 수준의 정부 개입이 허용되었다. 이와 함께 생산력 증대를 받쳐줄 수 있는 소비력 증대가 중요해졌다. 대량생산 체제에서 대량소비가 실현되면서 소비자의 연대가 이루어졌고, 시민의 지위는 소비자로서 재평가되었다. 이로써 '소비자주의'라는 새로운 진보노선이 만들어졌으며, 대기업의 규모와 관계없이 좋은 상품을 싸게 공급하여 소비자 복지를 극대화할 수 있으면 된다는 인식이 확산되었다.

모든 시민이 '자유로운 선택'에 의한 소비행위를 통하여 각자의 선호를 표출한다면 시민의 총의가 시장에 반영될 수 있고 그 결과 주권을 행사하는 것과 유사하게 평가할 수 있다. 소비자주의는 시장의 발달과 함께 강력한 이론체계로 부상하였으며, 정치제도에서도 매우 유용한 관점이었다. 20세기 후반에 들어서 자유무역이 세계화하는 과정에서 싼 값에 좋은 물건을 구입할 수 있게 된 소비자의 복지가 향상되었지만 생산자와 근로자의 입장에서는 세계적 경쟁력을 갖춰야 한다는 것이 시민의 지위를 위협하는 양날의 칼로 돌아왔다.

경제구조가 시대에 맞추어 바뀌고 진화해나가는 것을 막을 수는 없다. 기업의 대규모화 그 자체를 억제한다는 것은 현재의 상식으로 납득하기 어려운 일이었지만, 경제권력의 집중이 민주주의와 자치에 부정적인 영향을 줄 수 있다는 폐해 가능성에 대해서는 여전히 유의해야 할 것이다. 현재는 경제력 집중을 구조적으로 해체하는 것 보다는 경제권력의 집중에 따른 부작용을 완화하는 것이 반독점 규제의 주된 역할인 것으로 보인다.

4 | 무한경쟁의 시장논리

(1) 회사의 독과점 전략

산업의 성장과 함께 시장은 선두주자와 후발주자의 치열한 경쟁이 벌어지게 마련이다. 이때 개별 회사의 입장에서는 지속적인 혁신을 통하여 경쟁력을 키우는 것이 가장 이상적이지만, 현실적으로 하나의 회사가 계속 혁신에 성공하는 것은 매우 운이 좋은 경우에 해당한다.

당장 혁신을 이루지 못할 것 같은 회사의 입장에서는 ① 완제품 생산판매 및 물류 등의 전방산업 및 원자재를 납품하는 후방산업의 회사들을 합병함으로써 거래비용을 줄이거나(수직적 기업결합), ② 동종 회사와 합병하여 규모를 키우거나(수평적 기업결합), ③ 아예 경쟁을 없애기 위하여 경쟁자와 담합하는 방식으로 정글에서 살아남을 방법을 모색할 것이다.

회사가 외부시장을 내부화함으로써 거래비용을 절감할 수 있다는 기업이론을 응용하여 생각한다면, 회사 입장에서는 더 많은 외부시장을 내부화함으로써 시장경쟁을 회피할 수 있고 시장통합에 따른 초과이윤을 발생시킬 수 있다는 결론에 이르게 된다.

(2) 독과점의 폐해에 대한 사회적 대응

1882년 전 세계 정유 용량의 90%를 통제했던 록펠러의 Standard Oil 회사는 이 방법들을 모두 사용하여 독과점 체제를 형성하였다. 사적 영리를 추구하는 회사의 입장에서는 자신의 이익을 위한 당연한 선택이라 할 수 있으며 이러한 사업방식은 당시 전국적으로 유행하였다. 그러나 현실적 관행이라는 사실이 정당성을 부여하는 것은 아니다. 미국에서 2차 산업혁명을 주도할 수 있었던 것은 자유경쟁 시장에서 모험투자를 실시하고 혁신에 성공하면서 관련 산업에 연쇄적인 진보를 가져왔기 때문에 가능했다.

시장 독과점은 시장의 자유로운 경쟁을 회피하려는 것이기 때문에 포용적 시장의 기본 원리를 배제하는 것이며 결과적으로 지속적인 혁신을 불가능하게 만든다. 관련 시장을 모두 통합하고 경쟁을 제거함으로써 포용적 시장의 핵심적인 기능을 봉쇄한다면 이는 회사제도의 정당성을 포기하는 모순적인 행태이다. 실제로 독과점 기업들은 합병 과정에서 경쟁자를 억압하기 위하여 많은 불법을 저질렀고, 정경유착이 문제되었으며, 독과점에 성공한 이후에는 가격을 부당하게 통제하였다.

당시 미국의 경제제도가 포용성을 가지기는 하였지만 독과점에는 속수무책인 불완전한 것이었기에 시장의 포용성을 유지할 수 있도록 대처한다는 것이 원천적으로 불가능하였다. 그런데 마침 출판기술이 발달하면서 신문의 보급이 활발해졌다. 독과점 기업의 부조리한 관행이 언론을 통하여 시민들에게 널리 알려지면서 독과점 행위는 이내 정치적 역풍을 맞게 되고 1890년 세계 최초로 반독점법이 제정되기에 이른다.

자정기능이 작동하지 않는 시장에서 시민의 불만은 정부에게 보이지 않는 손을 대신하여 보이는 손으로 규제를 실시하도록 요구한다. 이러한 메커니즘은 포용적 경제제도를 지지하는 포용적 정치제도의 피드백이 작용한 것으로 볼 수 있다. 시민의 정당한 정치적 압력은 민주주의에서 결코 무시할 수 없는 것이기 때문에 아무리 거대한 경제권력이라도 정치권력이 통제할 수 있는 것이다. 반면에 포용적 정치제도가 확립되지 않은 상태라면 정치권력이 경제권력에 포획될 수 있기 때문에 정치권력의 견제기능마저 무력화될 수 있다.

(3) 시지프스의 형벌

포용적 시장의 공정 경쟁 기능을 훼손하는 것은 결코 허용되지 않는다. 다만 회사의 입장에서는 끝도 없는 경쟁을 해 나가야 한다는 사실이 너무 힘들다. 신설 회사가 기존의 시장에 새롭게 진입하여 기존 사업자들과 경쟁을 하려면 어떻게든 살아남을 수 있는 장점을 갖추어야 한

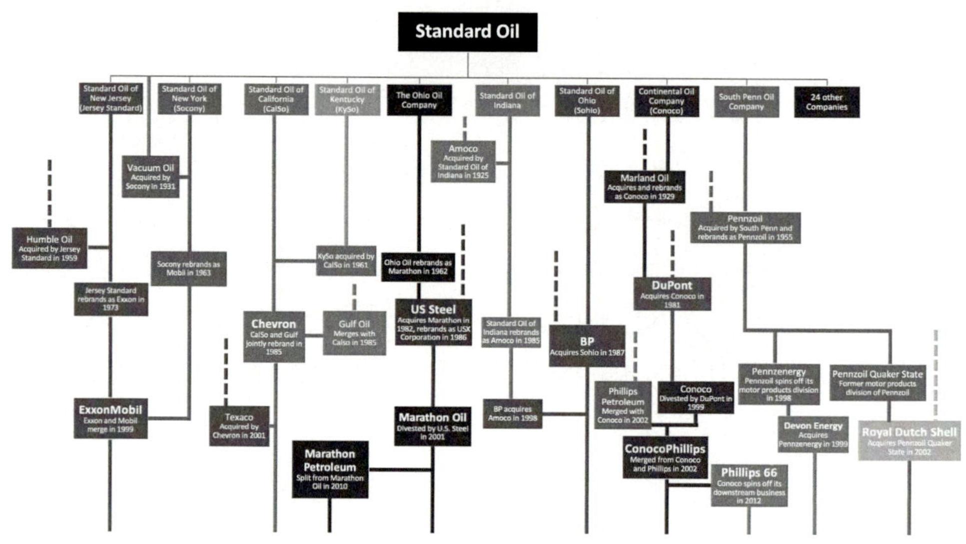

Standard Oil 회사가 43개로 분할된 이후의 전개상황

다. 아니면 아예 획기적인 상품으로 새로운 시장을 개척해야 한다. 어떤 식으로든 시장에서 자리를 잡고 나면 다시 후발주자들이 새로운 장점을 준비해서 추격해온다. 기존의 기술은 이내 시장에 보급되기 때문에 사회 전반적인 진전을 가져오며 그 덕분에 후발주자는 더 적은 투자로 동급의 설비를 갖출 수 있다. 시장 경쟁이 치열해질 수밖에 없는 구조이다.

자체적인 혁신이 어렵다면 합병 등을 통해 거래비용을 줄이고 규모를 늘려서 경쟁력을 갖추는 것도 한 방법이지만 현대의 반독점법은 그리 호락호락하지 않다. 수평적 · 수직적 기업결합을 통해 독과점이 우려될 경우에 정부 당국은 합병을 승인하지 않으며, 모든 관련 국가들이 자국 시장에 관한 승인 권한을 행사한다. 국가에 따라서는 대규모 독점기업에 대하여 분할명령을 내려서 다시 여러 개의 회사로 쪼개 놓고 경쟁을 시킨다. 미국의 연방대법원은 1911년 Standard Oil 회사 및 American Tobacco 회사에 대하여 분할 · 해산 판결을 내린바 있으며 이후에도 40년에 한 번 정도는 분할 · 해산 판결을 내려서 시장을 견제하고 있다.

각고의 노력으로 혁신을 이루고 치열한 시장의 경쟁 속에서 살아남아 기껏 안정적인 지위를 차지하나 싶었는데 다시 밑으로 떨어트려서 무한경쟁을 시키는 것이 마치 끊임없이 산꼭대기로 바위를 밀어 올려야 하는 시지프스의 신화를 연상시킨다. 시장 경쟁에서 뒤처지는 회사는 시장에서 소멸한다. 뒤처지지 않기 위해서 회사들은 경쟁업체들과 전쟁에 가까운 총력전을 벌이며 힘겹게 한 걸음 앞서간다. 시장지배력을 갖추려는 순간 정부의 개입이 이루어진다. 무한경쟁에 놓인 개별 회사의 입장에서는 너무나 가혹한 운명을 약속하게 여길 수 있다.

그러나 이것이 포용적 시장의 섭리이다. 누구든 시장에 자유롭게 진입할 수 있고, 시장 참여자들이 공정하게 경쟁하며, 시장에서 더 좋은 제품을 더 싸게 공급하는 회사가 소비자에게 선택받음으로써 자원은 더 효율적인 방향으로 이전되고 경쟁력이 더 높은 회사가 살아남는 포용적 시장을 지향해야 하는 것이다. 독과점 상황에서는 시장지배력 때문에 다른 경쟁자들이 새로 진입하거나 공정하게 경쟁하는 것이 곤란해지며 가격 경쟁이 필요없기 때문에 소비자 후생에 피해가 발생한다. 포용적 시장이 만들어내는 혁신이 없다면 경제발전도 불가능하다.

5 | 독과점에 대한 재평가와 한계

(1) 타협의 현실적 필요성

세계적으로 2차 산업혁명 이후 특히 중화학 공업과 같은 중후장대 산업에서는 주식회사의 유한책임 제도에 힘입어 대규모 자본조달이 이루어지면서 과잉투자와 출혈경쟁이 빈번하였다. 이러한 상황 때문에 개별 기업의 입장에서는 경쟁에서 도태되면서 부도가 나기도 하였고 심각한 경우에는 국가경제 차원에서 공황을 겪어야 하는 사회적 문제가 야기되었다.

이러한 상황을 모면하기 위하여 기업들은 자구책을 마련하였고 수평적·수직적 기업결합을 통하여 기업집단을 형성하였다. 한편 정부 입장에서도 과잉경쟁을 완화해주는 방식으로 현실과 적당히 타협하고자 하였다. 다만 미국 같은 경우에는 스탠다드오일 회사를 분할시킨 대법원 판례 이후, 트러스트와 같은 기업연합을 형성하는 것은 기피하고 합병 등을 통하여 하나의 거대한 기업을 형성하는 경향을 보였다.

(2) 수직계열화에 의한 시장통합

원자재 공급과 생산·조립 과정을 거쳐 유통·판매에 이르는 여러 단계 중에서 하나의

사업부문에 종사하는 것이 보통이지만, 여기에 머무르지 않고 전·후방 산업까지 통합함으로써 경쟁력을 높일 수 있다. 즉 원자재 및 부품의 수급을 안정시키고 고정적인 거래처를 확보할 수 있기 때문에 리스크를 줄이고 비용을 절감하여 가격경쟁력을 갖출 수 있기 때문에 상당한 장점이 있는 것이 사실이다.

그러나 수직계열화를 통하여 기업집단을 형성할 경우에는 단점도 분명히 존재한다. 즉 수요자 회사는 시장수요변화 및 기술발전에 선도적으로 대응하면서 제품 다변화를 시도해 볼 수 있는 탄력성이 떨어지고, 공급자 회사는 특정 제품에 필요한 스펙에만 맞추다보니 국제경쟁력이 떨어지는 문제가 지적된다.

나아가 계열사간 거래가격을 어떻게 정하는지 그 결정 방식에 따라서 기업 집단에 소속되어 있는 특정 회사의 입장에서는 불이익이 발생할 수 있기 때문에 각 회사들의 주주 사이에서 부당하게 부가 이전됨으로써 권리를 침해하는 결과가 발생할 수 있다. 이러한 계열사간 부의 이전 문제에 대처하기 위하여 독일에서는 콘체른(기업집단)법에 따른 책임으로, 프랑스에서는 로젠바움 판례에 의하여 이전된 부를 회복시키도록 함으로써 해결하고 있다.

제도설계의 가능성 #1 **계열사 지원의 허용범위**

우리나라에서는 아직 계열사간 부의 이전을 해소하기 위한 제도가 도입되지 않은 상태이다. 다만 그동안 다른 계열사에게 재무적 지원을 함으로써 자기 회사에게 손해를 입히는 경영진에 대해서는 업무상 배임죄 등으로 형사처벌을 함으로써 견제해왔다.

그러나 최근 계열사간 부의 이전을 조장하는 것처럼 보이는 대법원 판례가 나와서 논란이 되고 있다. 즉 전체 그룹 계열사의 공동이익을 위해서 다른 계열사에게 지원하려는 경우에는 다음과 같은 요건을 충족할 경우 정당화할 수 있는 것으로 판시하였다(대법원 2017. 11. 9. 선고 2015도12633 판결). 따라서 ① 계열회사들이 공동이익과 시너지 효과를 추구하는 관계에 있고, ② 기업집단에 속한 계열회사들의 공동이익을 도모하기 위한 지원행위이고, ③ 지원주체의 선정 및 지원규모 등이 그 의사나 지원능력 등을 충분히 고려하여 합리적으로 결정된 것이며, ④ 지원주체에게 지원에 따른 부담이나 위험에 상응하는 보상을 객관적으로 기대할 수 있는 상황이었다면 배임죄의 고의가 인정되지 않는다.

독일과 프랑스에서는 '1년 이내에 상당한 보상이 실제로 이루어질 것'을 요건으로 하는 등 실질적으로 손해가 전보될 것을 요구하는 것과 비교할 때 위 판례만으로는 규제가 충분치 않다는 비판을 받고 있다. 종전에 계열사 지원을 엄격히 규제하였던 입장을 완화할 것이라면 해외입법례에 상응하는 수준에서 합리적 기준을 명백하게 제시해야 남용의 여지가 없을 것이므로 입법이 필요한 영역이다.

회사법은 개별 단위의 회사에 대해서만 규율하는 방식을 고수하고 있으나, 이는 불필요하게 법인격 개념을 절대화하는 것이다. 우리나라 경제현실에서 계열사들이 기업집단으로 운영된 지 반세기가 지났다. 공정거래법에서 기업집단을 규제하는 것으로는 현실을 충분히 반영하지 못한다. 회사법에서도 실질적 관점에서 집합적 개념의 회사 운영방식을 체계적으로 제도화할 필요가 있다.

(3) 과점체제에 의한 과잉경쟁 방지

과점체제가 무조건 문제인 것은 아니다. 국내 시장에서 과잉경쟁을 방지하여 국내 회사들의 국제 경쟁력을 향상시킬 수 있으면서도 독점적 폐해는 완화하는 장점도 있다. 과거 독일이나 일본, 우리나라 등의 개발경제모델에서는 과점체제를 허용하는 경우도 많았다.

그러나 하나의 산업을 소수의 회사가 차지하도록 맡겨놓는 것은 또 다른 위험을 야기한다. 기업이 흥하고 망하는 비즈니스 사이클이 있기 때문에 언젠가 쇠퇴할 가능성이 분명히 있고, 실제로 부실화 우려가 현실화된 경우에도 대마불사(too big to fail) 논리를 거부할 수 없게 되어서 공적자금을 투입하는바 결국 국민 세금으로 모든 리스크를 감당하게 된다. 그렇다면 경영진의 입장에서 과연 스스로 리스크를 피하기 위한 유인이 충분한지 문제된다. 즉, 모럴

해저드(moral hazard)의 문제가 발생한다.

경영진의 입장에서는 리스크와 기대수익을 균형적으로 고려하여 경영판단을 하여야 할 것인데, 그렇게 복잡한 판단보다는 국민경제를 볼모로 잡아서 사업실패에 대한 위험을 사회로 전가시키려는 현상이 발생한다. 이는 전형적인 시장실패(market failure)에 해당한다.

(4) 사업다각화 경향과 역풍

1950년대 이후 1970년대까지 미국에서는 한 회사에서 여러 사업을 영위함으로서 한 사업부문이 부진하여도 다른 사업부문에서 회복하는 방식으로 위험을 관리하는 방식이 유행하였다. 금융투자에서 포트폴리오를 형성하여 여러 회사에 투자하는 방식을 경영진이 자기 회사에 적용하면서 투자자를 유인하려 한 것이다. 이렇게 생긴 기업형태를 복합기업(conglomerate)이라 한다.

그러나 복합기업이 위험분산을 하는 장점은 있었지만 개별 사업의 혁신을 위하여 전념하지 못한다는 치명적인 단점을 가지고 있었고 실제로 1970년대 이래로 해외 경쟁업체에게 시장을 잠식당하면서 한계가 드러나기 시작했다.

주식 애널리스트들은 사업을 다각화한 회사들에 대하여 가차없이 평가를 절하했고 결국 1985년부터 1994년까지 많은 기업들이 일련의 사업단순화 작업(de－diversification)을 실행하게 되었다. 이 과정에서 많은 회사분할과 매각이 이루어져서 80년대에 제조부문 대기업 가운데 거의 1/3이 인수되었다.

(5) 중첩적 상황의 위험성

개별기업의 경쟁력 향상 및 발전을 위해서는 수직계열화, 과점체제, 사업다각화를 실시하

는것이 나름의 상당한 명분을 가질 수 있다. 그러나 심층적으로 검토한다면 그러한 방식이 당해 기업에게 반드시 이로운 것으로 평가되는 것은 아니다. 나아가 국가경제 차원에서는 문제가 매우 심각해진다.

수직계열화를 형성함으로써 경쟁력을 갖춘 대규모 기업집단 또는 복합기업들이 과점체제를 형성하여 당해 산업에서 신규 경쟁자가 도전하기 어렵도록 진입장벽을 형성할 뿐 아니라, 각 대규모 기업집단·복합기업이 사업다각화를 통하여 주요 산업 전반을 지배하는 집중도가 높아진다면 결과적으로 경제 전반에 미치는 영향력 내지 파급력이 과도해진다.

국가경제가 몇몇 대규모 기업집단·복합기업의 비즈니스 사이클과 명운을 함께 해야 하는 상황은 매우 위험하다. 포용적 시장의 기능을 회복하고 국가경제의 지속가능한 발전을 도모하기 위해서는 수직계열화나 사업다각화, 과점체제 등의 개별적인 요소들이 중첩적으로 작용하는 시장실패 상황을 예방하도록 유의할 필요가 있다.

6 | 비즈니스 생태계의 선순환

포용적 시장을 지향하는 회사제도는 개별 회사의 입장을 고려하지 않으며 전체 사회의 경제발전을 목표로 삼는다. 개별 회사에게 무한경쟁을 요구하는 이와 같은 회사제도는 너무나 가혹하지만, 그럼에도 불구하고 경쟁을 통해 지속적인 혁신이 이루어질 수 있는 포용적 시장만이 지속적인 경제발전을 약속할 수 있다는 점은 이미 보편적인 상식으로 자리잡았다.

사회 전체의 입장에서는 적은 자원을 활용하여 효율적인 생산을 하고, 저렴한 가격으로 소비자에게 더 큰 효용을 줄 수 있는 포용적 시장이 최선이기 때문에 개별 회사가 경영을 계속할 수 있을지 아니면 소멸할지는 중요하지 않다. 한 회사가 소멸하더라도 포용적 시장에서는 소멸된

회사의 인적·물적 자원이 더 효율적으로 사용될 수 있는 회사로 이전되기 때문에 원칙적으로 소멸 역시도 새로운 탄생을 위한 밑거름이 되는 것이다. 본래적 의미의 자유로운 시장경제는 회사들의 활동반경을 넓혀주기도 하지만, 반대로 언제든지 회사들에게 무자비한 치명상을 입힐 수 있는 양날의 칼이다.

회사의 탄생, 성장, 소멸은 비즈니스 생태계에서 이루어지는 거대한 순환의 한 장면에 불과하다. 경쟁력이 부족한 회사가 시장경쟁에서 도태되고 퇴출되는 것은 냉혹한 시장의 섭리이다. 다만 회사에 대한 취급 방식을 사람인 근로자에게 직접 적용해서는 안 된다는 점도 유의할 필요가 있다.

제도설계의 가능성 #2 **비즈니스 생태계의 지속가능성을 위한 무한경쟁과 시장퇴출**

회사제도는 모험사업을 수행하면서 성장하고 사회에 혁신적 성과를 전파할 것을 예정하여 만들어졌다. 모험성은 회사의 본질이다. 치열한 경쟁과정에서의 사업 risk나 자금조달상의 재무 risk는 기본이고, 산업별 성장 사이클이나 경제순환 주기에 의한 거시적 risk는 물론, 지역별 정치 risk니 국가별 규제 risk까지 수많은 위험에 노출되어 있나. 회사는 언제 망해도 이상하지 않으며 100년 뒤에도 존재할 것으로 신뢰하지 않는다. 신용평가사, 주식 애널리스트, 회계법인은 상시적으로 회사의 상태를 모니터링하며 시장은 이러한 평가정보에 촉각을 기울인다.

회사의 쇠퇴는 불가피하기 때문에 몇몇 기업집단에 의존하는 비즈니스 생태계는 지속가능성에 치명적인 약점이 있다. 여러 가지 리스크로 인하여 대기업이 쇠퇴하더라도 그 자리를 메꾸고 경제적 비중을 대체할 수 있는 중소기업이 성장할 수 있어야 한다. 벤처·스타트업 회사가 자유롭게 시장에 진입하여 지속적인 경쟁을 형성하고 종전에 없던 시장을 개척해나가야 한다. 이미 자리를 잡은 회사의 입장에서는 마뜩치 않은 일이고 어떻게든 거부하겠지만, 진입장벽을 완화하고 불공정거래를 규제하는 공정거래법은 건강한 비즈니스 생태계를 위해 기본적으로 요구된다.

회사법의 영역에서는 회사의 자체적인 경쟁력을 향상시킬 수 있는 장치를 고민할 필요가 있다. 경쟁력이 떨어진 회사는 퇴출되는 것이 정상인데 그 방법은 보통 M&A에 의하여 인적

· 물적 자원을 더 효율적으로 활용할 수 있는 회사로 이전된다. 그런데 회사를 해체하거나 구조조정을 하지 않더라도, 경영진을 교체함으로써 회사의 잠재력을 실현하는 방법도 유용하다.

미국과 영국에서는 이러한 지배권시장(market for corporate control)이 발달하였다. 회사의 잠재력에 비하여 주가가 낮게 형성되면 경영권 공격을 통해 경영진을 교체하고 자신있는 경영진이 새로운 시도를 할 기회를 갖는 것이다. 이를 적대적 M&A라 한다. 적대적 M&A에 대항하여 경영권 방어 방법을 사용할 수도 있지만, 만약 기업가치 또는 주주 가치를 높이려는 목적으로 경영권을 방어하였음을 입증하지 못한다면 경영진은 신인의무 위반에 따른 법적 책임을 져야 한다.

Elon Musk가 트위터를 인수하려 할 때 트위터 이사진은 포이즌필 조항을 채택하고 경영권 방어를 준비하였다. 그러나 Elon Musk는 이사진이 포이즌필을 발동하면 어마어마한 법적 책임을 부담해야 할 것이라는 트위터를 남겼다. 결국 트위터 이사진은 경영권 방어의 포기를 포함하는 합병계약을 체결하였다.

미국의 지배권시장에서는 적대적 M&A를 시도하든 경영권을 방어하든 회사가치와 주주이익을 우선적인 가치로 삼아야 한다. 그 범위 내에서는 경영진의 자리를 놓고 자유롭게 진입을 시도할 수 있도록 회사 지배권에 관한 포용적 시장이 열려 있고 공정한 경쟁이 보장되는 것이다.

Reference

1. 대런 애쓰모글루 & 제임스 A. 로빈슨, 「국가는 왜 실패하는가」 (시공사, 2020)
2. 신현탁, "기업지배구조 개선과 사법적극주의 - 정부·기업관계에 대한 역사적·비교법적 고찰을 중심으로", 「사법」 제40호(사법발전재단, 2017)
3. 신현탁·조은석, "이해관계자 참여형 기업지배구조에 관한 연구 - 회사 구성원의 경영감독 참여를 중심으로 -", 「상사법연구」 제37권 제2호(한국상사법학회, 2018)

Chapter

02 회사와 정부의 긴장관계

1 | 정부와 기업의 대립 혹은 유착

(1) 정부와 기업의 본질적 밀접성

전면적인 계획경제를 실시하는 공산주의 국가라면 시장 기능이 완전히 무시될 수도 있겠지만 그런 예외적 사례를 제외한다면, 현대 국가의 경제 시스템은 시장에 의존하는 것이 일반적이다. 그런데 시장 기능이 원활하게 작동하고 심화되려면 교통·운송망과 같은 사회적 인프라 및 사법제도·행정체계 등의 공공 서비스가 확립되어 있어야 한다. 즉 '정부와 시장'은 서로의 역할을 필요로 하는 긴밀한 상호 의존관계에 있으며 이는 앞서 제1장에서 간단하게 살펴보았다. 이때 가장 바람직한 것은 민주적 정부와 포용적 시장이 선순환 관계에서 시너지 효과를 일으켜서 경제를 발전시키는 것이겠지만, 정치제도나 경제제도가 착취적인 경우에는 지속적인 혁신성장이 곤란하며, 권위적 정부와 착취적 시장이 악순환의 고리에 맞물려서 허우적대는 경우가 태반이다.

시장은 기업의 활동영역 또는 존립의 바탕에 해당하기 때문에 '정부와 기업' 역시 이와 유사한 상호관계에 놓여 있다. 기업이 수행하는 사업과 관련하여 정부가 인·허가권을 갖고 있을 뿐만 아니라 사업활동을 지원할 수 있는 폭넓은 재량을 갖는다. 또한 경제력 집중에 의한 권한남용을 견제하는 것은 물론이고, 각종 불법행위에 대한 규제 권한을 갖기 때문에

정부는 얼마든지 합법적인 방식으로 기업에게 특혜를 줄 수도 있고 불이익을 줄 수도 있는 권력적 지위에 있다. 다른 한편으로, 기업이 창출하는 경제적 이익과 일자리 규모는 국가의 경제지표에 영향을 줌으로써 정치적 반향을 가져오고 선거에 결정적 영향을 미칠 수 있기 때문에 정권 차원에서도 기업경제의 전반적인 성장과 투자에 촉각을 세우고 있다. 따라서 기업과 정부는 서로 유착관계를 형성함으로써 상당한 이익을 얻을 수 있다. 결국 정부와 기업은 자연스럽게 서로 가까워지려는 본성을 갖는다.

(2) 경제권력의 정치적 영향력

Business history **미국 노예제도의 극적 전개**

조면기

경제적 혁신은 경제권력을 만들어내기도 한다. 1793년에 발명된 조면기는 면화에서 목화씨를 분리하는 기계이다. 종전에는 면화가 목화씨에 너무 단단하게 붙어 있어서 수익성은 없지만 거친 환경에서 재배할 수 있는 강한 종자를 키울 수 없었지만, 1820년대에는 조면기를 사용하여 미국 남부 전역에서 재배하게 되었다. 면화의 폭발적인 수출과 함께 남부의 농장주들에게 경제권력이 집중되는 효과가 발생하였고, 목화왕(King Cotton)이라는 별칭을 얻었다. 목화 재배는 주로 흑인 노예의 노동력에 의존하였다.

영국에서는 1807년에는 노예무역 폐지법을 제정하였고 1833년에는 대영제국의 모든 노예를 1년 내에 해방하는 법이 제정되었고, 미국에서도 1807년부터 노예수입 금지법을 제정하여 당시에는 원래 노예제를 완전히 폐지하려는 사회적 논의가 진행 중이었다. 그러나 조면기에 의한 목화재배의 혁명은 남부의 경제를 획기적으로 부흥시켰다. 남부 대농장의 농장주들은 더 많은 노예를 고용할수록 더 많은 수익을 거둘 수 있었다. 미국의 노예제도는 세계정세에 맞추어 폐지

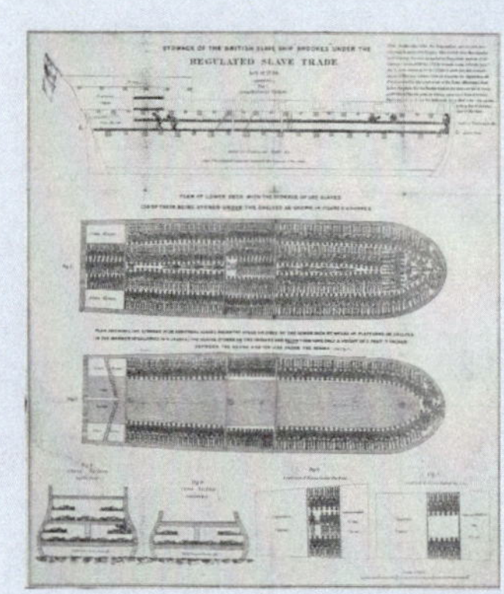
노예 무역선

될 수도 있었지만, 노예제 유지를 강력히 원하는 이해집단이 탄생하면서 미국을 완전히 분열시키는 상황으로 몰아갔다.

오히려 남부의 노예제는 다른 지역으로까지 확산될 수 있는 상황으로 전개되었다. 1854년 연방의회에서 통과된 캔자스-네브라스카법(Kansas-Nebraska Act)은 미국이 새로 획득한 영토에서도 노예제를 시행할 수 있는 가능성을 마련하였고, 1857년 연방대법원은 드레드 스콧 사건(Dred Scott v. Sandford)에서 '노예가 남부를 탈출하여 자유주에 거주하더라도 자유인이 되는 것은 아니며, 헌법에 보장하는 시민권을 향유할 수 없다'고 판결한 것이다. 이런 법적 환경은 남부 목화왕의 경제권력을 뒷받침하였고, 농장주들은 남북전쟁이 끝날 때까지 절대적인 정치적 영향력을 유지하였다.

경우에 따라서는 정치권력이 경제권력에게 포획당하기도 한다. 2010년대에 미국 연방대법원은 시티즌 유나이티드 사건(Citizens United v. FEC)에서 회사 자금을 무제한으로 정치자금에 기부할 수 있도록 판결하였다. 대기업은 선거자금의 주요 공급원이 되었기 때문에 정당정치에 심각한 영향을 주고 노골적인 로비를 통하여 규제완화를 시도하고 있어서 문제라고 지적된다. 이러한 수준을 넘어서서 동남아, 서아시아, 남미, 아프리카 등지에서는 몇몇 재벌 가문에서 국가권력을 영속적으로 장악할 정도의 정치력을 행사하는 경우를 쉽게 찾아볼 수 있다. 정경유착의 문제가 발생하는 것이다.

우리나라에서는 정당법에서 회사의 정치적 기부 자체를 금지하고 있다. 이러한 법률이 생긴 것은 이미 심각한 정경유착을 겪어왔기 때문이다. 군사정권 당시는 말할 것도 없고, 결정적으로 2002년 대통령 선거 당시 한나라당은 회사들로부터 총 823억 원을, 민주당은 총 113억 원을 뇌물로 제공받은 사건이 2004년에 불거졌다. 당시 삼성은 112억 원 규모의 주택채권을 한 권의 책자로 깔끔하게 만들어서 전달하는 등 총 340억 원을 한나라당에 제공하였고 민주당에는 30억 원을 제공하였다. LG 그룹은 현금 150억 원을 2.5톤 탑차에 실어서 한나라당에 제공하였는바 '차떼기' 당이라는 역사적인 오명을 얻는다.

그 뒤로 회사의 정치기부를 금지하였음에도 불구하고 유사한 사건으로 박근혜 전 대통령이 탄핵되기에 이른다. 헌법재판소 결정문에서 안창호 재판관은 보충의견을 통하여 "우리사회의 고질적인 문제점으로 지적되는 '재벌기업과의 정경유착'은...재벌기업에게는 특권적 지위를 부여하는 반면, 다른 경제주체의 자발성과 창의성을 위축시키는 결과를 초래"하였는데, "정치권력과 재벌기업의 정경유착의 모습은 계속 나타나고...대통령 권력의 과도한 집중은 정경유착의 원인이 되어 시장경제질서의 골간인 개인 · 기업의 재산권과 경제적 자유를 침해하고 경제적 정의와 사회적 공정성 실현의 걸림돌이 될 수 있음"을 지적한다(헌법재판소 2017. 3. 10. 선고 2016헌나1 결정). 회사들은 정경유착을 통하여 자금요구에 순응하는 한편 이를 기회로 삼아 자신에게 필요한 부당이익을 얻는 방식이 여전히 문제되고 있는 것이다.

(3) 정부의 역할에 관한 고민

정부와 기업의 유착관계는 성숙한 제도와 시민의식에 의하여 억제될 수 있다. 첫째, 포용적 경제제도는 시장의 불공정을 처벌하고 교정한다. 둘째, 포용적 정치제도는 법치주의에 의하여 불법을 방지하도록 하고 다원주의에 의하여 서로를 견제하도록 한다. 셋째, 발달한 언론은 이러한 현상을 대중에게 고발하며, 시민정신은 부패한 정치세력을 교체함으로써 정경유착에 철퇴를 가한다.

이와 같은 선순환 이론이 작동하려면 매우 많은 사람들의 헌신과 희생이 요구된다. 가시적인 성과가 나올 때까지도 오랜 시간이 소요되며, 항상 성공적이었던 것도 아니다. 따라서 역사적으로 정부의 역할에 대해서는 많은 논란이 있었고, 반드시 필요하다고 여겨지는 핵심적인 정부의 역할을 시스템화하여 제도적으로 보장하려는 노력을 기울여 왔다.

정부에게 요구되는 역할은 기업활동을 지원 · 촉진하는 것뿐 아니라 환경 · 근로자 · 소비자 등 이해관계자를 보호하기 위한 합리적 규제를 실시하는 것까지 포함한다. 상호대립적인 역할들을 동시에 수행해야 하는 현실은 모순적 성격을 갖는다. ① 시장의 자율과 자유로운 기업활동을 촉진하여 경제성장을 추구하는 과정에서는 경쟁에서 도태된 회사가 파산하거나 창조적 파괴과정에서 근로자 등이 피해를 입는 상황이 발생하게 마련이다. 이때 자유방임주의에 입각하여 정부가 개입을 최소화한다면 시장의 자율적인 순환 기능을 기대할 수도 있겠으나 심각한

정치적 역풍도 각오해야 한다. ② 반면에 정부 규제에 의하여 사회의 공익적 가치와 배분적 정의를 우선할 수는 있지만 시장과 기업의 성장동력이 훼손될 우려도 있다. 경제제도가 어느 장단에 맞춰야 할 것인지 진퇴양난으로 느낄 수 있다.

2 | 경제제도와 자유방임적 자유주의 - 미국의 사례

(1) 번영의 판타지

자유경쟁시장 모델을 세계로 전파하였던 미국은 역사적으로 오랫동안 자유방임주의(Laissez-faire)에 의한 경제성장을 경험하였다. 19세기 후반부터 20세기 초반까지 2차 산업혁명을 성공시키면서 혁신적인 대규모 산업을 일으켰고, 제2차 세계대전이 끝난 뒤부터 월남전의 소용돌이로 들어가기 전까지 20세기 중후반에는 세계를 호령하며 파죽지세의 경제부흥을 경험하였다.

이 시기를 통해 미국의 산업은 대규모 회사를 중심으로 대량생산을 실시하였고 일반대중의 대량소비는 물질적 풍요를 이뤄냈다. 지금도 미국은 고속성장을 통해 경제적 번영을 실감하던 그 시절을 미국의 황금기로 되새기며 미국의 영광을 재현하고 싶어한다. 당시 미국은 자유방임주적 자유주의에 입각하여 정부의 시장개입을 최소화하였다. 자유방임적 자유주의는 자유주의의 넓은 스펙트럼 중 한 극단에 위치한다.

(2) 자유방임적 헌법주의

존 로크(John Locke)와 존 스튜어트 밀(John Stuart Mill)의 정치철학에 연원하는 자유주의(liberalism)는 개인의 권리를 존중하고 관용을 강조하는 전통으로서 현재 대부분의 입장은 자유주의의 넓은 스펙트럼 안에 있다. 근대 법치주의는 천부인권적 기본권(libertarian rights) 사상을 인정한다. 즉 정치적 자유, 표현의 자유, 언론의 자유 등과 같은 '개인의 기본권은 사람으로 태어나면서 당연히 보장되어야 하는 것'이며 따라서 외부의 억압으로부터 기본권이 최대한 보호되어야 한다는 것은 가장 중요한 가치로 인정된다.

따라서 개인은 타인의 자유와 충돌하지 않는 한 자유롭게 자신의 가치관과 삶의 목적을 선택할 수 있는 독립적인 존재로서 주체성이 보장된다. 원래는 각 개인이 좋은 삶을 선택할 수 있도록 개인의 소양과 덕목을 고양시켜야 한다며 국가가 후견적 역할을 자임하기도 하였으나, 현대 자유주의는 좋은 삶이 무엇인지 일방적으로 규정한다는 것 자체가 강요이며 옳지 않다고 보기 때문에 국가는 중립적 관점에서 각 개인의 선택권을 존중하는 제도를 제공하는 절차적 공화주의로 발전해왔다. 현대의 정부가 특정 방식이 좋은 것이라며 시민들을 훈계하려 든다면 강압적인 권력 행사로 반감을 살 수밖에 없다.

다만 모든 개인의 선택을 자유로운 선택으로 인정하여 무조건 존중해야 할 것인지에 대해서는 입장이 나뉜다. ① 공화주의적 자유주의 및 진보적 자유주의 관점에서는 자유로운 선택이 가능하기 위한 실질적 조건이 구비되어야 선택의 정당성이 인정된다고 본다. 사실상 궁지에 몰린 개인이 별다른 선택지가 없는 상황에서 어쩔 수 없이 받아들이는 선택은 실질적으로 자유로운 선택일 수 없기 때문에 개인의 지위를 보호하기 위한 정부의 개입이 필요하다고 본다. ② 반면에 밀튼 프리드먼(Milton Friedman)과 같은 고전적 자유주의자는 현재의 즐거움을 위해 가난한 미래를 의도적으로 선택하는 것을 막을 수는 없다고 말하며, 나아가 로버트 노직(Robert Nozick)과 같은 자유방임주의적 자유주의자는 시장에서 자발적으로 이루어지는 교환은 무엇이든 정당한 것이라고 단언함으로써 정부가 개입할 여지를 남겨두지 않는다.

19세기 후반에 들어서면서 특히 자유방임주의 물결이 제도적인 지지를 얻었다. '개인의 기본권을 최대한 보장하기 위해서는 정부의 규제도 최소화해야 한다'는 논리에 의하여 자유방임적 자유주의가 전개되었는데, 1919년 연방대법원에서 자유방임적 헌법주의(Laissez-faire Constitutionalism)를 제시하면서 기본권의 자유방임적 성격을 선언하였다. 당시 1차 대전에 미국이 개입하는 것과 관련하여 사회적으로 논쟁이 격화되었고, 과연 표현의 자유가 어디까지 보호될 수 있는 것인지가 문제되었다. 이에 대하여 연방대법원은 표현의 자유를 빙자하여 타인에게 명백하고 현존하는 위협을 야기하는 극단적인 경우만 아니라면, 표현의 자유는 최대한 보장되어야 하는 것이고 각자의 표현은 정부의 규제에 의하여 통제되어야 할 것이 아니라 자유언론의 시장(free speech market)에서 서로 경쟁해야 한다고 판시하였다.

이러한 자유방임적 헌법주의는 경제영역에서도 여과없이 적용되면서 법형식주의로 구현되었고 상당한 위력을 발휘하였다.

Business history 미국의 건국초기 연방주의자 논쟁

미국의 제3대 대통령 토마스 제퍼슨, 제4대 대통령 제임스 매디슨, 초대 재무장관 알렉산더 해밀턴은 모두 미국 건국의 아버지라 불리는데 이들의 연방주의자 논쟁과 대립은 유명하다. 미국 전체의 경제발전을 위하여 각 주의 독자적 권한을 제한하고 연방 정부에게 권한을 집중할 것인지, 아니면 각 주에게 권한을 최대한 이양하는 자유방임적 입장을 취할 것인지의 문제가 당대의 정치적 논란거리였다.

제퍼슨의 초상화가 들어간 지폐

해밀턴의 초상화가 들어간 지폐

제퍼슨은 '모든 지배자는 잠재적 독재자'라고 역설하면서 '느슨한 연방의 울타리 안에서 자유방임적으로 각 주가 자신의 주권을 행사하는 것이 바람직하다'고 주장하였고, 이러한 관점을 지지하는 입장을 제퍼슨주의(Jeffersonian) 또는 공화주의자(Republican)라고 한다. 특히 영국의 식민지였다가 독립전쟁에서 승리하면서 독립을 쟁취하였기 때문에 군주주의와 일체의 권력집중을 배격하는 공화주의가 자유로운 미국의 정체성을 반영한다는 입장이었다.

반면에 해밀턴은 '연방정부가 헌법에 의한 명시적인 권한을 부여받지 않았더라도 묵시적 권한을 허용할 수 있으므로 연방정부가 강력한 중앙집권적 통제력을 행사하는 경제발전 모델을 추구해야 한다'고 주장하였고, 이러한 관점을 지지하는 입장을 해밀턴주의(Hamiltonian) 또는 연방주의자(Federalist)라고 한다.

매디슨은 제퍼슨과 함께 공화주의 정부를 지향하였고 나중에 민주당의 전신을 형성하게 되지만, 연방정부의 권한을 강화해야 한다는 점에서는 해밀턴과 공통적이었다. 매디슨은 서로의 야망이 서로를 감독하게 만드는 견제와 균형의 시스템을 중시했다.

이러한 연방주의 논쟁은 오랫동안 각인되었다. 훗날 1980년대 레이건 대통령은 신(新)연방주의(New Federalism)를 주장하면서 연방정부의 권한을 주정부와 지방정부에 이양함으로써 시장의 마법으로 문제가 해결될 수 있다고 하였다. 레이건은 경제영역에서는 자유방임적 자유주의를 취하면서도 문화적·종교적으로는 보수주의를 취하여 미국 우파의 정체성을 형성하였다.

(3) 연방대법원의 자유방임적 법형식주의

2차 산업혁명이 한참하던 19세기 후반부터 20세기 초반은 많은 기업가들이 성공의 기회를 얻을 수 있었고 대기업으로 발돋움한 시기였지만 일반 시민의 입장에서는 무규제 상태에서 상도덕이 무시되고 온갖 불법과 편법이 난무하는 정글과 같은 시대였기 때문에 겉으로만 금칠을 한 것과 같은 도금시대(gilded age)로 부르기도 하고, 강도나 다름없는 방법으로 돈을 벌어서 귀족 행세를 한다는 비난을 담아서 강도남작시대(robber baron age)로 부르기도 하였다.

그런데 당시 행정부의 경제적 자유방임주의는 사법부의 자유방임적 헌법주의에 의한 지지를 얻으면서 시너지 효과를 낼 수 있었다. 연방대법원은 정부의 규제와 시장개입을 최소화해야 한다는 관점을 가지고 법에서 정한 내용을 형식적으로 해석하여 최소한으로 적용하려는 법형식주의(judicial formalism) 기조를 취하였고, 경제규제에 관한 일련의 법령

을 위헌으로 판시하면서 자유방임적 헌법주의를 심화하였다.

1905년 로크너 사건(Lochner v. New York)에서 연방대법원은 주당 최대 근로시간을 60시간으로 제한하는 뉴욕주의 법률이 개인의 자유를 침해한다는 이유로 위헌 판결을 하였다. 즉 사업주와 근로자가 각자 최고라고 생각하는 조건에 의하여 계약을 체결할 자유를 간섭해서는 안 된다고 판시하였다. 로크너 판결은 시대가 변한 뒤에 사실상 번복되었고 시장지상주의에 의한 오류의 대명사로 여겨질만큼 충격적이었기 때문에 당시 연방대법원의 자유방임주의적 성격을 로크너주의(Lochnerism: 1890－1937)라고 부르게 되었다.

마찬가지로 1915년 코패지 사건(Coppage v. Kansas)에서도 노동조합에 가입하지 않을 것을 조건으로 근로계약을 체결하는 것을 금지하던 캔자스주의 법률이 개인의 자유를 침해한다는 이유로 위헌 판결을 하였다. 이때 연방대법원은 자유로운 재산권 행사의 결과 발생하는 부의 불평등은 정당한 것이며 근로자의 경제적 독립성이 부족하더라도 자유로운 계약체결을 존중해야 한다고 판시하였다.

자유방임적 자유주의에 의한다면, 개인의 자유가 최대한 보장되어야 하는 것과 마찬가지로 시장 역시 정부규제로부터 최대한의 자유를 보장받아야 했다. 정부는 시장에 대한 규제를 최소화하고 세금을 줄여서 작은 정부를 지향하며, 자유로운 시장에서 기업은 자유롭게 혁신을 시도하고, 시장 경쟁을 통하여 승리하는 자가 견고하게 성장하며, 기업이 돈을 벌면 사업을 확장하여 고용을 창출하거나 주주에게 배당함으로써 이해관계자들에게 보답할 것이며, 거시적인 관점에서는 국가의 경제성장을 통하여 사회에 환원할 것이라는 이상은 무지개처럼 빛났고, 미국 경제의 화려한 성장이 계속될 것이라는 믿음을 심어주었다.

3 | 자유방임주의의 반작용과 역동적 전개

(1) 사회적 갈등의 고조

자유방임주의는 공정한 자유경쟁 시장을 전제로 하여 기술혁신과 낙수효과가 발생하기를 기대하였지만 이상과 현실 사이에는 상당한 간극이 있었다. 현실에서는 공정한 시장이 아닌 기울어진 운동장으로 존재하는 경우가 대부분이며, 지속적인 기술혁신에 성공하는 것보다는 당장 근로자의 임금과 계열사의 거래대금을 감축하는 것이 더 쉬었으며, 낙수효과는 기대에 미치지 못하였는데, 작은 정부의 사회적 안전망은 부실해졌다.

1925년 Time지
Louis Brandeis 대법관

이런 상황에서는 사회적 불만과 갈등이 많아질 수밖에 없다. 특히 노동조합의 집단행동이 물리적 충돌을 가져오거나 법을 위반하는 경우에 그러한 상황을 야기한 실질적 불평등 요소에 대한 시정 없이 형식적으로 법을 위반하면 정부가 군대를 동원한 무력진압을 서슴지 않았고 엄격히 처벌하는 입장을 취하였다. 결국 사회적 긴장도와 계층간 갈등이 높아졌다.

20세기 초에는 도금시대의 부조리를 비판하는 사람들이 눈에 띄게 불어났다. 루이스 브랜다이스 연방대법관이 1914년에 발간한 책(Other People's Money and How the Bankers Use It)은 은행이 일반인으로부터 예치받은 예금을 활용하여 어떻게 산업 전반을 장악하고 남의 돈으로 경제권력을 행사하는지 비판하였고, 대기업의 독과점에 대한 규제 필요성을 역설하였다.

(2) 규제국가 시대의 명암

브랜다이스와 진보주의자들은 법형식주의를 배격하였고, 실질적 평등과 기회의 평등을 강조하고 공정한 경쟁과 포용적 가치의 실현을 요구하는 진보주의 운동(progressive movement)을 주도하였다. 이러한 노력은 시민의 지지를 얻고 정치적 공감대를 형성하여 결국 제도적 결실을 맺는다. 1914년에는 경쟁 제한적 행위를 규제하고 독과점에 의한 소비자 권익침해를 방지하기 위하여 FTC(Federal Trade Commission)가 설립되어서 시장의 공정한 경쟁을 규율하였다. 1918년에는 금리결정 등 통화정책을 통해 시장의 안정을 규율하기 위하여 FRB(Federal Reserve Board)가 설립되었다가 1935년 은행법에 의하여 현재와 같은 형태를 갖췄다. 1934년에는 자본을 조달하는 증권거래 시장을 규율하기 위한 SEC(Securities Exchange Commission)가 설립되어서 금융 시장의 안정을 관리하였다.

또한 진보주의 운동은 뉴딜 시대의 진보적 경제정책으로 반영되었다. 정부는 적극적인 재정정책을 실시하였으며, 인프라 투자가 활성화되었고, 근로자의 지위와 처우를 개선하기 위한 다양한 조치가 실현되었다. 이 시기는 정부의 시장 교정을 위한 개입을 적극적으로 허용하는 규제국가(regulatory state) 시대로 평가받는다. 나아가 연방대법원의 성격도 종전의 법형식주의에서 극적으로 반전되어서, 얼 워렌(Earl Warren) 연방대법원장이 재직하던 시기(1953–1969)는 법실질주의(legal realism) 기조에 의한 진보적 시대로 평가받는다. 정부의 적극적인 시장개입 정책은 법원에 의한 지지를 얻으면서 상당기간 지속되었다.

그러나 규제국가에서는 현실적으로 관료가 기업에 포획된다거나 전문성 부족이 문제되는 정부실패 상황이 빈발할 수 밖에 없는 것이 사실이다. 시장을 정부가 대체할 수는 없는 노릇이기 때문이다. 이러한 현실을 본격적으로 비판한 공공선택 이론(public choice theory)에 의하여 과잉규제의 비현실성과 부당성이 뚜렷이 부각되었다.

(3) 신자유주의 시대의 명암

20세기 초까지 미국을 휩쓸었던 자유방임주의에 대한 반작용으로 20세기 중반에는 규제국가가 실현되었지만, 정부의 과도한 시장개입은 결국 역풍을 맞으면서 시민의 지지를 잃게 되었다. 1970년대 들어 신자유주의(neo–liberalism)가 대두되면서 다시 자유방임적 정책으로 회귀하였다. 신자유주의는 자유방임적 성격을 갖는 경제적 자유주의 기조로서 정부역할을 최소화함으로써 시장과 민간의 자유를 증진하겠다는 이념 체계로서 문화적 보수주의와 연관된다. 자유로운 시장 기능의 신뢰, 규제 완화, 국가 사업의 민영화, 노동시장의 유연화, 자유무역과 자본의 세계화 등의 특성을 갖는다. 영국의 마가렛 대처(Margaret Thatcher,

1979년 – 1990년 수상), 미국의 로널드 레이건(Ronald Reagan, 1981년 – 1989년 대통령) 정권에서 신자유주의 정책이 본격화되었다고 평가된다.

경제학적 이론을 뒷받침한 뉴시카고 학파(new Chicago school)는 규제 타당성을 면밀히 분석하여 규제로 인한 비용을 정부가 감수하더라도 규제에 의한 긍정적 효과가 더 크기 때문에 규제를 도입하는 것이 합리적이라고 입증된 경우에만 규제정책이 도입되어야 한다고 주장하였고 이는 정부 정책에도 반영되었다. 무규제 상태에서는 정글과 같은 시장에서 혼란이 수시로 발생한다는 점을 오랫동안 경험했기 때문에 규제 자체를 무시할 수는 없었지만, 적어도 규제 타당성이 입증된 경우에만 규제를 실시할 수 있게 되었기 때문에 규제 타당성을 명백히 입증할 수 없는 애매한 상황 또는 중간적 상황에서는 일단 규제를 도입할 수 없게 되었다.

이는 결국 '일단 시장을 믿고 맡기라'는 것이어서 '시장의 무오류를 추정하는 효과를 발생시켰다'고 평가된다. 시장의 오류를 입증할 수 있는 경우라면 규제가 허용되지만, 시장의 오류를 입증하지 못하는 상황이라면 '규제가 필요한 오류는 존재하지 않는다'고 추정하는 것과 다름없기 때문이다. 무오류를 추정받는다고 해서 절대적으로 신뢰할 수 있는 것은 아님에도 불구하고, 블랙박스와 같은 시장에서 모든 것이 해결될 수 있다는 시장 만능주의가 싹튼다.

1970년대에는 신자유주의 경향을 지지하는 사법부의 흐름도 생겨났다. 파월(Lewis F. Powell) 대법관은 '규제완화를 위하여 경영계가 자원을 쏟아 부어서 정치적 로비를 해야 하며, 기업의 이익을 대변할 수 있는 사람이 선출되도록 지원해야 하며, 이러한 소신을 함께하는 판사들의 도움을 받아서 규제를 법적으로 무력화해야 한다'고 주장하였다. 파월이 연방대법원의 대법관으로 지명되기 1년 전인 1971년에 미국 상공회의소에 제공한 의견서(Attack on American Free Enterprise System)는 신자유주의를 촉발하는 계기가 되었다고 평가받는다. 파월 대법관은 1978년 연방대법원에서 Bellotti 사건의 판결문을 대표로 작성하면서 회사가 정치적 기부를 하는 것을 정당화하였다.

이러한 연방대법원의 기조는 2000년대에 다시 이어진다. 2005년부터 로버츠(John Roberts) 대법원장이 이끄는 연방대법원은 자유방임적인 보수주의를 취하면서 신로크너주의(neo – Lochnerism)라고 불린다. 2010년에는 시티즌 유나이티드 사건에서 종전의 Bellotti 판결의 취지를 확장하면서 회사는 표현의 자유에 근거하여 무제한적으로 정치적 기부를 할 수 있다고 판시하였다. 2022년에는 여성의 낙태권을 인정하였던 1973년의 연방대법원 판례(Roe v. Wade)를 폐기하는 판결을 내렸다(Dobbs v. Jackson Women's Health

Organization). 헌법상 낙태를 권리로 인정한 근거가 없다는 취지였다. 2023년에는 하버드 대학교와 노스캐롤라이나 대학교의 입시에서 소수인종을 우대하는 정책(affirmative action)을 위헌으로 판결하였다(Students for Fair Admissions v. Harvard). 특정한 소수인종을 우대해야 한다는 관점 자체가 인종 차별적이라는 취지이다. 이러한 일련의 연방대법원 판례들은 현재 많은 논란을 가져오고 있다.

신자유주의 경제기조에 자유무역의 본격적인 세계화 경향이 더해지면서 심각한 문제가 야기되었다. 시장 메커니즘에 대한 무한신뢰를 가지고 사람들은 모든 것을 자유롭게 선택할 수 있다고 믿었지만, 어느 순간 일자리를 놓고 다른 나라의 저임금 근로자와 경쟁해야 한다는 사실을 깨닫게 되면서 사실은 자기 운명의 결정에 관여할 수 없다는 소외감을 느끼게 된다. 전통적으로 내가 속한 정치적 공동체에 참여하면서 자치를 실시할 수 있다는 것이 공화주의적 자유의 본질이었으나, 시간이 지나면서 자치의 가능성이 축소되는 역사적 경로를 겪은 것이다. 소비자로서 시장에 참여하는 것만으로도 아무런 문제가 없는 것처럼 보였지만 각자에게 허용된 선택지를 고심하여 고르고 아무리 노력해봤자 대부분의 사람들은 현실적으로 달라지는 것이 별로 없다고 느낄 수 있다. 거대한 경제현실 앞에서 대중이 절망할 때 정치적 불안정이 발생하고 극우적 선동이 유일한 희망인 것처럼 추앙받는다.

경제영역에서 이해관계자들이 결정권을 행사하는 것이 바람직할 것인지는 의문이 있겠으나, 시민의 삶에 강력한 영향을 미치는 경제시스템에 대하여 목소리를 낼 수 없다면 그러한 시스템은 지속가능성에 문제가 있다. 시민은 소비자임과 동시에 생산 및 투자에 참여하는 이해관계자이기 때문에 경제활동의 조직화 및 평가 과정에 참여할 기회를 갖는 것은 경제제도의 포용성은 물론 다원적 정치제도의 포용성을 유지함으로써 양자의 선순환을 이루기 위해 요구되는 가치이다.

(4) 법실질주의

시장 만능주의적 경향을 비판하면서 다시 법실질주의 관점이 대두되었다. 특히 시장원리가 경제영역을 초월하여 모든 문제를 해결할 수 있을 것처럼 전가의 보도로 사용되는 것은 곤란하며 시장원리를 적용하는 데에는 한계가 있다는 점을 지적하였다. '넛지(nudge)'라는 새로운 개념의 저서로 유명한 하버드 로스쿨의 선스타인(Cass Sunstein) 교수는 시장원리가 적용되기 위하여 다음과 같은 기본전제를 충족해야 한다고 설명한다.

즉 ① 재산권과 같이 개인에게 귀속되어서 절대적 소유권을 주장할 수 있는지, ② 권리의 처분·포기가 자유롭고 유상으로 거래할 수 있는 성질을 갖는지, ③ 당해 시장이 자원배분의 효율성을 극대화하도록 개인의 선호를 종합할 수 있는지 아니면 민주주의적 가치부여가 필요한데도 개인의 취향만 반영하는 것은 아닌지와 같은 요소가 고려되어야 한다. 만약 이러한 사항을 충족하지 못하는 상황이라면 시장원리가 함부로 적용되어서는 안 된다.

현재는 시장만능주의적 법형식주의와 합리적 규제를 지향하는 법실질주의가 혼재하면서 구체적 사건에서 경합하고 있는 상황이다.

4 | 정부의 시장개입에 대한 제도적 평가

(1) 경제성장과 공황의 반복적 순환

미국에서 2차 산업혁명의 시기와 2차 대전 이후의 시기는 고속성장의 화려한 기억으로 채색되어 있고, 자신만만했던 영웅적 과거를 현재에 다시 되돌리고 싶어 한다. 양 시기의 공통점은 자유방임주의를 극단적으로 실현하였다는 점이다. 그러나 이러한 단순화는 심각한 오류에 빠질 수 있기 때문에 유의할 필요가 있다.

19세기 후반의 미국은 작은 정부를 지향하였고 1차 세계대전에 개입하던 예외적인 시기를 제외하면 1920년대까지 자유방임의 원칙을 고수한 것이 사실이다. 심지어 1819년, 1837년, 1857년, 1873년, 1884년, 1893년, 1896년, 1907년에 반복적인 공황이 발생하고 있었음에도 불구하고 정부는 방관하였다. 시장 자체적으로 경기순환을 겪어내다 보니 경기가 확장되다가 과도한 팽창으로 이어지고, 이는 금리상승과 시장불황으로 이어지는 패턴을 반복하였다.

전체적인 추세로 본다면 자유방임주의 시대에 경제가 성장한 것은 맞지만 수시로 찾아오는 경제의 극심한 변동성은 시민들의 정치적 분노로 표출되었고, 결국 1929년 대공황을

후버댐

기점으로 미국은 규제국가로 변모하였다. 자유방임주의에 의한 경제성장은 지속가능하지 않았으며, 규제강화를 자초하였다.

대공황은 10년 이상 지속되었으며, 곧 2차 대전에 참전하면서 전시 경제체제가 가동된다. 그런데 아이러니하게도 이러한 규제국가 정책의 간접적 효과는 이후 호황을 위한 밑거름이 되었다. 즉 대공황 당시 정부의 시장개입 정책에 따라 대규모의 사회기반 투자를 투입하여 금문교 건설, 테네시계곡 개발공사, 후버댐 건설 등이 이루어졌다. 2차 대전 당시 전쟁물자의 대량공급을 위하여 대규모 공장과 산업설비가 만들어졌고 훈련된 인력이 대량으로 배출되었다. 2차 대전 이후에 미국은 종전의 대규모 투자에 힘입어 성장의 황금기를 구가하였다.

(2) 제도적 시사점

이러한 경제적 역사의 흐름을 살핀다면, 어느 하나의 정책이 모범 답안은 아니며 정책마다 장단점이 있음을 알 수 있다. 경기순환의 흐름은 주어진 현실이며, 그러한 경제현실의 바탕에서 사회구성원들이 동의할 수 있는 경제정책을 구사하는 것이 최선이다. 시민의 공감을 얻을 수 없는 정책이라면 정치적 역풍을 맞는 것이 포용적 정치제도에서는 당연한 귀결이다. 마치 자동차를 운전할 때 엑셀과 브레이크를 적절히 번갈아 밟아야 하는 것처럼 자유방임적 정책과 규제정책은 서로 모순적이면서도 상호 보완적인 기능을 수행한다.

이렇듯 융통성이 필요한 규제정책과는 달리 회사제도는 기본적으로 경제활동을 위한 시장참여자들의 기본적인 약속을 설정하는 것이기 때문에 법적 안정성을 유지할 필요가 있다. 단기적 목적을 위하여 쉽게 바꿀 수 있는 성격은 아니다. 법을 자의적으로 해석하여 수시로 다르게 적용하는 것도 시장의 혼란을 야기한다. 회사제도는 경제상황에 맞추어 융통성 있게 변용되어야 하는 경제정책과는 성격을 달리 한다. 그런데 시장경제가 발전한 국가일수록 규제기능의 핵심적인

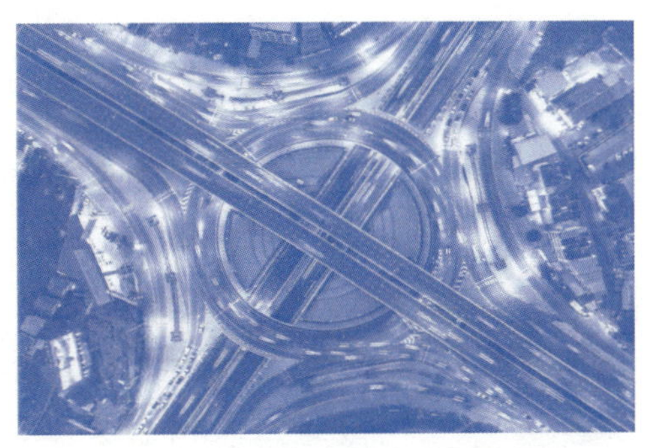

사항은 이미 입법적으로 제도화되어서 규제 당국에 의하여 상시적으로 감독이 이루어지고 있다. 다만 그러한 규제권능을 어느 정도 수준에서 행사할 것인지 재량이 부여되어 있기 때문에 시대와 상황에 맞추어 운영의 묘를 살리는 것이 가능하다.

회사제도가 자유방임주의나 규제국가주의와 같은 경제 이데올로기에 수시로 휘둘려서는 안 될 것이지만, 포용적 경제제도와 포용적 시장의 유지와 발전을 위해 필요한 핵심적인 사항을 시대에 맞게 발굴하여 회사제도에 내재되도록 설계해야 한다. 정부의 후견적 감독기능에 의존할 것이 아니라 시장의 자유로운 경쟁과 자율적인 자정기능을 향상시키고, 경제활동에 참여하는 투자자·소비자 등이 실질적으로 자유로운 선택을 할 수 있는 시스템을 마련하여 이해관계자의 이익을 보호하는 것은 포용적 경제제도와 포용적 정치제도의 선순환을 증진하여 포용적 시장의 혁신을 촉진한다. 이는 회사제도의 존재의의를 실현하는 것이다.

5 | 개발국가모델

(1) 정부 역할에 관한 다양한 모델

정부가 시장개입을 최소화하고 기업의 자유를 최대한 보장하려는 자유방임주의도 있고, 정부가 시장에 개입하여 합리적 규제를 해야 한다는 입장도 있었지만, 이 두 가지 모델이 전부는 아니다. 어차피 경제를 성장시키는 것이 목적이라면 정부가 시장에 개입하여 규제만 할 것이 아니라 시장을 주도적으로 끌고 나가면서 진두지휘하는 모델도 있다. 시장을 활용하지 않고 정부가 계획경제를 실시하는 공산주의 모델과 달리, 정부가 성장정책에 의하여 시장경제를 주도하는 모델을 개발국가모델이라 한다.

(2) 개발국가모델의 시초

1차대전 군수산업 여성근로자

1차대전 자원입대 포스터

개발국가모델의 원형은 전시 경제체제에서 찾을 수 있다. 영국과 독일, 미국은 1차 세계대전을 치르면서 전쟁수행을 위한 긴급한 수요에 대처하기 위한 전시 경제체제를 실시하였다. 당시 독일에서 산업 전반의 기업과 물자를 동원하던 방식을 1930년대 나치 정권에서 반복하면서 3M이라는 구호를 내세워서 대량동원, 자동차화, 군사화를 효율적으로 실시했다.

1917년 전쟁에 개입한 미국의 윌슨 대통령은 전쟁비용을 마련하기 위하여 종전의 자유방임주의를 포기하고 최고 세율이 67%에 달하는 기록적인 세금을 징수했고, 연방 차원의 군수산업청, 식품청, 연료청 등을 설립하여 시장 가격과 생산량을 조정하였다.

이후 프랭클린 루즈벨트 대통령은 대공황을 극복하기 위하여 1차 대전 당시의 전시체제를 모방한 뉴딜 정책을 개시하였다. 1933년에는 국가산업재건법을 제정하여 연방정부가 노동시간과 최저임금을 규제하였고, 군수산업청의 뒤를 이은 국가재건청(National Recovery Administration)은 모든 산업의 생산량과 가격, 임금을 조정하였다. 국가재건청이 제안하는 근로기준을 준수하는 사업체는 블루이글 휘장을 걸어놓을 수 있었으며, 소비자들에게는 블루이글 휘장이 걸린 상점만 사용하도록 선전하였다. 1933년에는 뉴욕에서 대규모의 블루이글 퍼레이드를 동원하기도 했다. 다만 국가재건청의 과도한 경제개입은 비판의 대상이 되었고 1935년 연방대법원은 국가산업재건법을 위헌으로 판결하였다(Schechter Poultry Corp. v. US).

정부가 시장의 가격을 결정하고 인적 자원과 물적 자원의 분배방식을 주도하는 모델은 시장의 자유를 중시하는 미국에서는 도저히 용납될 수 없는 수준의 위헌적인 것이었다. 이후 미국의 경제정책은 시장에 대한 직접적인 개입을 포기하였고, 그 대신 국가재정과 금융정책으로 간접적 개입을 하는 케인스 정책(Keynesian policy)으로 자리잡는다.

반면에 소련은 공산주의 혁명 이후 내전으로 피폐해진 상황을 극복하고자 1921년부터 한시적으로 사적 소유를 일부 인정하는 혼합경제방식인 신경제정책(New Economic Plan)을 채택하였다. 지금의 중국에서 볼 수 있는 일종의 국가 자본주의 형태라 할 수 있다. 이때 설립된 국가계획위원회(Gosplan)는 시장을 활용하되 시장 가격과 생산량을 조절하는 방식으로 유례없는 성공을 거두었다.

1933년 공공근로 인력 사진

그러나 레닌이 죽은 뒤 스탈린은 1928년 신경제정책을 폐지하고 본격적으로 공산주의에 기반한 계획경제를 개시하였다. 공산주의 정체성을 가지면서도 시장을 활용한다는 사실은 소련의 정치적 당위성을 훼손하는 것으로 받아들여졌기 때문에 개발국가모델은 경제적 유용성과는 별개의 이유로 거부되었다.

(3) 개발국가모델의 본격적 시도

개발국가모델에 대하여 미국에서는 위헌적인 경제개입이라는 이유로, 소련에서는 정치적 이유로 사라졌지만 누군가에게는 매력적인 부분이 있었다. 일본은 1931년 만철폭파 사건을 계기로 중국을 도발하는 만주사변을 일으키고 1932년 괴뢰국가인 만주국을 수립한다. 당시 일본은 국내의 강력한 재벌과 공존하며 산업화를 이루었는데, 이에 비하여 만주는 일본 정부가 온전히 주도하는 개발정책을 실험하기에 적합하였다.

만주국은 '국방 국가로서의 총력전 체제'를 표방하면서 비사회주의권에서 가장 극단적인 통제경제를 시도하였다. 1950년대 일본 총리가 되었던 기시 노부스케는 만주국에서 소련의 중공업 정책을 모방하여 만주산업개발 5개년 계획을 수립하였다. 제1기(1932–1936)에는 중요사업을 지정하고, 제2기(1937–1941)에는 중공업 개발을, 제3기(1941–1945)에는 광업 개발을 실시하였다.

경제개발을 선전하는 수천만 장의 전단과 우표를 살포하고, 인구의 10%에 해당하는 430만 명 규모의 협화회를 만들어 선전과 감시에 동원하며, 매년 국민저축 목표액을 설정하여 강제저축을 하는 '총력동원'을 실시한다. 기업경제를 통하여 성장하는 것에 그치지 않고 사회 전체를 경제성장을 위한 종속변수로 설정하여 동원 가능한 모든 인력과 물자를 쏟아부은 것 역시 경제성장 제일주의를 채택하는 개발국가모델의 한 단면이다.

이때 조선총독부는 15만 가구를 만주로 이주시키는 계획을 세웠고, 선만척식회사를 설립하여 본격적인 대량이주를 실시한다. 1930년대에 조선에서 70만 명이 만주로 이주한다. 나중에 반민특위의 친일청산 대상 1호로 지목되었던 박흥식은 선일지물 주식회사를 설립하여 스웨덴에서 직수입한 신문용지를 만주 등지로 판매하여 사업을 키웠고, 중일전쟁 이후에는 화신무역을 설립하여 각종 생활필수품을 만주에 수출하였다. 현재의 SK는, 1929년 설립되어 만주지역에 직물류를 수출하던 선만주단과 일본의 견직물 제조업체인 경도직물이 합작투자하여 1940년 설립된 선경직물을 종전 후에 적산으로 불하받아서 사업을 확장한 것이다.

만주국의 개발국가모델은 2차대전의 종전과 함께 사라졌지만, 만주에서 생활하던 70만 명 이상의 우리나라 사람들이 다시 돌아오면서 당시의 경험도 함께 가져왔다.

(4) 동아시아의 개발국가모델

우리나라는 1960년대부터 1980년대까지 본격적인 개발국가모델에 의한 경제정책을 실시하였다. 개발국가모델 개념은 정부주도 방식에 의하여 산업화와 경제성장을 추구하면서 정부와 기업간 협력적 관계를 조율하는 산업정책을 의미한다.

우리나라뿐 아니라 동아시아의 많은 나라들이 개발국가모델을 취했는데 공통점은 다음과 같다. 즉, (i) 강력한 정치권력자와 정치적 압력으로부터 절연된 관료조직에 의한 사회통제 및 효율적 자원동원이 이루어졌고, (ii) 냉전기 미국과 동맹관계를 갖고 보호주의가 묵인되면서 수출중심의 성장정책을 실시하였고, (iii) 경제성장과 산업화를 최우선의 국가목표로 삼았다. 보조금을 지급하고, 정책자금을 제공하며, 세금을 감면하고, 과점을 허용하며, 수입을 금지하거나 관세를 높이는 등의 산업정책은 후발산업화 국가들이 일반적으로 사용하는 방식이었다.

결과론적으로 얘기하자면 동아시아 국가들은 경제성장에 성공하였다. 개발국가모델을 취한 많은 국가들이 독재 등 착취적 정치제도에 머물러 있었음에도 불구하고 성장이 가능했던 것은 ① 자금을 투입하여 생산설비를 도입하고, ② 정책적으로 인력을 농업에서 생산성이 높은 산업으로 이전시키고, ③ 값싼 노동력을 대량으로 투입하여 가격 경쟁력을 높일 수 있었기 때문이다.

그러나 저개발 상태에서 이런 방식으로 제한적인 성장을 이룰 수는 있지만 지속가능한 성장을 실현할 수는 없다. 착취적 권력을 이용한 경제적 약탈이 발생하고, 공정한 경쟁이 보장되지 않기 때문에 계속적인 혁신을 이뤄낼 동기가 부족하다. 나아가 착취적 정치제도에서는 정부가 배후에서 회사를 지배하기 쉽다. 정치권력에 대한 견제가 어렵기 때문에 정치권력은 회사가 창출하는 부에 관심을 가지고, 회사 입장에서는 그렇게라도 시장에서 우월한 지위를 유지하는 것을 선택한다. 결국 정경유착으로 귀결된다.

(5) 우리나라의 경우

우리나라 정부는 특히 기업가적 역할을 자처하면서(entrepreneurial state) 극단적으로 시장에 개입하였다.

Business history **해외차관의 정부보증**

1961년 차관에 대한 지불보증에 관한 법률을 제정하여 국내 기업이 해외에서 상업차관을 받을 때에는 국가에서 보증을 제공함으로써 회사 경영진이 수행해야 하는 가장 중요한 역할인 자금조달에 앞장섰다. 이에 상업차관으로 1966년부터 1978년까지 약 80억 달러를 조달하였다.

그런데 차관자금의 연평균 이자율은 5~6%인 반면에 시중은행의 이자율은 25~30%이고, 사채 이자율은 50%가 넘었다. 회사 입장에서는 정부 보증하에 차관을 도입하기만 하면 사채로 빌려줘서 차익을 얻거나 암달러 시장에서 2배의 환차익을 얻으면서 팔 수 있었던 것이다. 정부 입장에서는 기업이 자금을 조달하여 투자와 생산을 증대하길 기대했지만, 실상은 사채시장으로 흘러들어가는 것이 시장참여자의 합리적 선택이었다. 결국 모럴 해저드와 투기가 심각한 사회문제로 부상하였고, 부실회사가 양산되었다. 시장기능을 국가가 완전히 지배할 수 있다고 믿은 것은 순진함을 넘어선 어리석음이었다.

반면에 차입한 회사가 부도가 나면 국가가 대신 변제를 해야 하기 때문에 회사가 부실해지면 산업합리화라는 명목으로 다른 회사에게 억지로 인수시키면서 장기 저금리 융자를 제공하고 은행채무를 주식으로 전환하는 등의 추가적인 특혜를 또 다시 부여해야 했기 때문에 시장이 왜곡되는 부작용이 뒤따랐다.

Business history 종합무역상사

1970년대에는 수출을 통한 경제성장을 극대화하기 위하여 일체의 수출을 전담하는 종합무역상사를 정책적으로 지원하기로 한다. 즉 수출실적이 많은 회사를 종합무역상사로 지정하고 자금지원과 업무상 특혜를 제공하여 더 많은 수출을 할 수 있도록 국가 차원에서 견인하려는 것이었다.

1975년부터 실시된 종합무역상사제는 당시 오일쇼크로 부실화된 기업들을 포함하여 활발한 M&A를 가능케 하였다. 당시 제정된 중소기업계열화촉진법에 의하면 ① 해외지사 10개 이상, ② 자본금 10억원 이상, ③ 단일품목 기준 50만 달러 이상 수출하는 품목 7개 이상 보유(이후 100만 달러 이상 수출하는 품목 15개 이상, 수출실적 1억 달러 이상, 15개국에 100만 달러 이상 수출해야 하는 것으로 요건이 상향되었음) 등의 요건을 갖추는 회사를 종합무역상사로 지정할 수 있도록 하였다.

종합무역상사로 지정되면 ① 국내업체들이 국제입찰에서 경합할 때에는 종합무역상사를 우선 지원하며, ② 종합무역상사에 원자재수입에 대한 우선권을 부여하고, ③ 수출신용장만 받으면 이를 근거로 곧바로 은행에서 금융지원을 해주는 파격적인 특혜를 지원하였다. 이에 따라 회사들은 경쟁적으로 M&A를 실시하였고 수출실적이 있는 다른 회사를 흡수하였다. 1978년까지 대우실업과 삼성물산 등 13개의 회사가 종합무역상사로 지정되었다. 당시로서는 국내 회사들의 해외 수출이 어려웠기 때문에 종합무역상사는 상당한 성과를 거두었다.

다만 외형적인 수출 성과를 극대화하려는 정부의 극단적인 압박 때문에 종합무역상사는 수익을 고려하지 않고 무리하게 편법을 동원해야 했다. 그 결과 재무구조가 악화되고 그룹 전체의 부실을 가중시켰기 때문에 많은 종합무역상사가 스스로 그만두었다. 종합무역상사 제도를 통하여 정부가 인위적으로 시장에 개입했던 것은 결과적으로 재벌기업의 계열사 수를 폭증하게 만들었고 문어발식 경영이라고 불릴 정도로 과도한 사업다각화를 야기하였다. 수출 증대를 절대적인 정책 목표로 삼는 대신, 산업구조가 왜곡되거나 재벌기업에 경제력이 집중되는 것은 간과하였다.

Business history 산업합리화 정책

1970년대까지 수출산업과 중화학부문에 대한 각종 지원책이 집중되었기 때문에 과잉투자가 심각하게 우려되는 상황이었다. 이에 정부는 1977년경 산업합리화가 필요하다는 명목으로 다시 시장개입을 단행하였다.

즉, 철강은 포항제철이 배정받고, 산업용 보일러는 삼성중공업, 대형변압기와 차단기는 효성중공업, 나머지 기계부문은 대우중공업이 배정받았다. 6,000 마력 이상의 초대형 엔진은 현대조선, 600 마력 이상의 중대형 엔진은 쌍용중기, 중소형 엔진은 대우중공업이 배정받았다. 통신 및 전력케이블은 대한전선과 금성전선, 조선은 현대, 삼성과 대우, 석유화학은 LG, 금호, 롯데와 SK가 배정받았다.

이와 같이 무리한 사업분야 배정방식은 정권이 바뀐 뒤에도 반복되었다. 1980년에는 국가보위비상대책위원회에서 '중화학투자조정작업'을 실시하였고, 1983년에는 '하이테크 산업의 진흥을 위한 상공부 가이드라인'이 발표되었으며, 1985년에는 해운업 합리화 작업, 1991년에는 그룹별 업종전문화 정책이 실시되었다. 일련의 산업합리화 정책은 모두 정부의 파격적인 재정적 지원 및 금융혜택이 추가되었기 때문에 기업들의 입장에서는 사업배정을 받기 위하여 전력을 다하여 정치적 로비를 할 수밖에 없었고 시장의 기능은 왜곡되었다.

6 | 포용적 시장 형성을 위한 제도적 노력

(1) 경제헌법

경제헌법 규정

① §15에서는 '모든 국민은 직업선택의 자유를 가진다'고 규정하고, §23에서는 '모든 국민의 재산권은 보장된다'고 규정한다. 이로써 자본주의 경제질서의 가장 기본적인 전제조건인 사적 소유권을 보호한다.
② §119①에서 '대한민국의 경제질서는 개인과 기업의 경제상의 자유와 창의를 존중함을 기본으로 한다'고 규정하여 지속적인 혁신이 가능한 포용적 시장을 지향하며, §119②에서는 '국가는 시장의 지배와 경제력의 남용을 방지'하도록 규정하였는바 포용적 시장이 퇴색하지 않도록 시장감시와 정부개입에 의한 시장관리 기능을 허용한다.
③ §124에서는 '국가는 생산품의 품질향상을 촉구하기 위한 소비자보호운동을 법률이 정하는 바에 의하여 보장한다'고 규정하는 한편 §32에서는 '국가는 사회적·경제적 방법으로 근로

자의 고용의 증진과 적정임금의 보장에 노력하여야 하며...근로조건의 기준은 인간의 존엄성을 보장하도록 법률로 정한다'고 규정함으로써 시장에서 열악한 지위에 있는 시장참여자들이 착취당하지 않는 포용적 경제제도를 유지할 수 있도록 하였다.

우리나라의 헌법에서는 직접적으로 포용적 경제제도의 근간을 마련하고 있다. 헌법재판소는 위와 같은 경제헌법 규정의 해석상 사회적 시장경제를 지향한다고 설명한다. 즉 "우리 헌법상의 경제질서는 사유재산제를 바탕으로 하고 자유경쟁을 존중하는 자유시장 경제질서를 기본으로 하면서도 이에 수반되는 갖가지 모순들을 제거하고 사회복지·사회정의를 실현하기 위하여 국가적 규제와 조정을 용인하는 사회적 시장경제질서로서의 성격을 띠고 있다"(헌법재판소 1996. 4. 25. 선고 92헌바47 결정).

이는 포용적 시장의 창의적이고 활발한 작동을 위하여 지원하는 한편 시장원칙이 훼손되지 않고 최소한의 복지를 실현할 수 있도록 적절한 개입을 가능케 함으로써 양극단으로 치우치지 않도록 돕는 것이다. 역사적으로 시장실패와 정부실패를 번갈아 겪으면서 자유방임주의와 계획경제체제의 문제점은 모두 공감하고 있다. 따라서 경제헌법은 자유방임주의나 계획경제체제와 같은 양극단을 배세한 상태에서 혼합경제의 다양한 시도를 허용하고 있으며 특히 각 시대에 맞게 조정해나갈 것을 예정하고 있다.

경제헌법 차원의 큰 틀에서 마련한 경제제도와 방향성은 여기까지이다. 실제로 개별사안에서 작동해야 할 세부적인 구체적 제도들은 개별법령을 통해 다듬어져야 한다.

다만 우리나라는 자본주의 시장경제를 운영한 경험이 100년도 안 되는데 심지어 시장의 자율적 기능 보다는 기업가적 정부의 주도적 역할에 의존하여 성장해왔다. 2000년대의 시장 발달을 감안하더라도 아직 우리나라에서 포용적 시장이 활발하게 작동할 수 있도록 만드는 포용적 경제제도가 충분히 형성된 상태는 아니라는 점을 인정할 필요가 있다. 이를 '제도적 공백'이라 부른다.

(2) 회사제도의 포용성

제도적 공백의 상태에서는 기업이 자의적으로 영역을 확장하고 자신의 이익을 위하여 기능을 확대하기 마련이다. 회사제도의 포용성과 관련하여 특히 유의해야 할 갈등의 상황은 ① 소비자 및 근로자와 같은 이해관계자에 대한 보호의 문제와 ② 경영진의 권한남용을 견제할 수 있는 감독의 문제라 할 수 있다.

이 중 위 ①에 해당하는 이해관계자 보호를 위해서는 전통적으로 회사법 이외의 법령을 통해서 외부규제를 실시해왔다. 회사제도가 발전한 영·미에서도 역사적으로 기업이 이해관계자의 이익을 무시하거나 심각한 피해를 야기함으로써 정치적 문제가 되었던 경우가 허다하며, 이로 인하여 다양한 규제법률이 만들어졌다.

즉 소비자보호법, 제조물책임법, 근로기준법, 노동조합법 등에서 이해관계자의 이익을 보호할 수 있도록 다양한 외부규제 법령이 순차적으로 형성되어 왔다. 여기에 더하여 최근의 ESG 경영이념은 이해관계자 보호의 가치를 경영 과정에서 실현할 수 있도록 경영전략과 리스크관리 시스템을 재구성함으로써 종전에 외부규제에 의하여 타율적으로 실시되던 것을 자율적으로 내부화하려는 시도를 하고 있다. 시대와 함께 발전을 하면서 많은 성과가 있었다고 평가할 수 있다.

다만 이러한 규제시스템을 자유방임주의에 가깝게 운영할 것인지 규제국가 성격으로 운영할 것인지는 시대와 사안에 따라 달라질 문제이다. 따라서 제도적 차원에서는 추이를 지켜봐줄 수 있는 여유가 생긴 것이며, 우리 현실에 비추어 볼 때 가장 바람직한 방법이 무엇일지 진지하게 고민하여 창의적인 시도를 해볼 수 있는 여지가 충분하다.

한편 위 ②에 해당하는 경영진 감독과 관련하여 감사/감사위원회 및 소수주주권 등의 제도가 마련되어 있기는 하지만 선진국에 비하여 여전히 실효성이 부족한 것으로 평가받는다. 경영진이 권한을 남용할 경우에는 주주 및 다른 이해관계자들이 정당한 이익을 보호받지 못할 수 있으며 궁극적으로는 기업활동이 중단됨으로써 각자에게 막대한 피해를 입힐 우려가 있다. 나아가 개별 기업의 부실과 전횡이 점점 더 쌓여서 사회적으로 일반적인 문제가 되어버린다면 결국 시장에 대한 신뢰를 상실하게 됨으로써 국가경제의 관점에서도 회복할 수 없는 피해를 입을 심각한 우려가 있다.

지난 세월 동안 우리나라에서는 경영진의 권한 남용에 대하여 업무상 배임죄 및 횡령죄를 적용하여 형사처벌함으로써 규제하였다. 회사제도가 낯설었기 때문에 형사처벌 방식은 경영진이 나쁜 마음을 먹지 못하도록 강력한 효과를 발휘하였다. 종종 발생하는 처벌사례는 경영진에게 반면교사의 위하효과를 주었고 다른 이해관계자에게는 시장에 대한 신뢰를 구축해주었다. 그러나 다른 한편으로 형사처벌의 가능성이 경영진을 얼어붙게 만드는 효과도 무시할 수 없다. 혁신적인 경영을 통하여 창조적 파괴를 실현해야 할 경영진에게 형사처벌 리스크가 상존한다는 사실은 포용적 시장과 상충하는 장애요소이다.

시장경제의 발전과 함께 경영진 감독기능도 세련되게 발전할 필요가 있으며 다양한 제도적 가능성을 고려해야 한다. 현재와 같이 회사 내부에서 경영진 감독을 충실하게 수행하기 곤란한 제도적 공백 상태를 보완해야 한다. 지속성장이 가능한 기업활동을 촉진하는 것은 포용적 시장과 포용적 경제제도의 실현에 필수적이다.

(3) 정부개입의 법적근거

그렇다면 제도적 공백의 상태에서 정부의 개입이 어디까지 허용될 것인지 법리적으로 검토할 필요가 있다. 이와 관련하여 헌법 §119①에서는 기업의 경제적 자유를 보장하도록 규정하는 한편 §119②에서는 정부의 시장개입의 근거를 제공하는 규정을 두고 있기 때문에 어느 규정을 따를지에 따라서 접근방법이 달라진다.

대법원은 헌법 §119에 대한 해석론에 있어서 균형해석론을 취하고 있기 때문에 §119①과 §119②을 대립적인 관계로 파악하지 않고 동등한 관계 내지는 전체로서 경제질서의 기본원칙을 규정한 것으로 파악한다. 따라서 경제의 영역에서도 인간의 존엄을 실현하기 위해 필요한 경우에는 정부의 개입이 정당화될 수 있다. 모든 경제주체의 실질적 자유를 보장할 수 있도록 포용적 경제제도를 형성하는 것이 정부의 역할인 것이다.

반면에 헌법재판소는 헌법 §119에 대한 해석론에 있어서 원칙 · 예외론을 취하고 있기 때문에 §119①을 원칙규정으로, §119②을 예외규정으로 해석한다. 따라서 정부의 시장개입은 시장실패와 같은 폐해를 최소화하기 위한 경우에만 허용될 수 있다. 즉 필요성이 인정될 경우에 한하여 보충적 · 예외적으로 인정된다.

다만 헌법재판소의 입장은 시장이 정상적으로 형성되어서 작동하는 상황을 전제로 삼고 있다. 따라서 정부가 '시장제한적 조치'를 실시하기 위하여 시장에 개입하는 것이 아니라, 시장기능이 미성숙하여 제도적 공백 상태에 있는 경우에 '시장형성적 조치'를 실시하기 위하여 시장에 개입하는 경우는 당연히 시장 개입의 필요성이

인정된다.

결국 대법원과 헌법재판소의 견해 중 어느 입장에 의하더라도 현재 우리나라에서 경영감독에 관한 부족한 시장기능을 보완하기 위한 정부의 조치는 헌법적으로 허용된다고 보는 것이 마땅하다. 주주 및 이해관계자의 실질적 자유를 보장하기 위하여 또는 경영진 감독에 관한 제도적 공백을 보완하여 시장기능을 형성하기 위하여 시장 개입의 필요성이 인정되기 때문이다. 따라서 경영감독 기능을 어떻게 설계할 것인지 논의하는 것을 주저할 필요가 없다. 오히려 우리나라 현실에 비추어 가장 적합한 방식을 고안하기 위하여 최대한 상상력을 동원하여 지적 논의가 이루어질 필요가 있다.

Reference

1. 마이클 샌델, 「당신이 모르는 민주주의」 (미래엔, 2023)
2. 앨런 그린스펀 & 에이드리언 울드리지, 「미국 자본주의의 역사」 (세종, 2022)
3. 신현탁, "기업지배구조 개선과 사법적극주의 - 정부·기업관계에 대한 역사적·비교법적 고찰을 중심으로", 「사법」 제40호(사법발전재단, 2017)
4. 신현탁·조은석, "이해관계자 참여형 기업지배구조에 관한 연구 - 회사 구성원의 경영감독 참여를 중심으로 -", 「상사법연구」 제37권 제2호(한국상사법학회, 2018)
5. 김구연·신현탁, "경영자 중심주의적 판례 경향에 대한 비판적 검토 - 주식의 포괄적 교환에 관한 대법원 판례를 중심으로 -", 「기업법연구」 제33권 제3호(한국기업법학회, 2019)

PART

II

주주와 이해관계자, ESG

3장 회사의 법인격과 구성원

4장 ESG 경영과 공익적 가치

03 회사의 법인격과 구성원

1 | 법인격을 인정할 수 있는 근거

(1) 법인격?

사람이 태어나면서 법적으로 인격을 인정받고 권리능력을 갖는 것과 유사하게, 회사는 법률에 근거하여 법인격을 부여받고 권리능력을 갖게 된다. 즉 회사가 권리능력을 가지고 경제활동을 할 수 있는 근거는 법률에 의하여 법인격을 인정받기 때문이다.

지금은 '법률이 법인격을 부여한다'는 관념이 너무나 당연하게 여겨진다. 주변에 법인격을 가진 회사가 널려 있고 일상적으로 제품과 서비스, 일자리와 광고를 통해 접하다 보니 마치 회사 그 자체가 독립적으로 살아 움직이는 것처럼 당연하게 여기는 '법인격의 절대화' 현상이 오히려 문제될 정도이다.

그러나 100년 전까지만 해도 '사람이 아닌 회사가 마치 사람처럼 권리능력을 가지고 경제활동을 하면서 법적 효과를 인정받는다'는 것이 도대체 어떻게 가능한 것인지, 왜 그렇게 인정하는 것인지 납득하기 어렵고 허황된 얘기처럼 느껴져서 상당한 혼란이 있었다.

초창기에는 회사라는 조직형태가 익숙하지 않았기 때문에 법인격 개념을 직관적으로 받아들이지 못했고 이를 체계적으로 분석함으로써 이해하려 노력하였다. 예나 지금이나 회사의 법인격과 사람의 인격을 정확하게 분별하여 파악한다는 것이 간단치 않다.

(2) 인공지능(AI)의 법인격에 관한 논란

이러한 문제는 오늘날 인공지능(artificial intelligence; AI)에게 법인격을 인정할 것인지에 관한 문제를 둘러싸고 동일하게 재현될 수 있다.

제도설계의 가능성 #3 인공지능(AI)의 법인화 논란 ①: EU의 전자인격 법안

2017년 EU 의회에서는 AI에게 회사와 유사한 법인격을 부여하는 전자인격(electronic personhood) 개념을 제시하였다가 격한 논란 끝에 2020년에 폐지하였고, 현재는 AI에 대한 규제 법안을 검토하는 중이다. 기본적으로 인공지능은 사람을 위하여 봉사하는 존재여야 하므로 법인격을 부여할 필요가 없을 뿐만 아니라, 법인격을 갖춘 인공지능이 영원히 죽지 않고 자본을 축적할 때 어떠한 위험요소가 될지 상상할 수 없을 정도이기 때문에 이득보다 리스크가 훨씬 커서 법인격을 허용하지 않는 것이 합리적이다.

그럼에도 불구하고 인류의 역사는 비합리적인 경우도 많고 사실상의 힘 또는 정치적 파워게임에 좌우되는 경우도 많기 때문에 걱정을 하지 않을 수가 없다. 보통은 'AI를 사람처럼 취급하는 것을 용납할 수 없다'는 이유로 법인격 부여를 절대적으로 반대하지만 이는 법인격 개념에 대한

절대화에서 비롯된 것에 불과하기 때문에 그만큼 공략당하기가 쉽다. 법인격을 갖는다고 해서 사람처럼 대해야 하는 것은 전혀 아니기 때문이다.

법인격을 부여할 때에는 얼마든지 맞춤형으로 설계할 수 있기 때문에 인공지능 산업이 심화하면 교묘하게 법인격을 부여하려는 주장에 대한 찬반양론을 일으켜서 정치적 의제로 비화할 가능성이 있다. 미래에 독자적인 학습과 판단이 가능한 인공지능이 대중화된다면 아마도 인공지능 산업을 더 부흥시키고 싶은 사업자들은 회사가 법인격을 갖는 것처럼 인공지능에게도 법인격을 부여함으로써 더 다양한 비즈니스 모델을 구현하길 원할 수 있다. 인공지능에 대하여 반려동물과 같은 친밀감과 애착을 느낄 수도 있기 때문에 어떤 사람들은 공감대를 형성할 가능성도 있다. 그렇기 때문에 법인격이 무엇인지에 대하여 정확히 파악해야 법인격을 둘러싼 혼돈의 안개를 안전하게 지나갈 수 있다.

(3) 법인격에 관한 논의의 전개

특허주의는 말 그대로 정부가 특정인에게 회사를 설립할 수 있도록 특혜를 주는 것이었기 때문에 많은 사회적 문제를 야기했다. 시장에서 경쟁할 때 회사를 설립하여 대규모 투자를 유치한다면 더 이상 개인이 따라잡을 수 있는 경쟁 상대가 아니었다. 더구나 설립인가를 받은 회사는 소수에 불과하였기 때문에 일단 회사를 설립할 수만 있다면 손쉽게 시장을 장악할 수 있었다. 시장에서는 소수의 회사들이 서로 죽기살기로 싸워서 승자가 독식을 하거나, 아니면 서로 담합을 해서 독점이윤을 분배할 수 있었다.

따라서 회사 설립 과정에서 정부의 특혜를 얻기 위한 로비가 심각하게 치열해졌고, 시민들은 이러한 현실을 비난했다. 포퓰리즘으로 유명한 잭슨 대통령 시대에 정부 역할을 최소화하고 누구나 회사를 자유롭게 설립할 수 있어야 한다는 의식이 확산되었다. 1860년대에 절반 이상의 주에서 자유설립주의를 택하였고 19세기 후반에는 자유설립주의가 일반화되었다.

자유설립주의에 의하면 회사는 정부의 창조물이 아니라 구성원들의 사적자치에 의하여 형성된 조직이며, 설립과정은 단순히 행정절차의 문제로 전환되었다. 이 때부터 회사의 본질을 설명하기 위하여 여러 가지 학설이 주장되었다. 19세기 말 소개된 집합이론(aggregate theory)은 주주들의 합의에 의하여 조직된 집합체로 보기도 하였고, 구성원의 범위를 다른 이해관계자를 포함하여 확장하기도 하였다. 집합이론은 20세기 초 실체이론(real entity theory)에 자리를 넘겨주었지만 회사의 배후에 존재하는 구성원들에 주목하여 경제활동의 실질을 파악한다는 점에서 지금까지도 판례나 법경제학 이론에서 다루어지고 있다.

한편 2차 산업혁명이 결실을 맺던 1900년대에 들어서는 기업들의 대규모화가 이루어졌고, 창업자나 주주들이 아닌 전문경영인이 회사의 권력을 장악하기 시작하였다. 더 많은 회사를 자기 주에서 설립하도록 끌어들이기 위하여 주 회사법 규정은 경영자의 재량을 최대한 넓혀주는 방향으로 개정되었다. 이와 같이 주 회사법의 규제를 서로 더 완화하기 위하여 개정하던 현상을 '바닥으로의 경쟁(race to the bottom)'이라고 말할 정도였다.

결국 주주들의 권리가 무시되어도 경영진을 통제하기란 곤란하였고, 현실적으로 시장에는 경영진이 권력적으로 지배하는 경제적 실체만 존재할 뿐이었다. 이러한 경영자 중심주의(managerialism)적 경제현실에서 회사란 주주와 무관하게 독자적으로 존속하는 '유기적인 사회적 실체'(organic social reality)로 설명되었다. 다만 1920년대 이후에는 이러한 법인이론을 논의하는 것에 실익이 없다는 실용주의 철학자 듀이(John Dewey)의 지적이 학문적 공감대를 형성하였다.

제도설계의 가능성 #4 **인공지능(AI)의 법인화 논란 ②: 법인격 이론**

2차 산업혁명이 시작되던 19세기 중반 무렵까지 미국에서는 특허이론(consession theory)에 근거한 특허주의에 의하여 정부가 특별한 경우에 한하여 회사의 설립을 인가해주었다. 즉 회사의 법인격은 '정부가 창설한 인위적 존재(artificial being)'인 것으로 여겼다.

따라서 정부에서 회사 설립을 인가할 때부터 특정 공익을 추구해야 한다거나, 최고자본액·존속기간을 제한하는 방식으로 운영조건을 부과하여 회사 정관에 기재하도록 하고, 위 조건을 위반하면 불이익을 가하거나 설립 인가를 취소하였다. 특허이론에 의하면 회사란 특정한 목적을 위하여 정부가 창설해준 것이기 때문에 정부가 상시적으로 규율하면서 존폐를 결정할 수 있었다.

만약 인공지능에 법인격을 허용하는 불상사가 생기더라도 특허이론을 적용하여 정부가 완전히 지배할 수 있어야 한다. 특허이론 이후의 이론들은 여러 가지 이유로 회사의 기본권을 넓게 인정해왔다. 인류가 인공지능과 경쟁해야 하거나 인공지능에 종속되는 불행을 자초해서는 안 된다. 특허이론에 의하여 처음에는 제한된 법인격을 허용하더라도 점차 규제를 완화해나갈 수도 있기 때문에 (slide－slope theory), 아무래도 꺼려지는 것이 사실이다.

한편 AI가 스스로 경영진으로서 독자적인 경영판단을 하는 것이 아니라면 현행법 하에서도 AI를 독립법인으로 만들 방법은 있다. 즉 AI를 개발한 회사에서 AI와 관련된 일체의 인적·물적 자산을 현물출자 또는 물적 분할하는 방식으로 자회사를 설립하고 AI 브랜드를 자회사의 명칭으로 사용하면 된다. 물론 현행법에 따라서 자회사의 이사, 대표이사, 감사 등은 사람이 선임되어서 경영활동을 해야 한다. 아무튼 이렇게 함으로써 개별 AI 프로그램과 일체화된 독립법인으로 운영할 수 있기 때문에 현실적인 수요를 충족할 수 있을 것이다.

2 | 가상적인 법인격에 대한 사회적 신뢰의 딜레마

(1) 법적 허구(legal fiction)의 개념과 한계

법인이론의 논의과정에서 회사에 관한 특별한 속성 한 가지가 드러났다는 점이 중요하다. 회사의 법인격은 법적 허구(legal fiction)에 해당한다는 중요한 특성을 갖는다. 마치 소설과 같이 세상에 존재하지 않는 것을 누군가 가상적으로 지어낸 것을 허구(fiction)라 한다.

그런데, 법인격은 가상적인 허구임에도 불구하고 무시할 수 없는 존재이다. 법에 의하여 지위를 인정받은 것이기 때문에 독자적인 권리능력을 가지고 경제활동을 수행할 수 있는 자격을 인정받은 것이다.

이러한 법적 허구에 해당하는 것은 계약, 국가, 화폐 등이 있다. 세상의 사물들이 그 자체로 실존하는 것과는 다르게 가상적으로만 존재한다. 법적 허구의 존재는 법에 의해서만 확인될 수 있다. 법적 허구의 예를 들자면 다음과 같다.

① 계약은 대표적인 법적 허구이다. 계약 당사자가 일정한 합의를 하고 날인을 하면 계약이 체결되면서 법적 효력이 발생한다. 계약서가 있으면 나중에 소송상 입증하기에 더 편리하겠지만 계약서가 없는 구두합의도 원칙적으로 동일한 효력이 발생한다. 합의사항은 실제로 존

재하는 것이 아니라 당사자들의 머리 속에 있던 생각을 말로 표현하여 합의한 것뿐인데 법적으로 강제할 수 있는 실재적 효력이 부여되는 것이다.

② 국가의 범위도 원래부터 정해져 있는 것이 아니다. 임의로 그어진 경계선을 넘으면 다른 나라가 되는 것이어서 다른 국가의 법이 적용되고, 국가권력의 강제력이 동원된다. 국가의 개념은 구성원에게 각인되어서 문화적 동질성을 갖는 실재적인 정체성을 형성하기도 하지만, 과도하게 강조될 경우에는 국수주의적 이데올로기로 절대화되기도 한다. 국가의 경계를 넘어서는 세계시민을 지향 한다는 이상론이 있지만 세계시민의 지위에는 법적 효력이 수반하지 않기 때문에 일반적으로는 피부에 와닿지 않는 추상적인 개념으로 치부된다.

제도설계의 가능성 #5 **법적 허구에 대한 신뢰와 한계**

화폐는 가장 드라마틱한 법적 허구이다. 종이에 숫자가 쓰여진 화폐를 사용하면 그에 상응하는 경제적 가치를 인정받지만, 위조지폐를 사용하면 처벌받는다. 똑같은 재질의 종이인데 중앙은행에서 인쇄한 종이는 화폐이고 개인적으로 인쇄한 종이는 가짜 화폐라서 법적 효력이 차별적이다.

자유방임주의 시대의 미국 등 근대의 많은 나라들에서는 중앙은행이 없었고 시중은행들이 각자 화폐를 발행하였는데 숱한 공황을 겪으면서 연쇄도산을 하는 경우가 많았다. 그 때마다 해당 은행에서 발행한 화폐는 숫자가 적힌 종이 쪼가리로 전락해버렸기 때문에 화폐의 신뢰가 불완전하였다. 이후 중앙은행이 설립되어 법정 화폐를 발행하면서 화폐 신용도가 보강될 수 있었다.

당시에는 화폐 자체의 신뢰가 부족했기 때문에 언제든지 금으로 바꿔주는 금태환 제도를

운영하였다. 하지만 1970년대에 폐지되면서 이제는 화폐를 금으로 바꿔주지도 않는다. 법정 화폐라 할지라도 극심한 인플레이션을 겪는 나라에서는 난방연료를 사는 것 보다 더 싸게 든다는 이유로 그냥 지폐를 태우기도 한다. 그럼에도 불구하고 사람들은 일상 생활에서 그런 종이의 화폐가치를 의심하지 않으며 신뢰한다. 오히려 현금에 의한 결제방식은 최고의 신용을 갖는다.

* * *

요즘은 종이도 사용하지 않는다. 모바일 은행계좌에 찍혀있는 숫자가 내 재산이다. 그 숫자만큼 지출할 수 있다는 것을 신뢰하고 시장에서 거래한다. 가끔 다른 계좌로 송금이 잘못되는 사고가 나기도 하고, 금융기관 전산망이 마비되기도 하며, 데이터 백업시스템에 화재가 나기도 한다. 그래도 담당자를 처벌하고 재발방지를 약속하며 손실을 보전해주면 시장의 신뢰는 유지되며, 화폐 가치가 폭락하지는 않는다. 물론 금융시스템과 금융규제의 절대적 가치는 시장안정에 있으며, 시장의 신뢰를 유지하기 위해 국가적으로 막대한 노력을 기울이고 있다. 그렇기 때문에 지금과 같은 현금의 신용이 유지되고 있다.

과도한 의심과 불안은 시장을 무너뜨릴 수 있어서 곤란하겠지만, 맹목적이고 절대적인 신뢰를 갖는 것은 아닌지 의심해 볼 필요도 있다. 기축통화인 미국 달러화도 항상 AAA의 최고 신용등급을 보장받는 것은 아니다. 법적 허구는 인간의 편의를 위한 도구로 활용되어야 한다. 법적 허구를 절대화하는 것은 미신 내지는 우상화에 불과하다.

(2) 가상화폐(cryptocurrency)의 취약성

화폐에 관한 논의의 연장선상에서 가상화폐에 대해서도 생각해 볼 만하다. 비트코인 같은 가상화폐를 자발적으로 취급하는 상점도 있지만, 어디서나 사용할 수 있는 강제통용력이 인정되지 않기 때문에 가상화폐는 법적인 화폐 개념에 해당하지는 않는다. 가상화폐는 말만 화폐이지, 사실은 가격 변동성이 심하기 때문에 주로 투자용도로 사용되며, 이 경우 가상자산이라는 표현을 많이 사용한다.

현재 세계적인 흐름은 알고리즘 스테이블코인에 대해서는 지급수단으로 인정하지 않고, 가상자산의 일종으로 규율하려는 추세에 있다. 법정 화폐로 직접 상환해주지 않는 알고리즘 스테이블코인은 가치안정화 기능의 완전성을 신뢰받지 못한다는 취지이다. 반면 중앙은행에서 화폐와 연동하여 발행하는 가상화폐(central bank digital currency; CBDC)는 강제통용력이 인정되는 화폐로 인정될 것이 거의 확실시 된다. 빅테크 기업에서 발행하는 스테이블코인의 경우에도 법정 화폐로 전액을 직접 바꿔주겠다고 보장하는 경우에만 적법한 지급수단으로 인정될 것으로 예상된다. 결국 가상화폐 시장에서도 현금의 신용을 따라갈 수 있는 것이 없다.

Business history **가상화폐의 혁신 vs. 신기루**

전세계 가상자산 시장을 위축시켰던 테라USD는 투자용이 아니라 지급수단으로 개발되었다. 테라USD는 기초자산에 해당하는 미국 달러화와 1:1로 교환가치를 유지하는 것을 목표로 하였다. 즉 1테라USD가 1달러의 가치를 유지한다는 뜻이다. 그리고 교환가치를 일정하게 유지하기 위한 목적으로, 가상자산인 루나(LUNA)를 균형유지 수단으로 발행해서 1테라USD의 가치에 상응하는 루나를 언제든지 교환받을 수 있게 하였다.

교환가치 안정화 메커니즘은 다음과 같다. 만약 1테라USD의 실제가치가 1달러보다 높아지면 사람들은 1달러 상당의 루나를 매입하여 1테라USD로 교환한 뒤 소비하거나 예치할 것이다. 그렇다면 1달러를 지출하여 1달러를 초과하는 차익을 얻을 수 있고 이 과정에서 테라USD의 유동성은 늘어나면서 테라USD의 실제가치는 내려간다. 테라USD의 실제가치가 1달러에 근접할 때까지 이 과정은 반복된다.

반면에 1테라USD의 실제가치가 1달러보다 낮아지면 사람들은 1테라USD를 1달러 미만으로 구입하여 1달러 상당의 루나로 교환할 수 있다. 그렇다면 1달러 미만을 지출하여 1달러 가치를 얻을 수 있고 이 과정에서 테라USD의 수요가 많아지면서 테라USD의 실제가치가 높아진다. 테라USD의 실제가치가 1달러에 근접할 때까지 이 과정은 마찬가지로 반복된다.

지급수단용 가상자산 중에서 가치안정화를 위하여 법정 화폐를 직접 상환해주는 방식을 사용하지 않고, 위와 같이 다른 가상자산을 활용하는 방식을 알고리즘 스테이블코인(algorithmic stablecoins)이라 한다. 이러한 가치안정화 메커니즘은 사람들에게 신뢰를 주었고 테라USD와 루나는 시너지 효과를 내면서 함께 인기를 끌었다. 테라USD를 예치하면 이자로 20%를 지급해줌으로써 투자 인센티브를 제공하였고, 테라USD가 탄탄하게 교환가치를 받쳐주면서 가상자산인 루나의 투자가치는 폭발적으로 상승했다.

그러나 2022년 5월 세계적 인플레이션과 당시의 다양한 원인이 복합적으로 작용하면서 자산가치와 달러가치에 심각한 변동이 발생하면서 결국 가치안정화 메커니즘 작동이 실패했다. 이론대로라면 테라USD의 가치가 1달러 아래로 떨어지면 루나의 교환을 통한 차익실현 거래가 이루어져야 했지만 시장상황을 부정적으로 예측하는 것이 일반적으로 되면서 루나에 대한 투자 자체를 기피하게 된 것이다. 테라USD는 교환가치를 유지하지 못하고 하락하면서 시장의 신뢰를 상실하였고, 테라USD와 연동된 루나의 가치는 더욱 하락하는 죽음의 나선으로 빠져들었다. 테라USD에 대한 신뢰는 루나의 투자가치 폭등으로 이어졌지만 하루 아침에 모든 신뢰가 무너졌다.

테라USD는 지급수단인 스테이블코인이고 루나는 투자용 가상자산이라는 점에서 구별되기는 하지만, 기본적으로 둘 다 가상자산 시장에 참여하는 사람들이 투자하는 대상이라는 점에서는 공통적이었다. 가치안정화 시스템이 작동하려면 테라USD 시장과 루나 시장이 개별적, 독립적으로 작동하여야 시스템 리스크를 피할 수 있을 것이다. 그러나 가상자산 시장의 불황이 닥쳐오면서 유사한 시장의 상품인 테라USD와 루나 모두 투자 수요가 줄어들었고 결국 가치안정화 시스템이 무너졌다.

* * *

시스템 리스크가 터지는 것은 최악의 시나리오이기 때문에 고려대상에서 제외되는 경우가 많다. 일단 단기적으로 투자수익을 낼 수 있다면 장기적인 시스템 리스크에 대해서는 '설마 그 전에 빠져나올 수 있겠지' 싶은 마음으로 눈을 감은 채 뛰어드는 것이다. 2008년 CDO 등의 신용파생상품이 글로벌 금융위기를 초래한 것도 시스템 리스크를 간과하고 맹목적으로 레버리지 투자에 열을 올렸던 월가의 투자은행의 책임이 크다고 비난받는다.

시스템 리스크란 개별적인 파생상품의 위험성 자체는 크지 않음에도 불구하고 그러한 파생상

bank run

품이 대량으로 유통되는 상황에서 위험성이 동시에 현실화되면서 전체 시스템이 붕괴되는 현상을 의미하였다.

글로벌 금융위기를 경험하였고, 시장의 경고가 계속되었음에도 불구하고 시장참여자들이 시스템 리스크를 예상하지 못했거나 아니면 알 수 있었음에도 불구하고 면밀히 고려하지 않고 과도한 투자를 한 것이다. 가상화폐 붐에 편승하여 단기적 투자수익이 기대되자 시스템 리스크에 의하여 안정화 메커니즘이 실패할 수 있는 약간의 가능성을 무시하고 오히려 안정화 메커니즘의 형식논리를 과신함으로써 투자과열을 초래했다.

*　　*　　*

다만 여기서 한 가지 아쉬운 점은, 안정화 메커니즘의 한계를 시장에서 정확히 파악하고 투자에 반영하였다면 투자자들이 시장 변화에 좀 더 정확하게 대응하지 않았을까 하는 점이다. 가상자산의 마케팅을 위하여 안정화 메커니즘에 대한 과도한 신뢰를 유발한 것이 문제이므로 향후 규제 설계에서 특히 유의해야 할 것이다. 그런데 투자과열이 폭락으로 끝났다고 해서 경영진 처벌로 마무리하는 관행이 포용적 시장의 발전을 위해서 바람직한 것은 아니다. 그런 사기사건이 재발하지 않으리라는 기대가 형성될 수 있기 때문에 시장이 당장 무너지지 않도록 신뢰를 유지하는 효과는 있지만 그러한 신뢰 역시 합리적인지 검토될 필요가 있다.

혁신의 시도란 본질적으로 모험에 뛰어들면서 도박을 거는 것이다. 혁신적인 시도가 실패했을 때 형사처벌로 귀결되리라 예상한다면 사업의 성공을 위해 끝까지 노력하기 보다는 적절한 시점에 자산을 빼돌려 놓는 것이 합리적인 선택이 되어 버린다. 공과의 평가는 정확해야 한다. 개인적 과오에 대한 책임추궁과는 별개로, 투자열풍을 가능하게 했던 가상자산 시장의 비전에 대해서는 당시를 기준으로 판단해야 한다. 가치안정화 시스템이 애초부터 사기극이었던 경우는 별론으로 하더라도, 투자자 스스로의 투기적 부주의와 규제당국의 미흡한 대처에 관한 책임까지 경영진에게 떠넘겨서는 안 될 것이다.

제도설계의 가능성 #6 분산형 자율조직(DAO)의 법인화

블록체인과 스마트 컨트랙트가 일상적으로 활용되면서 이를 이용한 경제조직도 만들 수 있게 되었다. 즉 전통적인 방식의 경영조직을 갖추지 않더라도, 분산원장에 블록체인 방식으로 만들어진 스마트 컨트랙트의 내용에 따라서 운영될 수 있도록 미리 코드를 입력해놓은 조직 형태를 '분산형 자율조직'(Decentralized autonomous organization; DAO)이라 한다.

DAO는 다음과 같은 방식으로 활용될 수 있다. ① DAO가 발행한 NFT 또는 증권형 토큰을 구입하는 자에게 주주의 권리를 부여하는 방식으로 자본을 모집할 수 있다. ② 블록체인을 이용하여 주식의 소유권이 확인되면 주주의 정보가 자동으로 주주명부에 등재되기 때문에 추가적인 명의개서 절차 없이도 주주권을 행사할 수 있다. ③ 의결권 행사는 증권형 토큰에 의하여 전자적으로 기회가 부여되고 투표 결과는 자동적으로 집계되어 결의내용이 자동으로 집행될 수 있다.

DAO 자체의 법적 지위는 아직 불명확하고 논란 중이다. 일반적으로는 투자자들이 느슨하게 모여 있는 조합 형태로 보는 정도이며, 주식회사 설립 등을 위한 종전의 요건을 갖춘다면 DAO라는 이유로 거절되지는 않는 것으로 본다.

* * *

2021년 미국 와이오밍 주에서는 최초로 DAO를 주식회사 형태로 인정하는 입법을 하였다. 따라서 정관에 DAO 표시를 한 회사는 주주유한책임을 인정받는다. 회사 명칭을 표시할 때에는 DAO, LAO(limited liability autonomous organization), DAO LLC 등을 사용할 수 있다. 다만 스마트 컨트랙트의 알고리즘에 의하여 운영되는 DAO는 운영의 근간에 해당하는 스마트 컨트랙트가 수정될 수 있어야 하며, 업데이트 및 업그레이드가 모두 가능해야 한다. DAO의 스마트 컨트랙트는 DAO 운영을 위한 모든 기본적인 사항을 정해놓고 있기 때문에 정관보다 우월한 지위가 인정된다.

와이오밍 주법에 따라서 2021년에 DAO로서 설립된 최초의 회사는 American CryptoFed DAO 이다. American CryptoFed DAO는 증권형 토큰 형식으로 주식을 발행하여 주주를 모집하고, 금융 사업을 수행한다. 즉 스테이블코인에 해당하는 두카트(Ducat)를 발행하고, 두카트의 가치를 안정화시키는 역할을 하는 거버넌스 토큰으로서 로크(Locke)를 발행한다. 다만 업무 수행 과정에서 감독당국(SEC)의 규제와 마찰을 빚고 있다.

(3) 법적 허구의 존재의의: 도구적 성격

비슷한 맥락에서 사람들의 돈에 대한 신뢰가 맹목적이라는 점을 짚어볼 필요가 있다. 오죽하면 '사람 나고 돈 났지, 돈 나고 사람 났냐'라는 한 맺힌 말을 내뱉어야 할 정도이다. 원칙적으로 돈이란 지급수단에 해당하는 법적 허구에 불과한 것이고 그 지급수단으로 다른 물자나 서비스와 교환함으로써 얻을 수 있는 가치가 무엇인지가 중요한 것이지만, 현실적으로 사람들은 장래에 돈을 사용하기 위하여 일단 자본을 축적해야 한다고 생각하며 돈을 모으는 것 자체를 중요하다고 여긴다. 자산축적은 누구에게나 인생에서 너무나 중요한 절대적 과제이다.

돈의 의미는 지급수단으로 시작되었을 때와는 달리 절대적인 가치로 승격되었다. 합리적인 수준의 적절한 신뢰에 미치지 못하면 시장이 정상적으로 작동하지 못하지만 과도한 신뢰는 절대화 과정을 거치면서 현실을 왜곡하게 된다.

이와 마찬가지로 법적 허구에 해당하는 법인격에 대한 사람들의 관념도 실질에서 벗어나 절대화하고 있다는 점에 유의할 필요가 있다. 회사라는 법인격 역시 법이 인정하기 때문에 경제활동을 수행하는 조직체로 기능하는 것에 불과하다. 마치 회사가 원래 그 자체로 존재하였고 앞으로도 구성원과 무관하게 독립적으로 영속할 것처럼 법인격을 절대화하는 것은 인식의 오류에 불과하다. 실체이론에서 말하는 회사의 실체는 현상적으로 그에 합당한 규율을 하면 충분한 것이지, 그러한 경제적 실체에 대하여 추상적 가치를 덧입혀서 특별한 의미를 부여하는 것은 우상을 세우는 것 또는 미신과 다름없다.

법인격이라는 법적 허구를 법에 의하여 인정하도록 한 것은 오로지 그 배후에 있는 구성원들의 경제활동을 돕기 위한 것이며 이를 통하여 사회 전체가 경제발전의 혜택을 누릴 수 있도록 하려는 수단으로 법인격을 활용하려는 것에 불과한 것이다.

3 | 회사의 구성원

(1) 법인격의 울타리가 수용하는 범위

회사가 법적 허구이며 그 자체의 법인격이 절대화되는 것은 곤란하다는 것은 결국 회사라는 울타리 안에 들어가 있는 구성원들이 누구인지가 중요하다는 의미이다.

회사를 처음 설립하는 것은 주주이며, 설립초기 단계에서는 주주가 모든 역할을 수행하는 1인 회사로 운영되는 것도 가능하다. 그러나 회사의 영업 규모가 커지다 보면 외부시장을 내부화하는 과정을 거치면서 다양한 시장참여자들과 고정적인 업무관계를 형성하면서 주주 외에도 근로자, 채권자, 거래처, 소비자 등의 다양한 이해관계자가 생겨난다. 이때 이해관계자의 범위가 워낙 다양할 수 있다 보니, 이해관계자의 개념을 협의로 파악할 때에는 '회사가 가치를 창출하는데 있어서 직접적인 기여를 하는 자'를 의미하며, 광의로 파악할 때에는 '회사 운영과 관련하여 영향을 주거나 받는 자'로 파악한다.

참고로 이해관계자라는 표현의 의미에 대하여 미국 학계에서는 보통 주주를 포함하여 이해관계자라고 통칭하는 경향이 있다. 반면 국내에서는 주주를 이해관계자에서 제외하여 서로 분리된 집단으로 간주하는 경향이 있다. 이하에서는 학문적인 원칙적 개념에 의하여 주주 역시 이해관계자에 포함되는 것으로 다룰 것이며, 주주를 제외하는 경우에는 '(주주 외의) 다른 이해관계자'로 표현하겠다.

(2) '누구를 위해 회사가 존재하는가'에 관한 오래된 논쟁

1930년대 미국에서 콜럼비아 로스쿨 교수 아돌프 벌리(Adolf A. Berle Jr.)와 하버드 로스쿨 교수 메릭 도드(E. Merrick Dodd Jr.)가 하버드 로리뷰(Law Review) 학술지에서 주고받은 논쟁("For whom corporate managers are trustees?")은 학문적 논란을 불러 일으켰고 경제계의 이목을 집중시켰다. 벌리는 주주 중심주의 이론의 근간을 제공하면서, 경영진은 주주로부터 임무를 부여받은 수탁자로 파악하였다. 반면에 도드는 이해관계자 중심주의 이론의 근간을 제공하면서, 근로자 · 소비자 · 채권자 · 지역 주민 등 주주 외의 다른 이해관계자의 이익도 옹호하는 회사정책을 정당화하였다.

벌리와 도드 모두 당시의 경제현실이 경영진에게 권력이 집중된 상태에서 경영진이 본인의 영속적인 권력유지와 이익을 위하여 권한을 남용하는 상황이라는 점을 직시하였고, 이러한 경영자 중심주의적 현실을 극복하려는 목적은 동일하였다고 볼 수 있지만 목적을 실현하기 위한 방법론에서 구별되었다.

단적으로 둘의 입장을 비교하자면 '경영진이 주주의 이익만 고려하면 될 것인가' 아니면 '경영진은 이해관계자의 이익을 종합적으로 고려해야 할 것인가'의 문제로 귀결된다. 벌리는 도드와 대립하면서 주주 중심주의를 주장하였다가 1950년대에 들어서는 도드의 입장이 옳다고 입장을 변경하였지만, 그와 무관하게 이후의 주주 중심주의는 법경제학적 연구성과를 통하여 독자적으로 성장해 나갔다.

참고 주주중심주의와 이해관계자 중심주의에 대한 오해

벌리와 도드의 위와 같은 원론적 논의에서 한 걸음 더 나아가면, 경영진이 회사에 대하여 부담하는 법적 의무가 실질적으로 주주를 위한 것인지 아니면 이해관계자를 위한 것인지에 따라서 경영진이 부담해야 할 민사상 손해배상책임과 형사처벌이 결정되기 때문에 현실적으로 경제계에서는 매우 민감한 문제로 받아들인다.

그렇기 때문에 회사를 구성하는 사람들의 범위를 어떻게 볼 것인지에 대한 문제에서부터 한 치의 양보도 없이 치열하게 대립한다. 법적 책임을 결정할 수 있는 너무 심각한 문제이다 보니 논의가 과열되면서 주주 중심주의는 정치적 자유주의를 대변하는 것처럼 묘사되고, 이해관계자 중심주의는 사회주의를 지향하는 것처럼 이데올로기 대립의 문제로 비화시켜서 여론몰이 싸움이 일어나기도 한다.

그러나 주주 중심주의와 이해관계자 중심주의를 이데올로기로 연관시키는 것은 과도한 대립의 산물에 불과하다. 주주 중심주의와 이해관계자 중심주의가 갖는 학문적 함의와 독자적인 가치를 제대로 이해하지 못하였거나 의도적으로 왜곡하였다고 볼 수 있다.

가장 큰 문제는 구성원 범위를 확정하면 경영진의 의무 범위도 확정된다는 잘못된 전제에서 비롯된다. 구성원의 범위를 획정하는 문제와 경영진의 의무대상을 결정하는 문제를 직결시킬 필요는 없으며, 그렇게 단순화하는 것이 오히려 비현실적이다.

(3) 이해관계자 중심주의에 의한 검토

회사의 구성원으로 인정한다고 하여 당연히 법적 권리가 부여되는 것은 아니다. 도구적 관점의 이해관계자 중심주의에 의할 때, 경영진에게 모든 구성원에 대한 법적 의무가 발생하는 것은 아니므로 구성원이라고 해서 경영진에게 직접적인 법적 책임을 물을 수 없다. 회사의 구성원이라는 개념은 법적 영역이 아닌 사실상의 개념으로 파악하는 것이 실질에 부합한다.

즉 '회사의 영리추구를 통하여 주주 등의 이해관계자들이 이익과 후생을 도모할 수 있는 공동의 경제적 조직'을 회사로 파악할 수 있는 것이므로, 그런 회사의 법인격이 만들어준 울타리 안에서 공동의 경제활동을 하고 있는 자들을 회사의 구성원인 것으로 이해하면 충분하다. 따라서 주주를 포함하는 협의의 이해관계자들은 마땅히 회사의 구성원으로 인정될 것이며, 광의의 이해관계자들이 회사의 구성원으로 인정될 것인지는 사안의 성격에 따라 포함 범위가 달라질 수 있다.

제도설계의 가능성 #7 **이해관계자 중심주의 분석**

이해관계자 중심주의는 대략 규범적 관점과 도구적 관점으로 구분할 수 있다.

① 규범적 관점의 이해관계자 중심주의에서는 경영진이 반드시 이해관계자의 이익을 추구할 것을 기대하여 이를 회사의 목표이자 이사의 의무로 받아들인다. 이해관계자의 이익을 보호하지

못한다면 경영진이 의무 위반에 따른 법적 책임을 부담하기 때문에, 규범적 관점은 경영진의 의무범위를 넓혀주는 기능을 하는데 초점이 있다. 다만 경영진이 모든 이해관계자에게 의무를 부담한다고 주장하는 것은 아니다. 경영진이 지역사회의 이익을 극대화하지 못하면 지역사회에 대하여 직접적인 법적 책임을 부담한다고 주장하지는 않는다. 이 경우에도 경영진이 법적 의무를 부담하는 대상은 구성원의 범위와는 별개로 제한하여 설정된다.

그런데 애초에 경영진 중심주의를 극복하기 위한 목적으로 주주 중심주의가 대두되고, 주주 중심주의를 보완하기 위하여 이해관계자 중심주의가 제시되었다는 연혁적 전개과정을 감안한다면 규범적 이해관계자 중심주의는 경영진에 대한 견제기능을 제대로 수행할 수 없기 때문에 합목적적인 수단이 되지 못한다. 예를 들어, 경영진 입장에서는 경영과오를 추궁당하더라도 주주를 위한다거나 근로자를 위한다거나 소비자를 위한다거나 환경을 위한다거나 사회를 위한다고 변명하면서 그것 또한 자신의 의무이므로 어쩔 수 없다고 하면서 책임을 면할 것이므로 결과적으로 경영진의 의무는 희석되고 견제하기 어렵게 된다.

따라서 규범적 이해관계자 중심주의는 회사제도의 원칙으로 받아들이기 곤란하다. 실제로 학계에서 이 관점을 취하는 입장은 극소수이다.

② 도구적 관점의 이해관계자 중심주의에서는 회사의 구성원을 이해관계자 전부로 넓히지만 경영진이 법적 의무를 부담하는 대상은 여전히 주주로 한정된다. 다만 이해관계자는 회사의 구성원에 해당하므로 경영진이 이해관계자의 이익을 고려하는 것도 가능하며, 이해관계자의 이익을 보호함으로써 궁극적으로 주주의 이익 역시 간접적으로 증진될 것이라는 점을 강조한다.

도구적 관점은 이해관계자 중심주의가 경영진의 재량범위를 넓혀주는 기능을 하는데 초점이 있다. 이해관계자 중심주의를 주장하는 대부분의 학자들은 도구적 관점을 취한다. 결국 구성원의 범위와 경영진의 의무대상이 일치해야 한다고 주장하는 것은 논리의 비약이며 고려할 필요가 없다.

도구적 관점의 이해관계자 중심주의는 최근의 ESG 경영으로 연결된다. ESG 경영은 주주 및 이해관계자의 이익을 함께 증진하는 것을 기업의 정체성으로 받아들이며 사회적 가치를 추구하기 때문에 이해관계자 자본주의 시대를 열었다고 평가받는다. 다만 ESG 경영을 실시하면서 이해관계자의 이익을 고려하는 경우라 할지라도 경영진은 주주에 대해서만 법적 의무와 책임을 부담한다고 보는 것이 현재 미국

법학계의 일반적인 시각이다. 이해관계자가 직접 권리주장을 할 수 없다면 이해관계자 자본주의라는 표현은 걸맞지 않는 것으로 보인다.

그 대신 ESG 경영은 이해관계자가 참여하는 플랫폼에서 사회적 가치와 이해관계자의 이익을 추구할 수 있는 방법에 대한 의견을 수렴하고 상호 소통을 통하여 구체화하는 과정을 구현한다는 점에서 이해관계자 민주주의라고 부르는 것이 더 명확한 비전을 제시할 수 있다. 이러한 취지에서 미국에서는 이해관계자 지배구조(stakeholder governance)를 중요한 어젠다로 제시한다.

4 | 주주 중심주의 관점의 가치

(1) 주주 중심주의 법이론

법경제학적 관점에서는 회사와 상호관계에 있는 여러 이해관계자 중에서 특히 주주가 회사 해산 후에도 회사의 남은 재산을 분배받을 수 있는 자격을 가진 유일한 잔여지분 청구권자(residual claimant)에 해당하기 때문에 회사의 이익을 극대화시킬 유인이 가장 큰 집단으로 본다. 회사가 해산하여 소멸하는 상황에서 모든 채무를 이행하고 남은 재산을 지분에 비례하여 나누어 가질 수 있는 권리는 주주에게 있기 때문에 회사의 재산을 최대한 성장시킬 인센티브가 있는 것이다.

따라서 주주가 주주총회 의결권을 통해 회사의 중요사항을 결정하도록 회사제도가 설계된 것으로 파악한다. 이러한 논리의 연장선상에서 '경영진이 주주이익을 극대화하는 방향으로 결정을 할 때 회사가치 역시 극대화될 수 있을 것으로 기대할 수 있다'는 것이 주주 중심주의의 핵심에 해당한다.

연혁적으로 주주 중심주의는 1970년대까지의 경영자 중심주의적 기업현실에서 경영진이 권한남용을 하더라도 견제를 하기가 곤란한 당시의 규제 공백을 극복하기 위하여 대두되었다.

(2) 경영자 중심주의 상황을 극복하기 위한 다각적 노력

Business history **J. P. Morgan과 금산분리 사례**

J. P. Morgan

2차 산업혁명을 거치면서 미국에서는 각 산업을 지배하는 대규모 회사들이 자리를 잡았다. 특히 금융재벌로서 대부분의 주요회사에 대한 대출금에 근거하여 경영진에게 강력한 간섭을 실시하던 J. P. Morgan(1837–1913)은 1907년 금융위기 상황에서 주요 은행가들을 자신의 저택에 불러 모아 문을 잠근 채 합의를 종용하여 위기를 극복하였다.

하지만 너무나 강력한 권력이 개인에게 집중된 것을 의심받아서 의회 청문회(Pujo committee)에 불려나갔고, 이를 계기로 투자은행과 상업은행을 분리하는 방식의 금산분리 제도가 1933년에 도입된다. 또한 1930년대 대공황기를 거치면서 창업자들의 지배지분은 자연스럽게 수백만의 주주에게 분산되었다. 분산된 주주는 경영진을 적절히 규제할 역량과 관심이 부족하였고, 경영자 중심주의가 확산·심화하게 되는 계기를 제공하였다.

금산분리의 결과 20세기 중반의 미국 회사들은 주주와 은행의 직접적인 견제에서 상당히 자유롭게 되었다. 그런데 주주와 채권자의 감독기능이 약해지면서 상당한 부담을 덜어낸 경영진이 더 혁신적이었다고 평가받지는 않았다. 오히려 회사 내부의 정보는 매우 불투명하고 접근이 어려웠고 주주총회는 제 역할을 하지 못한 채 경영진은 영속적인 권력을 유지할 수 있었고 주주이익을 무시해도 문제되지 않는 환경은 경영진의 전횡을 조장하였다.

20세기 중반 내내 경영자 중심주의가 만연하면서 많은 사회적 부작용을 가져왔고, 1970년대 오일쇼크로 경제위기의 원인을 진단하면서 경영자 중심주의는 심각한 문제점으로 지목되었다. 이를 계기로 경제현실을 개선하기 위한 다양한 시도가 이루어진다. 1970년대 일련의 법경제학자들은 주주 중심주의적 관점의 연구결과에 의하여 노벨상을 받았으며, 이에 근거하여 경영자 중심주의를 극복하기 위한 방편으로 주주 중심주의가 대두되었다.

법경제학의 대리인 이론(agency theory)에 근거하여 주주와 경영진의 관계를 본인

(principal)과 대리인(agency)의 관계로 파악한다면, 주주의 대리인에 해당하는 경영진은 본인에 해당하는 주주의 이익을 극대화하기 위하여 최선을 다해야 하지만 본인은 대리인이 처한 사정을 정확히 알기 어려운 정보비대칭 상황에 놓여 있다.

따라서 대리인은 본인의 이익을 성실히 추구하지 않을 우려가 있기 때문에 본인은 대리인을 감시하기 위한 비용을 추가로 부담해야 하는데, 회사법은 이러한 구조적인 대리비용을 최소화하는 방향으로 기본원칙을 제공하는 것이 바람직하다. 즉 이사 등 경영진은 회사와 주주의 이익을 위하여 자신이 할 수 있는 최선을 다하여야 한다는 간단한 원칙을 중심으로 지배구조가 다시 설계되었다.

경영진 감독을 위한 사전적인 규제방안으로 이사회에게 상시적인 감독기능을 부여한다. 경영진이 제 역할을 다하고 있는지 확인하기 위하여 경영진에게 장악당하지 않은 독립적인 사외이사들로 구성된 이사회가 경영진을 감독한다.

이사회는 스스로 경영에 참여하여 결정하는 역할 대신 경영진에 대한 감독 기능을 중점적으로 수행하도록 탈바꿈하면서 감독이사회(monitoring board)라는 명칭을 얻었다. 감독이사회 체제는 1990년대 전미변호사협회(ALI)에서 작성하여 발표하고, 증권거래소에서 상장회사에게 의무적으로 적용하도록 채택하면서 일반적인 지배구조 형태로 자리잡았다.

경영진 감독을 위한 사후적인 책임추궁 방안으로 경영진의 권한행사 범위를 법적으로 제한하여 경영진의 의사결정은 주주의 이익 극대화를 고려하도록 의무를 부과한다. 따라서 주주의 이익을 성실하게 보호하지 못하는 경영진의 의사결정은 의무위반에 해당한다. 이 경우 주주는 경영진에게 법적 책임을 물을 수 있다.

(3) 주주 중심주의 경향

Business history **포드자동차 사례**

주주 중심주의적 관점의 대표적 판례로 언급되는 1919년 Dodge v. Ford Motor Co. 사건도 사실은 이해관계자의 이익을 함께 보호하는 취지를 담고 있다. 미시건 주 대법원은 "포드 회사에서 근로자 임금을 일반적인 수준의 2배로 상향시키고 차량가격은 시가보다 절반 수준으로 낮추고 사업확장을 위하여 2,400만 달러를 투자하면서도 주주 배당을 전혀 하지 않는 것은 주주의 이익을 침해하는 것으로서 부당하다"고 판시하면서 주주에 대한 2,000만 달러의 추가 배당을 지시하였다.

포드 사건에서는 경영진으로 하여금 직접적으로 주주 이익을 보호하도록 명령하였기 때문에 주주 중심주의의 기념비적인 판결로 기록되었지만, 그뿐만 아니라 당시 모델T의 성공으로 6천만 달러의 수익을 달성한 포드 회사가 근로자와 소비자 등 다른 이해관계자들의 이익을 보호하려는 정책 결정을 한 것에 대해서도 마찬가지로 적법하다고 판단하였다. 다만 포드 사건이 유명해진 것은 경영자 중심주의의 관점을 극복하기 위하여 주주 중심주의적 관점을 인정했기 때문인 것인데, 이를 과잉 해석하여 위 판례가 이해관계자의 이익을 보호하지 않는다고 평가하는 것은 곤란하다.

법경제학에서 발전된 주주 중심주의 이론이 경제현실에서도 엄격하게 고수되는 것은 아니다. 현대적 주주 중심주의는 주주만을 회사의 구성원으로 인정한다고 해서 이해관계자의 지위를 완전히 배제하는 방식으로 운용되지 않는다.

대표적으로 미국의 판례법리는 실질적인 관점에서 이해관계자의 이익을 고려하도록 확립되었다. 즉, (i) '주주의 장기적 이익을 극대화함으로써 회사의 이익을 극대화할 수 있다'고 판시함과 동시에 (ii) '다른 이해관계자와 협력하고 관계를 개선하는 방식으로도 주주의 장기적 이익이 증진될 수 있다'고 판시함으로써 결과적으로 주주 이외의 이해관계자의 이익도 회사가 간접적으로 보호하는 입장을 취하고 있다.

영국에서는 이러한 취지를 '계몽적 주주가치(enlightened shareholder value)'라고 표현하면서 2006년에 이해관계자의 이익도 보호될 수 있도록 법률을 개정하였다(회사법 제172조 및 제417조).

주주 및 이해관계자가 모두 함께 회사의 구성과 활동에 참여하고 있는 상황에서 '주주의 이익과 다른 이해관계자의 이익이 엄격하게 분리될 수 있다'고 상상하기란 매우 곤란하다. 주주의 이익을 추구하는 것과 다른 이해관계자의 이익을 추구하는 것이 성질상 명백하게 구분되는 것은 아니다. 주주 없이 회사가 만들어질 수는 없으며, 주주 외의 다른 이해관계자 없이 회사가 성장할 수는 없기 때문이다.

주주와 다른 이해관계자가 뒤얽힌 채로 회사를 키워나가야 하는 것이어서 각자의 이익은 서로의 이익과 긴밀하게 결부되는 것이 일반적인 상황이다. 그런 의미에서 주주의 장기적 이익을 추구하는 미국의 판례법리와 영국의 계몽적 주주 중심주의 입법은 충분히 납득할 수 있으며, 바람직한 방향으로 볼 수 있다.

Business history **블루벨 아이스크림 회사 사례**

미국에서 100년이 넘는 역사를 가진 블루벨 아이스크림 회사는 식중독 때문에 소비자 3명이 사망하였고 그 여파로 재정적 위기에 봉착하여 근로자의 1/3을 해고할 지경에 이르렀다. 주주들은 경영진의 법적 책임을 물으면서, 특히 '소비자를 위한 식품안전지침'을 적절히 수립하여 운영하지 않았던 것을 문제삼았다.

2019년 델라웨어 주 대법원에서는 "아이스크림을 판매하는 단일사업을 영위하고 있는 블루벨 아이스크림 회사의 입장에서는 궁극적으로 소비자를 보호하고 품질로 인정받는 것이 회사의 미래 이익과 직결될 수 있는 문제(mission critical)인바, 소비자 보호장치를 소홀히 한 것에 대해서 경영진은 의무위반 책임을 부담한다"고 판시하였다.

블루벨 아이스크림 회사 사건에서는 '소비자의 안전을 적절히 보호하지 않음으로 인하여 주주와 회사의 장기적인 이익을 훼손할 위험을 야기했기 때문에 경영판단의 원칙과 같은 보호수단에 의하여 경영진이 면책될 수 없음'을 밝힌 것이다.

결국 회사의 핵심가치와 연관된 소비자의 이익을 고려하지 않은 경영진은 법적 책임을 부담해야 하기 때문에, 현대적 주주 중심주의는 이해관계자의 이익도 간접적으로 고려하고 있는 것으로 평가된다.

(4) 주주 중심주의와 경영판단의 원칙

델라웨어 주 대법원을 비롯한 대부분의 미국 법원에서는 주주 중심주의를 일반적인 원칙으로 받아들였다. 즉 이사는 회사에 대한 신인의무를 부담하며, 신인의무 위반이 문제되었을 때 회사의 최선의 이익(best interest of corporation)을 위한 경영판단을 한 것으로 인정된다면 경영판단의 원칙에 의한 보호를 받을 수 있는데, 이때 주주 중심주의적 관점에서는 주주이익을 극대화하는 것이 회사의 최선의 이익에 부합한다는 논리이다. 경영판단의 원칙이 적용되면 특별한 사정이 없는 한 이사의 면책이 가능하다는 점에서, 주주이익 극대화를 위한 이사의 결정은 면책 가능하다고 요약할 수 있다.

그런데 앞서 본 바와 같이 주주이익의 개념은 시간이 지나면서 판례에 의하여 확장되었다. 즉 주주의 장기적 이익에 간접적으로라도 도움이 될 수 있는 모든 활동을 주주이익에 포함하는 것으로 판시하였다. 그런데 아주 먼 미래까지 간접적으로도 주주이익에 전혀 도움이 되지 않을 행위란 사실상 찾기가 어려울 정도이다. 따라서 직접적으로 주주이익을 위한 것이 아니더라도 다른 이해관계자 내지는 사회적 가치를 위한 결정도 특별한 사정이 없는 한 간접적으로나마 주주이익을 위한 것으로 포함될 수 있다.

주주 중심주의와 이해관계자 중심주의가 실질적으로 대립하는 영역은 적대적 M&A에 대한 경영권 방어 및 구조조정에 의한 대량해고 상황에 불과하다. 그런데 우리나라에서는 경영권 방어방법이 인정되지 않고 대량해고는 노동법에 의하여 해결되다 보니, 미국과 달리 이사 의무론의 영역에서는 주주 중심주의 관점이 그다지 주목받지 못했으나 2025년 상법 개정에 의하여 이사의 주주이익 보호의무가 명시적으로 입법되었다.

(5) 주주 중심주의 원리에 따른 제도화

원래 주주 중심주의와 이해관계자 중심주의가 대두된 것은 경영자 중심주의적 경제현실을 극복하기 위하여 회사 구성원의 이익보호를 요구하려던 것이었다. 그런데 이해관계자 중심주의는 워낙 다양한 이해관계자 그룹의 서로 다른 이익을 포괄적인 보호대상으로 삼다 보니 경영진 견제의 역할을 제대로 하기가 곤란하며 오히려 경영진으로 하여금 상황마다 새로운 변명거리를 찾을 수 있도록 해주는 역기능이 우려되었다. 이에 이사의무 위반을 검토하는 명확한 기준을 제시하기 위하여 주주 중심주의를 채택하는 것이 지금까지의 세계적인 추세였다.

나아가 계몽적 주주가치 개념을 발전시킨 영미의 법적 관점에 의한다면 간접적으로 이해관계자의 이익을 보호하는 효과를 가져오기 때문에 주주 중심주의와 (도구적) 이해관계자 중심주의 사이의 간극도 미미해졌다.

주주 중심주의가 지배구조의 기본원리로 인정되면서 회사제도의 안정성을 추구하는 현대의 회사제도가 완성되었다. 즉, 회사 내부의 경영진과 회사 외부의 투자자 사이에 정보비대칭을 완화하기 위하여 사전적으로 경영정보를 공시하고, 주주는 감독이사회를 통하여 경영진을 감독하고, 경영진은 주주의 이익을 극대화하는 방향으로 경영판단을 하고, 경영진의 잘못에 대해서는 주주가 소수주주권을 행사하거나 사후적으로 대표소송을 수행함으로써 자신의 권리를 보호할 수 있다.

경영진의 입장에서는 거추장스러운 부담일 수 있지만, 주주들의 입장에서는 투자금을 안정적으로 회수할 수 있는 제도적 보장이 이루어진 셈이다.

(6) 주주 중심주의와 민주주의

주주 중심주의를 수용한다면 회사의 결정은 총주주의 이익을 극대화하는 방향으로 이루어지거나 주주들이 스스로 결정할 수 있어야 할 것이다. 이때 총주주의 이익이란 개별 주주의 구체적 상황에 좌우되는 개별적 이익의 총합계를 의미하는 것은 아니다. 회사의 주주라는 지위에서 기업가치 증진과 조화될 수 있는 추상적 이익을 집합적으로 표현한 것이 총주주의 이익이라 할 것이다. 따라서 특정 주주가 주식을 대량으로 공매도하는 등 매도 포지션을 취하였다는 이유로 기업가치를 훼손하는 것이 총주주의 이익에 포함된다고 볼 수는 없다. 이는 자기부정에 불과하다. 총주주의 이익이란 회사의 주주로서 향유하는 이익이기 때문에 회사의 존속 및 기업가치 증진이라는 기본적인 방향성과 연관성을 가진 범위 내에서 인정되어야 할 것이다. 나아가 주주의 의결권 행사 역시 명백히 기업가치를 훼손하려는 목적으로 이루어진다면 권리 남용에 해당할 수 있다.

한편 주식을 기초자산으로 하여 TRS 등의 파생상품을 만들 경우에 주주는 회사의 수익에서 발생하는 경제적 이익을 분리하여 타인에게 이전하고 수수료만 받는다. 이 경우 기업가치를 극대화할 유인이 없는 주주가 영혼없이 행사하는 의결권을 공의결권(empty voting)이라 한다. 회사에서 주주에게만 의결권을 허용한 것은 기업가치를 극대화할 유인이 인정되기 때문이라고 법경제학적으로 분석되는데, 공의결권은 기존의 이론을 무색하게 만든다. 세계적으로 이런 문제점이 인식되고 있지만 기존의 법체계로는 적절한 대응이 곤란하다. 원칙적으로 주주들이 민주적으로 의사결정을 하였다는 사실이 존재해야 법적 허구인 회사의 행위를 정당화할 수 있다. 개별적인 의결권 행사에 정당성이 없다면 회사의 행위는 근본을 상실하는 것이기 때문에 거시적 관점에서 제도적 안정을 유지하기 위해서는 공의결권의 행사 방법 또는 효력을 어떻게 정할지에 대한 고민이 필요하다.

회사 내부의 민주주의와 관련해서는 좀 더 생각해 볼 문제들이 있다. 최근 미국 연방대법원에서는 개별 회사 차원에서 내부의 민주적 절차(internal procedure of corporate democracy)가 실현되어야 한다고 판시하고 있다.

2010년 Citizens United 판결에서 연방대법원은 회사 자산을 무제한으로 사용하여 정치적 기부를 할 수 있다고 결정하였는데, 현실적으로 회사 내부의 구성원들은 정치적 견해가 충돌할 여지가 다분하다. 그럼에도 불구하고 연방대법원은 회사 내부의 민주적 절차를 통하여 구성원의 의견을 수렴하는 방식을 갖춘다면 해결될 수 있다고 보았다. 즉 지배주주 및 경영진의 일방적인 결정에 따른 정치적 기부행위는 문제가 될 수 있겠으나, 전체 주주가 성실하게 논의하고 결정하는 민주적 절차를 거친다면 무제한으로 이루어지는 회사의 정치적 기부행위도 정당화될 수 있는 것으로 해석된다. 물론 우리나라에서는 기업의 정치적 기부가 정당법에 의하여 금지되기 때문에 직접적인 영향은 없겠으나, 사내 민주주의가 새롭게 부각된다는 점에 유의할 필요가 있다.

2014년 연방대법원의 Hobby Lobby 판결에서는, 근로자의 피임 비용을 보험 처리하도록 규정한 건강보험법(오바마 케어)이 경영진의 종교적 신념에 어긋난다는 이유로 거부한 Hobby Lobby 회사 역시 종교적 자유를 가질 수 있다고 판시하였다. 본 사안에서 Hobby Lobby 회사는 가족관계에 있는 소수의 주주로 구성되었는데, 주주들과 경영진이 모두 같은 종교를 믿었기 때문에 회사를 통하여 기본권을 향유하는 것도 가능하다고 판시되었다. 만약 지배주주의 종교와 다른 구성원의 종교가 다른 회사라면 당연히 회사 차원에서 종교의 자유를 주장하는 것에는 문제가 있을 것이다. 이에 대해서도 연방대법원은 회사 지배구조의 민주적 절차를 통하여 해결되어야 할 문제인 것으로 파악하였다. 따라서 회사 내부에서 민주적으로 합의될 수 있다면 회사를 통하여 종교적 신념을 주장하는 것도 기본권으로서 보호받을 수 있다는 취지이다. 심지어 Hobby Lobby 판결에서는 법에서 정해놓은 근로조건을 요구하는 근로자를 상대로 회사가 종교적 자유에 근거하여 근로조건을 위반하는 것도 가능하다고 판시한 것이어서 많은 논란을 야기하였다.

종전에는 회사가 경제 영역에서만 활동하는 것이 당연하다고 생각하였으나, 정치적 자유 또는 종교적 자유와 같은 정신적 기본권이 회사에게도 확대 적용될 수 있기 때문에 회사의 활동범위는 사회 일반의 모든 영역으로 확장되었다. 회사는 누구 하나의 것이 아니며 많은 이해관계자들로 구성되어 있는 것이기 때문에, 단순히 경영권을 장악한 지배주주 또는 경영진이 회사 차원에서 행사하는 정신적 기본권의 내용을 임의로 결정한다면 회사에게 인정되는 기본권의 정당성 자체를 흔들어 놓을 우려가 있다. 따라서 회사가 정신적 기본권을 행사하는 것으로 인정받기 위해서는 민주적 내부절차에 의하여 정신적 기본권의 구체적인 행사 방향에 대한 공감대가 이루어졌을 필요가 있는 것이다.

이러한 회사 내부의 민주적 절차는 종전의 내부통제시스템이나 컴플라이언스와는 완전히 다른 차원에서 이루어져야 한다. 매뉴얼을 제공하여 규제를 준수하도록 한다거나 개별적인 의무이행을 강제하여 법적 책임을 문제삼으려는 것이 아니기 때문이다. 사내 민주주의는 회사의 구성원에 해당하는 주주 및 이해관계자들이 함께 참여하면서 진지하게 논의하고 토론하여 구성원들의 총의를 형성할 수 있는 플랫폼이 마련되어야 할 것이다. 한편 구성원의 범위를 결정할 때 이해관계자가 얼마나 포함될 것인지와 그렇게 확정된 구성원들이 결정을 할 때 다수결의 기준을 얼마나 강화할 것인지는 궁극적으로 회사제도에 의하여 만들어질 필요가 있다. 회사 차원에서 행사하려는 정신적 기본권의 내용에 따라 결정 수준이 달라져야 할 수도 있다.

참고로 ESG 플랫폼은 회사의 이해관계자들이 모두 참여하여 의견을 제시할 수 있는 방식으로 마련되어야 할 것이기 때문에 사내 민주주의를 구현하기 위한 플랫폼으로 활용될 수 있을 것이다. 특정 브랜드에 대하여 충성스런 팬덤이 만들어져 있다면 회사의 정체성을 형성하는 과정에 소비자들도 참여할 수 있도록 대규모 이벤트를 마련하는 경우도 가능할 것이다.

5 | 이해관계자의 취약한 지위

(1) 경제발전을 위한 창조적 파괴가 이해관계자에게 미치는 영향

참고 혁신과 창조적 파괴

슘페터(Joseph Schumpeter)에 따르면 기술혁신과 경제성장의 이면에 창조적 파괴(creative destruction)가 수반된다는 점을 유의해야 한다. 더 효율적인 신기술은 자원과 인력을 흡수하며, 기존의 기술에 의한 공장시설과 기업은 존립기반을 빼앗긴다. 자유시장 경제체제는 개별 기업들에게 끊임없는 혁신을 요구하기 때문에 경쟁에서 뒤처지면 낙오하며, 시장

을 독과점해도 분리시켜서 다시 다른 기업들과 무한 경쟁을 하도록 요구한다.

공정한 시장의 원리가 개별 기업에게 가혹할 수 있지만 전체 회사제도와 국가경제의 지속적인 경제발전을 가능케한다. 회사는 낙오하여 해산하더라도 근로자와 물적 설비는 더 경쟁력이 높은 다른 회사로 흡수되고 창업자와 경영진은 새로운 사업기회를 물색한다. 창조적 파괴에 의하여 시장에서 흩어지더라도 재기의 기회가 있기 때문에 전체적인 관점에서 혁신에 의한 경제발전의 정당성을 인정할 수 있다.

시장에서 재기할 수 있는 기회나 그때까지 버틸 수 있는 여유가 없는 사람들의 경우에는 창조적 파괴가 심각한 문제를 야기할 수 있다. 신기술의 창조적 파괴는 낡은 기술에 익숙한 근로자를 도태시키고 새로운 기술을 익힌 근로자에게 일자리를 제공한다. 혁신적인 변화에 빨리 적응하지 못하는 평범한 사람들이 평생의 일자리를 잃었을 경우에는 청천벽력이다.

더군다나 이러한 상황은 집약적으로 발생한다. 즉 특정 산업군 또는 공장지대에서 혁신이 적용되고 창조적 파괴가 동시다발적으로 발생하기 때문에 대량해고에 의하여 같은 조건에서 새로운 일자리를 찾아야 하는 사람들이 쏟아져 나온다. 더 효율적인 신기술은 더 적은 노동력을 필요로 하기 때문에 창조적 파괴에 따른 가장 큰 희생은 근로자에게 집중된다. 일자리를 잃고 생계의 위기를 겪는 근로자가 혁신에 의한 경제발전의 혜택을 당장 누릴 수 있는 것도 아니다.

물론 기득권을 가진 사업가 중에서도 산업의 판도를 바꾸는 기술의 혁신이 등장할 때에는 강력한 저항을 한다. 강력한 자금동원력으로 정치적 로비를 한다거나 산업협회 차원에서 조직적인 대응을 함으로써 기술의 변화를 무마하려 한다. 다만 이러한 상황을 제도적으로 보호하거나 규율할 필요성은 별로 없다. 시대의 변화에 따르도록 시장에 맡겨 놓아도 무방하다.

그러나 근로자들은 스스로를 보호할 능력이 없는 대신 워낙 많은 사람들이 낙오할 수 있기 때문에 사회적 문제가 될 수 있고, 제대로 된 민주주의는 대중의 문제를 정치적 의제로 반영하는 시스템이기 때문에 이는 곧 정치적 문제로 비화한다. 정치경제적 동력(dynamics)을 고려한다면 대중이 수긍하지 못하는 경제시스템은 지속가능하지 못하다. 다수의 시민을 희생시키는 경제성장은 정치적 정당성을 인정받을 수 없기 때문이다.

창조적 파괴를 실현하면서 혁신적 발전을 도모하는 것이 경제발전의 선순환을 가져오는 것이지만 그 과정에서 야기되는 경제적 불평등의 심화현상과 소외 계층의 정치적 저항은 사회적 불안과 정치적 갈등을 초래한다. 창조적 파괴의 여파를 적정 수준으로 관리하지 못한다면 자유시장 경쟁체제는 다른 방식으로 대체될 우려가 있다.

현대의 경제학에서는 소득 재분배 방식에 의한 복지정책을 대안으로 제시하고 있는데, 과연 이것으로 충분할지가 관건이며 다른 대안이 입증되지는 않았기 때문에 아직 이론적으로 해소되지 않은 영역이다. 경영계에서는 다양한 방식으로 극복방안이 실험되고 있다.

Business history **영국과 미국의 산업혁명 경쟁**

역사적으로 본다면, 영국에서 1차 산업혁명의 여파에도 불구하고 발전을 주도할 수 있었던 것은 점진적인 변화를 통하여 기득권 세력을 심각하게 자극하지 않으면서도 지속적인 개선을 통하여 소외계층을 제도권으로 끌어들인 것이 성공요인이었던 것으로 분석된다. 브레이크를 밟으면서 속도조절을 하는 것이 단순하지만 효과적인 대처방식이 될 수 있다.

반면 미국에서 2차 산업혁명이 한창이던 19세기 후반 연방정부는 창조적 파괴의 여파를 완화할 의지가 없었고 오히려 시장만능주의를 신봉하였기 때문에 정책적으로 정부의 개입을 최소화하면서 계속 성장을 향해 악셀을 밟았다. 이는 결국 정치적 역풍을 초래하였고 20세기 초중반 극단적인 규제국가로 변모하게 된다.

(2) 회사가 유발하는 부정적 외부효과

Business history **영국의 아동근로 규제**

규제를 위한 특별법이 쉽게 만들어질 수 있는 것은 아니다. 1830년대 영국의 방적공장에서 근로자의 2/3는 아동이었기 때문에 사회적으로 지탄받았는바, 1833년 공장법에서는 9세 미만의 고용을 금지하고, 13세까지는 하루 8시간, 18세까지는 하루 12시간의 근로시간을 준수하도록 하며 야간근로는 금지하였고, 1844년 공장법은 연령확인을 속이는 편법을 규제하도록 하였다.

현재의 시점에서는 당연한 규제로 보이는 것들이 당시에는 많은 논란 속에서 한 걸음씩 힘겹게 입법되었다.

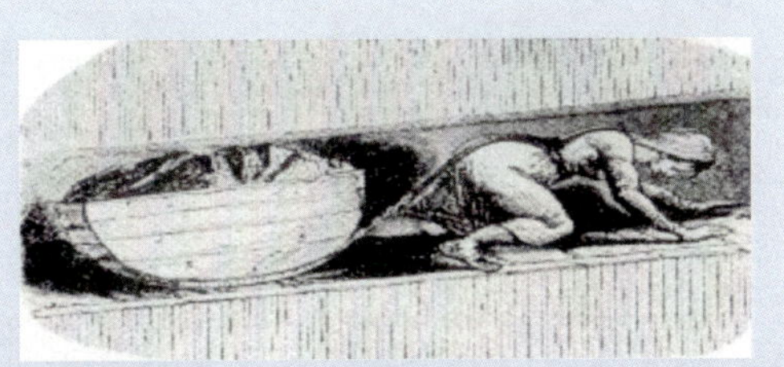

영국 의회보고서 자료

1970년대 법경제학에서 주장하던 주주 중심주의는 회사의 영업활동이 야기하는 부정적 외부효과를 비용에 반영하지 않은 상태에서 '주주이익 극대화가 기업가치 극대화 및 사회적 효용의 극대화를 이룰 수 있다'고 설명하였다. 회사가 야기하는 부정적 외부효과는 사회에 전가되고 있음에도 이에 대한 고려가 절실하지 않았기 때문에 또는 측정하기 어렵다는 이유로 일단 논의에서 배제된 상태로 실증연구를 하였고, 이러한 전제가 일반적으로 문제없는 것으로 받아들여졌다.

이론뿐 아니라 현실적인 제도에서는 이미 20세기 초부터 각 주들이 경영진 친화적인 회사법을 제공하기 위하여 규제완화 경쟁(race to the bottom)을 지속해왔다. 즉 회사법 자체에서는 경영진에게 자유로운 경영을 최대한 보장하는 허용적 체계(enabling framework)를 지향하는 반면 규제는 자기 주의 회사법이 아닌 문제가 발생하는 다른 주의 특별법에서 맡도록 외부화하는 이원적 시스템이 미국에서 일반화되었다.

그 결과 회사가 영업활동을 통해 반사회적 영향을 끼치는 경우에는 해당 주에서 또는 연방 차원에서 규제 법령을 제정하여 대처하게 되었다. 예를 들어 시장의 공정한 경쟁을 관리하는 공정거래법이나 투자자에게 투명한 정보를 제공하고 투기행위를 규율하는 증권법 이외에도 근로자의 지위를 보장하는 근로기준법과 노동쟁의법, 소비자의 지위를 보호하는 소비자보호법, 환경오염물질의 배출을 규율하는 환경법 등이 외부규제에 해당한다.

이와 같은 외부규제 법령이 있기 때문에 회사의 영업활동이 야기하는 부정적 외부효과 역시 상당 부분 회사의 비용으로 측정되고 가격에 반영되는 것은 사실이다. 그럼에도 불구하고 회사가 사실상 발생시키는 외부효과의 수준과 정부규제에 의하여 법적으로 규율되는 수준 사이에는 상당한 간극이 존재한다. 나아가 기술수준은 계속 발전하기 때문에 종전의 규제를 회피할 수 있는 방법은 계속 앞서 나가며, 규제는 상당한 시간이 지난 뒤에야 기술수

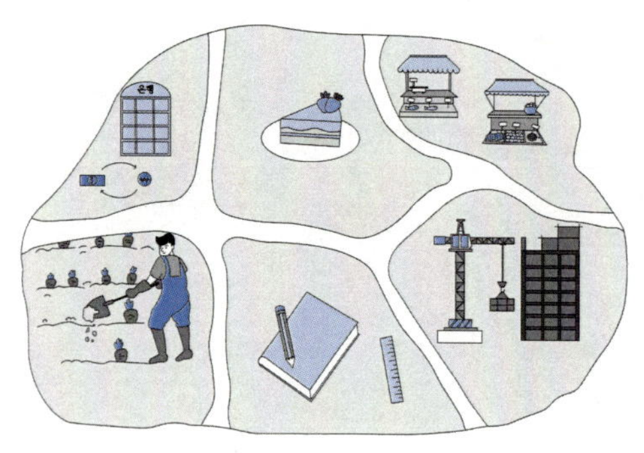

준을 따라가는 식이라서 규제회피는 늘상 존재한다.

즉 규제되지 않는 부정적 외부효과의 존재가 무시할 수 없는 수준이라는 점에 유의할 필요가 있다. 1973년이 되어서야 미국 닉슨 정부는 최초의 소비자 안전성 조사를 실시하였고, 1년에 상해 피해자 2천만 명, 영구장애 피해자 11만 명, 사망 피해자 3만 명에 이를 정도로 소비재의 위험성이 심각하다는 점을 비로소 알게 되었다.

개별적인 회사가 야기하는 부정적 외부효과 자체는 규제 수준에 미치지 못할 정도라 할지라도 그것이 누적되면서 지구온난화 등 걷잡을 수 없는 시스템리스크로 전이되고 있음을 이제야 깨닫고 있다. 이것은 비단 환경의 영역 이외에도 마찬가지로 적용되는 개념이어서 회사들이 발생시키는 부정적 외부효과 전반에 대하여 어떻게 처리할 것인지를 고민하게 되었다. 부정적 외부효과의 누적으로 인하여 지구환경이 심각하게 변화되면서 원자재 수급이 막힌다거나 관련산업에 대한 급진적 규제가 개별 국가차원에서 이루어질 수 있다.

또한 민주주의와 시민의식의 진보는 종전에 문제되지 않던 회사의 사회적 기여도를 문제 삼으면서 기업시민(corporate citizen)으로서 사회적 역할을 이행할 것을 기대하고, 이해관계자와 회사가 대등한 지위에서 거래할 수 있는 협상력이 없다는 현실적 상황을 인정하길 회사에게 요구하면서 이해관계자의 이익을 고려하는지를 지켜보기 시작했다.

이러한 상황에서 회사들은 장기적으로 지속가능한 발전을 하기 위해서는 단순히 가격 경쟁으로는 부족하다는 점을 깨닫는다. 소비자들의 시민의식 향상으로 인하여 가격으로만 경쟁할 것이 아니라 환경 등의 사회적 가치나 근로자 등 이해관계자의 이익을 보호하는 것 역시 시장에서 경쟁할 수 있는 요소라는 점이 공감대를 얻었다. 사회적 가치와 이해관계자의 이익을 고려하는 경영 방식이 시장 메커니즘에 의하여 작동한다는 점에서 포용적 시장의 자정능력이 고도화되고 있음을 알 수 있다.

나아가 다양한 이해관계자들이 원래는 시장에서 직접 활동하면서 자신의 목소리를 시장에 표출했을텐데, 회사의 외부시장 내부화에 의하여 이해관계자들의 목소리는 시장으로 표출되는 대신 회사 내부에 머무르게 되었다. 회사가 전체 이해관계자의 대표로서 활동하면서 시장에서는 다른 이해관계자의 목소리가 사라지게 되었지만 그렇다고 해서 이해관계자들의 고충이 사라진 것은 아니었다. 회사 내 이해관계자들의 목소리를 듣지 않으면 사회적 갈등이 누적되면서 회사의 장기적 성장을 저해할 우려가 있다는 점에 유의할 필요가 있다.

참고 미국의 이해관계자 고려조항

실제로 이해관계자의 이익을 회사제도에서 보호하려는 노력도 많이 이루어졌다. 1980년대 이후 미국의 많은 주에서 '적대적 M&A에 대한 경영권 방어방법을 발동할 때에는 이해관계자의 이익을 고려할 수 있다'고 규정하는 이해관계자 조항(constituency statutes)을 도입하였다. 미국법률가협회(ALI)에서 제정한 회사지배구조원칙도 이해관계자 중심주의적 규정을 두었으며, OECD의 기업지배구조원칙 제4장에서는 '지배구조가 이해관계자의 이익을 인식해야 한다'고 규정하면서 이해관계자의 권리를 보장할 수 있는 다양한 방법을 제시하였다.

다만 실질적인 관점에서 본다면 '구체적으로 어떻게 해야 한다'는 강제력이 있는 것은 아니다. 이 경우에도 이해관계자의 이익을 보호하는 것은 기본적으로 개별 회사의 자율에 맡겨져 있다.

Reference

1. 조슈아 B. 프리먼, 「더 팩토리: 공장은 어떻게 인류의 역사를 바꿔왔는가」(시공사, 2019)
2. 신현탁, "인공지능(AI)의 법인격 - 전자인격(Electronic Person) 개념에 관한 소고 -", 「인권과 정의」 제478호(대한변호사협회, 2018)
3. 신현탁, "ESG 경영과 진화하는 주주중심주의", 「동아비즈니스리뷰」 제330호(동아일보사, 2021)
4. 신현탁·조은석, "이해관계자 참여형 기업지배구조에 관한 연구 - 회사 구성원의 경영감독 참여를 중심으로 -", 「상사법연구」 제37권 제2호(한국상사법학회, 2018)

04 ESG 경영과 공익적 가치

1 | 회사의 공익성에 관한 역사적 전개

(1) 초창기 회사의 의무적 공익성

미국에서도 18세기까지는 운송, 운하, 도로, 수도, 보험, 은행 등 공공 서비스 성격의 사업을 수행하려는 목적이 인정되는 경우에만 설립을 허가하였다. 버지니아 주 대법원은 "회사가 단순히 사적이거나 이기적인 목적을 추구하고, 그것이 공익을 증진하지 못한다거나 오히려 저해하는 상황이라면 회사는 법인에게 부여받은 특권을 주장할 수 없다"고 판시할 만큼 회사의 공익성을 중요하게 여겼다. 19세기 중반까지 허가 범위가 점점 넓어졌지만 그럼에도 불구하고 회사는 구체적으로 공익성을 실현할 것이 반드시 요구되었다.

외부시장을 내부화하는 회사의 법인격을 활용하여 대규모 투자를 유치할 수 있으면서도 투자자는 유한책임의 보호를 받을 수 있다는 것은 강력한 혜택인데다 정부가 특정인에게 그 특혜를 임의로 수여할 수 있기 때문에 불공정과 부당성의 논란이 있을 수밖에 없었다.

그나마 회사가 상당한 공익을 실현하면서 사회·경제적 발전에 이바지한다는 사실을 명백하게 보여줄 수 있어야 회사제도의 정당성에 대하여 변호할 수 있었다. 따라서 정부는 회사의 설립을 허가하는 과정에서 당해 회사의 정관에 구체적 공익의 실현을 위한 규제적 사항을 포함시켰고 이를 위반할 경우에는 엄격하게 제재하였다.

(2) 회사설립 유치를 위한 규제완화 경쟁

19세기 후반 자유설립주의가 일반화되면서 종전에 주 정부가 회사에게 특허를 부여하던 관계가 역전되었고 회사가 어느 주를 설립지로 선택할지 결정할 수 있게 되었다. 회사 설립지 유치를 위하여 각 주가 규제완화 경쟁(race to the bottom)을 하면서 정관도 최대한 자유롭게 작성할 수 있도록 변화되었다.

Business history **Race to the bottom**

19세기 후반까지 세계적으로 회사 설립을 위해서는 정부의 특허가 필요하였다. 회사를 설립하는 과정에서 상당한 진입장벽이 있었기 때문에 일단 회사를 설립하기만 하면 시장에서 상당한 경쟁력을 갖출 수 있었고, 투자자는 유한책임의 원칙에 의하여 보호를 받기 때문에 대규모 자금조달이 가능하였다. 특히 19세기 중반 이후 미국에서는 철도회사의 성공과 대규모 신주발행에 힘입어, 사업기회를 찾는 기업가들은 회사 설립을 위한 특허를 받기 위해 정부에 공격적인 로비를 하였고 공공연한 부정이 발생하였다.

이러한 현실은 신문과 잡지 등을 통하여 널리 알려졌고 회사설립의 특허 자체가 부당한 뒷거래라는 인식과 함께 정부의 특허권한에 제동을 걸어야 한다는 공감대를 일으켰다. 그런데 이러한 정치적 역풍이 경제 영역에서는 전혀 예상치 못한 결과를 가져왔다. '회사법 경쟁시장'이 새롭게 만들어진 것이다.

1896년 뉴저지 주에서는 특허없이도 회사를 자유롭게 설립할 수 있도록 회사법을 개정하고 지주회사 설립방식도 허용하면서 Standard Oil 회사 등을 유인하였고, 이를 모방한 델라웨어 주에서는 더욱 기업친화적인 회사법을 제공하였는바 미국 대부분의 주(州)가 규제 최소화를 표방한 경쟁에 돌입하였다. 회사 설립을 어느 주에서 하든지 영업은 다른 주에서도 할 수 있기 때문에 회사들이 자신에게 유리한 회사법을 제공하는 주를 설립지로 선택하면 그 주에서 등록비와 세금을 납부하였고 주 정부 입장에서는 엄청난 수익을 쉽게 올릴 수 있었다.

규제완화를 하는 주의 입장에서는 '어차피 회사가 사업상 문제를 일으킨다면 그 사업지에서 규제를 할 것이고 증권사기 등에 대해서는 연방규제가 있으니 설립지의 회사법 차원에서 굳이 규제를 할 필요가 없고, 오히려 규제를 강화하다가는 다른 주로 설립지를 이전할 테니 설립지 경쟁에서 도태될 것'이라는 점에만 집중하였다.

우드로우 윌슨

1964년까지도 미국에서 22개 주만이 기업정보 공시규정을 두었으며 그나마 14개 주만이 주주에게 공개하도록 하였는데, 회계사의 인증을 받도록 한 주는 2개 밖에 없었다. Louis Brandeis 대법관은 연방대법원 판례에서 "race to the bottom"이라는 표현을 사용하며 공식적으로 비판하였다. 지금도 라이베리아 등의 일부 국가는 선박에 대한 규제를 거의 하지 않는 대신 대량 등록을 유치함으로써 등록비로 세수를 확보하고 있다(일명 '편의치적'). 그 부작용으로 규제공백의 선박들은 환경기준이나 근로기준이 너무 낮아서 사회적인 문제를 야기하기도 한다.

당시 뉴저지 주지사였고 얼마 뒤 대통령에 당선된 우드로우 윌슨은 세간의 비난을 의식하여 기업친화적인 회사법에 대한 규제강화를 주도하였고 1913년 7개의 규제법률을 통과시킨 결과 뉴저지 주는 경쟁에서 이탈하였고 2위였던 델라웨어 주가 승기를 잡았다. 1965년경 뉴욕거래소의 상장회사 중 35%, 1973년 상장회사 중 40%가 델라웨어 회사였다. 1971년 델라웨어 주에서 회사가 납부한 등록비와 세금은 5,200만 달러에 달하여 전체 세수의 1/4에 해당하였다.

델라웨어 주의 유일한 정책은 회사유치를 통한 수익 극대화라는 노골적인 비아냥이 계속되었다. 주주총회 의안통과에 필요한 수의 주주만 확보하면 주주총회를 개최할 필요가 없고, 이사를 선임할 때 소수주주를 위한 집중투표를 채택할 필요가 없고, 시차임기제를 선택할 수 있어서 경영권 방어에 용이하며, 이사책임을 면제받을 수 있는 등 경영진에게 우호적인 제도를 제공하였다.

1970년대 중반까지는 주식발행 같은 회사 문제에 대하여 연방 차원에서 SEC 증권규제 등으로 규율하였기 때문에 주 회사법은 규제기능이 필요없는 것처럼 여겨졌다. 그런데 1977년 이래로 회사 내부의 문제는 주 회사법에 의하여 다루도록 연방대법원이 명확한 역할분담을 정하면서 상황이 급변하였다. 특히 경영진의 의무위반과 법적책임을 다루는 사건들을 중심으로 주 법원의 판례법리가 본격적으로 발전하기 시작했다.

가장 많은 회사 사건을 다루게 된 델라웨어 주 법원은 법률의 적극적인 해석을 통하여 경영진에게 신인의무를 인정하고, 부당한 결과를 방지하기 위해 형평법상의 원칙을 적용하는 등의 노력을 경주함으로써 기존의 악평으로부터 명예를 회복하게 되었다. 델라웨어 주에 대한 선호는 꾸준히 증가하여 2012년 기준으로 미국 전체 상장회사의 과반수, Fortune 500 회사의 64%가 델라웨어 주에서 설립되었고, 특히 페이스북과 같은 신규 상장회사의 90%가 델라웨어 회사라는 사실에서 이러한 추세는 앞으로도 지속될 것으로 보인다. 2012년 회사가 납부한 등록비와 세금은 867,000,000달러에 달한다.

(3) 이원적 회사제도의 탄생

정관에 대한 개념 역시 주와 회사 사이에 체결하는 대등한 계약으로 받아들여졌다. 각 주의 회사법은 최대한 허용적인 형태로 진화하였고, 그 대신 규제는 회사법 외부의 별도 규제법령에 외주화한 이원적 시스템이 정착되었다.

다만 그렇다고 해서 회사의 공익성이 완전히 불필요하게 된 것은 아니었다. 2차 산업혁명을 겪으면서 회사제도를 운영하는 것 자체가 경제발전에 기여한다는 관념이 일반화되었다. 개별 회사 차원에서는 '구체적 공익'을 실현하지 않는다고 하더라도 그리고 어느 날 그냥 해산해버려도 전체 회사제도가 계속 작동하고 있는 한 경제발전을 계속 촉진하고 있다는 신념에는 흔들림이 없었던 것이다. 이러한 '추상적 공익성'에 기반하여 회사법은 경영진에게 더 많은 자유를 부여하였다.

반면 회사가 공익성을 침해하는 상황에서는 외부의 규제법령에 의한 제재를 받는다. 특히 미국은 설립지 주와 사업지 주가 항상 일치하는 것은 아니기 때문에 별개의 문제로 다룰 수 있었다. 여러 주에서 사업을 영위하면서 회사가 문제를 일으키는 경우에 굳이 설립지 주에서 규제하지 않더라도 어련히 사업지 주에서 규제 법률을 시행할 것이기 때문이었다.

이러한 취지에서 문제가 발생할 때마다 이에 대처하는 규제입법을 실시한 결과 공정거래법이 시장 독과점을 규제하고, 증권법이 자본시장의 투명성과 건전성을 규제하고, 노동법이 근로자의 근로조건을 보호하며, 소비자법이 소비자의 권리를 보호하며, 환경법이 오염물질 배출수준 등을 규제하게 되었다.

2 | 회사는 무엇을 위해 경영해야 하는가?

(1) 회사의 목적에 관한 현대적 논란

참고 **"Capitalism: The Great Debate - Stakeholder v. Shareholder" (Youtube)**

2020년 미국 하버드 로스쿨의 Lucian Bebchuk 교수와 영국 옥스퍼드 경영대학의 Colin Mayer 교수는 각각 주주 중심주의와 이해관계자 중심주의를 대표하는 입장에서 유튜브 실황중계를 통해 전세계 시청자들 앞에서 1시간 동안 토론을 벌였다.

"회사는 영업활동을 통하여 양질의 상품과 서비스를 소비자에게 제공함으로써 사회적 가치를 실현하는 것을 목적으로 삼아야 한다"는 Colin Mayer 교수의 주장은 회사제도를 창안한 영국의 권위자답게 묵직한 울림을 주었고 적어도 원론적인 입장에서는 동의하지 않을 수가 없는 내용이다.

다만 회사에게 구체적 공익성을 요구하던 초창기 시절에는 회사의 목적에 기초하여 법적 구속력을 인정할 수 있었지만 추상적 공익성으로 대체된 20세기 이후에는 회사의 공익성을 법적으로 강제하지 않는다. 따라서 Colin Mayer 교수의 주장에 틀린 말이 전혀 없지만 현대 회사법의 관점에서는 법적 효과가 없기 때문에 법적 개념으로 보이지는 않는다. 회사의 목적이 반드시 법적 효과를 지닌 법적 개념이어야 하는 것은 아니지만, 회사의 목적을 통하여 실질적인 기능이 발휘되길 기대하는 입장에서는 부족할 수 있다.

Lucian Bebchuk 교수

Lucian Bebchuk 교수는 회사 목적을 그렇게 이상적으로 다루는 것에 대하여 회의적인 입장을 취하면서 회사 목적이 법적 효과를 가질 수 있도록 구체적으로 초점을 맞추어야 한다고 본다. 즉 회사법이 이원적 시스템을 취하면서 일체의 규제를 외부법령에 떠넘기는 와중에 경영진의 권한남용에 대한 규제방식은 회사법 외에는 다룰 법이 없다 보니 규제공백 상태가 되었고, 그나마 판례법리에 의하여 경영진에게 신인의무를 부과하는 방식으로 회사제도가 지탱이 되는 현재 상황에서는 '경영진 견제를 위하여 주주 중심주의 관점에서 회사의 목적 자체를 주주이익 극대화로 확정하고 이를 위반하는 경영진에게 법적 책임을 물음으로써 경영진 견제기능을 확립하는 것'이 현실적으로 필요한 회사의 목적이라고 주장한다.

Lucian Bebchuk 교수는 현재 전세계 회사법학계에서 가장 영향력이 크다고 권위를 인정받는 만큼 회사법의 현실적 문제점을 정면으로 다루고자 한 것으로 이해된다.

최근 몇 년간 회사의 목적은 무엇인가를 놓고 세계 학계에서는 전례없이 열띤 논쟁을 벌였다. 그런데 Lucian Bebchuk 교수의 주장처럼 기능적 관점에서 주주이익 극대화를 회사의 목적으로 삼더라도 대단한 차이가 발생하는 것은 아니다.

주주이익 극대화 원칙이 강행규범으로 적용될 수 있는 것은 아니기 때문에 정관에서 이에 반하는 내용의 규정을 둔다고 해서 무효가 되는 것도 아니고, 회사가 주가를 극대화시키기 위하여 임금을 최소화해야 한다고 볼 것도 아니며, 주주이익 극대화를 침해하는 거래를 체결했다고 하여 이를 무효화시킬 수 있는 것도 아니다. 주주이익 극대화 원칙이 회사의 목적이라 하더라도 어차피 그 위반에 대한 법적 효과는 경영진에게 책임을 묻게 하는 방식으로만 작동할텐데 이는 미국에서 판례법리에 의한 신인의무로 해결되고 있다.

경영진 견제기능을 보다 명확하게 확립하고자 하는 Lucian Bebchuk 교수의 취지는 충분히 이해하지만, 그렇다고 해서 회사의 목적을 경영진 견제기능이라는 특별하고 구체적인 범위로 축소하는 것이 필연적이라고 생각되지는 않는다. 오히려 회사의 목적이란 용어 자체가 시사하는 바와 같이 회사의 존재의의를 충분히 설명할 수 있는 이상적이고 추상적인 설명방식이 더 다양한 문제를 다룰 수 있는 기반을 제공한다는 점에서 나름의 장점이 있다. 사회적 가치와 ESG 경영도 회사의 목적에 포함시킬 수 있다. 반면에 Lucian Bebchuk 교수는 ESG 경영의 실효성에 회의적이라는 점에서 나름대로 논리에 일관성이 있다.

제도설계의 가능성 #8 영리성 개념의 함정

'회사는 무엇을 목적으로 삼아야 하는가'에 대하여 회사의 목적은 돈을 버는 것이라고 간단하게 생각할 수도 있다. 그러나 앞서 언급한 바와 같이 법적 허구에 불과한 화폐의 수단성을 감안한다면 자본축적 그 자체를 제도적 목적으로 설정하는 것은 적절치 않다. 시장의 주된 공급자인 기업이 수단·방법을 가리지 않고 맹목적으로 자본축적을 지향한다는 것은 자기파괴적인 사회로 귀결된다.

화폐와 자본의 실재성 때문에 회사의 목적으로 쉽게 떠올릴 수는 있으나, 영리성은 회사의 속성 중 하나에 불과하다. 즉 민법상 비영리법인만 인정되는 것과 달리 상법상 회사는 기본적으로 영리법인이기 때문에 영리추구는 회사의 기본적인 성격이다. 회사의 속성인 영리추구를 회사의 목적으로 여기는 것은 순환논리에 빠져들 뿐이다.

따라서 위 질문은 '회사는 무엇을 목적으로 영리사업을 수행할 것인가'라고 선해하면 오해의 여지가 줄어들 것이며, 회사의 목적에 대한 실질적 논의가 가능해질 것이다.

(2) 회사 목적의 진화

2010년대에는 세계금융위기를 계기로 회사의 활동이 일반적으로 경제발전에 기여한다는 '추상적 공익성'의 관점에 거센 회의를 불러 일으켰다. 특히 법경제학 관점에서는 회사의 활동이 사회에 대하여 부정적 외부효과를 발생시키면서도 그에 따른 사회적 비용을 회사가 부담하지는 않는다는 점에 주목하고 있다.

즉 외부규제 법령에서 요구하는 수준만 지킨다면 그 이하의 문제를 야기하더라도 규제대상이 아닌데, 그런 식으로 조용히 오염물질을 배출하고 사회적 문제를 축적하는 사업체가 미국에만 수백만 개가 있고 세계적으로는 그보다 수백 배가 더 있을 것이다. 나아가 새로운 문제에 대한 규제는 항상 뒤처지게 마련이고, 존재하는 규제에 대한 회피수단은 항상 앞서나가기 마련이다.

이런 식으로 축적되는 엄청난 부정적 외부효과에 대해서 그동안 사회적으로 방치되었기 때문에 사회적 비용으로 전가되고 경제발전에 저해가 되며 결국 당해 회사의 지속가능한 성장에도 지장을 주는 부메랑이 되어 돌아올 것임에도 불구하고 '각 회사가 주주이익을 극대화하는 것만으로 전체 사회의 경제발전에 기여할 것'이라는 1970년대 밀턴 프리드먼 방식의 낙관론이 현재까지 무비판적으로 지속된 것이 문제임을 인식한 것이다.

이에 노벨 경제학상 수상자인 올리버 하트(Oliver Hart) 교수 등은 2017년 주주이익 극대화(shareholder interest maximization)가 아닌 주주후생 극대화(shareholder welfare maximization)를 추구해야 한다고 논증하였다. 즉 회사가 사업과정에서 발생시키는 부정적 외부효과를 스스로 책임지고 비용을 지출하여 해소해야 하며, 이를 통하여 당해 회사의 지속가능한 성장을 저해할 수 있는 잠재적 위험성을 감소시키는 것이 궁극적으로 주주의 후생을 극대화할 수 있는 방법이라고 설명한다.

그동안 간과하였던 부정적 외부효과를 회사가 내부화함으로써 주주 중심주의가 진화하고 있다. 주주 중심주의는 현재 세계적으로 회사법에 관한 지배적 관점이라 할 수 있는데, 주주 중심주의가 진화함으로써 회사의 목적도 더 많은 것을 포괄할 수 있게 되었다.

'금전적 이익 극대화를 회사의 목적으로 삼아야 한다'는 종전의 슬로건은 경영진 감독 기능에서는 탁월한 효과를 발휘하였지만, 탐욕적인 회사와 영혼없는 자본주의를 당연한 것으로 인식하게 만들었다. 우리 스스로 가혹한 환경을 만들어서 서로를 괴롭힌 것이다. 반면에 '주주후생 극대화' 개념은 본질적으로 주주 중심주의를 기본으로 하는 것이기 때문에 경영진 감독 기능도 수행하면서, 사회적 가치와 이해관계자의 이익을 아우를 수 있는 기반을 제공한다. 따라서 ESG 경영을 이론적으로 정당화하는 기능을 수행한다.

(3) 실험적 회사제도: PBC

미국에서 새롭게 도입된 PBC(public benefit corporation)는 '사회적 가치 추구형 주식회사'로 부를 수 있다. 회사의 목적에 사회적 가치를 추구하고, 이해관계자의 이익을 보호하는 것을 추가적으로 명시함으로써 경영진의 재량도 더 넓게 인정된다. 일반적인 주식회사도 주주총회 결의를 통하여 PBC로 전환할 수 있으며, PBC 상태에서 다시 일반적인 주식회사로 전환할 수도 있다.

정관상 목적 규정만 변경하면 되는 것이기 때문에 기본적으로 주식회사이며 회사법이 적용된다. 이러한 PBC 제도는 미국에서 2010년대 들어서 각 주의 회사법 개정에 의하여 입법되었다. 38개 주 중 32개 주에서 만장일치로 통과되었고, 나머지 주에서도 90% 이상의 찬성률을 기록했다.

PBC는 주주이익을 일부 포기하더라도 사회적 가치를 더 적극적으로 실현하고 이해관계자에게 더 많은 이익이 부여되는 것을 정당화하려는 방식이다. 따라서 종전의 탐욕적 회사개념과는 상반된다. 워낙에 모든 경영진과 회사들이 탐욕적인 것도 아니었고 잘 하는 것도 많았지만 부정적인 사회적 인식을 벗어나기는 어려웠다. 그러나 PBC는 기존의 인식을 뒤집어 놓는다.

PBC와 사회적 기업이 유사하다고 볼 수 있는데, 결정적으로 다른 점은 스스로 시장에서 살아남아야 한다는 점이다. PBC는 스스로 지향하는 가치를 시장에서 홍보하고 이렇게 특별한 사업을 지지하는 소비자의 선택을 받는 것을 목표로 한다.

따라서 영리성을 가진 주식회사인 PBC가 시장에서 치열하게 경쟁하면서 주주 이외의 이해관계자 및 사회적 가치를 실현하고, 만약 어떠한 이유로든 경쟁력이 감소되면 다시 일반 주식회사로 복귀할 수 있다. 많은 사회적 기업이 정부 지원에 의존하기 때문에 시장 경쟁력에 한계가 있는 것에 비하여, PBC 제도는 시장친화적으로 설계되었다.

그러나 PBC 경영진은 다양한 사회적 가치와 다양한 이해관계자의 이익을 임의로 선택하여 고려할 수 있기 때문에 재량이 무척 넓고 견제가 거의 곤란하다는 문제가 남아있다. 다만 PBC 제도는 아직 초창기여서 경영진 감독기능은 제도가 정착된 이후에 보완하겠다는 입장이기 때문에 향후 제도 개선방향을 주목할 필요가 있다. 회사제도의 문제를 해결해보려는 다양한 창의적 시도가 이루어지고 있는 것으로 평가할 수 있다.

B Corp Community

3 | ESG 경영의 새로운 비전

(1) ESG 경향의 전개

지속가능성(sustainability) 개념은 1987년 UN 산하위원회(World Commission on

Environment and Development)에서 지속가능발전에 관한 Brundtland Report(Our Common Future)를 채택하면서 논의되기 시작하였다. 2004년 UN 글로벌 콤팩트(United Nations Global Compact)에서는 ESG 개념이 처음 등장하였고, 2005년 UN 환경계획(United Nations Environment Program; UNEP)에서는 ESG 요소를 반영한 ESG 투자전략이 제안되었다. 다만 이 때까지 그 영향력은 미미했다.

2015년 제70차 UN총회에 이르러 인간, 지구, 번영, 평화, 파트너십이라는 5개 영역에서 인류 공동의 주요 목표 17개와 169개의 세부 목표가 제시하면서 지속가능발전목표(Sustainable Development Goals; SDGs)를 2030년까지 달성하기로 결의하였다. 이러한 국가 차원의 합의는 시장의 동의를 얻으면서 본격화될 수 있었다.

2018년 대표적 자산운용사인 BlackRock의 Larry Fink 회장은 공개 서한을 통하여 지속가능한 성장을 위해서는 사회적 가치와 이해관계자의 이익 보호가 중요하다는 점을 CEO들에게 역설하였고, 2019년 미국의 대기업회장단에 해당하는 Business Roundtable에서는 이해관계자에게 가치를 배분하겠다는 선언을 하였는바, 미국 주식시장의 1/3 비중을 차지하는 181개 회사의 CEO가 서명하여 이에 동참하였다. World Economic Forum에서도 이해관계자 자본주의로 이행할 것을 촉구하는 '2020 다보스 선언'을 발표하였다.

미국 상장회사의 지분을 80% 가까이 소유하고 있는 기관투자자들이 ESG 경영을 촉구하고, 대부분의 대기업 경영진들이 ESG 경영의 필요성을 제창하고 나섰기 때문에 시장에서는 ESG 경영이 새로운 경향으로 기반을 다졌다. 이에 더하여 전세계 국가 차원의 합의가 이루어진 상태이기 때문에 ESG 경향은 더 이상 거스를 수 없는 상태가 되었다.

세계적 기관투자자들은 투자 포트폴리오를 세계적 차원에서 운영하고 있기 때문에 어느 한 국가 또는 특정 지역에서 심각한 환경재앙이 발생한다면 직접적인 피해를 받게 된다. 그런 재앙이 발생할 가능성만 있어도 지역적 규제가 급격하게 강화될 것이기 때문에 그로

인한 규제비용 부담이 증대된다. 즉 기후변화의 문제가 더 이상 남의 일이 아니다. 개별 국가 차원에서는 기후변화에 따른 시스템 리스크에 대하여 많은 비용을 들여가면서 대처하기 어려웠겠지만 기관투자자들이 세계적 영향력을 가진 현 시점에서는 세계정부와 유사한 영향력을 발휘하고 있는 것이다.

(2) ESG 경영과 이해관계자 자본주의

회사는 주주를 포함하는 협의의 이해관계자를 중심으로 경제활동을 영위한다. 경우에 따라서는 회사의 자율적 판단에 의하여 광의의 이해관계자까지 회사 구성원으로 포함할 수 있다. 이해관계자를 구성원으로 인정하는 것과는 별개로, 주주 중심주의에 의하여 경영진은 주주에게만 법적 의무를 부담하도록 함으로써 경영진 감독기능을 제고시키는 것이 실효적이다. 그렇다고 해서 이해관계자의 지위가 무시되는 것은 아니다. 회사는 장기적 주주이익 극대화를 추구하는 과정에서 회사 구성원인 이해관계자의 이익도 함께 고려하는 계몽적 주주가치 개념으로 주주 중심주의가 보완된다. 따라서 회사가 사회와 이해관계자에게 전가하는 부정적 외부효과를 스스로 상쇄하기 위하여 노력하는 것도 정당화될 수 있다. 이러한 취지는 ESG 경영을 통하여 발전적으로 진화하고 있다.

'ESG 경영'이란 사회적 가치를 추구하거나 주주 등 이해관계자의 이익을 보호하는 것을 회사의 목표로 삼고, 이러한 목표를 달성하기 위한 구체적 방법으로 특히 ① 환경적(environmental) 가치의 보호, ② 사회적(social) 가치의 실현, ③ 지배구조(governance)의 개선 등을 통하여 당해 회사가 사회와 이해관계자에게 전가하는 구체적인 부정적 외부효과를 자체적으로 해소하려는 경영 방식이다.

종전에 재무적 요소에 대해서만 천착하였던 경영방식의 한계를 인정하고, 비재무적 요소에 의한 회사의 성과와 장기적 리스크를 경영상 고려한다는 특징을 갖는다. 각각의 회사가 배출하는 부정적 외부효과를 해소·완화하는 것이 장기적 관점에서 당해 회사의 잠재적인 리스크를 감소하는 길이기 때문에 ESG 경영은 지속가능한 성장을 추구하는 회사에게 의미가 있다. 스스로 발생시키는 부정적 외부효과를 구체적으로 해소하는데 소요되는 비용과 그로 인하여 잠재적 리스크가 감소됨에 따른 장기적

· 간접적 이익을 회사 내부적으로 계산하여 개별회사에게 적절한 수준의 ESG 경영을 자율적으로 실시할 수 있다. 이러한 과정을 '외부효과의 내재화'라고 표현한다.

재무적 관점에서 당장 주주이익 극대화를 실현하는 것 대신 이해관계자의 이익을 보호하고 사회적 가치를 추구함으로써 장기적인 주주후생 극대화를 실현하겠다는 것이 ESG 경영을 선택한 주주들의 결단이다. 경영진은 주주들의 총체적인 의사에 따라서 ESG 경영을 실시하는 것이므로 이해관계자 이익을 증대하고 사회적 가치를 실현하는 것 자체가 회사의 목적과 정체성에 부합하는 것이다. 그 과정에서 발생할 수 있는 당장의 비용증가나 어느 정도의 손실은 주주들이 감수하겠다는 의사가 표시된 것이며, 그 대신 이해관계자 보호 및 사회적 가치 실현을 통하여 장기적 · 간접적으로 주주이익에도 도움이 될 것이므로 주주의 총의에 따라서 ESG 경영을 실시하는 경영진은 선관의무를 다한 것으로 인정받는다.

(3) ESG 경영과 주주 중심주의

법경제학적 관점에서는 주주 중심주의에서 핵심으로 여기는 주주이익 극대화(shareholder interest maximization) 개념이 ESG 경영에서는 주주후생 극대화(shareholder welfare maximization) 개념으로 진화한 것으로 분석한다. 종전의 주주이익 개념은 재무적 요소만으로 계산하였지만 회사가 사업수행 과정에서 발생시키는 부정적 외부효과를 감안하지 않았기 때문에 주주의 금전적 이익으로 표현되지 않는 손실은 간과하였다. 따라서 이론적으로도 주주이익 극대화 보다는 주주의 총체적 후생을 극대화하는 것이 더 바람직하다.

ESG 경영에서는 사회적 가치와 이해관계자의 이익과 같은 금전적으로 계산하기 곤란한 비재무적 요소까지 포함하여 장기적인 주주의 후생을 극대화해야 한다고 본다. 밀튼 프리드먼이 주창한 본래적 의미의 주주 중심주의 역시 '주주들이 최대한 원하는 방식으로 경영진이 결정하도록 하는 것'이었다. 따라서 주주들이 ESG 경영을 원한다면 그렇게 함으로써 주주의 후생을 극대화하는 것이 본래적 취지의 주주 중심주의에도 부합한다.

일반적으로 ESG 경영은 이해관계자 자본주의를 지향한다고 말한다. ESG 경영을 통하여 이해관계자의 이익을 보호하고 사회적 가치를 실현하려 노력한다는 점에서는 충분히 그렇게 볼 수도 있다. 그러나 경영상 구성원의 이익을 고려할 수 있다는 것과 법적 관점에서

경영진이 의무를 부담한다는 것은 별개이다. ESG 경영을 실시하는 경영진도 법적 의무는 주주에게만 부담하며, 이해관계자가 자신의 이익을 미흡하게 고려하였다는 이유로 경영진에게 법적 책임을 물을 수는 없다. 심지어 사회적 가치를 추구하고 이해관계자의 이익을 보호하려는 결정이 주주의 이익을 중대하게 훼손한다면 경영진은 법적 책임에서 자유롭지 못하다.

물론 장기적 관점의 계몽적 주주가치는 이해관계자의 이익 제고를 통하여 주주이익이 간접적으로 증대되는 것까지 포함하기 때문에 특별한 사정이 없는 한 이해관계자의 이익을 보호하는 결정이 주주이익을 훼손하였다고 단정할 수는 없다. 오히려 계몽적 주주가치 개념은 특별한 사정이 없는 한 이해관계자의 이익 보호를 넓게 허용한다고 볼 수 있다. 하지만 이해관계자의 이익과 주주이익이 직접적으로 상충하는 상황을 가정한다면 경영진은 주주이익을 우선적으로 보호해야 한다. ESG 경영은 여전히 주주 중심주의를 기본으로 하면서 발전되고 있는 것으로 이해하는 것이 미국 학계의 일반적인 입장이다.

(4) 시장의 무한경쟁과 ESG 경쟁력

친환경 상품을 판매하고, 제조과정에서 친환경 기법을 사용하는 것이 종전보다 많은 비용이 소요되어서 회사 입장에서 주주에게 배당할 수 있는 이익이 감소하더라도 주주들이 이를 감당하겠다고 결정하는 것이 ESG 경영이다. 비용절감에 실패하여 다른 경쟁사들과 가격 경쟁에서 뒤처지더라도 ESG 경영을 높이 평가하는 소비자들이 소비선택을 통하여 시장에서 ESG 경영을 지지한다면 시장 경쟁에서도 살아남을 수 있을 것이다.

반면에 ESG 경영에 따른 비용 증가분을 만연히 가격에 반영하여 소비자에게 전가한다면 그것이 왜 ESG 경영이라는 이름으로 미화되어야 하는지 의문이다. 회사와 주주들이 먼저 당장의 손실을 감수하겠다고 나서니까 가격 경쟁력이 약간 부족하더라도 소비자들이 이를 지지하면서 시장에서 도태되지 않도록 소비결정을 해주는 것이다. ESG 경영을 빌미로 에어컨을 꺼놓거나 불편을 소비자에게 전가하면서 가격은 그대로라면 그런 ESG 전략에 대하여 누가 진정성을 믿어줄지 우려된다. ESG 전략이 시장에서 소비자들에게 충분한 공감과 지지를 얻지 못한다면 퇴출당하는 것이 마땅할 것이다.

ESG 경영을 실시한다고 하여 당연히 시장에서 좋게 평가받을 것으로 기대해서도 안 된다. ESG 경영을 하는 회사도 많기 때문에 그 중에서도 소비자들에게 지지를 얻고 선택받기 위해서는 ESG 경쟁력을 갖춰야 한다. 어설프게 흉내내는 것으로는 부족하고 소비자들이 지갑을 열어서 소비결정을 할 수 있을 정도로 우수한 ESG 경영을 실시한다는 점을 인정받을 수 있어야 한다. 자기 회사에서 가장 잘 할 수 있는 ESG 경영이 무엇인지는 당해 회사의 상품과 서비스가 무엇인지에 따라 달라질 것이기 때문에 개별 회사 차원에서 ESG 전략을 수립해야 한다. 소비자의 공감을 얻지 못하는 ESG 경영을 무성의하게 면피성으로 실시하는 것으로는 경쟁력을 갖추기 어렵다.

한편 소비자 중에는 ESG 경영과 무관하게 저렴한 상품을 원하는 경우도 있고 ESG 경영 중에서도 특히 환경적 요소를 높이 평가한다거나 사회적 요소를 높이 평가할 수도 있다. 어떤 ESG 요소가 시장에서 소비자들의 공감을 얻을 수 있을 것인지는 각 사회의 구성원에 따라 달라질 것이며, 비용 부담을 어디까지 용납할 수 있을지도 소비자들이 ESG 요소를 얼마나 막중하게 여기는지에 따라 달라질 것이다. 따라서 ESG 경영은 시장과 공감하는 감수성에 기반할 필요가 있다.

4 | ESG 경영에 대한 평가

(1) 경영자 중심주의, 주주 중심주의, 이해관계자 중심주의 비교

경영자 중심주의, 주주 중심주의, 이해관계자 중심주의를 여러 가지 관점에서 상호 비교하자면 다음과 같다.

① 우선 '회사에게 개인적으로 무엇을 기대하는가'를 중심으로 생각해 볼 수 있다. 어떤 사람들은 회사제도를 통해서 이윤추구를 희망하며, 다른 사람들은 위험으로부터 보호받기를 희망할 수 있다. 공포(fear)와 욕망(desire)은 인간의 가장 기초적인 본능이다.

이때 경영자 중심주의와 주주 중심주의는 모두 개인의 자유로운 성취를 독려하며, 이윤추구 동기에 의하여 회사를 운영한다고 생각한다. 반면에 이해관계자 중심주의는 위험회피 동기에 의하여 사회와 시민을 일반적으로 보호하는 후견적 성격에 의하여 회사가 운영되길 기대한다.

② '어떤 정부기업관계를 기대하는가'를 생각해 볼 수 있다. 정부가 시장에 개입하는 정도와 근거에 따라서 자유방임적 시장주의, 규제국가주의 등으로 구별된다.

경영자 중심주의는 자유방임적 시장주의에서 빛을 발하였다. 주주 중심주의는 경영진 감독기능을 보완하였다는 점에서 합리적 규제가 실시되고 있는 현대적 시장 자유주의와 합이 맞는다고 할 수 있다. 이해관계자 중심주의는 특히 규제국가주의 시대에 제도적으로 발전하였다.

③ '어떤 경제 상태를 기대하는가'를 생각해 볼 수 있다.

경영자 중심주의는 혁신 지상주의를 추구한다. 경영자 중심주의가 지지받던 자유방임주의 시대에는 카네기, 록펠러, 에디슨과 같이 2차 산업혁명의 주역으로 부상하였던 전설적 창업자들 덕분에 사회가 혁신적으로 발전하고 풍요와 번영이 사회전반에 흘러넘칠 수 있다고 생각하였다.

천재적인 소수의 창업자들에게 최대한의 자유를 누리게 하는 것이 경제의 발전을 이끌고 모두의 행복을 보장한다고 믿었기 때문에 경영자에 대한 견제와 감독은 경영혁신을 저해하는 것이었다. 그러나 자유방임주의 시대는 이내 혹독한 대가를 치러야 했고, 주주 중심주의와 이해관계자 중심주의는 혁신 보다 안정을 선택하였다.

주주 중심주의는 대리인 이론에 근거하여 경영진에 대한 감독기능을 다각적으로 구현함으로써, 경영진이 주주에 대한 책임을 다하는 범위 내에서만 혁신적 시도를 허용하였다. 따라서 주주가 납득하지 못하는 새로운 시도는 허용되지 않았으며, 비전을 제대로 설명해내지 못하는 경영진은 감독이사회에 의하여 제거되었다. 그 대신 시장에 대한 정보제공이 충실하게 이루어질 수 있기 때문에 시장안정이라는 중요한 가치를 실현하였다.

이해관계자 중심주의는 소외되기 쉬운 이해관계자들의 목소리를 반영하기 때문에 사회적으로 정치적 갈등이 누적되는 것을 완화할 수 있다. 이를 통한 사회 안정 역시 중요한 가치이다.

(2) ESG 경영의 게임체인저(game changer) 역할

종전의 경영자 중심주의, 주주 중심주의, 이해관계자 중심주의는 여러모로 대립적인 구도를 형성하였다. 물론 주주 중심주의와 이해관계자 중심주의가 경영자 중심주의를 극복하려는 방편으로 제기되었다는 동기 자체는 동일했지만, 방법론적 측면에서는 거의 모든 것이 대조적이었다. 그러나 ESG 경영은 기존의 모든 대립구도를 무의미하게 만드는 게임 체인저 역할을 성공적으로 해내었다.

회사제도를 어떻게 설계할 것인지는 온전히 사람들의 상상과 의지에 달려 있는 것이기 때문에 활용할 수 있는 방법은 무한하다고 볼 수 있음에도 불구하고 기존의 방법들은 상호 대립적인 미로에서 벗어나지 못했다는 사실이 새삼 놀랍다. 그런데 ESG 경영은 그동안 유지되어 왔던 일체의 대립구도를 완전히 뒤집었다. 창의적인 아이디어에 의하여 종전의 고착상태에 있던 문제들을 새롭게 해결할 수 있는 관점을 제공한 것이다.

① '회사에게 무엇을 기대하는가'의 문제에서 ESG 경영은 이윤추구 동기와 위험회피 동기를 동시에 충족한다. 기본적으로 주주 중심주의에서 진화하여 주주후생 극대화를 추구하기 때문에 어떠한 방식으로든 욕망의 성취를 추구한다. 이와 더불어 ESG 요소를 관리하여 장기적 리스크를 감소시키려 하기 때문에 위험회피 동기에 부합한다.

② '어떤 정부기업관계를 기대하는가'의 문제에서 ESG 경영은 주주 중심주의를 기본으로 하기 때문에 경영진 감독기능이 작동하는 현대적 시장 자유주의에 부합된다. 그런데 여기서 한 걸음 더 나아가 법적 의무와 규제가 요구하는 수준 이상으로 자발적인 자율규제를 실시하려는 것이 ESG 경영이기 때문에 공동체적 규제국가주의에도 부합된다.

③ '어떤 경제상태를 기대하는가'의 문제에서 ESG 경영은 장기적 성장을 극대화하려는 것이어서 혁신경영을 추구하는 입장이다. 종전에는 '주주이익 극대화를 위하여 최선을 다했는가'를 기준으로 하여 경영진의 의무위반 여부를 판단하였지만, ESG 경영에서는 주주이익 개념을 주주후생 개념으로 대체한다. 그런데 후생이라는 개념은 본질적으로 모호하기 때문

에 경영진이 의무를 위반하였다고 단정하기가 어려워진다. 결국 ESG 경영을 실시하는 경영진은 혁신적인 시도를 하더라도 경영감독에서 훨씬 자유로운 상태에 놓이게 된다.

그뿐만 아니라 ESG 경영은 사회적 가치를 추구하고 이해관계자의 이익을 보호하기 때문에 정치적 갈등을 완화하는 효과가 있으며 결과적으로 사회 안정을 가져온다. 결론적으로 ESG 경영은 앞서 언급한 모든 대립적 구도를 뛰어넘어서 모든 가치를 동시에 만족할 수 있다.

④ 다만 딱 한 가지가 부족하다. ESG 경영에서는 경영진 감독기능이 약해진다. 앞서 본 바와 같이 주주후생 극대화를 위반했는지를 판별하기가 어려울 뿐만 아니라, ESG 경영 자체가 회사의 목표로 재설정되었기 때문에 ESG 경영을 실시하는 과정에서 이루어진 경영진의 결정은 회사에게 최선의 이익을 위한 것으로 인정될 수 있다. 이 경우 경영진은 경영판단의 원칙에 의하여 보호받을 가능성이 높다.

즉 ESG 경영은 그동안 시민사회에서 어렵게 쌓아놓은 경영진 감독기능을 무력화할 가능성이 있다. 따라서 ESG 경영을 어떻게 견제할 수 있을 것인지에 대한 진지한 고민이 필요하다. ESG 경영의 장점을 독려하는 것도 중요하지만 단점을 보완하는 것도 제도의 몫이다.

제도설계의 가능성 #9 **ESG 경영과 기관투자자의 역할**

현재 세계적으로 ESG 경영을 주도하는 세력은 미국 대기업의 경영진들과 세계적 연기금 등 기관투자자들이다. 미국 상장회사의 지분 중 70−80%는 기관투자자들이 보유하고 있다. 어찌보면 이들의 입장에서는 기존의 경영진 감독을 위한 일체의 제도가 거추장스럽게 느껴질 수 있다.

혁신성장 보다는 시장안정에 주안점을 두고 있는 현 제도하에서는 일상적으로 주주들에게 설명을 해야 하고, 시장의 반응에 촉각을 곤두세워야 하며, 일반인들이 이해하지 못하는 새로운 비전이나 상품은 시도하지 못한다. 차라리 ESG 경영에 의하여 기존의 경영진 감독기능을 무력화시키고 기관투자자들이 수시로 경영진을 감시하는 방식으로 경영진 감독기능을 대체하는 것을 선호할 것이다.

기관투자자들은 '자신보다 경영진의 권한행사 방식에 대하여 잘 이해하는 사람도 없을 것'이라는 자신감이 있다. 세계적 기관투자자들이라면 특정 가문이 지배하는 재벌이나 카리스마적 개인보다는 신뢰할 수 있을 것이다. 다만 제도를 대체할 수준의 체계적인 신뢰가 가능하기 위해서는 충분한 보완장치가 마련되어야 할 것이다. 무엇보다도 민주적 통제가 가능해야 한다. 기관투자자의 의사결정이 투명하게 이루어지도록 담보하고, 결정권자의 과오에 대한 공적 책임추궁이 실효적으로 이루어질 필요가 있다.

(3) ESG 경영에 대한 비판적 전망과 기대

기본적으로 시대의 조류에 의하여 글로벌 금융위기 이후에 규제입법이 강화될 것을 두려워한 재계의 입장에서 자율규제를 내세워 선제적인 탈출구를 마련한 것에 불과하다며 비판적으로 파악하는 시선도 매우 많다. 물론 ESG 경영을 내세워서 일단 규제강화를 모면하고 ESG 공시나 ESG 평가와 같은 제반 경제시스템이 시장에서 확립되기까지 수 십 년 동안 실질적인 개선은 이루어지지 않고 기업경제가 계속 악화될 수도 있다. 하바드 로스쿨의 Lucian Bebchuk 교수가 계속 경고하는 바이기도 하다.

하지만 ESG 경영 자체가 가진 희망적인 비전도 분명히 있다. 종전에는 탐욕적인 자본주의를 자포자기식으로 받아들이거나 해학으로 승화시켰다. 그러나 ESG 경영이 제시하는 따뜻한 자본주의는 시민의식을 새롭게 형성한다. 개인의 이익극대화가 아닌 공동의 가치를 추구하는 것이 자연스럽게 받아들여진다는 것은 고도의 자본주의가 심화된 세계에서 상상하기 힘든 일이었다. 설사 재계의 고식지계로 시작된 경향이라고 동기를 폄하할지라도 ESG 경영이 바꿔놓을 수 있는 미래는 너무나 매력적이다. 현대적 관점에서 모두에게 일률적으로 좋은 삶의 방식을 규정하는 것은 수긍할 수 없지만, 개별 회사 차원에서 각자가 좋다고 생각하는 가치를 추구하고 여기에 공감하는 소비자들이 당해 기업의 성장을 지지하는 것은 이상적인 모습이다. 이해관계자들이 공동체에서 소외되는 현상도 어느 정도 치유될 수 있을 것이다. 정치제도의 포용성을 보완하고, 경제제도의 포용성을 증진할 수 있는 것이다.

규제강화가 멈춘 상태에서 경제권력이 정치권력을 포획하여 착취적 경제제도로 전락하기 전까지, 전반적인 시민의식이 ESG 경영을 당연한 것으로 받아들이고 제고된 시민의식에 의하여 정치적 영향력을 합리적으로 발휘하여 포용적 경제제도와 포용적 시장을 회복할 수 있다면 ESG 경영은 명실상부하게 성공할 수 있다.

5 | ESG 경영의 국내적 시사점

(1) 우리나라 회사의 입장

우리나라는 자본주의 시장경제를 확립하고 세계에 시장을 개방하여 무역과 자본의 자유로운 거래를 보장하면서 경제발전에 성공하고 있기 때문에 세계적인 경제의 흐름에 매우 민감하게 반응하면서 대처한다. 이미 ESG 경영이 세계적 흐름이라는 것을 자각하였기 때문에 발빠르게 적응하려 노력하고 있다. 그런데 여기서 혼란이 발생한다. 분명히 원래 ESG 경영은 시장이 주도하는 자율규제의 경향을 의미하는 것이었다. 경영계에서 스스로 높은 규제수준을 설정하여 자율규제를 준수하고 있으니 정부까지 굳이 엄격한 규제를 실시할 필요가 없다는 것이 ESG 경영이 확대된 배경이다. 그런데 국내에서는 ESG 경영을 새로운 규제로 여기면서 상당히 부담스러워 한다.

ESG 경영을 규제로 받아들이는 데에는 세 가지 이유를 생각할 수 있다.

① 일단 ESG와 관련된 직접적인 규제가 이루어지는 경우가 있다. 다음 절에서 보는 바와 같이 탄소중립의 문제는 국제 협약을 통해 구속력을 갖게 되어서 국가별로 법을 제정하여 규제를 실시하고 있기 때문에 수범자인 기업의 입장에서는 규제에 따라야 하는 의무가 발생하며 이를 위반하면 제제를 당한다. 이는 종전에 고려할 필요 없었던 새로운 규제부담으로 작용하는 것이다.

② 위와 같은 경우에 해당하는 것이 아닌데, 해외 대기업과 기관투자자들이 자율규제를 실천하는 것임에도 불구하고 우리나라 회사들은 규제로 받아들이는 상황이 있다. 해외 기관투자자들이 ESG 경영을 요구한다면 국내 회사들의 입장에서는 기관투자자의 투자를 무시할 수 있는 것이 아니기 때문에 이에 따를 수밖에 없다. 예를 들어 전세계 700여 개의 기관투자자 등이 참여하는 Climate Action 100+는 개별 기업들로 하여금 온실가스 배출량의 감축목표를 설정하고 관련 정보를 공시하도록 요구한다. 전세계 160여 개 기업을 대상으로 하며 국내에서도 SK이노베이션, 포스코, 한전 등이 포함되는데, 전세계 산업에서

배출하는 온실가스의 80%를 규율할 수 있다.

또한 해외 대기업들이 ESG 경영을 실시하면서 거래처에 대해서도 동일한 수준의 ESG 경영을 요구한다면 국제 거래가 일상화되어 있는 국내 대기업들 역시 이에 따를 수 밖에 없으며, 국내 대기업들과 계열사 관계 또는 납품거래 관계에 있는 중소기업들 역시 이에 따라야 한다. 온실가스 배출량만 문제되는 것이 아니다. 전세계 300개 정도의 대기업이 참여하는 RE100 캠페인은 친환경 재생에너지를 2030년까지 60%, 2040년까지 90%, 2050년까지 100% 사용할 것을 목표로 하며 이미 애플, 구글 등 30개 회사는 100%를 재생에너지로 조달하고 있다. BMW는 전기차배터리 공급을 하는 국내 거래처 회사에게 재생에너지로 제조할 것을 요구하여 거래가 진행되지 못한 경우도 있다고 한다. 결국 ESG 경영이 본래적으로는 자율적으로 경영윤리를 실천하려는 것이었지만 우리나라 입장에서는 더 이상 자율규제가 아니며 사실상 새로운 규제 부담으로 작용한다.

③ 우리나라가 처한 상황을 간과하고 ESG 경영의 자율규제 성격만 강조하는 것은 기업 입장에서 별다른 실익이 없을 수 있다. 차라리 ESG 관점의 새로운 규제로 재정의하면 규제에 상응하는 정부의 혜택도 기대할 수 있다. 해외의 동향으로 유발된 규제를 준수하기 위하여 비용을 들여야 한다면 이에 대한 정부의 인적·물적 지원을 요청하고 이를 세금으로 충당하는 것에 대하여 국민적 반감도 완화할 수 있는 것이다. 여기에 더하여 기업들이 자율규제까지 추가로 실시한다면 국민적 호감도와 지지를 덤으로 얻을 수 있을 것이다.

(2) ESG 관련 정부규제

1992년 UN 본부에서 채택된 기후변화협약(United Nations Framework Convention on Climate Change; UNFCCC)은 1997년 하부조약에 해당하는 교토의정서(Kyoto Protocol)를 통하여 2008년부터 2020년까지 실행되었으나 몇몇 선진국 위주로 참여했다는 점에서 한계가 있었다.

그런데 2015년 채택된 파리협정(Paris Agreement)은 193개국이 참여하면서 모든 당사국이 의무를 부담하고 종료 시점을 규정하지 않고 지속적으로 더 높은 수준의 목표를 달성해나가기로 합의하였다. 일단 산업화 이전과 비교하여 지구평균온도가 1.5도 이상 상승하지 않도

록 억제하기로 정하였는바, 2050년에는 전지구적으로 탄소중립을 달성하기 위하여 모든 당사국은 자율적으로 국가결정기여(Nationally Determined Contributions; NDC)를 설정하고 이행해야 한다. 이러한 NDC를 통상적으로 개별국가의 온실가스 감축목표로 이해한다. 파리협정의 이행상황에 대해서는 2023년부터 5년마다 전세계적으로 이행점검이 이루어진다.

우리나라에서도 국가 온실가스 배출량을 2030년까지 2018년의 총 배출량(727.6백만톤) 대비 40% 감축된 수준(436.6백만톤)으로 감축하는 것을 중장기감축목표로 정하여 UN기후변화협약 사무국에 제출하였고, 이를 「기후위기 대응을 위한 탄소중립·녹색성장 기본법」에 규정하였다. 이와 관련하여 「온실가스 배출권의 할당 및 거래에 관한 법률」은 국가배출허용총량의 범위 내에서 업종별로 이를 할당하고, 다시 업체별로 이를 배분한다. 회사들은 할당받은 배출량이 남는 경우 다른 회사에게 배출권거래소에서 판매할 수 있다. 현재 한국거래소(KRX)가 배출권거래소로 지정되어 있다.

2020년경 684개 기업에 대하여 사업장 단위로 배출권이 할당되었다. 할당량을 초과하여 온실가스를 배출하면서 배출권을 구입하지도 않는 회사에 대해서는 과징금을 부과하는 방식으로 규제한다. 법적인 관점에서 온실가스 배출량을 제한함으로써 회사의 권리를 제한하는 침익적 처분이라는 주장이 있었으나, 판례는 회사가 환경오염을 시켰으면 스스로 회복시킬 책임을 부담하는데 이러한 책임을 배출권 거래제도에 의하여 면책시켜주는 것이므로 수익적 처분에 해당한다고 판시하였다.

나아가 기업들은 자원과 에너지를 효율적으로 이용하며 온실가스 배출 및 환경오염을 최소화하면서 사회적·윤리적 책임을 다하는 경영('녹색경영')을 실천할 책무를 부담한다. 이에 기초하여 다양한 특별법에서 기업들의 환경정보 공시를 유도하고 친환경 사업방식에 대한 인증을 실시하고 있다. 「환경기술 및 환경산업 지원법」은 환경정보 공개대상에 해당하는 1,500여 개의 공공기관과 2,000여 개의 산업체로 하여금 에너지 사용량, 용수의 사용량 및 재활용량, 폐기물 발생량 및 재활용량을 의무적으로 환경정보공개시스템(ENV-INFO SYSTEM)에서 공시하도록 하고 있으며 그 밖의 사항들은 자율적으로 공시할 수 있다.

이와는 별개로 한국거래소의 「유가증권시장 공시규정」에 의하여 기업지배구조보고서를 의무적으로 공시하는 제도가 2019년부터 단계적으로 확대되었는바 2026년부터는 모든 코스피 상장기업이 적용대상이다. 재무적 정보 이외의 비재무적 정보는 기업지배구조보고서를 통하여 공시된다. 다만 ESG 정보의 공시의무도 2025년부터 대규모 상장회사에게 적용될 계획이었으나 2026년 이후로 연기되었다. EU는 이미 ESG 정보공시를 의무화하여

2018년부터 실시하여 왔다(Non– Financial Reporting Directive; NFRD). 이는 comply or explain 방식을 기본으로 하고 있는바, 구체적으로 공시하는 것이 곤란하다면 그러한 사유를 설명하는 것으로 대체할 수 있다. 의무수준을 경감시키면서 정보비대칭을 최대한 해소하려는 방식이라 할 수 있다.

또한 EU는 2023년 탄소국경조정제도(Carbon Border Adjustment Mechanism; CBAM)를 도입하였는바 시멘트, 전력, 비료, 철강, 알루미늄 등의 수입품에 대해서도 온실가스 배출비용을 부과한다. EU의 규제를 회피하려 해외로 공장을 이전하더라도 소용없도록 추가적인 규제를 실시하는 것이다. 이로 인하여 EU에 물품을 수출하려는 우리나라 회사들도 온실가스 배출비용을 부담해야 한다.

나아가 EU는 2023년 공급망 실사지침(Directive on Corporate Sustainability Due Diligence; CSDDD)을 통하여 전체 공급기업의 인권·환경 실사의무를 규정하고 의무이행상황을 공시하도록 하였다. 우리나라에서도 고용정책기본법에서 정규직과 비정규직의 고용형태에 관한 고용정보를 고용안정정보망에 공개하도록 하고 있지만, 이에 더하여 EU 회사와 거래처 관계에 있는 우리나라 회사들은 위 공급망 실사지침에 따른 의무도 이행해야 한다.

(3) ESG 관련 법적 책임의 리스크

Urgenda 재단

2015년 네덜란드의 환경단체인 Urgenda Foundation과 900명의 시민들이 정부를 상대로 온실가스 저감정책을 더 충실하게 추진해야 한다는 소송을 제기하였고, 2019년 네덜란드 대법원은 '정부가 2020년까지 온실가스를 25% 감축하지 않는다면 유럽인권조약에서 보장하는 시민의 생명권 및 생활권에 근거하여 인정되는 정부의 시민에 대한 선관의무를 위반하는 것'이라고 판시하였다. 즉 현재와 같이 기후변화로 인하여 시민들에게 발생하는 실질적 피해가 인정되는 상황에서는 정부의 적극적인 정책을 요구할 정도로 시민들의 직접적인 권리주장이 가능하다는 취지이다.

나아가 2019년에는 네덜란드의 또 다른 환경단체인 Friends of the Earth와 17,000명의 시민들은 세계적인 정유회사인 Royal Dutch Shell을 상대로 온실가스 배출량을 2010년 대비 2030년까지 45%, 2050년까지 100% 감축할 것을 소송상 청구하였다. 이에 대하여 2022년경 헤이그 지방법원은 Shell이 온실가스 배출에 의하여 네덜란드 시민들의 건강과

인권을 보호할 민사상 주의의무를 위반하였다고 인정하면서, Shell의 전세계 모든 계열사들(the Shell group)이 온실가스 감축의무를 부담한다며 원고 승소판결을 내렸다. 다만 2024년경 헤이그 항소법원은 Shell이 기후변화를 억제할 주의의무를 부담한다는 점은 인정하면서도 온실가스 감축목표를 강제로 부과할 수는 없다고 판시하였기 때문에 이후 대법원에 최종 판결을 맡기게 되었다.

호주에서는 2020년경 정부에서 탄광허가를 연장할 때 아이들의 건강을 해치지 않도록 주의의무를 다하도록 8명의 어린이가 소송을 제기하여 승소한 바 있으며, 이와 유사한 환경소송은 전세계에서 진행 중이다. 우리나라에서도 환경단체인 청소년기후행동은 2022년 탄소중립기본법은 기후위기 대처에 미흡하다며 헌법소원을 제기하였다. 이에 대하여 2024년경 헌법재판소는 탄소중립기본법 제8조 제1항에서 2031~2050년 사이의 계획을 정하지 않은 것에 대하여 헌법불합치 판결을 내리면서 2026년 2월까지 개정해야 한다고 결정하였다(2020헌마389).

현재 전세계에서 벌어지는 환경소송은 단순히 사람들의 주의를 환기시켜서 시민의식을 제고하려는 취지에 그치는 것이 아니다. 기후변화로 인하여 법적 권리가 실질적으로 침해되었음을 인정받고 있다. 특히 온실가스 배출로 인하여 심각한 기후변화가 야기되고 있음은 공식적으로 인정되었으며, 이를 알면서도 온실가스 배출을 적극적으로 감소시키지 않는다면 그 자체로 사람들의 기본권을 침해하는 것으로 법적 판단을 받는다. 국제협약이나 정부정책에 따르는 것을 규제부담으로 여기는 것은 문제의 심각성을 간과하는 것이다. 온실가스 배출의 문제는 이제 위법행위로 판단될 강력한 리스크 요소가 되었다.

따라서 ESG 요소 중 특히 온실가스 배출량 감축에 의한 탄소중립(Net Zero) 및 이와 관련된 친환경 재생에너지 사용(RE100), 폐기물 관리 등의 환경요소는 자율규제의 영역에서 논의될 성격이 아니다. 정부규제 및 법적 책임의 영역에서 자리를 잡았다는 점을 인식할 필요가 있다. 환언하자면, 위와 같은 환경요소를 규제 수준에 맞추어서 경영을 한다고 하여 특별한 것이 아니며 소비자들에게 어필할 수 있는 경쟁력이 전혀 아니다.

물론 환경요소를 규제 수준 이상으로 훨씬 높은 수준에서 초과 달성한다면 ESG 경영에 의한 경쟁력이 될 수 있다. 다만 우리나라에서 과연 소비자들이 그것을 높이 평가할 것인지는 별개의 문제이다.

(4) 우리나라의 ESG 경영의 현실적 부담

ESG 경영은 기본적으로 자율규제이기 때문에 각 회사별로 자기 회사에서 발생시키는 부정적 외부효과를 최소화시킬 수 있는 방법을 찾아내어서 개별적인 ESG 전략을 추진하고 장기적인 관점에서 잠재적 리스크를 해소함으로써 지속가능성을 실현하는 것이 목표이다. 그러나 앞서 본 바와 같이 우리나라에서는 이미 국제협약으로 정해진 탄소중립도 완수해야 할 법적 의무가 발생하였고, EU에서 만들어진 ESG 규제도 준수해야 할뿐 아니라, 미국 등 각 국의 대기업들이 실천하는 ESG 자율규제에도 동참해야 하고, 세계적 기관투자자들이 요구하는 ESG 경영성과도 신경써야 한다. 이런 상황에서 ESG 경향의 본래적 취지를 살려서 각 회사마다 고유의 ESG 전략을 추진하길 기대하는 것은 과한 측면이 있다.

기업들의 부담만 문제가 아니다. 소비자의 입장에서 생각해봐도 문제가 있다. ESG 경영은 시장에서 인정받길 기대하는 경영이념이다. 즉 회사의 부정적 외부효과를 감소시킨다는 것 자체가 그동안 간과해도 무방하였던 사회적 가치를 추구하고 이해관계자의 이익을 고려하겠다는 의미이다. 그런데 ESG 경영을 표방하면서 회사가 경영 악화로 망하면 아무 소용이 없다. ESG 경영을 실시하면서 경영 성과가 약간 감소하더라도 그 정도는 주주들이 감수하겠다는 의미이지만, 그와 동시에 그러한 ESG 경영을 소비자들이 높게 평가함으로써 시장의 선택을 받음으로써 경영 악화를 막을 수 있어야 한다. 소비자들이 외면하는 ESG 경영은 회사를 망하게 하는 것이기 때문에 지속가능발전을 논할 계재가 아니며 당장의 생존을 위해서 더 이상 하면 안 되는 것이다.

현대 시민사회의 소비자 스스로 지속가능한 사회를 위하여 자신의 소비를 선택할 것으로 기대된다. 따라서 ESG 경영을 실시하는 회사의 제품가격이 비교적 높더라도 어느 정도까지는 소비자들이 비용 부담을 감수하면서 ESG 경영을 지지하는 선택을 할 것이고, 이렇게 시장에서 선택받는 ESG 전략은 지속가능성장을 위해 적합하였던 것으로 시장에서 판명되는 것이다.

우리나라의 소비자 역시 ESG 경영에 대한 합리적 선택을 할 수 있다. 그런데 우리나라 회사들은 이미 매우 많은 ESG 규제에 노출되어 있기 때문에 이미 비용과 가격이 높아져 있다. 여기에 더하여 회사별로 독자적인 ESG 전략을 실시하면서 가격을 더 높인다면 소비자들에게 과한 부담을 안겨준다. 더군다나 우리나라 국민들은 이미 지난 10년간 미세먼지로

인한 고통과 피해를 줄이기 위하여 많은 규제를 마다하지 않았고 차량운행제한 등에 자율적으로 동참하였다. 국가 차원에서도 「미세먼지 저감 및 관리에 관한 특별법」 및 「대기환경보전법」 등에 의하여 다양한 규제를 실시하였다. 즉 우리나라 소비자들은 이미 환경요소에 많은 노력과 비용을 들였기 때문에 추가적인 부담에 대한 설득력이 약하다.

물론 그럼에도 불구하고 소비자들이 우리나라의 지속가능발전을 위하여 어느 정도 비용부담을 감수할 가능성도 있다. 다만 앞서 검토한 바와 같이 환경적 요소에 대해서는 이미 많은 외부규제가 작동하고 있기 때문에 소비자들의 입장에서 자발적으로 추가비용을 감수할만한 의제는 찾아보기가 어려울 것 같다. 일단 ESG로 인하여 새로 추가된 규제를 준수하는 것만으로도 회사들은 할 일을 성실히 하고 있다고 평가할 수 있다.

(5) 국내 시장에서 중요한 ESG 요소 예시

국내 시장에서 회사들이 자율규제를 시도하려면 우리나라 소비자들이 중요하게 여기는 ESG 요소가 따로 있다는 점에 유의할 필요가 있다. 다음과 같은 ESG 요소를 예로 들 수 있다.

① 반려동물에 대한 배려와 동물권 보호에 대해서는 일반적인 관심도가 매우 높아졌다. 후라이드 치킨을 광고할 때에도 동물복지인증을 받은 닭으로 만들었다는 점이 중요한 ESG 경쟁력으로 작용한다. 자연과 동물이 평화롭게 공존하는 사회가 태평성대로 여겨졌을 만큼 우리나라에서 공감대를 얻을 가능성이 높은 E 요소이다.

② 인구감소가 사회적으로 민감한 문제이기 때문에 육아를 지원할 수 있는 휴가제도는 물론 업무와 육아를 병행할 수 있도록 배려해주는 회사에 대하여 우리나라 소비자들은 적극 지지를 보낼 것이다. 이해관계자인 근로자의 이익을 보호함과 동시에 사회적 가치를 추구할 수 있는 매우 중요한 S 요소이다.

③ 회사들의 경영권 분쟁을 자주 접하면서 노골적인 승자독식의 파워게임에 피로감을 느끼고 있기 때문에 소수주주의 이익을 보호하면서 건전한 지배구조를 형성하려는 회사에 대하여 지지를 보낼 것이다. 일반인의 주식투자가 획기적으로 증가하였기 때문에 이해관계자인 주주의 이익을 보호함과 동시에 국내 주식시장의 건강한 발전을 도모할 수 있는 G 요소이다.

6 | ESG 경영 활성화를 위한 제도적 고려사항

ESG 경영은 2010년대 후반부터 시작된 것에 불과하기 때문에 아직 시장 메커니즘이 미성숙한 상태이다. 따라서 다음과 같은 ESG 회사제도의 기초가 마련되어야 한다.

(1) ESG 플랫폼

ESG 경영을 실시하는 회사 입장에서는 스스로 발생시키는 부정적 외부효과가 무엇인지 인식하고 어떤 방식으로 잠재적 리스크를 감소시킬 것인지 ESG 전략을 수립함에 있어서 ESG 요소들을 체계적으로 검토할 수 있는 ESG 플랫폼을 마련해야 한다. ESG 플랫폼에서는 실무를 직접 담당하는 현장 직원 및 R&D를 담당하는 연구원으로부터 중간 관리자를 거쳐서 최고 경영자에 이르기까지 상호 소통을 하고 피드백을 주고 받을 수 있어야 한다.

실무자는 현장에서 발생하는 문제점을 보고하고, 중간 관리자가 검토하여 ESG 리스크로

확인하면, 최고 경영자가 이에 대하여 ESG 리스크를 해소할 것인지를 판단하여, 연구 담당자가 이에 대한 해결방향을 검토하고, 해당 분야에 관한 학계 및 사회 전반의 전문가와 연계하여 적절한 해결방법을 모색하여, 최고 경영자가 최선의 결정을 할 수 있도록 함으로써 ESG 리스크를 관리하는 것이다.

회사의 컴플라이언스를 위한 내부통제시스템을 설치하는 것과 유사하지만 다음과 같은 점에서 구별된다. 기본적으로 내부통제시스템은 법령에 의한 법적 의무와 규제를 준수하기 위한 것이라면, ESG 플랫폼은 강제적인 의무사항을 준수하기 위한 것이 아니라 자발적으로 ESG 경영을 실현하기 위한 자율규제 시스템이다. ESG 관련 정부규제를 준수하기 위한 시스템은 기존의 내부통제시스템에도 포함되어야 할 것이어서 양자의 구별을 모호하게 만들 수 있다.

그리고 이러한 ESG 경영은 회사 구성원들의 참여와 소통에 의하여 진행된다는 점에서 이해관계자 중심주의와 접점이 발생한다. 도구적 이해관계자 중심주의에서는 이해관계자가 지배구조에 참여함으로써 경영진에 대한 견제와 감독의 기능을 수행할 것이 필요하다는 입장을 함께 제시한다(stakeholder governance).

(2) ESG 평가

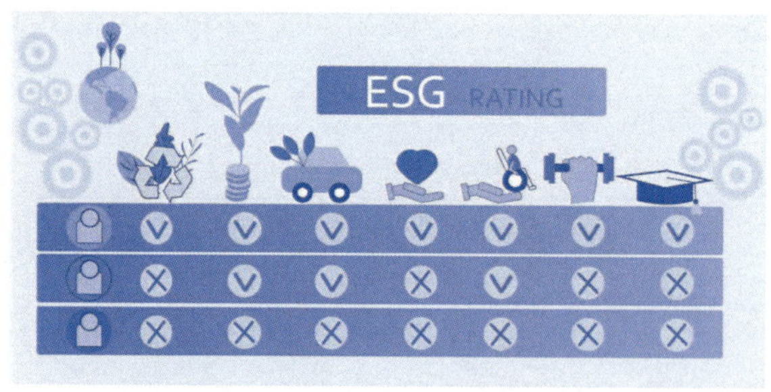

ESG 경영을 실시하는 회사의 입장에서는 다른 회사보다 우수한 ESG 경영을 실시하고 있다는 점에 대하여 평가받을 필요가 있다. 신용평가에 의하여 회사채의 등급이 나뉘는 것처럼 ESG 경영에 대한 독립적 기관의 평가는 시장에서 유용하게 활용될 수 있다. ESG 투자를 실시하는 기관투자자 등은 높은 ESG 등급을 부여받은 회사에 대한 투자 포트폴리오를 유지하고자 할 것이다.

그런데 아직 어느 기관이 ESG 등급평가를 잘 하는지에 대한 시장의 판단이 이루어지지 않았다. 적어도 수년간 ESG 등급평가를 제공받고 이를 사후적으로 확인하는 과정에서 '어느 평가자의 ESG 등급평가를 더 신뢰할 수 있을 것인지'에 대한 시장의 평판이 확립될 것이다. 이에 기초하여 산업분야별로 명성을 얻은 평가기관의 순위가 드러나게 된다. 그 때부터 회사들은 더 유망한 평가기관에 의뢰하여 ESG 등급을 부여받아서 시장에 제공할 것이다.

한 가지 유의할 사항은 ESG 경영을 제도화하는 과정은 매우 긴 시간을 필요로 한다는 점이다. 시장의 평가에 의하여 신뢰받는 평가자를 가려내고, 시장의 평가에 의하여 납득할 수 있는 평가기준을 가려내는 것은 몇 년이 걸릴지 몇 십 년이 걸릴지 모른다. 그만큼 ESG 경영의 새로운 트렌드는 긴 호흡과 장기적 안목으로 준비할 문제이다.

제도화에 걸리는 시간을 앞당기려면 개발국가모델을 실시했을 때와 같이 정부가 나서서 일단 제도를 만들고 규제당국이 수시로 모니터링하면서 계속 제도를 고쳐나가는 방법을 쓸 수도 있다. 그러나 그렇게 해서는 시장이 성숙해지지는 않는다.

제도설계의 가능성 #10 ESG 등급 평가에 대한 평가

위와 같이 어느 평가자가 ESG 등급평가를 잘 하는지의 문제도 시장에서 가려져야 할 것이지만, 각 ESG 요소 중 어떤 것을 더 가치있게 여겨서 가중치를 두어야 할지도 사회적 합의를 거쳐야 하는 문제가 있다.

예를 들어서 테슬라의 전기차 사업에 대하여 어느 평가자는 자동차에서 배출하는 탄소량을 기준으로 삼아서 최고 등급을 부여하는 반면, 다른 평가자는 배터리 공장에서 배출하는 탄소량을 기준으로 삼아서 최하위 등급을 부여한바 있다.

또한 원자력발전소 같은 경우에는 탄소량 배출을 기준으로 삼는다면 당연히 최고 등급이겠지만, 사고발생 가능성이 아주 낮지만 어마어마한 피해를 야기할 수 있다는 점과 원전폐기물의 장기간 처리 문제 등을 어떻게 고려하는지에 따라서 평가 결과는 많이 달라질 것이다.

이와 같이 ESG 요소가 복합적으로 작용할 수 있는 상황에서는 평가기준을 어떻게 설정하는지에 따라서 결과가 상반된다. 따라서 '무엇을 좋은 것이라고 기준으로 삼아서 평가할 것인가'의 문제는 주관적 판단이 개입될 수 있어서 누가 판단할 것인지 문제된다.

법경제학자들은 여기에 대해서도 투자자들이 집단지성에 의하여 시장을 통해 판단하는 것을 사회적 합의로 볼 수 있다고 설명한다. 즉 개별 평가자들이 자신의 일관성 있는 판단 기준에 의하여 평가 결과를 내놓으면, 투자자들이 더 공감할 수 있는 평가기준이 채택되고 투자자들이 납득하지 못하는 평가기준은 퇴출될 것으로 예상한다.

또는 시장 참여자들이 시장 메커니즘에 의하여 좋은 ESG를 직접 선택하는 것도 가능하다. 제조과정과 사용된 에너지 및 탄소량을 공개하고 소비자가 직접 선택할 수 있게 제공함으로써 시장에서 소비자들이 어떤 가치를 높이 평가하고 선택하는지 확인할 수 있을 것이다. 무엇이 좋은 ESG 경영인지에 대해서는 궁극적으로 시장에서 판단하는 것이 바람직하다. 자본주의 시장과 민주주의 사회 사이에 내적 연관성이 생성되는 것으로 평가할 수 있다.

(3) ESG 정보공시

ESG 경영의 포괄성은 정보비대칭 상황을 악화시킬 수 있다. 이러한 상황에서 시장에 정확하고 투명한 정보를 제공하기 위하여 ESG 공시가 확립될 필요가 있다. 그러기 위해서는 회사들이 공통적인 사항에 대한 ESG 정보를 제공함으로써 상호 비교가 가능해야 한다. 현재 세계적으로 ESG 공시체계에 대한 세부적인 기준이 마련되고 있는 중이다. 현재의 정보처리 기술 수준에서는 ESG 정보가 제공되더라도 일관된 기준에 의하여 공시되어야 의미있는 비교가 가능하다. IFRS(International Financial Reporting Standards)에서 설립한 ISSB(International Sustainability Standards Board)는 2023년 6월 지속가능성 관련 재무적 정보의 공시기준("IFRS S1") 및 환경 관련 공시기준("IFRS S2")을 발표하였다.

특히 허위공시에 대해서는 법적 책임을 묻는 방식으로 진실성이 담보되어야 한다. ESG 정보에 관한 객관적 사실·전망과 주관적 의견·기대를 구별하여 합리적 근거와 함께 공시해야 소비자 입장에서 ESG 경영의 성과에 대하여 정확히 평가할 수 있다. 마치 ESG 경영을 실시하는 것처럼 위장(green washing)할 소지가 다분할 것으로 우려된다. ESG 경영의 부정적 측면을 최소화하기 위해서는 반드시 진실성이 확인되어야 할 것이다. ESG 위장을 통하

여 시장에서 투자자와 소비자의 선택을 받으려 할 수 있기 때문에 기만적 행위에 대해서는 법적 책임을 물을 수 있어야 한다.

ESG 위장을 통하여 경영진이 주주이익을 무시하거나 침해하는 상황이 현실적으로 가장 심각한 문제이다. 이러한 상황을 방지하기 위해서는 이해관계자들이 지배구조에 참여하면서 ESG 경영의 결정과정을 감시하는 것이 유용할 수 있다. 이해관계자의 지배구조 참여는 G 요소의 실현이기도 하며, ESG 경영의 신뢰성을 높이는 길이기도 하다.

Reference

1. 김용진, 「국민연금이 함께하는 ESG의 새로운 길」 (KMAC, 2021)
2. 신현탁, "미국 회사제도와 자율규제 - ESG 경영이념에 대한 법적 분석", 「상사법연구」 제40권 제2호(한국상사법학회, 2021)
3. 신현탁, "ESG 경영과 진화하는 주주중심주의", 「동아비즈니스리뷰」 제330호(동아일보사, 2021)
4. 신현탁, "사회적 가치 추구형 주식회사(PBC) 및 주주이익 극대화 원칙에 관한 법적 검토", 「고려법학」 제104호(고려대학교 법학연구소, 2022)
5. 신현탁, "이사의 의무 위반과 경영판단원칙에 관한 미국의 판례법리 연구", 「경영법률」 제31집 제2호(한국경영법률학회, 2021)
6. 신현탁, "이사의 의무에 관한 미국 판례법리 발전사," 서울법학 제28권 제4호(서울시립대학교 법학연구소, 2021)

PART

III

회사의 설립과 자금조달

5장 회사의 설립
6장 기업금융
7장 회사형태의 구조조정

05 회사의 설립

1 | 회사의 다양한 종류

(1) 회사법정주의

상법은 회사의 형태를 5가지로 제한하여 인정한다. 즉, 주식회사 및 합명회사, 합자회사, 유한회사, 유한책임회사만 상법에서 영리법인의 형태로 허용한다. 물론 상법의 기본법에 해당하는 민법에서도 법인을 인정하기는 하지만 이는 비영리법인이다. 따라서 민법에 의하여 설립된 법인은 사단법인이나 재단법인에 한정된다. 상법 제2편(상행위)에서는 익명조합이나 합자조합 형태에 대해서도 규율하고 있지만, 이러한 조합 형태는 법인격이 인정되는 것은 아니기 때문에 회사법(상법 제3편)의 적용대상은 아니다.

상법상 회사를 조직하는 주체 또는 그러한 지위를 승계하여 회사의 지분을 소유한 자를 '사원'이라 하며 전체 사원으로 구성된 의사결정기구를 '사원총회'라 부른다. 이와 동일한 개념을 특히 주식회사에서는 '주주' 및 '주주총회'라 부른다. 회사원의 직급을 의미하는 사원과는 완전히 다른 개념이다.

우리나라에서는 전체 회사 중 주식회사의 비중이 거의 90%에 이른다. 회사제도가 자리를 잡던 초창기에 주식회사는 물적 기초를 갖추고 설립절차도 엄격하였기 때문에 사회적으로 신뢰를 얻을 수 있었고, 주식회사로 설립하면 인허가 및 자금조달 과정에서 유리하였기 때문에 전반적인 회사제도가 주식회사를 위주로 발전하게 되었다. 그동안 법개정을 통하여 주식회사 이외의 다양한 회사형태를 제공하고 경제계의 수요를 충족시키려 하였으나 실제 활용도는 미미하다. 이미 우리나라는 주식회사 위주의 기업생태계가 견고해진 것으로 보인다. 따라서 경제활동에 실질적 도움을 주려면 주식회사 제도를 탄력적으로 활용할 수 있도록 개발할 필요가 있다. 제1절에서는 주식회사 이외의 회사에 대해서도 함께 검토하고, 이후에는 주식회사를 중심으로 살펴보겠다.

참고 미국의 LLC & LLP

미국에서는 LLC(limited liability company)가 가장 선호되는 회사 형태이며, 주식회사(corporation)는 그 다음이다. LLC의 사원도 출자액을 한도로 유한책임을 보장받지만 사원이 한 명이라도 탈퇴하면 해산하게 된다. 번거로운 측면이 있음에도 불구하고 회사의 법인세와 사원 개인의 배당에 대한 세금이 별도로 과세되지 않고 한 번만 세금을 내면 되기 때문에 확실한 이점이 있다. 다만 회계법인이나 법무법인은 LLC 형태를 취할 수 없다.

LLP(limited liability partnership) 역시 LLC와 같은 과세 혜택이 인정되어서 전문가 단체(professional firm)는 LLP를 주로 활용한다. LLP의 파트너가 업무상 불법행위 등으로 인하여 개인적으로 손해배상책임을 부담하게 되면 다른 파트너들도 출자액을 한도로 책임을 진다. 우리나라 상법에서도 법인격은 없지만 독자적인 권리능력을 갖고 각 사원이 자신의 불법행위 관여 여부에 따라 유한책임만 부담하는 LLP 도입을 논의하였으나 입법되지는 않았다. 그 대신 변호사법에서 LLP와 유사한 법무조합 형태를 도입하였다. 국내에 들어와 있는 외국법자문 법률사무소 역시 대부분 LLP 형태이다. 참고로 변호사법상 인정되는 로펌의 형태는 법무조합, 법무법인, 법무법인(유한)이 있다. 법무조합은 회사가 아닌 조합의 본질을 갖기 때문에 민법상 조합 규정이 준용되며, 법무법인은 상법상 합명회사, 법무법인(유한)은 상법상 유한회사 규정이 준용되도록 설계되었다.

(2) 기업경제의 현황

우리나라 회사에 관한 통계자료를 중심으로 파악할 때 전체 기업경제는 다음과 같이 구성되어 있다.

우선 영리법인에 해당하는 상법상 회사는 주식회사 약 1,300,000개, 유한회사 약 100,000개, 합자회사 약 16,000개, 합명회사 약 2,500개 등이 설립되어 있다. 대략 1,500,000개의 영리회사가 존재한다고 말할 수 있다. 법인격을 갖춘 회사가 아닌 자영업까지 포함한다면 약 6,000,000개의 사업체가 있으며 전체 종사자는 약 25,000,000명 정도이다.

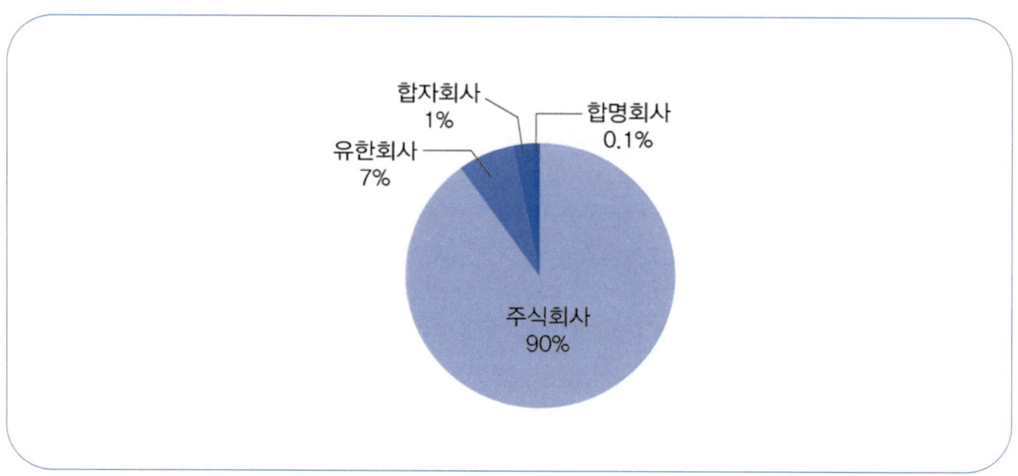

이 중에서 대기업과 중소기업의 구분 기준은 매우 복잡하기 때문에 일률적으로 말하기는 어렵지만 대략적인 규모와 비중을 추산하자면, 약 3,300개의 대기업에서 약 2,400,000명이 종사하며, 약 5,200개의 중견기업에서 약 1,600,000명이 종사하며, 약 6,800,000개의 중소기업에서 약 17,000,000명이 종사한다.

특히 공정거래위원회에서는 규모가 아주 큰 기업집단에 대하여 경제력 집중억세 등을 위해 특별한 관리와 규율을 하고 있다. 이에 따라 자산규모 10조 원 이상의 '상호출자제한기업집단'으로 47개 기업집단 및 그 계열회사 2,108개가 지정되었으며, 자산규모 5조 원 이상의 '공시대상기업집단'으로 76개 기업집단 및 그 계열회사 2,886개가 지정되었다. 특히 총수가 있는 상호출자제한기업집단을 공식적으로 재벌이라 부른다.

한편 자본금 10억원 미만의 소규모 회사에 대해서는 상법의 여러 규정에서 특례 규정을 마련하였다. 소규모 회사는 주주가 소수에 불과한 것이 보통이므로 상법상의 요건을 엄격하게 요구할 실질적인 필요가 없다고 판단하여 설립 및 운영상 요건을 상당히 간소화하였다. 우리나라 회사의 절반 이상이 소규모 회사에 해당한다.

한국거래소에 주식을 상장하여 일반인들이 주식을 사고 팔 수 있는 회사를 상장회사라고 한다. 상장회사도 규모수준에 따라서 여러 종류로 나뉜다. 통상적으로 시가 총액이 200억원을 넘는 KOSPI 회사는 약 800개, 성장 단계에 있는 KOSDAQ 회사는 약 1,500개, 성장 가능성이 있는 KONEX 회사는 약 100개이다. 상장회사에 대해서는 (i) 상법 제4장 제13절의 「상장회사에 대한 특례」 및 (ii) '자본시장법과 금융투자업에 관한 법률' 제3편

제3장의2 「주권상장법인에 대한 특례」에 따른 규정이 다른 일반규정에 우선하여 적용된다. 전자는 상장회사의 지배구조에 관한 특례규정이며, 후자는 상장회사의 자금조달에 관한 특례규정이다.

상장회사를 비롯하여 자산총액 120억 원 이상 등 기타 요건을 충족하는 회사는 '주식회사 등의 외부감사에 관한 법률'에 따라서 의무적으로 외부감사를 받아야 한다. 약 30,000개 정도의 회사가 회계법인 등의 외부감사를 받고 있다. 종전에는 유한회사가 외감대상에서 제외되었지만 법률 개정에 의하여 포함되었다.

(3) 합명회사

이름을 합하여 만들었다는 뜻의 합명회사는 예전에 각 사원의 이름을 집합적으로 표시하였던 프랑스의 제도에서 유래하였으나, 우리 상법은 합명회사의 상호에서 사원들의 이름을 표시할 것까지 요구하지는 않는다.

각 사원이 자기 이름을 내걸고 설립하였던 형태의 회사인 만큼 사원 전원이 무한책임사원(general partner; GP)으로 구성된다. 출자에 의하여 무한책임사원의 지위를 취득하게 되지만, 모든 사원이 금전으로 출자해야 하는 것은 아니며 노무나 신용을 출자하는 방식도 가능하다. 각 사원의 지분비율이 정해질 수 없기 때문에 경영상 의사결정은 각 사원이 한 표씩 동등하게 의결권을 행사하여 과반수로 결정한다. 참고로 주식회사도 초창기에는 이와 같은 1인 1의결권 주의를 취했지만, 19세기부터 1주 1의결권 주의로 전환되었다.

모든 사원이 무한책임사원이므로 각자의 재정적 능력이 회사의 신용에 절대적으로 중요한 요소이다. 따라서 어느 사원이 지분의 전부 또는 일부를 양도하려면 다른 사원 전원의 동의가 필요하다. 합명회사의 내부관계에서는 조합적 성격이 농후하기 때문에 상법상 특별히 규정하지 않은 부분에 대해서는 민법상 조합의 규정을 준용한다. 외부관계에서는 각 사원이 회사를 대표하는 것이 원칙이다. 다만 정관으로 업무집행사원을 정하여 회사를 대표하도록 할 수도 있다.

(4) 합자회사

10세기경 지중해 지역의 활발한 도시였던 베네치아에서는 상인에게 상품의 무역거래를 맡겨서 창출된 이윤을 출자자와 분배하는 '코멘다(commenda) 계약'이 생겨났다. 일반적인 코멘다 계약에서는 출자자가 자본 전액을 출자하면 이윤의 75%를 분배받고 자본의 2/3를 출자하면 이윤의 절반을 분배받았다. 이러한 계약방식은 이후 출자자가 외부에 드러나는 형태의 '합자회사' 및 출자자가 외부에 드러나지 않고 책임도 지지 않는 형태의 '익명조합'으로 발전하였다. 우리 상법은 법인격이 있는 합자회사 이외에 법인격이 없는 합자조합의 형태도 인정한다. 미국에서는 법인격이 없는 Limited Partnership 형태가 이에 해당한다.

우리나라에서 합자회사는 매년 300개 정도가 신설되는 정도에 불과하다. 화물·여객자동차운수사업법에 의한 운수회사들이 지입의 관행으로 인하여 합자회사로 설립하는 경우가 많았으며, 자본시장법상 집합투자기구 중 사모투자전문회사도 합자회사의 형태를 취하는 경우가 있다.

사원은 무한책임사원(GP)과 유한책임사원(limited partner; LP)으로 구성된다. 무한책임사원은 자신의 개인적 재산으로 합자회사의 책임에 대하여 무한책임을 부담하기 때문에 이러한 지위에 상응하여 각자가 업무집행권을 갖는다. 그리고 무한책임사원의 업무집행 및 대표행위에 대하여 유한책임사원은 감시권을 행사할 수 있다. 유한책임사원이 출자액 전액을 납입하지 않았다면 미납액을 한도로 회사의 채권자에게 직접 변제할 책임이 있다.

(5) 유한회사

유한회사는 19세기말 독일에서 중소기업 등의 비공개회사에 적합하도록 고안된 회사 형태로서, 독일에서는 유한회사가 상당한 비율을 차지한다. 우리나라에서도 100% 자회사를 설립하는 등 굳이 주식회사로 운영할 필요가 없는 경우라면 유한회사를 많이 활용한다. 자산 1조 원 이상의 유한회사도 여럿 있을 정도이다. 사원으로부터 출자받은 자본을 회사의 기초로 삼는 물적회사라는 점에서 주식회사와 유사하지만 주식회사보다 설립과 운영 방식이 간소화되어 있다는 특징을 갖는다.

무엇보다도 유한회사는 이사를 1명만 선임하는 것이 가능하며, 이 경우 이사회도 생략할 수 있고 대표이사를 별도로 선임할 필요도 없다. 감사도 선임할 필요가 없다. 따라서 유한회사를 자회사로 설립할 때에는 직원 1명만 파견하면서 이사로 선임하면 충분하기 때문에 자회사로 운영하기에 매우 편리하다. 외국계 회사가 국내 법인을 설립할 때 많이 활용된다. 또한 총 사원의 동의가 있는 경우에는 사원총회의 소집절차를 생략하거나, 아예 사원총회의 개최없이 서면결의에 의하는 것도 허용된다. 사원들이 한 자리에 모일 필요 없이 회사의 중요사항을 서면에 각자 서명하는 방식으로 서면결의 할 수 있다는 것은 매우 효율적인 장점이다.

사원은 출자에 비례하여 지분을 소유하며, 원칙적으로 지분양도의 자유가 인정된다는 점에서 주식회사와 유사하다. 다만 사채 발행이 불가능하고 상장도 할 수 없으므로 대규모 자본조달이 곤란하다는 점은 주식회사에 비하여 불리한 점이다. 그러나 유한회사는 정관에서 차등의결권이나 차등배당을 가능하도록 정할 수 있다. 주식회사에서는 주주평등의 원칙이 엄격하게 요구되기 때문에 차등적 취급이 원칙적으로 금지되는 것과 대조적이며, 유한회사의 활용가치를 높이는 요소이다.

(6) 유한책임회사

2012년 개정상법에서 벤처기업 등에 관한 새로운 회사형태에 대한 시장의 수요를 충족하기 위하여 새로 도입된 회사 형태이다. 내부적으로는 조합 내지 합명회사의 성격을 갖지만, 각 사원은 유한책임을 지는 점이 특징이다. 미국의 LLC와 유사하다.

사원이 아니더라도 업무집행자로 선임될 수 있다. 업무집행자는 내부적으로 업무를 집행할 뿐만 아니라 외부적으로 회사를 대표한다. 설립검사 제도가 생략되는 등 유한회사에 비하여 설립절차가 간소하다.

2 | 주식회사의 기초

(1) 주주, 주식, 자본

주식회사는 주식을 발행하여 주주를 모집함으로써 자본의 대량조달이 가능하다는 특징을 갖는다. 이 과정에서 주주는 주식의 대가인 주금을 회사에 납입함으로써 주주의 지위를 취득할 수 있다. 따라서 주식회사는 (i) 주주가 회사에 출자한 자본, (ii) 회사가 발행한

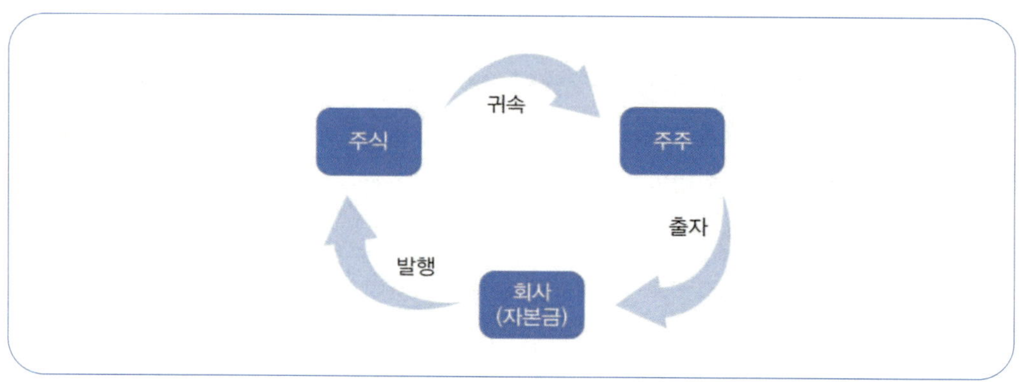

주식, (iii) 주식을 소유한 주주에 의하여 존재한다. 위 세 가지 개념은 순환적인 관계에 있다.

무엇보다도 회사는 주주가 출자한 주식대금을 회사의 물적 기초로 삼아서 회사를 운영하고 사업을 실시한다. 이때 주금의 총합을 회사의 자본이라 한다. 상법에서는 자본을 '발행주식의 액면총액'이라고 정의하다. 그런데 주식의 액면에 기재된 금액에 미달하는 가액으로 주식을 발행한다면, 대외적으로 공표되는 자본보다 실제로 납입받은 주식대금이 부족하게 된다. 즉 자본에 물을 탄 것과 같이 부실해신다. 따라서 액면미달발행은 엄격히 제한된다.

참고로 '자본(capital)' 개념은 회사가 현실적으로 보유하고 있는 회사의 '재산(property)'과 구별되며, 자본금·준비금·잉여금 등의 합계를 의미하는 자기자본(equity)과 타인자본(debt)을 합한 회사의 '자산(asset)'과도 구별된다.

자본금을 균등하게 나눈 최소한의 단위가 주식 1주이다. 주식은 주주의 법률관계를 발생시키는 근원에 해당한다. 주식의 본질에 대해서는 물권설, 채권설, 사원권설 등의 학설이 대립한다. 통설과 판례는 사원권설의 입장에서 주식이란 '주주가 회사에 대하여 갖는 일체의 권리의무의 기초에 해당하는 사원의 지위 또는 자격인 사원권'을 의미한다고 본다(헌법재판소 2015. 5. 28. 선고 2013헌바82, 2014헌바347·356(병합) 결정). 주주에게는 일체의 권리(a bundle of rights)가 인정되는바, ① 경제적 이익을 목적으로 하는 이익배당청구권 및 잔여재산분배청구권 등의 자익권, ② 회사의 관리·경영에 관한 의결권, 각종 제소권 등의 공익권을 포함한다.

주주가 주식을 인수하려면 주식대금을 회사에 출자할 의무를 부담한다. 주주는 이 출자의무를 이행하면 그것으로 충분하며 그 이후 회사가 부담하는 일체의 채무에 대해서는 주주가 추가적인 책임을 부담하지 않도록 보호받는다(주주 유한책임의 원칙). 즉 주주는 출자의무에 따른 주식대금에 대해서만 제한적인 재산적 책임을 부담한다. 유한책임 제도에 의한 보호를 받기 때문에 주주로서 투자할 인센티브가 있다. 주주의 유한책임은 주식회사의 기본요소 중 하나로 다루어진다.

(2) 자본의 3원칙

법인등기부 예시: 자본금

1주의 금액 금 500원		. .
		. .
발행할 주식의 총수 800,000 주		. .
		. .
발행주식의 총수와 그 종류 및 각각의 수	자본금의 액	변 경 연 월 일
		등 기 연 월 일
발행주식의 총수 200,000주		. .
보통주식 200,000주	금 100,000,000 원	. .

자본금은 주식회사의 물적 기초에 해당하기 때문에 전통적으로 다음과 같은 세 가지 원칙이 요구되었다.

① 자본충실의 원칙: 회사가 자본금을 실질적으로 보유할 것을 지향하는 원칙인데, 현실적으로는 자본금의 출자가 확실히 이행되도록 규제하는데 의의가 있다. 만약 주주의 출자가 제대로 이행되지 않았다면 발기인 및 이사에게 담보책임을 부과하여 전액 출자가 이루어지도록 보완한다.

출자가 완료된 이후에는 회사가 자본금을 활용하여 운영자금으로 지출하는 것이 당연하기 때문에 상장회사가 아니라면 자본잠식 현상이 발생해도 법적 문제는 없다. 오히려 회사의 순자산액이 자본금에 미치지 못할 때에는 자본금을 감소시켜서 결손보전을 목적으로 전입할 수 있다. 일반적인 자본감소 절차는 주주총회특별결의 및 채권자보호절차가 필요하지만, 결손보전목적의 자본감소를 실시할 때에는 주주총회 보통결의만 필요한 것으로 절차가 완화되어 있다.

다만 출자된 자본금은 회사의 물적 기초에 해당하기 때문에 배당의 대상이 될 수 없다. 즉 배당할 수 있는 이익의 범위에서 자본금을 제외함으로써 자본이 헛되이 유출되는 것을 방지한다. 회사가 주주로부터 자기주식을 취득할 때에도 배당가능이익 범위로 재원이 제한된다. 배당가능이익이 적법하게 산정되었는지 외부에서 검증하기가 곤란하다는 현실적 한계가 있다.

참고 배당가능이익의 산정방식(§462)

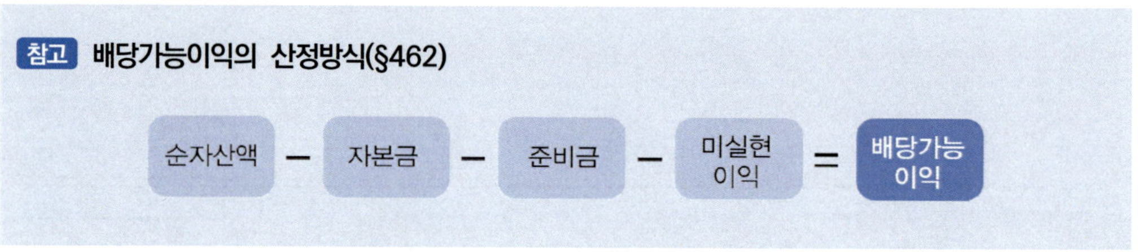

② 자본불변의 원칙: 자본금을 감액하여 주주에게 돌려주는 것 역시 자본의 유출에 해당하기 때문에 주주총회 특별결의 및 채권자 보호절차와 같은 엄격한 요건을 거친 경우에만 자본금 감액이 허용된다. 이를 자본금 감소절차 또는 감자절차라 한다.

다만 회사가 자기주식을 취득하면서 소각하거나, 상환주식을 금전으로 상환해 주면서 소각한 경우에는 발행주식수가 감소됨에도 불구하고 감자 절차에 의한 것이 아니므로 자본금은 감액되지 않는다. 이러한 경우에는 법적 개념에 의한 자본금 총액과 회계적 개념에 의한 자본금 총액이 일치하지 않는다. 자본금의 법적 개념은 증자와 감자에 대한 역사적 기록의 의미만을 갖는다.

③ 자본확정의 원칙: 자본금은 회사 설립 당시에 확정되어 정관에 기재되어야 하고, 그 자본금의 출자자(주식인수인) 역시 설립 시에 확정되어야 한다. 다만 회사의 설립 당시가 아닌 회사 존속 중에 추가적으로 신주를 발행하는 상황에서는 자본확정의 원칙이 요구되지 않는다.

제도설계의 가능성 #11 자본 규제의 역할

자본의 3원칙은 중요성과 효용성이 점차 희석된 것으로 평가된다. 예전에는 최저자본금제라 하여 회사 설립을 위해서는 5천만 원 이상의 자본금이 반드시 필요했지만 2009년 개정으로

1주당 최저액면금액인 100원을 자본으로 설정하는 것도 가능하게 되었다. 2012년에는 준비금도 자본금의 150%까지 감액할 수 있도록 개정되었다.

특히 회사제도의 발전으로 인하여 오늘날 회사의 신용도를 평가할 때 등기부에 공시되는 자본금보다는 회계기준에 의한 재무제표를 확인하는 것이 거래계의 일반적인 관행으로 자리 잡았다. 물론 주식회사의 물적 기초가 건전하게 확립되어야 한다는 것은 회사제도의 신뢰 유지를 위한 핵심적인 가치이다. 다만 시장의 신뢰는 회계 투명성과 정보비대칭성 해소에 더 큰 비중을 두는 쪽으로 발전하였다.

현재 자본의 3원칙은 그 역할이 축소되어서 자본금의 확보 및 감소 절차에 관한 규제의 근거로 기능한다. 등기 자본에 기초한 종전의 규제는 완화 가능성을 고려할 수 있다.

3 | 회사설립 일반론

(1) 주식회사 설립절차

주식회사를 설립하는 절차는 다음과 같이 크게 4단계로 나뉜다. ① 정관을 작성함으로써 공식적인 설립절차가 개시되고, ② 출자자인 주주를 확정하고 주식인수대금을 납입함으로서 회사의 물적 기초를 확립하고, ③ 이사 및 감사 등을 선임하여 기관구성을 완료하는 것으로 조직의 실체를 형성하며, ④ 최종적으로 설립절차가 적절히 이루어졌는지 조사한 뒤 설립등기를 경료하는 형식 절차를 마무리함으로써 회사의 성립과 동시에 법인격을 취득한다.

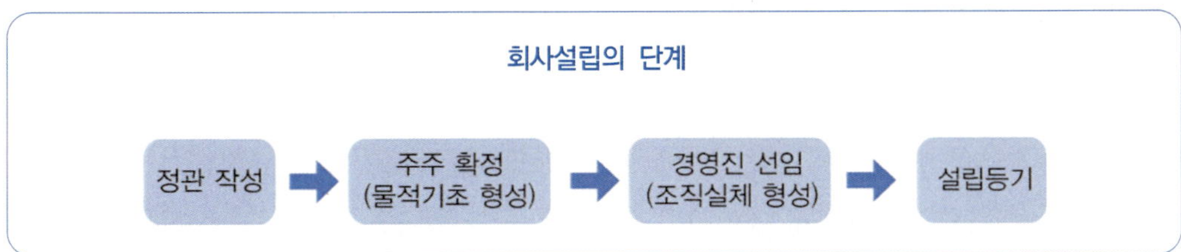

우리나라에서는 위와 같이 상법상 정해진 설립절차를 준수하면 누구든지 자유롭게 회사를 설립할 수 있다(준칙주의). 회사제도 초창기에 왕이나 의회의 특허를 받아야 회사 설립이 허용되던 방식(특허주의)과 구별된다. 이와는 별개로 특정 영업을 수행하기 위해서는 주무관청의 인·허가 등을 얻도록 행정법적 규제가 적용되는 경우도 있다. 보통 설립 이후에 인·허가를 신청할 수 있는데, 설립등기가 경료되지 않은 상태에서도 설립중의 회사로서 인·허가 신청이 가능한 경우도 있다.

주식회사를 설립하는 방식은 두 가지로 나눌 수 있다. 즉 발행할 주식 전부를 발기인이 인수하여 회사를 설립하는 방식(발기설립)과 발기인 이외의 자도 인수에 참여하는 방식(모집설립)으로 구분할 수 있다.

(2) 발기인

정관이 작성되기 전에도 사실상 회사를 설립하려는 준비행위를 진행할 필요가 있다. 어느 정도 물밑 작업이 진행되었어야 정관 내용도 확정할 수 있다. 이와 같이 사실상 회사설립을 주도하는 중추적인 역할을 하는 사람을 발기인(promoter)이라고 부른다. 발기인이 여러 명이면 발기인 조합을 형성한다.

법적으로 발기인의 지위를 취득하는 시기는 정관 마지막 페이지에 발기인 자격으로 기명날인하고 정관의 작성을 완료한 때이다. 발기인은 주식을 인수하기 때문에 회사설립과 함께 당연히 주주의 지위를 취득한다.

발기인은 회사설립을 위한 행위뿐 아니라 설립 이후의 사업활동을 대비하기 위한 개업준비행위를 할 권한이 인정된다(판례). 따라서 당장의 설립사무를 위한 사무실을 임대하는 것은 물론 나중에 영업용으로 사용할 사무실을 임대하는 것 역시 발기인의 권한 범위에 해당한다.

(3) 설립중의 회사

설립절차를 완료하지 않은 상태에서도 장래에 회사가 설립될 것을 목표로 하는 발기인에

의하여 상당한 법률관계가 형성될 수 있다. 다만 발기인이 개인적으로 권리의무를 부담하려는 것은 아니며 아직 회사가 성립된 것도 아니어서 법률관계가 누구에게 귀속될 것인지 애매한 상황이 발생한다. 이러한 상황을 간결하게 해결하기 위하여 '설립중의 회사'라는 허구적 개념을 추가적으로 고안되었다. 통상적으로 이는 강학상 개념에 불과하다고 본다.

통설 및 판례는 설립중의 회사를 권리능력없는 사단으로 파악하기 때문에 회사의 설립을 위한 범위 내에서만 제한적으로 권리능력을 갖는 것으로 인정한다. 판례는 설립중의 회사의 성립시기와 관련하여, 정관이 작성되고 나서 발기인이 적어도 1주 이상의 주식을 인수하였을 때 설립중의 회사가 성립된 것으로 본다.

발기인의 권한 범위 내에서 발기인이 설립중의 회사 명의로 법률행위를 하였다면 그 효과는 일단 설립중의 회사에게 귀속하였다가, 설립등기와 동시에 설립 후의 회사에게 동일성을 유지하면서 이전되는 것으로 파악한다(판례).

4 | 정관 작성 단계

(1) 정관의 개념 및 기재사항

정관은 회사의 자치법규에 해당한다(판례). 각 회사의 정관에서는 당해 회사의 조직과 활동에 관한 기본 원칙을 자율적으로 정할 수 있으며, 정관에 규정된 사항들은 내부적으로 규범력을 갖는다.

정관에 기재되는 사항은 다음과 같이 분류할 수 있다. ① 절대적 기재사항은 상법 제289조에 규정되어 있는 것들로서 정관 및 법인등기부에 반드시 기재되어야 한다. 그렇지 않으면 정관은 무효가 되며, 회사설립 자체가 무효가 될 수 있다. ② 상대적 기재사항은 정관에 기재되지 않으면 효력이 인정되지 않는다. 그 중에서도 특히 현물출자 및 재산인수와 같이 회사의 물적 기초에 중요한 영향을 줄 수 있는 사항(변태설립사항)은 엄격히 규제된다.

(2) 정관상 목적에 의한 권리능력 제한

회사는 설립과 동시에 독립된 법인격에 의한 권리능력이 인정되기 때문에 구성원으로부터 독립하여 회사의 명의로 권리의무의 주체가 될 수 있다. 그런데 정관상 회사의 목적에 관한 조항에서는 당해 회사가 영위하려는 사업의 유형과 종류를 나열하고 있는바, 이러한 사업유형과 관련될 경우에만 회사의 권리능력이 인정될 것인지가 문제이다. 즉, 정관에 기재된 사업유형과 상관없는 계약을 체결하였을 때 회사의 권리능력이 결여되었다는 이유로 당해 계약을 무효화할 수 있을까?

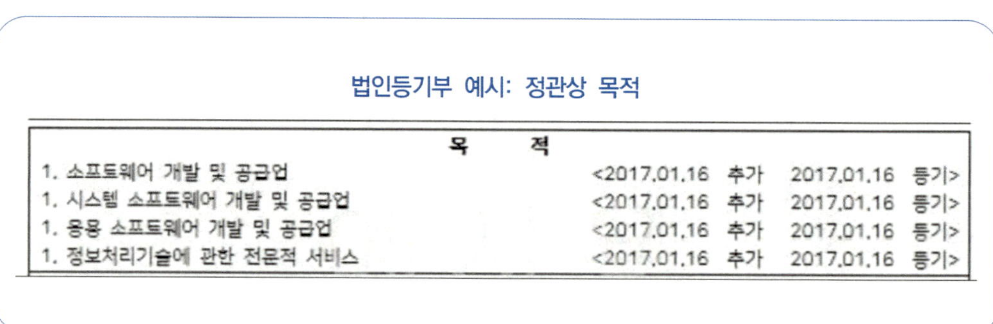
법인등기부 예시: 정관상 목적

목 적	
1. 소프트웨어 개발 및 공급업	<2017.01.16 추가 2017.01.16 등기>
1. 시스템 소프트웨어 개발 및 공급업	<2017.01.16 추가 2017.01.16 등기>
1. 응용 소프트웨어 개발 및 공급업	<2017.01.16 추가 2017.01.16 등기>
1. 정보처리기술에 관한 전문적 서비스	<2017.01.16 추가 2017.01.16 등기>

본래 주식회사는 주주의 유한책임이라는 혜택이 주어지는 별개의 독립된 법인격을 설립해 준다는 점에서 특정 목적을 위해서만 국왕 또는 의회의 특허장에 의하여 설립이 허가되었다. 따라서 허락된 특정 목적 범위를 벗어나는 행위에 대해서는 권리능력 자체가 없는 것으로 보는 능력외행위 이론(ultra vires doctrine)이 19세기까지 지배적이었다. 그러나 자유설립주의가 일반화되면서 능력외행위 이론을 포함한 일련의 고전적 회사이론들이 소멸하였고, 정관의 목적 조항이 회사의 활동범위를 제약하지 않는 것으로 수정되었다.

우리나라에서도 정관의 목적 조항에 의하여 회사의 권리능력이 제한되는지 여부를 두고 제한설과 무제한설이 대립하였다. 대법원 판례는 원칙적으로 전통적인 관점에서 제한설의 입장을 취하지만 실제 적용에서는 '목적범위'를 넓게 인정하기 때문에 문제되는 경우가 거의 발생하지 않는다. 즉 정관에 명시된 목적을 엄격하게 해석하는 것이 아니라 '그 목적을 수행하는데 있어 직접적 · 간접적으로 필요한 일체의 행위를 포함하는 것'이라고 판시한다.

따라서 실질적으로 무제한설과 다를 바가 없으며, 회사와 거래하는 사람들은 회사의 권리능력 범위를 넘어서는 행위인지 걱정할 필요 없이 거래의 안전이 보호된다.

1970년대에 대표이사가 타인의 손해배상의무를 연대보증한 행위에 대해서 무효로 인정한 판례가 있는데 이는 판례가 목적범위 외의 행위로 인정한 거의 유일한 사례이다. 본 사례에서는 A가 자신이 소유한 극장을 B에게 위탁하여 경영을 맡기면서 B의 경영실패로 인하여 발생할 수 있는 손해배상책임을 피고회사의 대표이사인 C가 연대보증하였다. 이때 피고회사의 사업목적범위를 벗어나기 때문에 적법한 보증으로 인정되지 않았다.

5 | 주주 확정과 납입 단계

(1) 주식의 발행 방식

회사가 설립할 때 정관에는 회사가 발행할 주식의 총수(발행예정주식총수)를 기재해야 한다. 회사가 설립 당시에 전부 발행할 필요는 없고, 향후 이사회에서 추가적으로 주식을 발행할 수 있는 권한을 수여하면서 허용 한계를 미리 정해놓을 수 있다. 이러한 방식을 수권주식주의라 한다. 나중에 발행예정주식총수를 초과하여 신주를 발행하려면 정관도 함께 개정해야 한다.

회사 설립 당시에는 발행예정주식총수의 일부 주식만 발행해도 괜찮다. 다만 이때 발행하는 주식은 모두 인수·납입을 완료해야 한다. 수권주식 중 미발행주식은 이사회 결의에 의하여 수시로 추가 발행할 수 있다. 추가적인 신주발행을 할 때에는 모든 주식이 인수되지 않더라도 상관없으며 인수된 주식에 대해서만 절차를 진행하는 마감발행 방식을 택할 수 있다. 이때 인수되지 않은 주식을 실권주라 한다.

(2) 주식의 인수 · 납입 프로세스

주식을 인수하려는 자는 회사에 대하여 주식의 인수를 하겠다고 청약을 먼저 해야 하며, 이에 기초하여 회사는 주식을 배정해 준다. 이러한 청약과 배정의 전 과정을 통틀어 주식의 인수라 한다.

발기설립에서는 발기인만 발행주식을 인수한다. 발행주식이 인수되지 않았다면 다른 발기인들이 공동으로 인수해야 한다. 이러한 발기인의 인수담보책임에 의하여 인수된 주식에 대하여 발기인들은 공유주주가 된다. 주식을 인수하는 발기인은 지체없이 인수가액 전액을 납입하여야 한다. 인수가액 전액이 납입되지 않았다면 다른 발기인들이 연대하여 납입해야 한다. 이러한 발기인의 납입담보책임을 이행하더라도 인수인이 아닌 발기인이 주주가 되는 것은 아니다. 다만 인수가액을 대신 납입한 발기인은 인수인이었던 주주에게 구상권을 행사할 수 있다.

모집설립에서는 발기인이 주식을 인수한 뒤에 일반 주주를 모집한다. 주주가 되려는 자는 주식청약서 및 청약증거금을 제출하여 청약을 하게 되는데, 이때 실무적으로 주식 인수가액 100%를 청약증거금으로 선납해야 하기 때문에 미납사태는 발생하지 않는 것이 보통이다. 청약 주주에게 몇 주씩 배정할 것인지 원칙적으로 발기인은 자유롭게 정할 수 있다.

주금 납입절차에서 발기인은 은행에 가상계좌를 개설하여 주금을 납입받으며, 은행은 납입받은 주금에 관한 납입금보관증명서를 발급해준다. 발기인은 납입금보관증명서에 의하여 등기소에 설립등기를 신청한다. 은행에서 납입금보관증명서를 허위로 발급해주면 민형사상 책임을 부담하도록 규제한다.

(3) 현물출자에 의한 납입절차의 규제

주식인수를 위한 대가로 금전을 출자하는 방식이 원칙이지만, 금전 이외의 재산을 현물로 출자하는 현물출자도 가능하다. 현물도 아닌 신용이나 노무는 재산적 가치를 평가하기 곤란하므로 아예 출자가 허용되지 않는다. 즉 보증이나 담보를 제공하는 방식, 특정 업무를 수행하는 방식은 납입으로 인정하지 않는다.

현물출자 과정에서 현물의 가치를 과대평가하면 실제로 납입된 재산의 가치보다 과다한 주식을 발행하게 된다. 이 경우 현물출자한 주주가 다른 주주보다 부당하게 많은 지분을 보유하게 될 뿐만 아니라, 과대평가된 자본금으로 등기하여 채권자에게 오신을 야기한다. 즉 회사의 자본충실을 위하여 현물출자는 원칙적으로 엄격히 규제한다.

우선 현물출자는 상대적 기재사항이다. 즉 현물출자 방식을 취하기로 결정하였다면 발기인은 정관에 현물출자에 관한 상세를 정하여 미리 기재해 두어야 추후 유효한 납입으로 인정된다. 또한 법원이 선임한 검사인이 현물출자 관련사항을 조사하여 법원에 보고하고, 법원은 현물출자의 경과를 심사하여 부당한 점이 발견되면 시정을 요구할 수 있다.

다만 이러한 일률적인 규제가 비효율적이고 회사 설립을 저해할 수 있기 때문에 규제를 완화하는 다양한 예외가 도입되었다. 즉 법원에 검사인 선임을 청구하지 않고 개인적으로 감정평가사를 선임하는 것이 허용되며, 현물출자 재산이 5천만 원 이하이거나 상장된 주식·증권인 경우에는 아예 조사가 필요 없다.

현물출자 절차가 종료된 이후에 만약 부당평가 사실이 발견되었다면, 부당평가에 의하여 회사가 충분히 납입받지 못한 금액에 대하여 발기인과 임원은 연대책임을 부담한다. 다만 부당평가의 정도가 심각하다면 현물출자 자체가 무효로 될 수 있다. 나아가 당해 현물출자 재산이 회사의 목적수행에 필요불가결한 것이라면 회사설립 자체가 무효로 될 수 있다.

(4) 현물출자 규제회피에 대한 추가규제

재산인수란 '회사가 성립한 후에 제3자의 재산을 회사가 양수하겠다'는 내용으로 회사 성립 전에 발기인이 당해 제3자와 약정하는 것이다. 재산인수는 발기인의 권한에 해당하지만 정관에 기재된 경우에 한하여 유효성이 인정되는 상대적 기재사항이다. 따라서 정관에 기재된바 없다면 회사 성립 후에 당해 재산을 양수하는 것이 절대적으로 금지된다.

이러한 재산인수 계약을 체결하는 것은 회사설립 당시에 현물출자를 하는 것과 실질적으로 동일하고, 다만 소유권이 이전되는 시기만 회사 성립 후로 미뤄진다. 그렇다면 실질적으로는 현물출자와 동일한 효과를 의도하면서도 현물출자에 대한 규제를 회피할 목적으로 재산인수 계약의 방식을 가장할 우려가 충분하다. 따라서 현물출자와 마찬가지로 재산인수 역시 동일한 방식으로 규제한다.

한편 회사 성립 전에 공식적인 계약을 체결하지는 않은 상태에서 일단 회사를 설립한 이후에 특정재산을 회사가 양수하는 것(사후설립)도 현물출자 및 재산인수에 대한 규제를 회피할 목적으로 사용될 수 있다. 이 경우 양도인은 특정재산의 매각대금으로 다른 주주의 지분을 매입함으로써 현물출자를 했을 경우와 실질적으로 동일한 결과를 달성할 수 있다. 따라서 이러한 편법행위에 대해서도 상당한 규제가 필요하다.

즉 상법 제375조는 신설회사가 영업을 위하여 계속 사용할 필요가 있는 특정 재산이 당해 회사의 설립 전부터 존재하였던 것이라면, 당해 재산을 회사 성립 후 2년 내에 자본금의 5% 이상에 해당하는 대가로 취득하는 계약에 대하여 주주총회의 특별결의가 필요한 것으로 규정하였다. 이러한 계약을 사후설립이라 하여 다른 주주들에 의한 규제를 받도록 한 것이다.

(5) 위장납입의 규제에 관한 논의

주식의 인수가액을 납입하지 않았으면서 납입한 것처럼 가장하는 것은 엄격히 규제된다. 위장납입이란 발기인이 대출 등을 통하여 조달한 금전을 납입은행에 주식 인수대금으로 납입한 뒤 납입금보관증명서를 발급받아서 설립등기까지 경료하고 곧바로 납입은행에서 인출하여 대출금을 변제하는 방식이다. 위장납입을 주도한 발기인이 회사설립 이후에 대표이사가 된다면 회사자금을 좌우할 수 있기 때문에 발기인의 개인채무임에도 불구하고 회사자금으로 변제하는 것이다.

위장납입의 효력에 관하여 통설의 입장과 대법원 판례의 견해가 정면으로 대립한다. 통설에 따르면 위장납입의 경우에는 '실질적인 자금의 유입이 없었다'는 이유로 무효라는 입장이다. 하지만 대법원 판례에 따르면 '진실한 납입의사의 유무는 주관적인 문제에 불과하고 실제 돈의 이동에 따른 현실의 납입이 있으므로 유효'라고 판시한다. 즉 ① 형식적으로 계좌에 입금이 되었으니 납입이 되었다고 판단할 것인지, 아니면 ② 계좌에 들어왔던 돈을 계획적으로 즉시 인출하여서 회사의 자본이 확보되지 않았고 실질적으로는 그저 스쳐 지나간 것에 불과하므로 납입이 되지 않았다고 판단할 것인지가 논란의 핵심이다. 이러한 관점의 차이는 법형식주의와 법실질주의가 항상 대립하는 양상을 반영한 것이다.

제도설계의 가능성 #12 규제적 관점: 법형식주의 vs. 법실질주의

규제가 처음 시행될 당시에는 제도가 사장되지 않도록 활성화할 필요가 있기 때문에 형식적으로 규제 요건을 충족하면 그것으로 충분하고, 형식적으로도 충족하지 못하는 상황에 대하여 엄격히 규제한다. 하지만 시간이 지나면서 사람들이 규제 환경에 능숙해지다 보면 제도를 남용하는 경우가 발생한다. 즉 제도의 형식적 요건을 충족하는 것처럼 보이지만 실질적으로는 요건을 우회하는 편법적 수단이 늘어나고 전파되기 때문에 정의 관념에 비추어 부당한 경우가 점차 많아진다.

제도남용 현상은 규제를 성실하게 준수하려는 사람들의 준법의지를 훼손하고 결과적으로 제도의 정상적인 운영을 곤란하게 만들 수 있다. 이러한 상황에서 제도를 어떤 식으로 운영해야 할 것인지 갈림길에 놓인다.

* * *

첫째, 제도적 규율 없이는 규제사항이 지켜질 수 없는 성격의 제도라면 규제의 본래적 취지를 되살릴 수 있도록 보완하여야 한다. 따라서 ① 제도 남용에 대한 추가적인 규제를 실시하거나 ② 부당한 경우가 발생하지 않도록 제도를 실질적으로 해석하는 법실질주의 관점을 채택하게 된다.

앞서 본 바와 같이, 현물출자에 대한 규제를 쉽게 회피할 수 있으니까 현물출자와 유사한 효과를 낼 수 있는 재산인수에 대한 규제도 하고, 사후설립에 대한 규제도 추가하면서 규제 취지를 계속 유지하는 것이 ①의 예에 해당한다. 또는 ②와 같이 규제 요건을 실질적으로 파악하는 해석론에 의하여 규제 범위를 넓힐 수도 있다. 이러한 경우에는 법형식주의적 해석에서 법실질주의적 해석으로 넘어가는 과도기에 항상 논쟁이 발생하게 된다. 규제 취지를 유지하기 위하여 법실질주의적 해석이 실시되는 순간부터 기존의 형식적 해석이 부정되고 법적 안정성이 흔들리는 혼란이 일시적으로 발생한다. 그러나 정의관념에 기초하여 사람들은 '그럼 그렇지, 편법을 써봐야 소용없지'라며 납득할 수 있으며, 실무적 관행은 다시 법실질주의에 기초하여 자리를 잡게 된다. 위장납입에 대한 통설의 입장처럼, 계좌에 입금이 되었더라도 즉시 유출하여 자본충실을 위태롭게 하는 상황이라면 주금 납입의 본래적 취지를 훼손하는 것이어서 법실질주의적 해석론에 의하여 납입 자체를 인정하지 않을 수 있는 것이다.

* * *

둘째, 당해 제도가 사람들에게 익숙해진 것만으로도 제도적 목적을 달성했다고 볼 수 있는 성격의 제도라면 굳이 규제수준을 유지할 필요가 없으며 시장에서 자율적인 자정기능에 의하여 해결되도록 맡길 수 있다.

예를 들어, 계약을 지켜야 한다는 사실 자체가 지금은 당연하지만 자본주의가 익숙치 않던 시대나 국가에서는 당연한 것이 아닐 수 있다. 계약을 체결해도 정말 이행될 것인지 서로 믿지 못한다면 자본주의 경제시스템이 유지되기 어렵다. 그래서 자본주의 초기에는 계약을 위반하여 상대방에게 피해를 주는 행위에 대해서 적극적으로 형사처벌을 한다. 정부의 개입과 사회적 경각심을 일깨우는 보완적 역할을 통하여 자본주의 경제시스템이 작동하도록 지탱하는 것이다. 그러나 시장이 성숙할수록 계약 위반에 따른 책임은 민사적으로 해결되도록 하고, 계약을 위반한 개인은 신용도 하락으로 인해 시장 시스템에서 점차 퇴출되도록 함으로써 사회적 경각심이 생긴다. 정부의 개입을 줄이더라도 시장이 자체적으로 가지고 있는 자정기능이 발휘될 수 있도록 믿고 맡길 수 있는 상태까지 발달할 수 있는 것이다. 이런 경우라면 형식적 요건에 의한 규제만으로 충분할 수 있으며, 만약 이미 시장에서 당연한 행위규범으로 자리를 잡았다면 아예 규제를 제거하더라도 시장의 자정기능만으로 충분할 수도 있다.

한편 판례의 입장에서 위장납입 자체는 유효하다고 보지만, 실질적으로 주금을 납입하지 않은 주주는 회사에 대하여 주금 상당의 금원을 반환하여야 할 책임이 있다고 인정한다. 실질적으로 주금을 납입하지 않은 주주들에게 회사가 채권을 행사할 수 있도록 함으로써 회사의 자본을 간접적으로 확보하게 한 것이다.

나아가 판례는 위장납입의 효력을 인정하는 반면, 위장납입에 의하여 실질적으로 회사의 자본이 늘어난 것이 아니므로 상법상 납입가장죄가 성립한다는 입장이다. 민사적인 관점에서는 법형식주의를 취하였지만 형사적인 관점에서는 법실질주의를 취하는 모순적 입장이기 때문에 학설의 비판을 받는다. 다만 민사적 관점과 형사적 관점은 제도의 목적이 다르기 때문에 반드시 일치해야 하는 것은 아니며 논리구성의 방식은 서로 다를 수 있다.

또한 판례가 실질적으로 회사의 자본이 증가되지 않았음을 전제로 상법상 납입가장죄를 인정하는 이상 회사 자본이 실질적으로 증가됨을 전제로 하는 업무상횡령죄가 동시에 성립할 수는 없다. 결국 형사적 관점에서 납입가장죄를 인정하는 대신 더 무겁게 처벌될 수 있는 업무상 횡령죄의 성립은 피할 수 있게 되었다.

최근에는 전환사채 등을 발행하는 과정에서도 위장납입 등의 가장납입이 이루어지는데, 주된 목적은 전환사채를 주식으로 전환하고 지분비율을 높여서 무자본 M&A를 실시하려는 것이다. 납입은 주식발행의 근간이기 때문에 가장납입을 적절히 규제하지 않으면 회사의 지배권이 불투명한 과정을 통해 거래될 우려가 있다.

[대법원 1983. 5. 24. 선고 82누522 판결] 위장납입에 관한 민사판례

회사의 설립이나 증자의 경우에 당초부터 진정한 주금의 납입으로서 회사자금을 확보할 의도없이 일시적인 차입금으로 단지 주금납입의 외형을 갖추고 회사설립이나 증자절차 후 곧바로 그 납입금을 인출하여 차입금을 변제하는 경우에도 금원의 이동에 따른 현실의 불입이 있는 것이고 설령 그것이 실제로는 납입의 가장수단으로 이용된 것이라 할지라도 이는 당해 납입을 하는 발기인 또는 이사들의 주관적 의도의 문제에 불과하고 회사가 관여할 바 아니므로 이러한 발기인 내지 이사들의 내심적 사정에 의하여 회사의 설립이나 증자와 같은 집단적 절차의 일환을 이루는 주금납입의 효력을 좌우함은 타당하지 아니하다. 본건에 있어 일시 차입한 금원으로 납입한 것이라 하여도 증자로 인한 주금의 납입으로는 유효하다고 보아야 할 것이며 이 납입금을 당시의 대표이사가 인출하여 차입금을 변제한 것을 '그 금원을 위 대표이사에게 무상대여하였다'고 보아 이에 대한 소정이자를 원고 회사의 익금으로 계상한 것은 타당하다.

[대법원 2004. 6. 17. 선고 2003도7645 판결] 위장납입에 관한 형사판례

상법 제628조 제1항 소정의 납입가장죄는 회사의 자본충실을 기하려는 법의 취지를 유린하는 행위를 단속하려는 데 그 목적이 있는 것이므로, 당초부터 진실한 주금납입으로 회사의 자금을 확보할 의사 없이 형식상 또는 일시적으로 주금을 납입하고 이 돈을 은행에 예치하여 납입의 외형을 갖추고 주금납입증명서를 교부받아 설립등기나 증자등기의 절차를 마친 다음 바로 그 납입한 돈을 인출한 경우에는, 이를 회사를 위하여 사용하였다는 특별한 사정이 없는 한 실질적으로 회사의 자본이 늘어난 것이 아니어서 납입가장죄 및 공정증서원본불실기재죄와 불실기재공정증서원본행사죄가 성립한다.
한편 주식회사의 설립업무 또는 증자업무를 담당한 자와 주식인수인이 사전 공모하여 주금납입취급은행 이외의 제3자로부터 납입금에 해당하는 금액을 차입하여 주금을 납입하고 납입취급은행으로부터 납입금보관증명서를 교부받아 회사의 설립등기절차 또는 증자등기절차를 마친 직후 이를 인출하여 위 차용금채무의 변제에 사용하는 경우, 위와 같은 행위는 실질적으로 회사의 자본을 증가시키는 것이 아니고 등기를 위하여 납입을 가장하는 편법에 불과하여 주금의 납입 및 인출의 전과정에서 회사의 자본금에는 실제 아무런 변동이 없다고 보아야 할 것이므로, 그들에게 회사의 돈을 임의로 유용한다는 불법영득의 의사가 있다고 보기 어렵다 할 것이고, 이러한 관점에서 상법상 납입가장죄의 성립을 인정하는 이상 회사 자본이 실질적으로 증가됨을 전제로 한 업무상횡령죄가 성립한다고 할 수는 없다.

06 기업금융

1 | 기업금융과 지배구조의 관계

(1) 회사의 자금조달 방식

회사의 자금조달 방식은 크게 두 가지로 구분된다.

① 회사가 주식발행을 통하여 주주로부터 주식대금을 납입받아 자금을 조달하는 방법이다(equity financing). 자본시장이 발달한 미국이나 영국 같은 경우에는 전통적으로 주식발행이 일반적인 자금조달 방식으로 활용되었다.

회사에서 배당가능이익이 발생하면 주주총회 등의 결정에 의하여 매년 주주에게 배당금을 지급해야 할 수 있으며, 회사가 해산할 경우에는 회사의 모든 채무를 변제하고 남은 잔여재산을 주주에게 분배한다. 회사에 재무적인 부담이 없기 때문에 주식발행 방식은 회사가 계속적인 대규모의 자금조달을 하기에 매우 유용하다.

다만 주식발행을 거듭할수록 주주의 숫자가 늘어나고 기존주주의 지분비율은 점차 줄어들기 때문에 지배주주 입장에서는 지배권이 약화되는 것을 우려할 수 있다. 우리나라의 재벌기업들이 신주발행에 의한 유상증자를 꺼리는 것도 같은 맥락이다.

② 회사가 채권발행 과정을 통하여 채권자로부터 납입받은 사채대금을 회사의 운영자금으로 조달하는 방법이다(debt financing). 회사가 은행 등의 금융기관으로부터 대출을 받아

서 차입금을 회사의 운영자금으로 조달하는 방법도 포함한다.

이 경우 지분비율에 영향을 주지는 않지만, 채무에 대한 원리금을 정기적으로 변제해야 하기 때문에 재무적인 영향을 고려해야 한다. 다만 화폐 가치의 자연적 인플레이션에 의하여 부담 수준은 연차적으로 줄어들 수 있으며, 상환비용에 대해서는 세제혜택이 있으며, 특히 정책금융은 매우 금리가 낮기 때문에 회사 입장에서는 일정한 수준에서 차입 방식을 선택하는 것도 합리적이다. 예전에는 차입금과 자본의 비율을 1:3 정도로 유지하는 것을 적절하게 여겼다.

사채발행과 유사하게 독일, 일본, 우리나라와 같이 은행 대출에 의존하여 기업경제를 성장시킨 국가에서는 담보대출 등에 의한 차입 방식을 많이 활용하였다. 우리나라에서는 회사의 자산 및 주식을 담보로 제공하고 대출받는 경우가 많다. 특히 상장회사의 경우에는 주가가 일정 수준 이하로 내려가면 변제기가 도래한 것으로 간주하는 트리거 규정을 두고 있는 경우가 많기 때문에 주가 관리에 특히 신경을 많이 쓰게 되는 간접적인 효과가 발생한다. 반면 주가가 너무 높아지면 상속·증여세가 높아지기 때문에 경영권 승계가 현안이라면 부담으로 작용할 수 있다.

Business history **대우 흥망사**

"세계는 넓고 할 일은 많다"는 명언을 남기면서 '세계경영'을 선포하였던 대우그룹의 창업자 김우중은 1967년 명동에서 자본금 5백만원으로 근로자 5명 규모의 대우실업을 설립하여 섬유제품 수출업을 개시한다. 1960년대의 국내 섬유산업은 재단·봉제·다듬질(cutting, making & trimming) 위주로 성장하였다. 즉 원료 및 반제품을 해외에서 수입하고, 완제품의 해외판매는 일본의 무역업자에게 주로 의존하는 방식이었기 때문에 값싼 미숙련 노동력을 활용할 수 있었지만 이윤은 높지 않았다. 대우실업은 당시로서는 파격적으로 대규모 생산이 가능한 섬유공장을 건설하여 자체생산 능력을 갖추고 해외시장을 개척하여, 1970년 미국시장에서 Sears Roebuck, J.C. Penny 등 전국망을 갖춘 백화점과 거래하였다. 또한 미국 정부가 조만간 수입쿼터제를 실시할 것이라는 정보를 입수하여 일단 수익성 대신 판매량 증대에 주력하여 수출물량을 5배 증가시켰다. 모험적인 시도는 성공적이었으며 1972년 한국 쿼터의 30%를 배정받아서 아시아 섬유수출 기업 중 1위를 차지하고 안정적인 시장을 확보한다.

대우실업은 1972년부터 사업 영역을 다각화한다. 1974년 당시 인플레이션 비율은 42.1%, 사채시장 금리는 40.6%인 반면 수출금융 금리는 9%에 불과했기 때문에 수출산업에 장점을 가진 대우는 저금리의 은행 자금을 최대한 활용하여 적극적인 인수합병을 통해 성장하는 공격적인 전략을 취한다. 이에 기반하여 1975년에는 종합무역상사로 지정되고, 1976년부터 중화학공업으로 전문화한다. 오일쇼크에도 불구하고 해외건설업이 유망했기 때문에 대우는 1976년 수단, 리비아, 모로코, 튀니지 등에서 대규모 건설사업에 참여하고, 디젤엔진 차량 및 산업기계를 생산하는 한국기계를 인수하고 대우기계와 합병하여 대우중공업을 설립한다. 1978년에는 옥포 조선을 인수하고, GM과 5:5 비율에 의한 합작투자로 설립된 새한자동차의 국내 지분을 산업은행으로부터 인수하여 대우자동차를 설립한다. 1981년에는 국방부 조병창을 인수하여 대우정밀을 설립하고, 1983년에는 대한전선의 가전부문을 인수하여 대우전자와 합병한다. 1987년에 이르러서는 자산규모 2위, 매출액 교모 4위의 재벌로 부상하였고, 대우의 성공은 계속되었다. 1996년 대우그룹의 해외재산은 149억 달러, 자산규모 80조원, 그룹 총매출 264억 달러 중 해외매출 103억 달러, 전체 임직원 수 47,600명 중 해외근무 인력 37,500명에 이르는 성과는 '세계경영' 그 자체였다.

* * *

그러나 1995년부터 WTO 체제가 출범하면서 국내시장을 개방하고 세계화의 논리를 따라야 하는 새로운 국면은 대우에 어두운 그림자를 드리우고 있었다. 노골적인 정부지원은 줄어들게 되고, 기업경영은 글로벌 스탠다드를 요구받았다. 대우는 더욱 공격적인 경영으로 활로를 찾고자 하였고, 1998년 기준으로 80여 개 국가에서 근로자 13만 명 규모의 해외법인 396개를 비롯하여 해외지사 134개, 해외연구소 15개, 해외건설현장 44개로 확대하였다. 특히 대우는 정부의 개입 수준이 높은 저개발 국가에 집중하면서 기존에 대우가 구사하였던 성공전략을 통해 급성장하였다. 즉 현지법인에 대한 투자금의 60%는 현지정부의 지급보증으로 빌리고, 나머지 40%는 대주주인 현지정부과 대우가 반씩 분담하였다.

1997년 이후로 IMF의 강력한 개입이 이루어졌고 모든 기업들이 계열사와 부채비율을 줄여나가는 추세였다. 그럼에도 불구하고, 대우는 정반대의 전략을 구사한 것이었다. 은행들이 대출금을 회수하려 할 때 대우는 채권과 어음발행을 늘리는 방식으로 대처하였다. 대우의 차입금은 1997년 28조 원(은행 8.6조 원, 제2금융권 8조 원, 회사채 8조 원, CP 3.5조 원)에서 1999년 43조 원(은행 8.6조 원, 제2금융권 4조 원, 회사채 22조 원, CP 8.7조 원)으로 급증하면서 부채비율 역시 470%에서 527%로 악화되었고, 1998년 1월 쌍용자동차 지분 53%를 부채 2조원과 함께 인수한 것 역시 자금난을 가중하였다.

당시 정부는 5대 그룹간 빅딜을 추진 중이었는데, 대우가 삼성자동차를 인수하는 조건으로 수 조원대의 부실처리 비용을 정부로부터 지원받으면 유동성 위기도 극복할 수 있으리라 믿었던 것으로 보인다. 그러나 삼성자동차는 1999년 6월 30일 법정관리를 신청하였고, 대우그룹의 채권은행단은 핵심 12개 계열사에 대한 워크아웃을 결정하면서 계열사 41개사, 근로자 15만 명, 자산총액 78조 원의 대우그룹은 사실상 해체되었다.

이후 대우전자는 1997년도 재무제표를 작성하면서 자산 32,283억 원, 부채 41,254억 원으로 당기순손실이 16,701억 원에 달하는 대규모 적자가 발생하였음에도 불구하고 김우중 회장은 대표이사에게 당기순이익이 410억 원이 되도록 분식결산을 지시하고, 1998년도 재무제표에서도 당기순손실이 19,920억 원에 달하는데도 당기순이익이 50억 원이 되도록 지시함으로써 그동안 재고자산의 과대계상, 해외자회사에 대한 가공의 매출채권 등으로 충격적인 규모의 분식회계가 이루어졌음이 발각되었다. 이에 2000년경 소액주주 359명이 대우전자의 분식회계 및 부실감사에 의한 허위공시를 이유로 손해배상청구소송을 제기하였고, 2008년 김우중 회장과 대표이사, 사외이사 등 이사 및 감사, 외부감사인 등에게 손해배상책임을 인정하는 판결이 대법원에서 확정되었다.

* * *

대우그룹의 폭풍성장과 세계경영의 비전은 당시 많은 사람들에게 기적과 같은 희망을 안겨주었다. 그런데 대우의 성공 레시피는 개발국가모델을 밀어붙이는 정부와 혼연일체가 되어서 은행의 지원에 의한 차입금융 방식을 적극적으로 활용하였음을 알 수 있다. 심지어 다른 저개발국가에서도 이런 방식이 먹혀들었다. 미국의 세계화 정책과 IMF의 개입만 아니었다면 대우그룹의 성공 레시피는 지금도 유효했을 것이다. 그러나 과도한 차입에 의존하는 회사들의 외형적 성장이 보기에는 화려하고 매력적이지만 위기에 취약하며 줄도산으로 국가경제를 휘청이게 한다는 것이 확인되었기 때문에 차입성장방식은 더 이상 지지받을 수 없다. 시대가 바뀌어서 외면당하게 된 거인의 몰락은 복잡한 감정을 느끼게 한다.

(2) 기업금융에 관한 시장 메커니즘

어떤 방식으로든 회사가 자금을 조달하려고 할 때에는 시장 메커니즘이 적용된다. 부동산 거래 또는 물품 거래와 같은 전통적인 형태의 시장에서는 대가 지급에 의하여 즉시 용역과 서비스를 제공받을 수 있다. 그러나 자금조달 시장에서는 투자회수가 즉시 이루어질 수 없다는 점에 유의할 필요가 있다. 주식발행 과정에서 주주로 참여한 투자자는 매년 일정 비율씩 배당금을 받거나 주가가 충분히 오를 때까지 기다려야 한다. 회사의 채권자로서 자금을 조달해준 투자자는 원리금을 모두 이행받을 때까지 몇 년을 기다려야 한다. 회사채는 변제기를 3년으로 정하는 것이 가장 일반적이다.

그런데 회사가 향후 몇 년이 경과하도록 안정적으로 운영되고 있을 것인지는 불확실하다. 주가의 추이를 예측하기 위하여 증권사와 주식 애널리스트가 시장에 정보를 제공하며, 채권의 부도율을 예측하기 위하여 신용평가회사에서 회사의 신용등급을 수시로 발표한다. 하지만 이처럼 회사에 관한 정보를 받아보기만 하는 것은 소극적인 방식이다. 부정적인 예측이 나올 때 손해를 보고 제3자에게 팔아버리는 방법 밖에 없다면 투자자의 입장에서는 매우 답답할 노릇이다. 내가 투자한 회사가 경영을 제대로 하도록 감시하고 견제할 수 있어야 자금을 투자할 인센티브가 발생한다.

따라서 자금조달을 받으려는 회사는 시장 메커니즘에 충실하도록 투자자에게 견제장치를 제공한다. 회사가 나서서 견제장치를 제공하지 않는다면, 투자자들 입장에서는 정말 투자금을 회수할 수 있을지 회사를 신뢰하기 어렵기 때문에 투자를 망설일 수밖에 없다.

(3) 정보비대칭의 문제

원래 회사 내부에서 경영이 어떻게 이루어지고 있는지에 관한 정보는 경영진이 독점한다. 회사의 외부에서는 이러한 경영 정보에 접근하기 어렵기 때문에 법경제학에서는 이를 정보비대칭 현상(information asymmetry)이라 부른다. 투자자가 임원을 겸임하여 회사 내부로 들어오지 않는 이상 경영에 관한 정보를 알기는 어렵다.

그런데 정보비대칭 현상은 시장 자체를 고사시키는 심각한 문제이다. 투자자들은 회사의 경영이 건전하게 이루어지고 있는지에 관하여 정확한 정보를 알기 어렵기 때문에 모든 회사의 경영 건전성이 의심받는다. 그렇다면 투자자는 회사가 부실할 것으로 의심하는 만큼 디스카운트하여 투자한다. 회사 입장에서는 같은 투자금을 얻기 위하여 더 많은 자금조달 비용을 들여야 한다.

이 과정에서 경영이 건전하고 우수한 회사는 자금조달 비용이 적게 드는 다른 시장을 찾아 떠나도 생존할 수 있지만, 그렇지 못한 회사들은 여전히 많은 자금조달 비용을 감수하면서 그 시장에 남아야 한다. 결국 당해 시장에는 종전보다 열악한 회사만 남게 되는 역선택 현상(adverse selection)이 발생하며 시장 자체의 신뢰가 무너지는 악순환이 발생한다.

(4) 자금조달 시장의 보완을 위한 경영진 견제장치

역사적으로 각 국가의 주된 자금조달 방식에 맞추어서 회사들은 경영진에 대한 견제장치를 투자자에게 제공하였다. 이러한 견제장치는 기업지배구조에 내재되었는바, 경영 효율성을 촉진함과 동시에 경영 건전성을 감독할 수 있는 기업지배구조가 바람직한 제도인 것으로 인정되었다. 다만 이러한 경영진 견제장치가 확립되기까지는 많은 시행착오를 거쳤다.

① 영국과 미국은 자본시장이 발달한 대표적인 국가이다. 자본시장에서 대량의 주식이 유통되면서 수많은 주주들이 회사에 투자하게 되었다. 주주의 신뢰를 잃으면 회사는 자금조달이 곤란해지기 때문에 회사 스스로 경영진을 견제할 수 있는 장치를 제공하였다. 사실상 경영진은 회사 내부에서 전혀 통제되지 않는 절대적인 권력이기 때문에, 이 정도 상황이

아니었다면 스스로 목줄을 채우는 일 따위는 하지 않았을 것이다.

영국과 미국에서는 경영진의 지배에서 자유로운 독립적인 사외이사들로 이사회를 구성하여 경영진에 대한 감독기능을 수행하는 감독이사회(monitoring board) 방식이 기업지배구조에서 확립되었다. 증권거래소에서 상장 요건으로 감독이사회 제도를 채택한 것이 결정적이었다. 종전의 이사회는 경영진의 손아귀 안에 있었기 때문에 이사회와 임원진을 구별하는 것이 별 의미가 없었고 이사회에서도 경영 업무를 주로 하였지만, 감독이사회는 경영진을 견제하는 것이 주된 업무이며 경영진을 선임하고 해임할 수 있으며 보수를 결정할 권한을 갖는다. 경영진은 이사회에 불려가는 것을 매우 괴로워한다.

다만 이러한 상황은 지분이 특정 지배주주에게 집중되지 않고, 지분이 분산된 상황을 전제로 한다. 지배주주는 이사 선임을 독점할 수 있기 때문에 감독이사회가 실질적인 기능을 수행하길 기대하기 어렵다. 영국과 미국에서도 19세기까지는 회사를 창업한 지배주주가 대대로 경영권을 승계하였지만, 20세기에 들어서는 여러 가지 경제적 상황의 변화로 인하여 특별한 지배주주 없이 대규모의 분산된 주주들로 구성되는 경우가 대부분이다. 현재에는 기관투자자들이 대주주이기 때문에 여전히 감독이사회를 통하여 경영진을 통제한다.

감독이사회가 경영진을 제대로 견제하고 있는지는 시장에 의하여 다시 2차적인 견제를 받는다. 즉 회사의 잠재력에 비하여 주가가 떨어진다면 다른 회사들이 적대적 M&A를 통하여 언제든지 이사회와 경영진을 모두 교체해버릴 수 있다. 이를 기업 지배권 시장(market for corporate control)이라 한다. 영국과 미국은 기업 지배권 시장이 발달한 것으로 평가받는다. 감독이사회와 경영진 모두 안심할 수 없는 것은 경영권을 박탈해버릴 수 있는 시장을 두려워하기 때문이다. 경영 건전성에 관한 정보를 투명하게 시장에 공개하면서 적절한 성과를 내고 있다면 시장의 지지를 받고 주가가 상승할 테지만, 그렇지 못하다면 언제든지 정글과 같은 위협을 느껴야 하는 것이다. 경영진 감독기능을 제공하며 자본조달 시장을 활성화시키는 포용적 시장으로 평가할 수 있다.

② 한편 독일과 일본은 후발 산업국가의 격차를 따라잡기 위하여 정부가 상당히 주도적인 역할을 수행하였다. 특히 대형 은행을 정책적으로 지원하면서 기업대출이 원활히 이루어지

도록 조율하였다. 회사들은 은행차입 위주로 자금을 조달하였으며, 은행은 회사의 주요 투자자였다.

이 과정에서 은행은 적극적인 경영진 견제기능을 요구하였다. 결국 회사들의 임원으로 은행측 인사들이 선임되었고, 은행은 회사의 경영에 관한 다양한 개입을 할 수 있게 되었다. 독일에서는 이러한 역할을 수행한 은행을 하우스방크(haus bank)라 불렀으며, 일본에서는 주거래은행이라는 취지로 메인뱅크(main bank)라 불렀다.

제도설계의 가능성 #13 **우리나라의 경영감독시스템**

우리나라의 경우에는 1960년대부터 1980년대까지 개발국가모델을 취하였다. 특히 기업가적 정부를 지향하면서 정부는 적극적으로 시장에 개입하면서 시장을 왜곡하는 경우도 많았다. 은행을 통한 차입금융을 정책적으로 지원하는 등 현실적으로 회사의 자금조달 능력을 좌우하였고, 경영진의 터널링(tunneling)과 같은 사익추구 행위 및 중과실에 의한 경영실패에 대하여 형사처벌을 하였다. 결과적으로 정부는 경영진의 권력을 장악하였다.

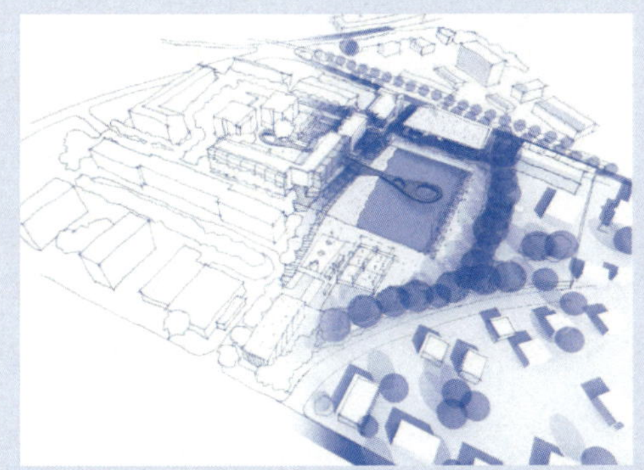

정당성의 문제를 떠나서, 당시 우리나라의 기업경제 현실에서 경영진 견제장치를 갖출 수 있는 것은 정부였다. 그러나 경영진 견제장치를 시스템화하지 못하였고 개별적인 사안에서 정경유착을 통한 정치적 지배에 만족하였던 것은 현재까지 아쉬움으로 남는다. 이러한 역사적 경로를 거쳐서 우리나라 시장의 경영진 견제장치는 여전히 규제공백 상태로 남아 있으며, 자금조달 시장은 미성숙한 상태로 남아 있기 때문에 시장 형성적 조치를 고민해야 하는 상황이다. 언제까지나 국가의 형사처벌 권능에 기대어 있을 수는 없는 노릇이며 시장의 자정기능이 작동할 수 있어야 시장기능이 심화되고 국가 경제가 업그레이드 될 수 있다.

2 | 주식발행에 의한 자금조달

(1) 다양한 종류주식

'보통주'란 표준적 지위에 있는 주식을 일반적으로 지칭한다. '우선주'는 주주에게 이익배당의 측면에서 보통주보다 유리한 속성을 갖는다. 즉 배당가능이익이 발생하였을 때 일정률의 이익배당을 우선적으로 받을 수 있다.

영업실적이 좋아서 우선주에게 보장된 배당률보다 보통주에게 더 높은 배당률이 인정될 경우도 있을 수 있다. 이때 '참가적 우선주'에 대해서는 일정률의 이익배당을 우선적으로 받은 뒤에 다시 보통주에게 적용되는 배당률과의 차이만큼 추가로 더 배당한다.

'누적적 우선주'란 당해 연도의 배당가능이익 규모가 적어서 우선주에 인정되는 배당률을 만족시킬 수 없을 경우에 다음 연도의 배당가능이익에서 전년도의 우선배당률 부족액을 지급하는 방식이다.

참고 종류주식에 관한 정관 규정

1. 본 회사가 발행할 우선주식은 의결권이 없는 것으로 하며, 그 발행주식의 총수는 일천만주로 한다. (무의결권우선주에 해당함)
2. 우선주식에 대하여는 액면금액을 기준으로 하여 연 9% 이상 12% 이내에서 발행시에 이사회가 우선배당률을 정한다.
3. 우선주식에 대하여서는 보통주식의 배당률이 우선주식의 배당률을 초과할 경우에는 그 초과분에 대하여 보통주식과 동일한 비율로 참가시켜 배당하는 것으로 정할 수 있다. (참가적 우선주에 해당함)
4. 우선주식에 대하여 어느 사업연도에 있어서 배당을 하지 못한 경우에는 누적된 미배당분을 다음 사업연도의 배당시에 우선하여 배당하는 것으로 정할 수 있다. (누적적 우선주에 해당함)
5. 우선주식에 대하여 소정의 배당을 하지 아니한다는 결의가 있는 경우에는 그 결의가 있는 총회의 다음 총회부터 그 우선적 배당을 한다는 결의가 있는 총회의 종료시까지는 의결권이 있는 것으로 한다.

또한 다음과 같이 의결권과 관련하여 특별한 속성을 갖는 경우가 있다. ① '의결권 배제주식'이란 모든 결의사항에 관하여 의결권이 없는 종류주식이다. ② '의결권 제한주식'이란 정관에서 정한 사항에 관해서만 의결권이 없는 종류주식이다. 이러한 종류주식은 적대적 M&A에 대한 방어수단으로 활용할 수 있지만, 발행주식총수의 1/4 이하로 발행 규모가 제한되는 점에 유의할 필요가 있다.

이러한 종류주식을 발행하는 방식 이외에는 주주의 의결권을 차등적으로 취급할 수 없다. 주주평등의 원칙은 강행적으로 적용되기 때문에 예외가 인정되기 위해서는 법률에 근거가 있어야 하기 때문이다.

참고 복수의결권 주식의 예외적 허용

최근 제정된 '벤처기업육성에 관한 특별법'에서는 비상장 벤처기업의 창업주에 한하여 복수의결권주식을 발행받을 수 있도록 허용하였다. 즉 비상장 벤처기업이 투자를 유치하면서 창업주의 지분이 30% 미만으로 하락할 경우에는 주주총회에서 발행주식총수의 3/4의 찬성(가중된 특별결의)에 의하여 창업주에게 1주당 최대 10개의 의결권을 갖는 복수의결권 주식을 발행할 수 있다.

발행된 복수의결권주식의 존속기한은 최대 10년이며, 상장할 경우에는 존속기한이 최대 3년으로 축소되고, 존속기한이 경과하면 보통주로 전환된다. 또한 창업주가 이사직을 사임하는 경우에도 보통주로 전환되며, 창업주로부터 상속·양도받는 경우에도 보통주로 전환된다. 창업주가 복수의결권주식을 소유하고 있더라도 주주권익에 대한 안건 및 창업주의 사적 이해관계에 관한 안건에서는 1주당 1개의 의결권만 인정된다.

'전환주식'은 다음과 같이 구분된다. ① '전환청구권부 주식'이란 회사에게 다른 종류주식으로 전환하여 달라고 청구할 수 있는 권리가 부여된 주식이다. 주주는 회사영업 성과에 따라 전환 여부를 선택하면 된다. 이를 주주전환주식 또는 의무전환주식이라고 부르기도 한다. ② '전환조항부 주식'이란 미리 정해진 일정한 사유가 발생하였을 때 회사 측에서 주주의 주식을 다른 종류주식으로 전환할 수 있는 권한을 가지는 주식이다. 이 경우 우선주를 보통주로 전환시켜서 이익배당의 부담을 줄이거나, 보통주를 무의결권주로 전환시켜서 적대적 M&A에 대한 방어수단으로 활용할 수 있다. 이를 회사전환주식 또는 강제전환주식이라고 부르기도 한다.

한편 '상환주식'이란 발행 당시부터 배당가능이익을 재원으로 하여 상환주식의 주주에게 금전으로 상환해주고 그 대신 상환주식을 회수하여 소각해버리는 것이 예정되어 있는 주식을 의미한다.

(2) 추가적인 신주발행

회사 운영 중 통상적으로 이루어지는 신주발행은 정관에 달리 규정하지 않는 한 이사회가 결정한다. 액면주식이 발행되면 주식의 액면가액만큼 자본금이 증가하고, 무액면주식이 발행되면 이사회에서 자본금으로 계상하기로 결정한 금액만큼 자본금이 증가한다. 주식대금 납입기일이 종료한 다음 날로부터 신주 인수인은 주주가 된다(§423①).

회사 설립시에는 자본금 충실의 원칙에 의하여 주식의 할인발행이 금지되나, 회사 성립 후에는 자금조달이 곤란한 경우가 있으므로 신주발행의 경우에는 주주총회의 특별결의 및 법원의 인가를 얻어야 하는 등 엄격한 요건 하에서 허용될 수 있다.

참고로 2011년 이전에는 주금 납입채무의 상계가 일체 금지되었기 때문에 당해 회사에 대한 채권으로 납입하는 것이 불가능하였고, 예외적으로 기업구조조정촉진법에 의하여 부실회사의 경우에만 금융기관의 채권을 주식으로 출자전환하는 것이 허용되었다. 그러나 위 금지규정은 삭제되었고 오히려 §421②의 신설에 의하여 신주발행시에도 회사의 동의만 있다면 회사에 대한 채권으로 출자하여 주금납입 채무와 상계할 수도 있게 되었다.

(3) 기존주주의 신주인수권

회사의 성립후 신주를 발행할 경우에 신주를 다른 사람에 우선하여 인수할 수 있는 권리를 신주인수권(preemptive right)이라 한다. 만약 신주를 기존주주 이외의 제3자에게 무분별하게 발행한다면 기존주주의 지분비율이 희석되는 효과가 발생한다(squeeze－out). 창업자는 물론 초기 단계의 회사에 투자하는 입장에서도 자신의 지분비율이 유지될 것으로 기대할 수 있어야 회사에 안심하고 투자할 것이다.

심지어 지배주주가 되었음에도 불구하고 어느 순간 제3자에게 대규모로 신주를 발행함으로써 갑자기 지배주주가 바뀔 수 있다면 그런 회사는 도무지 믿고 투자할 수가 없는 것이고, 회사제도에 대한 시장의 신뢰를 상실할 수 있다. 그래서 회사제도의 안정을 위해서는 기존주주의 신뢰를 보호할 필요가 있다. 즉 신주를 발행할 때에는 원칙적으로 기존 주주에게 지분에 비례하여 신주인수권을 행사할 수 있도록 법적으로 보장함으로써 기존주주의 지위를 보호하는 방식의 회사제도를 채택하였다.

다만 지분비율 자체가 법적으로 보호받을 수 있는 주주의 재산권에 해당하지는 않는다. 판례 역시 지분비율을 보호하지 않는다. 따라서 법적으로 인정되는 신주인수권에 의해서만 기존주주의 지분비율이 보호받을 수 있다. 기존주주에게 신주인수권이 인정되지 않는 예외적인 상황에서는 기존주주의 지분비율과 상관없이 신주발행이 가능하다. 즉 신주발행을 일반공모증자 방식으로 할 때에는 신주인수권이 법률에 의하여 배제되며(자본시장법 §165-6④), 판례는 현물출자 방식으로 신주를 발행할 때에도 신주인수권이 배제된다고 한다.

제도설계의 가능성 #14 **신주인수권의 수단성**

우리나라에서는 기존주주의 신주인수권을 보호하는 규정을 두고 있으며(§418①) 기존주주의 지분이 함부로 희석되지 않도록 신주인수권을 인정하는 것을 당연한 원칙으로 받아들이고 있다. 많은 나라들이 이러한 입법례를 취하고 있지만 신주인수권의 절대성을 인정하지 않는 입법례도 있다. 신주인수권을 절대적으로 보호하는 것이 회사제도의 본질적인 영역에 해당하지는 않는다. 단지 회사제도의 신뢰를 확보하기 위하여 설계된 장치이기 때문에 만약 다른 방식으로 회사제도에 대한 신뢰를 유지할 수 있다거나 그러한 신뢰 없이도 회사제도가 유지될 수 있다면 신주인수권을 다른 방식으로 설계할 여지도 있다.

그러나 일단 신주인주권을 도입하였다면 이를 일관성과 형평성 있게 적용해야 시장의 혼란과 불만을 초래하지 않을 것이다. 이미 기존주주의 지분 희석화 현상을 우려하지 않아도 된다는 신뢰가 시장에 자리잡았다. 개별 주주의 지분 비율이 개인법적 차원에서 재산권으로 보호되는 것은 아니어도 단체법적 성격에 의하여 제도적으로 보호된다는 것은 우리나라에서 법적 신뢰에 해당한다.

(4) 주주배정 방식에 의한 신주발행

기존 주주에게 지분에 비례하여 신주인수권을 부여하고 그러한 신주인수권을 행사하는 주주에게 신주를 배정하는 것을 주주배정이라 한다. 주주배정을 할 때에는 주식의 발행가액을 시가에 의하여 정하든 그에 못 미치는 저가로 발행하든 상관이 없다.

원칙적으로 회사 입장에서는 시가에 의하여 주식발행을 하였다면 최대한의 자금을 확보할 수 있었을 것이므로 그러한 결정을 하지 않은 경영진의 책임이 문제될 것인가? 판례는 그렇게 보지 않는다. 즉 주주배정을 할 때 경영진은 '주주 전체의 이익, 회사의 자금조달의 필요성, 급박성 등을 감안하여 경영판단에 따라 자유로이 그 발행조건을 정할 수 있다'고 판시한다. 저가발행을 결정하였더라도 경영진에게 허용되는 재량의 범위 내에서 경영판단을 한 것이라면 면책될 수 있는 것으로 이해된다.

제도설계의 가능성 #15 법인격 절대화의 오류

주주배정 방식을 신주를 발행하면서 발행가액을 저가로 결정하더라도 주주 중심주의 관점에서 정당화될 수 있다. 주주배정에서는 기존 주주와 신규 주주가 동일하기 때문이다. 저가로 주주배정을 하더라도 기존주주에 대한 손해와 신규주주에 대한 이익은 실질적으로 동일인에게 귀속하여 손익이 완벽하게 상쇄되기 때문에 저가발행을 하더라도 주주의 이익을 해치지 않는다. 반대로 시가 발행을 하더라도 기존 주주가 이익을 얻는 만큼 동일인이 신규 주주로서 추가적인 출자를 해야 하기 때문에 주주 입장에서는 아무런 차이가 없다. 결국 주주배정에서는 발행가액을 어떻게 정하더라도 주주 이익을 훼손하지 않는다. 주주 중심주의에서는 전체 주주의 이익을 회사의 이익과 동일한 것으로 평가하기 때문에, 주주배정 과정에서 달리 손해가 발생할 여지가 없다면 회사의 손해를 인정할 필요도 없다.

이러한 주주 중심주의 관점은 미국 회사법의 기본적인 입장이지만, 우리나라 판례가 이를 일반적으로 받아들인 것은 아니다. 예를 들어, 차입매수(leveraged buy-out; LBO) 방식의 M&A를 생각할 수 있다. 인수대상 회사의 기존 주주들이 신규 주주에게 100%의 지분을 매각할 때, 신규 주주가 매각대금을 마련하기 위하여 은행에서 대출을 받으면서 그 담보로 인수대상 회사의 자산을 제공하는 경우가 대표적인 LBO 방식이다. 이때 인수대상 회사의 경영진이 자산을 은행에 담보로 제공하는 결정은 자기 회사를 위한 것은 아니지만 어디까지나 기존 주주들과 신규 주주가 모두 동의하여 지시한 사항이다. 즉 주주이익을 해치는 것이 아니고 오히려 주주들의 이해관계에 부합한다.

따라서 미국 회사법에서는 주주 중심주의 관점에서 정당화가 가능하지만, 우리나라 대법원은 이러한 경우에 담보제공을 결정한 경영진을 업무상 배임죄로 형사처벌한다. 담보로 제공하면 나중에 상실할 가능성이 있기 때문에 회사의 손해가 발생할 수 있다는 이유이다. 미국식 주주 중심주의에서는 이러한 것에 대해서도 회사의 손해는 주주의 손해라서 문제되는 것인데 주주가 용인한 것이므로 문제가 안 된다고 보지만, 우리나라 대법원은 법인격을 절대화하는 경향이 있기 때문에 주주 중심주의를 철저히 관철하지는 않는다.

* * *

주주에게 손해를 미치는 것도 아니고 다른 이해관계자의 이익을 훼손하는 것도 아니라면 굳이 회사의 손해를 인정할 필요는 없을 것으로 생각한다. 회사의 법인격을 인정하는 것은 회사라는 울타리 안에서 경제활동을 영위하는 주주와 이해관계자들의 이익을 위한 것이다. 그런데 주주 및 이해관계자와는 무관하게 존재할 수 있는 회사의 고유한 독자적 손익을 가상적으로 설정하는 것은 법인격을 절대화하는 오류에 불과하다.

(5) 제3자 배정 방식에 의한 신주발행

주주배정 방식으로만 신주를 발행할 수 있다면 회사 입장에서는 유리한 자본조달 방법을 선택하는데 제약을 받고, 자본조달의 기동성을 기할 수 없다. 따라서 상법은 정관에 의하여 제3자에게 신주인수권을 부여할 수 있도록 하였다. 이에 따른 신주발행 방식을 제3자 배정 방식이라 한다.

주주배정 방식과 제3자 배정 방식을 구별하는 기준은 '회사가 신주를 발행하면서 주주들에게 그들의 지분비율에 따라 신주를 우선적으로 인수할 기회를 부여하였는지' 여부에 따라 객관적으로 결정된다. 따라서 기존주주에게 발행하더라도 지분에 비례하지 않고 지분비율을 초과하여 배정하였다면 제3자 배정 방식에 해당한다.

제3자 배정 방식을 실시하기 위해서는 ① 일단 정관에서 제3자 배정을 가능케 하는 근거규정을 두어야 하며, ② 나아가 제3자에게 배정하기 위한 경영상 목적이 인정되어야 한다. 판례에 의하면, 적대적 M&A에 대항하기 위하여 경영권 방어 목적으로 제3자에게 신주를 발행한 경우에는 경영상 목적을 달성하려는 것으로 인정할 수 없다고 일관되게 판시하고 있다.

그런데 신주를 제3자에게 저가로 발행해준다면 기존주주는 주가하락의 손해를 입고 제3자는 저가인수의 이익을 취함으로써 기존주주의 부가 신규주주에게 이전하는 현상(wealth transfer)이 발생할 우려가 있다. 따라서 저가발행에 의한 제3자 배정은 엄격히 규제된다. 경영진은 공정한 가격에 의하여 주식발행을 진행하여 할 선관의무가 인정되기 때문에 이를 위반하면 그에 따른 책임을 져야한다. 즉 제3자 배정을 하면서 공정한 가격에 미치지 못하는 저가로 주식발행을 한다면 경영진은 공정한 가격과 발행가액의 차액에 상응하는 손해를 회사에 입힌 것으로 판례가 인정한다. 이 경우 경영진은 선관의무에 위반하여 회사에 야기한 손해를 배상할 책임을 부담할 뿐만 아니라 업무상 배임죄로 형사처벌될 수 있다.

(6) 실권주의 문제

주주배정 과정에서 인수가 이루어지지 않았거나 납입이 이루어지지 않은 실권주의 경우에는 유의할 필요가 있다. 원칙적으로 실권주에 대하여 회사는 발행을 포기하고 발행예정주식총수의 미발행부분으로 남겨두어 차후에 발행할 수도 있다. 그러나 다시 인수인을 모집할 수도 있다. 이 경우 이사회는 실권주를 제3자에게 배정할 수도 있다. 그런데 주주배정 과정에서 발생한 실권주를 제3자에게 배정해주는 것은 법적인 개념의 제3자 배정 방식에 해당하지 않는다. 애초에 기존주주들에게 지분에 비례하여 신주인수권을 부여한 것이므로 일부 주주가 인수 또는 납입을 포기하여 발생한 실권주를 제3자에게 배정하는 것은 기존주주의 신주인수권을 침해하지 않기 때문에 제3자 배정 방식의 엄격한 규제가 적용되지 않는 것이다. 따라서 이 경우에는 정관상 근거규정 없이도 실권주를 제3자에게 배정할 수 있다. 판례 역시 같은 입장이다.

다음 단계의 문제는 실권주의 발행가액이다. 저가의 발행가액으로 주주배정을 실시하였음에도 실권주가 발생할 수가 있다. 이때 이사회에서 임의로 실권주를 제3자에게 배정할 때에는 경영진의 입장에서 발행가액을 어떻게 해야 할 것인지가 문제이다. 원래 주주배정에서는 발행가액을 저가로 하든 시가로 하든 상관이 없다. 이는 기존 주주와 신규 주주가 동일인이어서 기존 주주에게 발생하는 손해와 신규 주주에게 발생하는 이익이 완전히 상쇄되었기 때문이다. 그러나 실권주를 제3자에게 배정할 때에는 기존 주주와 신규 주주가 동일인이 아니며 손익이 상쇄되지 않는다. 따라서 발행가액을 저가로 정하면 신규 주주는 이익을 얻겠지만 기존 주주는 손해를 입으면서 기존 주주의 부가 신규 주주에게 이전하는 부의 이전 현상이 발생한다. 부의 이전 현상을 규제하기 위하여 경영진에게 공정한 가격으로 발행가액을 정할 의무를 부여하는 것이 원칙이다.

그런데 대법원은 2009년 삼성에버랜드 사건의 전원합의체 판결에서, 실권주를 제3자에게 배정하는 것도 주주배정에 의한 절차의 연장선상에 있는 것이므로 애초에 저가로 정해진 발행가액을 그대로 유지할 수 있는 것이며, 굳이 발행가액을 시가로 변경할 의무가 경영진에게 주어지는 것은 아니라고 판시하였다. 즉, 주주배정이 현저히 저가로 이루어지고 주주의 97%가 실권하였으나 이를 동일한 가격으로 제3자에게 처분한 경우에도 이사의 임무위배가 아니라고 판시하였다(대법원 2009. 5. 29. 선고 2007도4949 전원합의체 판결).

참고 삼성 에버랜드 사건과 주주이익 극대화 원칙

미국 회사법에서와 같이 주주 중심주의 관점에서 경영진에게 주주이익 극대화 원칙을 적용한다면, 실권주를 제3자에게 배정하려는 상황에서 경영진은 시가 또는 공정한 가격에 의한 주식발행을 함으로써 회사이익과 주주이익을 최대한 확보하려는 결정을 했어야 한다. 제3자가 새로 납입하는 주식대금이 회사의 자본으로 쌓이기 때문에 그만큼 회사와 주주의 이익이 증진된다.

경영진이 주주이익 극대화를 달성하려 했다면 저가발행을 선택해서는 안되는 것이었다. 실권주의 발행가액을 공정한 가격으로 상향 조정하거나, 만약 절차적인 이유로 발행가액 조정이 곤란하였다면 아예 실권주의 발행을 포기하고 공정한 가격에 의하여 새로운 절차를 진행했어야 한다. 그래야 부의 이전 현상을 방지하고, 주주이익 극대화를 달성할 수 있었다.

그럼에도 불구하고 위 전원합의체 판결은 '경영진에게 실권주의 발행가액을 변경할 여지가 없다'고 판단하였다. '실권주의 발행가액을 변경하면 안 된다'는 금지규정이 있는 것도 아닌데 대법원이 위와 같이 판단한 것은 '실권주의 발행가액을 변경해야 한다는 의무도 없다'는 논리로 이해함이 마땅하다. 그렇다면 대법원의 입장은 '경영진에게 주주이익 극대화 의무를 인정하지 않는다'는 취지로 해석해야 할 것이다. 미국 회사법과 달리, 우리나라 대법원은 경영진이 주주이익을 극대화할 수 있는 결정을 선택하지 않더라도 '허용되는 재량의 범위 내'에서 적당한 결정을 하였으면 그 정도로 충분하다고 보는 것이다. 이러한 취지는 이후 판례에서 명시적으로 선언되고 있다(대법원 2023. 3. 30. 선고 2019다280481 판결).

* * *

주주이익 극대화 원칙과는 별개로, 경영진이 실권주를 현저한 저가로 발행한 것이 정당했는지의 문제를 간과하면 안 될 것이다. 위 전원합의체 판결에서는 실권주의 발행가액을 현저한 저가로 유지한 것도 경영진에게 허용되는 재량의 범위 내에 있는 것이므로 경영판단의 원칙에 의하여 보호받을 수 있는 것으로 판단하였다. 대략 시가의 10%가 안 되는 저가임에도 불구하고 경영판단으로 허용할 수 있을 것인지에 대해서도 판단이 이루어졌어야 한다.

나아가 전원합의체 판결은 주주배정 과정에서 기존 주주가 저가로 인수한 경우와, 기존 주주가 실권하여 제3자가 동일하게 저가로 인수한 경우에 회사에 납입된 금액은 동일하므로 회사에 손해가 없다고 판시하였다. 이는 주주 중심주의 관점은 도외시한 판단이다. 주주배정 과정에서 기존 주주가 저가로 인수한 경우에는 저가발행에 의한 손익이 동일인에게 귀속되어 손익이 상쇄되는 것이지만, 실권주를 제3자에게 배정하는 경우에는 기존 주주의 이익이 신규 주주에게 이전하는 부의 이전 현상이 발생하기 때문이다. 결국 대법원은 주주 중심주의 관점을 임의로 취사선택하고 있음을 알 수 있다. 법치주의 확립을 위하여 견제가 필요한 부분이다.

이 사건 이후로 자본시장법에서는 주주배정 과정에서 실권주가 발생하더라도 임의로 제3자에게 처분하지 못하도록 입법적인 조치를 취하였다. 즉, 상장회사의 경우에는 원칙적으로 실권주의 발행을 철회하고 새로운 발행절차를 거쳐야 한다. 이에 대한 예외가 허용되기는 하지만 매우 엄격한 방식으로만 인정된다.

(7) 신주발행 무효소송

신주를 발행한 날로부터 6개월 내에 주주, 이사, 감사는 신주발행 무효소송을 제기할 수 있다. 원칙적으로 신주발행의 결정은 이사회 권한사항이다. 그런데 판례는 신주발행을 결정한 이사회결의에 하자가 있어서 무효가 되더라도 이사회결의는 내부적 의사결정에 불과하므로 신주발행이 당연히 무효가 되는 것은 아니라고 판시한다. 신주가 발행되어서 유통된 이후에 신주발행을 무효화시킨다면 거래의 안전을 해치고 매우 복잡한 상황이 야기된다는 이유로 판례는 무효사유를 잘 인정해주지 않는다.

신주발행 과정에서 법령·정관을 위반한 하자가 중대하여 회사법의 기본원칙에 반하거나 기존주주의 이익 및 회사의 경영권에 중대한 영향을 미친다면 신주발행 무효사유로 주장할 수 있다. 이 경우 법원은 거래의 안전이나 주주 및 이해관계인의 이익을 고려하더라도 도저히 묵과할 수 없을 정도가 되어야 신주발행의 무효를 인정한다. 예를 들어 경영진 또는 지배주주가 경영권을 방어하여 참호효과를 누릴 목적으로 제3자 배정 방식의 신주발행을 하였다면 이는 제3자 배정 방식에 요구되는 경영상 목적을 갖춘 것으로 인정되지 않기 때문에 위법하게 신주인수권을 침해하여 신주발행의 무효사유가 인정된다.

3 | 사채발행에 의한 자금조달

(1) 사채 일반론

사채 또는 회사채란 주식회사가 일반 대중으로부터 자금을 대규모로 조달하기 위하여 채권을 발행함으로써 부담하는 채무를 의미한다. 국가 및 지방자치단체가 발행하는 국채 및 지방채를 공채라 부르는 것과 구별된다.

50인 이상을 대상으로 사채를 발행할 경우에는 자본시장법상 공모에 해당하기 때문에 증권신고서 및 투자설명서를 작성하여 금융당국에 제출할 의무를 부담하며, 만약 허위기재가 있을 경우에는 형사처벌을 받을 수 있다. 50인 미만을 대상으로 하는 사모의 경우에는 주로 기업어음(CP) 형태로 발행한다.

사채발행은 원칙적으로 이사회 결의에 의하여 결정한다. 다만 정관에 의하여 이사회는 대표이사에게 사채의 금액 및 종류를 정하여 1년을 초과하지 않는 기간 내에 사채를 발행할 것을 위임할 수 있다.

(2) 전환사채(convertible bond; CB)

주식으로 전환할 수 있는 권리인 전환권이 부여된 사채를 전환사채라 한다. 사업이 부진할 때에는 확정이자를 받으면 되고, 사업이 호전되면 전환권을 행사하여 주식으로 전환하여 이익배당을 받을 수 있는 장점이 있다. 전환사채권자가 전환의 청구를 하였을 때 전환의 효력이 발생한다. 따라서 전환권은 형성권에 해당한다. 전환에 회사의 승낙이 필요하지 않으며 주식대금을 새로 납입할 필요도 없다. 전환하기 전의 사채 발행가액이 신주식의 발행가액으로 된다.

전환사채를 제3자 배정 방식으로 발행하려면 주주총회 특별결의로 전환사채의 액 · 전환조건 · 전환으로 발행할 주식의 내용 · 전환청구기간을 정하여야 한다. 또한 제3자에게 배정해야 할 경영상 목적이 인정되어야 한다.

회사가 전환사채를 발행한 후에 신주를 저가로 발행하거나, 준비금의 자본전입에 의하여 무상증자를 하거나, 주식배당 등을 하는 경우에는 주식의 가치가 희석된다. 따라서 전환사채권자가 당초의 전환조건에 의하여 주식으로 전환하면 손해를 입을 수 있다. 이에 전환사채가 발행된 이후의 사건들이 사채권자의 이익에 미친 영향을 고려하여 전환가액을 조정할 수 있도록 반희석화 조항(anti-dilution provision)을 삽입하여 전환사채계약을 체결하는 것이 보통이다.

(3) 신주인수권부 사채(bond with warrant; BW)

사채권자에게 신주인수권이 부여된 사채를 신주인수권부 사채라 한다. 신주인수권부 사채는 두 가지 유형으로 나뉜다.

첫째, 비분리형 신주인수권부 사채가 있다. 이는 사채권과 신주인수권이 함께 동일한 채권에 체화되어 있다. 따라서 사채권과 일체로써만 신주인수권을 양도할 수 있다. 특별한 사정이 없으면 비분리형 신주인수권부 사채가 원칙적인 형태인 것으로 이해한다.

둘째, 분리형 신주인수권부 사채가 있다. 이는 사채권을 체화하는 채권과 신주인수권을 체화하는 신주인수권증권을 별도로 발행하는 것이다. 따라서 사채권과 분리하여 신주인수권만을 양도할 수도 있다. 분리형 신주인수권부 사채는 이사회에서 분리형의 발행을 결의한 경우에 한하여 발행할 수 있다.

[대법원 2009. 5. 29. 선고 2008도9436 판결 및 서울고등법원 2009. 8. 14. 선고 2009노1422 판결(파기환송심)] 삼성SDS의 신주인수권부사채(BW) 특검사건

〈사실관계〉

삼성SDS는 1999년 2월 25일 230억원의 신주인수권부사채를 발행하여 삼성증권에 매도하였는바 오너 일가 등은 1주당 7,150원에 삼성SDS신주를 취득할 수 있었다.

〈판결요지〉

당시 삼성SDS의 재무사정은 매우 양호하여서 긴급자금이 필요한 사정은 없었다는 점, 오너 일가 등이 신주인수권을 행사하여 회사 지배에 필요한 주식지분을 적은 자금으로 확보했다는 점을 근거로 법원은 위 신주인수권부 사채 발행이 증여세 등 조세를 회피하면서 회사의 지배권을 이전하는 데 목적이 있음을 인정하였다.

또한 제3자 배정 방식에 의한 신주인수권부사채의 발행에서 신주인수권의 행사가격이 적정 가격과 비교하여 상당한 차이가 나고, 이로 인해 회사의 자산을 그만큼 증가시키지 못했다면 그 차액만큼 회사가 손해를 입었다고 판단하였다. 따라서 회사가 손해를 얻은 만큼 제3자가 이익을 얻도록 한 이사는 배임죄에 해당한다고 판시하였다.

(4) CB 및 BW에 의한 신주발행

CB를 전환하여 신주를 발행받을 수도 있고, BW의 신주인수권을 행사하여 신주를 발행받을 수도 있다. 즉 CB 및 BW는 사채임에도 불구하고 잠재적인 주식의 성격을 가지고 있다. 이에 실무적으로 매우 요긴하게 활용된다.

CB 및 BW의 발행절차에 하자가 있다면 신주발행 무효소송에 관한 상법 규정(§429)을 유추적용하여 CB발행 무효소송 또는 BW발행 무효소송을 제기할 수 있다. 다만 신주발행 무효소송에 적용되는 6개월의 제소기간이 동일하게 적용되기 때문에 CB 또는 BW를 발행한지 몇 년이 지난 뒤에 신주를 발행받았다면 더 이상 CB발행 무효소송 및 BW발행 무효소송을 제기할 수 없다.

이에 대법원은 새로운 구제책을 마련하였다. 즉 경영권 방어를 위하여 제3자 배정 방식으로 CB 및 BW를 발행하였고, 대주주가 이러한 경위로 발행된 CB 및 BW를 양수한 다음 그

발행일로부터 6월이 지난 후 전환권 또는 신주인수권을 행사하여 신주를 취득하였다면 이는 실질적으로 회사가 경영상 목적 없이 제3자 배정 방식의 신주발행을 한 것과 동일하게 평가할 수 있으므로 신주발행일로부터 6월 이내에 신주발행 무효소송을 제기할 수 있다고 판시하였다.

Reference

1. 신현탁, "기업지배구조 개선과 사법적극주의 - 정부 · 기업관계에 대한 역사적 · 비교법적 고찰을 중심으로", 「사법」 제40호(사법발전재단, 2017)
2. 신현탁 · 조은석, "이해관계자 참여형 기업지배구조에 관한 연구 - 회사 구성원의 경영감독 참여를 중심으로 -", 「상사법연구」 제37권 제2호(한국상사법학회, 2018)
3. 신현탁, "사회적 가치 추구형 주식회사(PBC) 및 주주이익 극대화 원칙에 관한 법적 검토", 「고려법학」 제104호(고려대학교 법학연구소, 2022)

07 회사형태의 구조조정

1 | M&A 일반론

(1) 합병의 개념

합병이란 둘 이상의 회사가 합병계약에 의하여 어느 한 회사만을 존속시키거나(흡수합병) 새로운 회사를 설립하면서(신설합병), 소멸하는 다른 회사들의 모든 권리의무가 존속회사·신설회사에게 법률상 당연히 포괄적으로 승계되고, 그 대신 소멸회사의 주주들은 존속회사·신설회사로부터 신주를 발행받거나 대금을 지급받는 상법상의 구조변경 방식을 의미한다.

이때 소멸회사의 주주가 보유하고 있던 주식 1주당 발행받게 되는 합병신주가 몇 주에 해당하는지(합병신주의 배정비율)를 합병비율이라 한다. 합병으로 인한 경제적 효과를 부정적으로 전망하거나 합병비율에 동의하지 않는 주주는 자신의 주식을 제3자에게 매각함으로써 투하자본을 회수할 수 있다. 다만 상장된 주식이 아니라면 매수인을 구하기 어려울 수도 있다.

참고 LG텔레콤 합병사례

2009년 10월경 이루어진 LG텔레콤, LG데이콤, LG파워콤의 합병을 통하여 현재의 LG텔레콤이 만들어졌다. 반대주주에게는 주식매수청구권 행사 가격으로 LG텔레콤 보통주 1주당 8,748원, LG데이콤 보통주 1주당 19,703원, LG파워콤 보통주 1주당 6,674원을 인정하였다. 참고로 LG데이콤 보통주식 1주당 존속회사인 LG텔레콤의 보통주 2.149주를, LG파워콤 보통주 1주당 존속회사인 LG텔레콤의 보통주 0.724주를 각각 합병비율로 인정하였고, 시장평균주가에 의해 산정된 합병기준가는 LG텔레콤 9,028원, LG데이콤 19,400원, LG파워콤 6,700원이었다.

(2) 합병에 반대하는 주주의 보호: 주식매수청구권

주주총회의 합병 결의에 반대한 주주에게는 주식매수청구권을 부여함으로써 미래에 대한 판단을 존중하고 지위를 보호한다. 이때 의결권이 없거나 의결권 행사가 제한되는 주주 역시 주식매수청구권이 인정될 수 있다. 이러한 주식매수청구권 제도는 주식회사에서만 인정된다. 합병에 반대하는 주주가 주식매수청구권을 행사하기 위한 절차는 다음과 같다.

① 주주총회에 상정하기 위한 합병결의안이 이사회를 통과함에 따라 주주총회를 소집하기로 하였다면, 회사는 주주들에게 주식매수청구권의 내용 및 행사방법을 명시하여 주주총회 소집통지를 하여야 한다(§530②, §374②).

② 이사회 결의 이후 주주총회 개최 전까지 합병반대주주는 회사에 반대의사를 서면으로 통지하여야 한다(반대통지). 회사는 합병반대주주의 규모를 추산하여 주식매수를 위한 자금을 준비하거나 합병 자체를 포기할 수도 있다.

③ 그럼에도 불구하고 주주총회에서 합병결의가 통과되었다면, 그로부터 20일 내에 매각할 주식의 종류와 수를 기재하여 회사에 서면으로 매수를 청구하여야 한다(매수청구). 합병

반대주주는 자신의 주식 전부를 일괄적으로 매수청구 해야 하는 것은 아니다. 다만 반대통지를 한 주주가 주식을 제3자에게 양도하였다면 특별한 사정이 없는 한 그 양수인은 매수청구권까지 양수받은 것으로 보지 않는다.

④ 주식매수청구권은 형성권이기 때문에 매수청구에 의하여 매매계약이 성립하는 것이고, 회사는 매수청구기간이 경과한 날로부터 2월 이내에 대상 주식에 대한 매수대금을 지급하여야 한다. 매수가액이 정해지지 않았더라도 2월을 경과함으로써 회사는 지체책임을 부담하는바 추후 협의 또는 법원에 의하여 정해지는 매수가액에 지연이자를 가산한다.

(3) 분할의 개념

분할이란 하나의 회사를 분리하여 그 일부를 포괄적으로 승계하는 새로운 회사를 설립하거나(단순분할), 다른 회사의 일부로 합병시키는 것을 의미한다(분할합병). 이러한 분할제도는 주식회사에서만 인정된다. 한편 분할을 하면서 분할신설회사를 분할회사의 완전자회사로 설립하는 경우가 있다. 이를 '물적 분할'이라고 하는데, 분할에 관한 모든 규정이 물적 분할에 준용하는 단 1개의 조문을 두고 있다(§530-12).

이러한 물적 분할과 대응하여 일반적인 분할을 '인적 분할'이라고 칭하기도 한다. 인적 분할을 단순분할 방식으로 할 경우에는 분할회사의 주주들이 종전과 동일한 지분 비율을 유지하면서 단순분할신설회사의 지분도 취득한다. 인적 분할을 분할합병 방식으로 할 경우에는 분할회사의 주주들이 분할합병비율에 의하여 산정된 분할합병회사의 지분을 취득하게 된다.

참고 LG그룹 분할사례

LG그룹이 2004년 7월 1일자로 제조업 중심의 지주회사인 ㈜LG와 유통·서비스업 중심의 지주회사인 ㈜GS홀딩스로 분할되었다. 분할방식은 ㈜LG의 주주에게 분할비율에 따라 신설회사인 ㈜GS홀딩스의 주식을 배정하는 인적분할이며, 분할비율은 6.5:3.5로 ㈜LG주식 100주당 ㈜LG 65주, ㈜GS홀딩스 35주가 각각 배분되었다. 임시주주총회의 분할 결의에 따라 1947년 이후 57년간 LG그룹을 이끌어온 창업주 구씨와 허씨 양가의 동업관계도 청산되었다.

(4) 분할회사 채권자의 보호절차

분할회사와 분할신설회사·분할승계회사 사이에 채무 부담부분을 어떻게 분배하였든지 그와는 무관하게 채권자를 보호하기 위하여 기존의 일체의 채무에 대하여 모두가 부진정 연대책임을 부담한다(§530−9①). 다만 이러한 원칙은 회사분할제도의 활용을 저해할 수 있는바, 분할회사는 주주총회 특별결의에 의하여 분할신설회사 또는 분할승계회사가 분할계획서 또는 분할합병계약서에서 정한 범위의 채무에 대해서만 책임을 부담하기로 정할 수 있고, 이 경우 연대책임은 배제된다(§530−9②,③).

이때 단순분할의 경우에는 채권자 보호절차를 거치도록 요구하고 있다(§530−9④). 만약 분할회사에서 이미 알고 있는 채권자에 대하여 개별적인 최고절차를 누락하였다면 그 채권자에 대해서는 분할채무관계의 효력이 발생할 수 없고 원칙으로 돌아가 분할회사 및 단순분할신설회사는 연대책임을 지게 된다는 것이 판례의 입장이다.

제도설계의 가능성 #16 적대적 M&A, 경영권 방어(poison pill), ESG

미국은 경영권 시장(market for corporate control)이 활성화되어 있다고 평가된다. 즉 어느 회사의 성장 잠재력이 기대됨에도 불구하고 경영 부진으로 인하여 주가가 낮게 형성되었다고 판단되면 당해 회사의 지배권을 취득하여 우수한 경영진으로 교체하는 공격적인 투자 방식이 일반화되어 있다. 이러한 적대적 M&A가 언제든지 누구에 의해서든 시도될 수 있는바 경영진은 항상 긴장하고 주식 가치가 떨어지지 않도록 신경써야하기 때문에 결과적으로 투자자들에게 이익으로 돌아온다. 경영진에게 최선을 다하도록 유도하고, 더 유능한 경영진에게 기회를 주어서 회사가치를 극대화시킬 수 있다는 점이 경영권 시장의 존재의의에 해당한다.

한편 회사의 입장에서도 적대적 M&A에 대항하여 경영권을 방어할 수 있는 방법이 보장된다. 그러나 단순히 기존 경영진 또는 지배주주의 경영권을 보장해줄 목적으로 경영권 방어책이 제공되는 것은 아니다. 오로지 경영권을 유지하겠다는 참호효과를 목적으로 경영상 결정을 하면 외형적으로는 적법하더라도 부당성이 인정되며 법적 책임을 물을 수 있다. 따라서 경영권 방어책을 사용하기 위해서는 기존 경영진이나 지배주주의 사적 이익이 아닌 기업가치 증대를 목적으로 해야 한다.

적대적 M&A를 통하여 경영권을 취득한 뒤에 회사의 중요자산을 매각하여 현금은 배당하고 근로자는 대량해고 함으로써 더 이상 회사가 운영될 수 없게 만드는 파탄적 인수합병(bust－up M&A)은 사회적 효용의 차원에서 비효율적일 뿐만 아니라 근로자와 지역사회 등 이해관계자에게 심각한 손실을 야기할 수 있다. 이와 같이 기업가치를 손상하는 적대적 M&A에 대해서는 경영권 방어책을 활용할 수 있도록 허용한다. 미국 판례법리는 '회사의 사업이나 정책에 위협이 될 수 있는 적대적 M&A가 시도되고 있을 때 그에 합당한 수준의 경영권 방어방법을 사용하는 경우'에만 적법한 것으로 인정한다(Unocal standard).

*　　　*　　　*

대표적인 경영권 방어방법은 변호사 마틴 립튼(Martin Lipton)이 1980년대에 개발한 포이즌필(poison pill 또는 shareholder rights plan)이다. 포이즌필을 도입한 회사는 특정 사건이 발생했을 때 기존 주주들이 신주를 저가에 매수할 수 있는 권리를 자동으로 부여할 수 있다. 포이즌필을 도입하는 결정은 주주총회결의가 필요하지 않으며 이사회에서 하룻밤에 만들어낼 수 있다. 적대적 M&A를 진행하는 과정은 적어도 20일 이상 소요되기 때문에 포이즌필로 대처할 수 있는 시간적 여유는 충분하다. 다만 문제는 이사회에서 포이즌필을 도입하여 특정 적대적 M&A에 대항하기로 결정하였더라도 위에서 언급한 적법성 기준에 부합하지 않는다면 법적 책임을 부담해야 한다.

일론 머스크(Elon Musk)가 트위터(Twitter)에 대한 적대적 M&A를 시도하면서 1주당 $54.20에 공개매수를 제안하자, 트위터 이사회에서는 '누구든지 이사회 승인 없이 15% 이상의 지분을 취득하면 자동으로 다른 주주들이 신주를 50% 가격으로 취득할 수 있는 포이즌필'을 도입하여 경영권 방어를 준비하였다. 이에 대하여 머스크는 '일반주주들에게 공개매수를 제안하였던 가격이 트위터 주식의 시가보다 훨씬 높기 때문에 트위터 이사회에서 포이즌필을 발동하면 신인의무 위반에 따른 혹독한 책임을 질 것'이라고 비판하였다. 경영진이 주주가치를 제고할 기회를 포기한다면 신인의무 위반에 해당하기 때문이다. 결국 트위터 이사회는 포이즌필을 발동하지 않기로 약정하면서 합병에 합의하였다.

* * *

경영권 방어가 적법한지를 판단할 때 여러 단계의 심사를 거쳐야 하지만, 가장 중요한 사항은 '회사의 사업이나 정책에 위협'이 되는지 여부를 판단하는 것이다. 이와 관련하여 기업가치에 대한 위협을 경제적 관점에서만 파악할 것인지, 그 밖에 기업문화와 같은 비재무적 요소도 고려할 것인지는 어려운 문제이며 이에 관한 판례가 많지 않기 때문에 명확한 기준을 설정하기는 곤란하다.

2007년 크레이그리스트(Craiglist)의 지분 28.4%를 소유한 이베이(eBay)가 크레이그리스트의 화면구성을 상업적으로 개선할 것을 요구하면서 회사의 정체성을 두고 충돌이 발생하였다. 크레이그리스트의 경영진은 "경제적 이익을 위한 것이 아니라 지역사회를 중요하게 여기는 기업문화와 사회적 가치를 보호할 목적으로 포이즌필을 발동했다"고 주장하면서 이베이의 지분을 24.9%로 축소시켰다. 그러나 2010년 델라웨어 주 형평법원은 크레이그리스트의 주장을 받아들이지 않고 이베이의 손을 들어 주었다. 기업가치와 주주가치를 경제적 관점에서 파악하는 것이 일반적이라고 말할 수는 있다.

다만 기업가치의 개념이 경제적 가치에 한정되는 것은 아니다. 1980년대 타임(Time) 신문사는 사업확장을 위하여 워너(Warner) 영화사와 합병을 추진하면서도 '저널리즘 분야에서 쌓아올린 명성과 기업문화를 유지할 목적으로' 기존 경영진을 존속시킬 것을 조건으로 요구하였으나 워너 영화사는 이를 수용하지 않고 공개매수를 개시하였다. 이에 타임은 포이즌필을 발동하여 경영권을 방어하였는바, 1989년 델라웨어 주 대법원은 '기업문화를 유지하기 위한 경영권 방어' 역시 Unocal standard를 충족하는 것으로 인정하면서 타임 경영진의 손을 들어 주었다.

* * *

최근에는 ESG 경영전략을 회사의 정체성으로 인정하여 기업문화로 보호할 수 있을지가 미국 학계에서 논란이 되고 있다. 이를 긍정적으로 바라보는 입장에서는 이해관계자의 이익 보호 또는 사회적 가치를 추구함으로써 주주의 장기적 이익을 증진하는데 도움이 될 수 있는 특정한 방식의 ESG 경영을 실시하는 것을 당해 회사의 고유한 기업문화에 해당하는 것으로 인정할 수 있기 때문에 이를 훼손하려는 적대적 M&A에 대하여 경영권 방어책을 발동하는 것 역시 정당화될 수 있다고 분석한다. 물론 이를 위해서는 특정 ESG 경영전략을 구현하려는 다각적인 노력을 구체적으로 실현하면서 ESG 플랫폼을 실질적으로 운영하는 등 회사 경영활동 전반에 체화되어 있다고 인정할 정도가 되어야 회사의 정체성을 구성하는 기업문화라고 주장할 수 있을 것이다.

2 | 영업양도 및 영업양수

(1) 일반론

회사의 영업양도에 대하여 주주총회의 특별결의를 얻지 못한다면 영업양도는 무효이다(§374). 판례에 따르면 영업양도란 "조직적이고 유기적인 일체로서의 영업재산을 전체로서 그 동일성을 유지하면서 이전하는 것"으로 본다. 이때 영업양도의 대상이 되는 영업이란 "적극재산 및 소극재산으로 구성된 영업용 재산과 재산적 가치가 있는 사실관계가 일정한 목적에 의하여 유기적으로 결합되어 있는 상태"를 의미한다.

판례는 §374에서 주주총회 결의가 필요한 영업양도의 개념을 확장하였다. 즉 '회사 존속의 기초인 중요한 영업용재산의 양도는 영업의 폐지 또는 중단을 초래하는 행위이므로' §374를 유추적용할 수 있다고 판시한다. 다만 영업양도 당시에 이미 사실상 영업이 중단된 상태에 있었다거나, 단순히 회사의 자금사정 등의 악화로 일시적으로 영업활동을 중지한 경우에 대해서는 §374를 유추적용할 수 없다.

회사에 따라서는 여러 개의 영업을 수행하거나 여러 개의 지점을 운영하는 경우도 있다. 그 중 일부의 영업 또는 일부 지점을 매각하려는 경우에는 영업재산 전체를 양도하는 것은 아니지만 회사 영업에 상당한 타격을 줄 수도 있다. §374는 이러한 경우에 영업양도와 마찬가지로 주주총회의 특별결의가 필요한지 여부를 중요성 기준에 의하여 판단하도록 규정하였다. 즉 회사가 영업의 중요한 일부를 양도할 때에는 주주총회의 특별결의가 필요하다. 판례는 양도대상인 일부영업이 중요한지 여부는 양도대상 영업의 자산 · 매출액 · 수익 등이 전체 영업에서 차지하는 비중, 장차 회사의 영업규모 · 수익성 등에 미치는 영향 등을 종합적으로 고려하여 판단한다. 실무적으로 일부영업의 비중이 10% 미만이라면 주주총회의 특별결의가 필요한 정도는 아닌 것으로 판단한다.

다른 회사의 영업을 양수하는 회사의 입장에서도 주주총회 특별결의가 필요할 수 있다. 이 경우에도 양수대상 영업의 규모가 양수회사의 영업에 중대한 영향을 미치는 경우에 한하여 주주총회 특별결의를 받으면 된다(§374).

(2) 합병 · 분할과 영업양도 · 양수의 선택적 활용

합병의 경제적 목적은 합병대상 회사(Target company)의 영업 또는 핵심자산(공장시설,

판매망 내지는 특허권, 인허가권 등)을 취득하여 경영을 확장하고자 함이다. 이러한 목적을 달성하기 위하여 반드시 합병에 의하여야 하는 것은 아니며, 실무적으로는 영업양수·자산양수, 또는 Target company의 지분을 취득하는 주식양수 방식을 함께 고려하여 당해 회사의 상황에 가장 적합하고 효율적인 방법을 채택하게 된다.

한편 Target company의 입장에서는 합병 방식 이외에 영업양도·자산양도를, Target company의 주주 입장에서는 Target company 의 주식을 양도하는 방식을 고려할 수도 있겠으나 그 밖에 Target company의 특정영업 부문을 분할하여 그 분할된 회사만 합병시키거나 또는 그 분할된 회사의 주식을 양도하는 방식도 가능하다.

따라서 합병을 고려하는 당사자의 입장에서는 영업양수도, 자산양수도, 주식양수도, 분할, 분할합병의 방식을 모두 비교하면서 검토하는 것이 일반적이다. 경영의 효율화를 위하여 일부 사업의 매각을 고려하는 회사(A)의 입장에서는 분할, 주식양도, 분할합병, 영업양도, 자산양도 등에 의한 구조조정 방식을 고려할 수 있다. 궁극적으로는 사업부문매각이라는 목적을 위한 것인데 이때 어떠한 법형식을 취할 것인지에 대해서는 다음과 같은 사항을 고려하게 된다.

① 우선 회사(A)를 분할하는 경우에는 권리의무의 포괄적 승계가 이루어지기 때문에 법적 절차가 간명하다는 장점이 있으며 적격분할 요건에 해당할 경우에는 과세특례를 인정받기 때문에 세제상 유리할 수 있다. 이때 단순분할을 한다면 당장 자금을 회수할 수는 없으므로 향후 기업가치를 높게 평가받을 수 있는 적절한 시점을 선택하여 단순분할신설회사의 주식을 양도해야 할 것이다(인적분할을 하였다면 A회사의 주주들이 주식양도를 할 것이고, 물적분할을 하였다면 A회사가 직접 당사자로서 주식양도를 할 수 있다).

② 분할합병 방식을 취한다면 반드시 채권자 보호절차를 거쳐야 하므로 분할회사(A)의 입장에서는 재정상 부담스러울 수 있으며 분할승계회사의 입장에서는 원칙적으로 분할회사(A)의 모든 채무에 대하여 연대책임을 져야 할 뿐만 아니라 법률상 포괄승계에 의하여 미리 예측하지 못한 영업상 우발채무까지 떠 안게 될 위험이 있다.

③ 영업양도 방식에 의한다면 주주총회 특별결의를 얻어야 하는 점은 동일하지만 채권자 보호절차를 거칠 필요가 없을 뿐만 아니라 양도대상을 당사자가 선별할 수 있으므로 양수인의 입장에서는 양도인과 연대책임을 져야 할 필요가 없을 뿐만 아니라 인수할 채무를 특정함으로써 우발채무 부담의 위험을 제거할 수 있다. 다만 양도대상 영업에 대하여 개별적인

권리의무 이전절차 및 대항요건을 구비해야 하므로 이 중 하나라도 빠지지 않도록 하기 위하여 세심한 검토가 필요하다.

이상의 ①, ②, ③ 방식은 모두 주주총회 특별결의가 필요하고 반대주주에게 주식매수청구권이 인정되어서 A회사에게는 부담으로 작용할 수 있다는 공통점이 있다.

④ 아예 양도대상 영업을 해체하여 개별자산을 매각하는 자산양도 방식을 취한다면 주주총회 특별결의 조차 필요 없으므로 신속히 진행할 수 있겠다. 다만 판례 입장에 따르면 중요한 영업용 재산의 양도의 경우에는 형식상 자산양도 방식이라 할지라도 실질적으로 영업양도에 해당하는 것으로 판단하기 때문에 주주총회 특별결의 흠결을 이유로 나중에 무효가 되어버릴 법적 리스크도 유의해야 한다.

* * *

반대로 경영확장을 위하여 Target Company의 영업 또는 자산을 인수하려는 회사의 입장에서는 합병, 분할합병, 주식양수, 영업양수, 자산양수 등의 방식을 고려하게 된다.

⑤ 합병(주식교환 등 포함)을 하는 경우에는 적격합병 요건에 해당할 경우 세제상 혜택이 있을 수 있으며, 합병방식으로 자회사를 이용하거나 모회사 주식을 합병대가로 지급하는 등 다양한 구조를 활용할 수 있고, 경영상 충돌이 많은 Target Company의 소수주주를 축출하여 향후 경영상 안정을 도모할 수도 있다. 반면 합병상대회사의 권리의무를 포괄적으로 승계하기 때문에 미리 예상하지 못한 우발채무를 떠안게 될 위험이 있다.

⑥ Target Company의 주식을 전부 양수하거나 지배지분을 인수함으로써 실질적인 사업확장의 효과를 가져올 수도 있겠으나, 이 역시 Target Company의 우발채무 문제가 남아있으며, 인수회사는 사업주체가 아닌 모회사의 지위에 놓인다는 점을 유의해야 한다.

⑦ 그 밖에 분할합병, 영업양수, 자산양수에 관한 사항은 위에서 본 내용과 유사하다.

제도설계의 가능성 #17 주주중심주의와 판례의 혼란

미국법에서는 회사 재산을 담보로 제공하여 손해가 발생하더라도 어차피 손해는 주주에게 귀속될 것이고, 어떤 연유로든 주주 전원이 그러한 손해를 용인한 것이 명백하다면 이사는 총주주의 이익을 위하여 총주주의 지시에 의하여 경영판단을 한 것이어서 경영판단의 원칙에 의한 보호를 받을 수 있고 이사가 책임질 상황은 아니다.

우리나라 대법원도 이와 유사한 상황에서 주주중심주의적 판단을 한바 있다. 주주배정 방식으로 신주발행을 하면서 저가발행을 하더라도 그로 인한 손해는 기존주주에게 귀속됨과 동시에 새로 배정받는 주주도 기존주주와 동일인이기 때문에 손익이 동일인에게 귀속되는바 손해는 이익과 혼동되어 소멸한다. 이러한 취지에서 판례는 불공정한 가액으로 통모인수한 경우에도 주주배정 방식이었다면 책임을 묻지 않는다(대법원 2009. 5. 29. 선고 2007도4949 전원합의체 판결). 또한 자기거래에 이사회 승인을 얻도록 요구하는 것은 회사 및 주주에게 예기치 못한 손해를 끼치는 것을 방지하기 위한 것이므로, 주주 전원의 동의를 얻은 자기거래라면 이사회 승인이 없더라도 회사는 유효한 자기거래로서 책임을 이행해야 한다고 판시한다(대법원 1992. 3. 31. 선고 91다16310 판결)

* * *

반면 담보제공형 LBO 방식에서 종전 주주 전원과 새로운 주주 전원이 합의하여 회사 재산을 담보로 제공하기로 하였더라도 이러한 지시를 따른 이사가 배임죄로 처벌된다. 이러한 입장은 주주중심주의를 부정하는 일련의 판례와 맥을 같이 한다.

대법원은 1인 회사에서 1인 주주인 이사가 회사의 재산을 보관하다가 임의로 처분한 경우에 '1인 회사에 있어서도 1인 주주인 이사와 회사는 분명히 별개의 인격이며 회사에 재산상 손해가 발생하였을 때 배임죄는 기수가 되는 것이고, 궁극적으로 그 손해가 주주의 손해가 된다고 하더라도 이미 성립한 죄에는 아무 영향이 없다'고 판시한 입장을 계속 유지하고 있다(대법원 1983. 12. 13. 선고 82도2330 전원합의체 판결).

대법원의 입장은 어떤 경우에 주주중심주의 관점을 취하고 어떤 경우에는 그렇지 않기 때문에 혼란스럽다. 위 1983년 전원합의체 판결에서 주주와 별개의 법인격을 강조한 것은 회사제도가 익숙치 않던 시절을 감안한다면 납득할 수있다. 당시로서는 회사를 운영하는 경영진이 재산분리의 원칙에 대한 이해가 충분치 않을 수 있고, 회사 재산은 회사의 다양한 채권자들을 위하여 먼저 제공되어야 하는 것이기 때문에 자영업자처럼 재산을 임의로 처분하여 빼돌리는 것은 엄격히 방지되었어야 할 것이다.

* * *

그러나 다른 이해관계자에게 손해를 주지 않는다면 회사의 재산이란 주주를 위하여 존재하는 것이고, 주주이익 극대화를 위한 이사의 결정에 책임을 물을 수는 없다. 그럼에도 불구하고 1인 주주인 이사에게 회사에 대한 책임을 묻고 처벌을 한다는 것은 어불성설이다. 도대체 누구를 위하여 회사가 존재하는지 본말이 전도된 것이다.

법적 허구에 불과한 돈 보다 사람이 먼저라는 말이 있듯이 법적 허구인 회사 역시 사람을 위해 수단적으로 존재할 뿐이다. 피해보는 사람이 없는데 회사의 손해라는 가상적 개념 때문에 사람을 처벌할 정도로 법인격을 절대화하는 것은 심각한 오류이자 미신이다.

적어도 회사의 이해관계자들에게 피해가 가는 상황이 아니라면 1인 주주인 이사의 행위에 대하여 이사의 의무위반 및 회사의 손해발생을 인정할 필요가 없다. 물론 피해를 입은 이해관계자가 있는지 확인하는 과정이 복잡할 수 있겠으나 그 정도는 이제 감당할 때가 되었다. 주주중심주의 관점에서 대법원 판례가 새롭게 정리될 필요가 있다.

Reference

1. 신현탁, "조직재편을 위한 영업양도", 「주식회사법대계」 제4판(한국상사법학회, 법문사, 2022)

PART

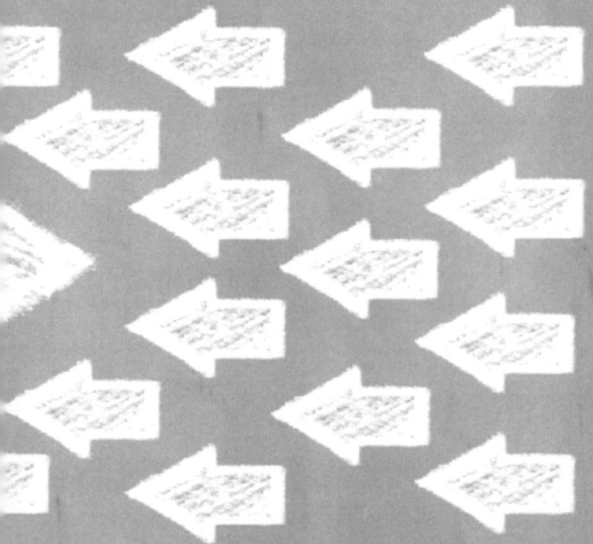

주주와 주주총회

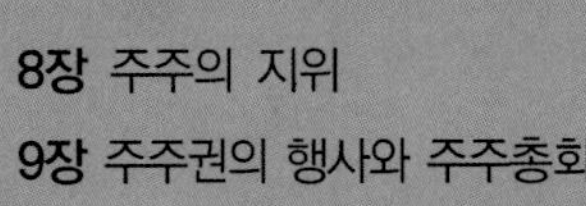
8장 주주의 지위
9장 주주권의 행사와 주주총회

Chapter

08 주주의 지위

1 | 합작투자

(1) 투자방식에 따른 차이: 주주 vs. 채권자

회사에 투자하려는 투자자의 입장에서는 주주로서 출자하여 투자하는 것인지, 대여금을 빌려주는 방식으로 투자하는 것인지 법적 형식을 명확히 해야 한다. ① 주주로서 출자한 자금은 돌려받을 수 있는 것이 아니며, 단지 회사가 수익을 창출함으로써 배당가능이익이 발생해야만 1년에 한 번씩 배당을 받을 수 있다. ② 대여금을 빌려준 채권자의 지위라면 정기적으로 원리금을 받을 수는 있지만 회사가 아무리 크게 성공하더라도 지분을 요구할 수는 없다.

투자자 입장에서는 나중에 이자 상당의 수익을 거둘 수 있으면 되겠다는 정도로 생각하고 형식에는 크게 신경 쓰지 않은 채 투자를 실시하는 것이 보통이다. 하지만 회사 입장에서는 사업에 실패하면 주주로서 투자한 것이니까 출자금을 반환할 필요가 없다고 주장하고, 사업에 성공하면 채권자로서 투자한 것이니까 원리금만 주면 된다고 주장하게 마련이다. 물론 투자자 입장에서는 회사와 반대의 주장을 할 것이기 때문에 회사에 대한 투자는 항상 분쟁의 소지를 안고 있다.

만약 주식회사와 같은 물적회사에 주주로 투자하는 경우가 아닌 합명회사 및 합자회사와 같은 인적회사에 무한책임사원(general partner)으로 투자하는 경우라면 매우 위험한 상황이 펼쳐진다. 무한책임사원은 회사의 채무에 대하여 사원 개인의 재산으로 직접적인 책임을 무한하게 부담해야 한다. 반면 주식회사에서는 '주주 유한책임의 원칙'이 인정되는 바 주주는 주식 인수가액을 한도로 출자의무를 부담한다. 출자금 외에는 추가적인 책임을 부담하지 않기 때문에 회사의 채권자에 대하여 주주가 본인의 재산으로 책임지지 않는다.

주주 유한책임의 원칙이 있기 때문에 각 주주는 다른 주주의 자력을 고려할 필요없이 본인 출자금을 한도로 자기책임 하에 투자를 감행할 수 있게 되었고 현대 주식회사 제도는 대규모 자금조달 및 사업리스크 감수를 통해 혁신적으로 성장할 수 있었다. 이러한 주주 유한책임의 원칙은 주식회사의 본질적 특성에 해당하므로 정관이나 주주총회 결의로도 주주의 책임을 가중할 수 없으며 이를 가중할 경우에는 무효가 된다. 다만 세법상 과점주주의 경우에는 회사가 체납한 세금을 같이 부담하는 예외가 존재한다(국세기본법 제39조 제1항 제2호). 그 밖에 주주 자신의 동의로 회사 채무를 분담하는 것은 적법하다.

[대법원 2018. 9. 13. 선고 2018다9920, 9937 판결] 주주 겸 채권자의 지위

〈사실관계〉

A 회사는 자금조달을 위하여 갑의 투자를 유치하기로 하였다. 이에 2005년 갑은 우리사주조합이 소유한 A 회사의 주식 4만 주를 2억 원에 매수하는 한편 회사에게는 4억 원을 대여해주기로 하였다. A 회사는 재정악화로 주식가치가 그에 미치지 못하였지만 편의상 액면금을 기준으로 주식대금을 책정한 것이며, A 회사는 우리사주조합이 지급받은 2억 원을 즉시 차용하여 사용하였다.

나아가 갑은 A회사의 임원 1명을 추천할 권리(임원추천권)을 가지며 회사는 갑이 추천한 임원에게 상근임원에 해당하는 보수를 지급하기로 정하였다. 다만 위 약정 직후에 갑은 임원추천권을 행사하지 않는 대신에 회사로부터 직접 매월 200만 원을 지급받는 것(지급약정)으로 변경합의 하였는바 2008년까지 9월까지 총 70,000,000원을 지급하고, 이후 2013년까지 총 2억여 원을 지급한 뒤 중단하였다. 이와는 별개로 A 회사는 2008년 9월까지 갑에게 차용금 4억원을 분할상환하고 이자 명목으로 총 87,000,000원을 지급하였다.

〈판시사항〉

위 지급약정은 주식매매대금 및 대여금 합계 6억 원의 운영자금을 조달하여 준 것에 대한 대가라고 볼 수 있는바, 지급약정에 기한 갑의 권리는 주주 겸 채권자의 지위에서 가지는 계약상의 특수한 권리이다. 따라서 갑이 회사로부터 적어도 6억 원의 운영자금을 조달해준 대가를 전부 지급받으면 갑은 회사의 채권자로서의 지위를 상실하고, 4만 주를 소유한 주주로서의 지위만을 가지게 된다.
그런데 주주 갑에게만 계속적으로 지급약정에 의한 돈을 지급한다면 이는 회사가 다른 주주들에게 인정되지 않는 우월한 권리를 주주 갑에게만 부여하는 것이므로 주주평등의 원칙에 위배된다. 따라서 채권자로서의 지위가 소멸한 시점이 언제인지가 중요하기 때문에 다시 원심법원에 환송하여 재심리한다.

(2) 주주평등의 원칙

주주의 지위를 보호하는 원칙은 '주주유한책임의 원칙' 이외에도 '주주평등의 원칙'이 있다. 이는 '주식평등의 원칙'이라고도 부르는데 '각 주주는 자신이 소유하고 있는 주식의 수에 따라서 평등하게 취급되어야 하고, 균등한 기회가 주어져야 한다'는 원칙이다. 18세기의 회사 초창기에는 주주 1명 당 의결권 1개를 갖는 두수주의를 따르던 시기가 있었고, 인적회사에서는 지분이 없기 때문에 두수주의를 취하고 있지만, 현대의 주식회사는 소유 주식 수에 비례하여 의결권을 행사하는 것이 주식평등의 원칙에 부합한다.

발행주식의 종류가 여러 가지일 경우에는 같은 종류의 주식을 평등하게 취급하는 것으로 충분하며, 서로 다른 종류의 주식을 합리적인 근거에 의하여 다르게 취급하는 것은 무방하다. 이는 '같은 것은 같게, 다른 것은 다르게 취급하라'는 실질적 평등에 해당한다. 다만 경제활동의 내용이 복잡해질수록 어디까지 다름을 인정하여 예외를 허용할 것인지, 즉 차등적 취급의 정당화 사유를 어디까지 인정할 것인지가 중요한 문제이다. 전통적으로 대법원은 일부 주주에게 특혜를 부여하는 것을 정당하다고 인정한 경우가 거의 없었다.

그런데 최근에 대법원은 차등적 취급의 정당화 사유를 인정하기 위한 고려사항과 기준을 제시하였다. 즉 ① 일부 주주에게 회사의 경영참여 및 감독과 관련하여 특별한 권한을 부여함으로써 회사의 기관이 가지는 의사결정 권한을 제한하거나 주주의 의결권을 침해하는지 여부, ② 차등적 취급에 따라 다른 주주가 입는 불이익의 내용과 정도 및 불이익을 입게 되는 주주의 동의 여부와 전반적인 동의율, ③ 일부 주주에게 우월적 권리나 이익을 부여함으로써 차등 취급하는 것이 주주와 회사 전체의 이익에 부합하는지 등을 검토하여, 정의와 형평의 관념에 비추어 신중하게 판단해야 한다고 판시하였다(대법원 2023. 7. 13. 선고 2021다293213 판결, 대법원 2023. 7. 13. 선고 2022다224986 판결, 대법원 2023. 7. 13. 선고 2023다210670 판결).

한편 차등정당화 사유를 인정받지 못하고 주주평등의 원칙을 위반하였다면 그 계약은 강행규정 위반에 해당하기 때문에 절대적으로 무효이다. 현실적인 투자유치 과정에서 특정 투자자들에게 특혜를 주겠다는 식으로 유인하는 경우가 많으며, 이때 투자를 받는 회사의 입장에서 흔히 사용하는 방법이 '손실보전약정'이다. 즉 주주로서 회사에 투자하는 경우에는 나중에 원리금을 반환받는 것이 아니며 주주로서 배당금을 받는 방식으로 투자금을 회수해야 할 텐데, 그런 조건이라면 투자자가 선뜻 투자결정을 하기 어렵기 때문에 특정 주주에게만 주가 하락분을 보전해주겠다고 약정한다거나 그에 더하여 이자에 상당하는 금원까지 보장하겠다고 약정해주는 것이다. 회사에 대여금을 빌려주는 채권자로 투자하는 경우라면 이런 약정을 하는 것이 당연하겠지만, 주주로서의 투자와 채권자로서의 투자는 엄연히 구별된다. 따라서 주주에게 위와 같은 손실보전약정을 해준다면 일반적인 주주의 지위에서 인정되지 않는 차별적 특혜를 부여하는 것이므로 주주평등의 원칙을 위반하여 무효이다. 이는 강행법규 위반이므로 주주 전원이 손실보전약정에 동의하였더라도 무효이다(대법원 2023. 7. 27. 선고 2022다290778 판결).

그런데 손실보전약정을 체결한 당사자가 회사가 아닌 제3자라면 주주평등의 원칙이 직접 적용되지 않는다. 만약 회사의 임원 등이 일부 주주에게 손실보전약정을 체결해주었다면 그 계약은 사적자치의 원칙상 유효하다(대법원 2023. 7. 27. 선고 2022다290778 판결). 따라서 일부 주주가 회사 및 임원과 손실보전약정을 체결하였다면 회사와의 관계에서는 투자금 반환을 요구할 수 없지만, 회사가 아닌 임원에게는 투자금 반환을 요구할 수 있다.

제도설계의 가능성 #18 **일부 주주 특혜의 정당화 및 그 한계**

국내 회사제도에서 시장의 발달과 함께 회사제도를 다양하게 변형하여 운영할 수요가 많음에도 불구하고 주식회사 이외의 형태는 거의 선택되지 않았기 때문에 주식회사의 틀 안에서 가급적

사적자치가 폭넓게 허용될 필요성이 대두되었다. 그런데 종전의 판례가 주주평등의 원칙을 엄격하게 적용하면서 주주간계약을 융통성있게 운용하기 곤란했던 측면이 있다. 따라서 최근 대법원이 주주에 대한 차등적 취급의 정당화 법리를 제시한 것은 시대적 변화에 부합한다고 볼 수 있다.

다만 특정 주주에게 혜택을 줌으로써 회사제도의 근간을 허물어버릴 수도 있기 때문에 그동안 주주평등의 원칙을 엄격하게 적용해왔다는 점을 망각해서는 안 될 것이다. 주주평등의 원칙을 완화할 때에는 다음과 같은 사항을 특히 유의할 필요가 있다.

① 회사에 납입한 주식대금을 실질적으로 특정 주주에게 반환해주는 것과 마찬가지로 평가될 수 있다면 주주평등의 원칙뿐 아니라 자본충실의 원칙에도 반하는 것이므로 당연히 금지된다. 판례 역시 일부 주주에 대한 차등적 취급이 강행법규에 저촉되거나 채권자보다 후순위에 있는 주주의 본질적 지위를 부정하는 경우에는 정당화 기준에 어긋난다고 판시하면서, 일부 주주에게 투자금 회수를 보장하는 약정을 무효로 판결하였다(대법원 2023. 7. 27. 선고 2022다290778 판결).

② 벤처특별법에서 1주1의결권 원칙에 대한 예외를 인정한 것과 유사하게, 특정 주주에게 의결권에 관한 특혜를 부여하는 차등적 취급에 대해서도 정당화 사유를 인정할 수 있을지 문제된다. 이러한 방식으로 주주평등의 원칙을 완화하면 포이즌필과 같은 경영권 방어방법을 인정하는 효과를 가져올 수 있다. 즉 적대적 M&A 상황에서 회사 및 주주 전체의 이익을 위해 신규 주주를 제외한 기존 주주에게만 신주를 저가에 배정하면서 기존 주주와 신규 주주를 차등적으로 취급하는 정당한 사유가 있다고 주장할 수 있는 것이다. 특히 해외 투기자본으로부터 우리나라 고유의 기업문화 또는 비재무적 기업가치를 보호하기 위하여 경영권 방어를 할 필요가 있다고 주장할 경우에는 명확한 판단기준이 없기 때문에 사안별로 법원의 임의적 판단에 좌우될 우려가 있다. 경영권 방어와 관련하여 주주평등의 원칙을 완화하는 것은 본말이 전도되는 것이다. 이러한 취지에서 판례 역시 다른 주주의 의결권을 침해하는 경우에 차등적 취급의 정당화 기준에 어긋난다고 판시한 것으로 이해된다.

③ 사적 자치는 기본적으로 계약 당사자의 대등한 지위를 전제로 한다. 따라서 지배주주나 경영진이 우월한 지위를 이용하여 회사와 계약을 체결하면서 특혜를 부여받는 차등적 취급은 정당화될 수 없다. 우리나라에서는 회사제도 전체가 신뢰를 상실할 수 있는 파괴력을 가지고 있는 문제이다. 그동안 이와 관련하여 어렵게 법을 개정해가면서 자기거래 등 엄격한 규제를 실시해 왔는데, 개별 사안별로 법원이 정당화 사유를 인정해줄 수 있다고 우회로를 만들어 준다면 회사자산의 유용(터널링)을 조장하는 것과 다름없다. 또한 지배주주나 경영진이 지배권을

유지하려는 참호효과를 목적으로 차등적 취급을 활용하는 경우도 마찬가지로 금지되어야 한다.

④ 나아가 대법원은 차등적 취급에 정당화 사유가 인정되더라도 당해 주주가 부여받은 권한의 행사로 인하여 회사 또는 전체 주주들에게 손해를 주는 경우에는 이에 대하여 신의성실의 원칙 또는 권리남용의 원칙에 따라 그 권한 행사를 통제할 수 있다고 판시하였다. 대법원의 접근 방식은 매우 신중하다.

참고 무효인 손실보전약정 예시

1. 회사가 일부 주주에게 '투자금은 30일 후 반환하고 투자원금에 관하여 소정의 수익률에 따른 수익금을 지급하며, 담보로 공증약속어음 및 주식 등을 제공한다'는 내용으로 투자계약을 체결한 것은 신주인수대금의 회수를 전액 보전해주는 것이므로 주주평등의 원칙에 위배되어 무효이다(대법원 2020. 8. 13. 선고 2018다236241 판결).
2. 회사가 직원들을 유상증자에 참여시키면서 '손실보전합의 및 퇴직금 특례지급기준'에 의하여 퇴직시 출자 손실금을 전액 보전해주기로 약정하였다면 회사가 일부 주주에게 투하자본의 회수를 절대적으로 보장하는 셈이므로 주주평등의 원칙에 위배되어 무효이다(대법원 2007. 6. 28. 선고 2006다38161, 38178 판결).

(3) 주주 · 채권자 2분법의 한계

제도설계의 가능성 #19 주주 · 채권자 지위의 유연화

현재의 회사제도는 회사에 대하여 주주로서 투자하거나 채권자로서 투자하는 방식으로 모든 투자 상황을 설명하는 2분법을 취한다. 따라서 투자가 이루어진 구체적 사실관계를 분석하여 일단 주주와 채권자 중 어느 쪽에 해당하는지 판단하고, 그 결론에 따라서 각각의 법리를 적용하여 문제를 해결한다. 그런데 경제현실은 점점 더 복잡해지고 있으며 모호한 성격의 투자상품이 계속 만들어지고 있기 때문에 주주인지 채권자인지 일도양단으로 하나를 결정하기가 애매한 상황이 많다.

예를 들어, 현재 국제회계기준(IFRS)에서는 사채의 일종인 영구채를 주식으로 인식하고, 주주가 풋옵션을 가진 상환주식은 채권으로 인식한다. 총수익교환(TRS) 방식의 파생상품 거래를 통하여 주식을 소유하지 않고서도 이익배당을 받고 의결권을 행사할 수 있으며, 주식을 소유하고 있더라도 경제적 가치의 등락과 절연될 수 있다.

회사법은 기업경제에서 혁신과 발전이 이루어지도록 경제현실을 보완하는 것을 목표로 한다. 헌법에서 보장하는 기본권, 민법에서 보장하는 재산권, 형법에서 보장하는 보호법익과 같이 절대적인 가치를 선언하고 수호하는 것이 아니다. 오히려 회사법은 변화하는 경제현실에 후행하면서 기업경제가 성공해나갈 수 있도록 제도적으로 뒷받침해주는 도구적 기능을 수행한다. 경제발전에 도움이 된다면 회사법을 수정할 수도 있는 것이며, 기존에 유지하던 주주·채권자의 2분법이 절대적으로 보호되어야 하는 것도 아니다.

* * *

그런데 위 판례(대법원 2018. 9. 13. 선고 2018다9920, 9937 판결)는 종전의 2분법적 관점에 부합하지 않는 독특한 경우에 해당한다. 즉 회사가 자금조달 과정에서 2억 원 상당의 주식을 인수하고 4억 원 상당의 대여를 해준 투자자에게 임원추천권을 부여하였고, 만약 임원추천권을 행사하지 않으면 임원에게 지급되었을 월급 상당액(200만 원)을 투자자에게 지급하기로 약정하였다. 문제는 주주의 지위에서 임원추천권을 부여받은 것인지 아니면 채권자의 지위에서 임원추천권을 부여받은 것인지를 판단해야 하는 것이었다. 그런데 대법원은 투자자가 '주주 겸 채권자의 지위'에서 부여받은 특수한 권리라고 판시하였다. 따라서 대여금 변제가 완료된 이후에 채권자의 지위는 소멸하고 주주의 지위만 남은 상태에서 임원추천권 불행사에 따른 약정금을 지급받은 것은 다른 주주와 차별적인 특혜를 받은 것이고 주주평등의 원칙에 위반하여 무효라고 판시하였다.

이러한 판례의 입장에 대해서는 강력한 비판이 이루어졌다. 위 약정금 지급이 주주의 지위에서 이루어진 것이라면 굳이 채권자 지위가 소멸한 이후의 시점에 국한할 것이 아니라 처음부터 주주평등의 원칙에 위반한 것으로 판단했어야 하며, 위 약정금 지급이 채권자의 지위에서 이루어진 것이라면 주주평등의 원칙과 무관하기 때문에 판례의 결론이 부당하다. 즉 판례가 주주의 지위와 채권자의 지위 중 하나를 선택하지 않았기 때문에 그런 어정쩡한 판시사항은 현재의 2분법적 관점에서 일관성을 유지할 수 없으며 당연히 잘못된 것으로 비판을 받을 수밖에 없다. 주주가 채권자의 지위를 겸한다는 것이 차등적 취급의 정당화 사유가 될 수도 없다.

* * *

반면에 위 판례를 교두보로 삼아서 제3의 관점을 개척할 가능성도 있다. 현재의 2분법적 관점에서 탈피하여 '주주 겸 채권자의 지위'라는 제3의 영역을 고안할 수 있는 것이다. 그런데 판례가 언급한 '주주 겸 채권자의 지위'가 주주와 채권자의 지위를 중복적으로 향유하는 것으로 본다면 주주에 대한 규제와 채권자에 대한 규제가 모두 적용되어야 할 것임에도 불구하고, 판례는 '주주 겸 채권자의 지위'에서는 주주평등의 원칙이 적용되지 않는 것으로 배제하였다. 주주 겸 채권자에게 주주평등의 원칙을 요구하면 채권자 지위를 내세우고, 채권자 지위가 소멸하였으니 약정금을 지급할 필요가 없다고 하면 주주 지위에서 받아야 하는 것이라고 태세전환하려는 것이라면 눈속임용 지위에 불과하다.

오히려 주주도 채권자도 아닌 제4의 영역을 고려하는 것이 현실적으로 더 필요한 상황이다. 예를 들어 주식을 소유하고는 있으나 총수익교환(TRS) 방식의 파생상품 거래를 통하여 경제적 이익과 절연된 상태에서 의결권을 행사한다면 회사의 가치증대를 위하여 의결권을 행사할 인센티브가 없다. 이런 경우 좀비처럼 영혼없이 행사하는 의결권(empty voting)이라 하여 세계적으로 문제되고 있으며, 입법적으로 의결권 남용을 제한할 필요성이 논의되고 있다.

2 | 동업자의 안전장치: 주주간계약

(1) 우선매수권

주주간계약의 일방 당사자인 주주가 자신의 주식을 제3자에게 양도하는 것이 제한되는 것은 아니지만, 주식을 양도하려는 경우에는 상대방 당사자인 주주가 양도대상 주식을 우선적으로 매수하거나 협상할 수 있도록 정할 수 있다. 다음과 같이 유형을 나눌 수 있다.

① 제3자에게 주식을 양도하고자 하는 주주가 당해 거래조건을 상대방 당사자인 주주에게 통지하면서 그와 동일한 조건으로 양수할 수 있는 우선권을 부여하는 방식이 있다(right of first refusal). 2017년 금호아시아나그룹의 회장은 금호타이어의 지배적 지분에 대한 right of first refusal을 가지고 있는 상황이었는바, 제3자가 기껏 인수 절차를 진행해도 다시 지배적 지분을 빼앗길 수 있기 때문에 인수희망자를 찾기 어려웠다고 한다.

② 주식을 양도하고자 하는 주주가 상대방 당사자인 주주에게 매수 의사를 타진하면서 우선적인 협상의 기회를 부여하고, 이때 상대방 당사자인 주주가 일단 거래조건을 제시하면 그 보다 더 낮은 가격으로 제3자에게 양도하는 것은 금지되는 방식도 있다(right of first offer).

(2) 동반매도참여권(tag-along right) 및 동반매도청구권(drag-along right)

주로 상장을 통해 투자금을 회수할 목적으로 비상장회사를 인수하거나 합작투자를 하였는데 상장에 실패한 경우에 소수주주의 투자금 회수를 보장하기 위하여 동반매도참여권 및 동반매도청구권이 활용된다.

① 동반매도참여권이란 주주간계약의 일방 당사자인 주주가 자신의 주식을 제3자에게 양도하려는 경우에 상대방 당사자인 주주가 자신의 주식도 그 제3자에게 함께 양도하라고 참여할 수 있는 권리이다. 회사를 주식양도 방식으로 인수하려는 매수자는 경영권을 행사할 수 있을 정도의 지배적 지분을 원하기 때문에 소수주주의 지분만 독립적으로 양도하는 것은 쉽지 않다. 이와는 대조적으로 대주주의 지분은 경영권 프리미엄까지 인정받을 수 있으므로, 대주주가 지분을 매도하는 기회에 소수주주가 함께 매도에 참여할 수 있다면 소수주주는 투자금 회수 기회를 확보함과 동시에 경영권 프리미엄을 함께 향유할 수 있는 확실한 장점이 있다.

② 동반매도청구권이란 주주간계약의 일방 당사자인 주주가 자신의 주식을 양도하는 기회에 상대방 당사자인 주주의 주식까지 끌어다가 함께 매각시킬 수 있는 권리이다. 회사를 주식양도 방식으로 인수하려는 매수자가 더 많은 지분을 확보하는 것을 원하는 경우도 있고, 특히100% 지분을 취득하고자 하는 경우도 있어서 대주주 입장에서는 미리 동반매각청구권을 확보해두면 더 좋은 거래조건으로 협상할 수 있다. 두산인프라코어 판례에서는 동반매도청구권을 행사하는 것이 관건이었다.

Business history **두산인프라코어의 합작투자 분쟁**

1937년 설립된 조선기계공작소는 1945년 정부에 귀속되고 1963년 국영기업인 ㈜한국기계공업으로 변경되어 철도차량과 디젤엔진 제조업을 한다. 1976년 ㈜대우기계와 합병을 통하여

㈜대우중공업으로 변경되어 지하철 1호선을 제작하고 항공기와 조선사업을 시작한다. 1999년 대우그룹의 워크아웃 과정에서 대우중공업의 철도차량사업 부문은 ㈜한국철도차량으로, 항공사업부문은 ㈜한국항공우주산업으로, 조선부문은 ㈜대우조선공업으로 이전되고, ㈜대우종합기계로 변경된 뒤 2005년 두산그룹으로 매각되면서 2005년 ㈜두산인프라코어로 변경되어서 건설기계 및 엔진생산을 주된 사업으로 하였다.

중국에 사업을 확장하면서 1994년경 설립한 두산공정기계 중국유한공사(DICC)에서는 건설기계와 산업차량을 조립·판매하는 사업을 영위하고 있었는데, 2011년 두산인프라코어는 자회사인 DICC에 대한 투자를 유치한다. 이에 재무적 투자자(financial investor: "FI")인 미래에셋자산운용 PE, 하나금융투자 PE, IMM PE는 각자 사모투자전문회사(PEF)를 하나씩 설립하여 공동으로 DICC의 지분 20%를 3,800억 원에 인수하면서, 3년 내에 DICC가 기업공개를 통해 상장할 것을 인수조건으로 하는 주주간계약을 체결하였다.

* * *

세부적인 주주간계약의 내용은 다음과 같았다. "3년 내에 기업공개가 실행되지 않을 경우 DICC의 소유지분 전부를 매도하고자 하는 일방 당사자(매도주주)는, (i) 복수의 매수희망자들이 DICC에 대한 실사를 실시하고 입찰절차를 진행해야 하며 매수예정자가 결정된 이후에는 정식계약을 체결하기 전에 상대방 당사자에게 매도결정의 통지를 해야 하고, (ii) 매도주주는 상대방 당사자에게 동일한 매도절차에서 동일한 가격과 거래조건으로 상대방 당사자의 소유지분 전부를 매도할 것을 요구할 수 있다(동반매도청구권). 이때 동반매도를 요구받은 상대방 당사자는 (i) 이에 동의하거나, (ii) 매도주주의 소유지분 전부를 자신이 직접 또는 제3자를 지정하여 매수하거나, (iii) 더 유리한 조건으로 DICC 주식 전부를 매수할 것을 청약한 새로운 투자자에게 매도할 것을 제안할 수 있다."

그러나 3년이 경과한 2014년까지 기업공개가 이루어지지 않았고, FI 측에서는 DICC 지분을 동반매각하는 입찰절차를 시작하였다. 인수의향서(Letter of Intent)를 제출한 윌버 로스 Holding Corp와 플래티넘 Equity Partners는 DICC에 관한 자료제공을 요청하였으나 두산인프라코어는 '현 단계에서는 답변하기 곤란하며 향후 협상을 거쳐야 구체적 논의가 가능하다'면서 '직접 만나서 인수에 관한 진정성과 선의를 확인하길 원한다'고 FI 측에 역제안하였는바 더 이상 절차가 진행되지 못하였다.

이에 FI 측에서는 '주주간계약에서 정한 동반매도청구권 행사가 실행되려면 매수예정자가 결정되어야 하는 조건이 선행되어야 하는데 두산인프라코어가 그 조건의 성취를 방해하였기 때문에 조건성취가 의제되며(민법 제150조 제1항), 따라서 두산인프라코어가 매매대금을 지급할 의무가 있다'고 주장하면서 투자원금 3,800억 원에 내부수익률 15%를 더한 약 8,000억 원을 지급하라며 2015년 소송을 제기하였다.

* * *

본 사건에서 대법원은 '두산인프라코어가 FI 측의 자료제공 요청에 응하지 않았다'는 사정만으로는 조건성취를 의제해야 하는 방해행위에 해당할 정도로 신의성실에 반하는 행위였다고 보기 어렵다고 판시하였다(대법원 2021. 1. 14. 선고 2018다223054 판결). 나아가 설사 동반매도청구권 행사의 조건이 성취된 것으로 의제하더라도 그것만으로는 아직 매수예정자와 매각금액을 특정할 수 없기 때문에 어떠한 법적 효과가 발생한다고 볼 수 없다고 판시하였다.

그러나 두산인프라코어의 입장에서도 매각절차의 상황과 진행단계에 따라서 원활한 매각을 위해 DICC에 관한 자료를 제공하여 실사기회를 부여하는 등 협조할 의무가 있다는 점은 명확히 하였다. 다만 이러한 협조의무 위반에 대한 특별한 법적 효과가 주주간계약에서 정해지지 않았기 때문에 일반적인 손해배상책임만으로 상대방 당사자를 압박하기가 쉽지 않았을 것이다.

이후 2021. 8. 18. 두산인프라코어는 FI 측의 지분 20% 전량을 매수하면서 3,050억 원을 지급하기로 주식매매계약(share purchase agreement)을 체결하였다. 두산인프라코어의 최대주주인 두산중공업은 두산인프라코어의 분쟁상태를 해결하여 우발채무를 해소한 뒤 2021. 8. 19. 현대중공업 그룹에 경영권 매각을 완료하여 현재는 ㈜HD현대인프라코어로 변경되었다.

(3) 의결권구속 약정(voting agreement)

의결권구속 약정이란 주주간계약의 당사자인 주주들이 자신의 의결권을 미리 합의한 내용에 따라서 행사하기로 합의하는 것을 의미한다. 통상적으로는 합작회사의 주주들 사이에서 이사를 몇 명씩 지명할 것인지에 대하여 이사 지명권한을 배분하는 내용으로 약정을 체결한다.

의결권 행사계약의 합의내용이 다른 주주의 권리를 해하거나 불공정한 내용이 아니라면 당사자 사이에서는 유효하며 채권적 효력을 인정받는다. 다만 의결권의 유상거래나 주주들의 개인적인 이익을 추구하기 위한 계약은 공서양속에 반한다는 견해가 있다.

의결권구속 약정에 따라 의사표시를 명하는 의결권행사 가처분 또는 위 약정에 반하는 의결권행사의 금지를 구하는 가처분을 허용할지에 대해서는 하급심 판례들이 엇갈리고 있으며 대법원의 판단은 아직 없다. 종래 의결권구속 약정에 근거하여 가처분을 내리는 것에 대해서는 부정적인 하급심 판례가 많았으나, 2010년대에 들어서는 구체적 사정에 따라 허용하는 경우도 있다. 외국에서는 이를 입법적으로 또는 판례법리에 의하여 허용하는 경우가 많다.

(4) 주식양도제한 약정(lock-up agreement)

주주간 주식양도제한 약정이 주주의 투하자금 회수의 가능성을 전면적으로 부인하는 정도에 이르렀다면 공서양속에 위반하여 절대적으로 무효이며, 회사는 주식양수인의 명의개서 청구를 거절할 수 없다.

다만 주식양도제한 약정에 의하여 투하자금 회수의 가능성을 봉쇄하는 정도에 이르지 않는다면 주식양도제한 약정은 계약당사자인 주주들 사이에서 채권적 효력이 있다. 따라서 주주간계약의 당사자 사이에서는 계약 위반에 대한 손해배상책임을 물을 수 있다. 다만 이를 위반하여 이루어진 주식양도에 의하여 양수인은 유효하게 주식을 취득할 수 있고, 양수인은 회사에서 명의개서를 경료할 수 있다.

만약 주주간 주식양도제한 약정의 효력이 회사에게도 미치게 한다면 §335①(이사회 승인 없이는 양도할 수 없도록 정관상 제한규정을 두는 방식)의 탈법수단에 해당하기 때문에 절대적으로 무효이며, 그러한 내용으로 정관에 규정하더라도 무효이다. 즉 주식양도제한 약정의 효력을 회사에 대하여 주장할 수는 없다.

2005년 김종학 프로덕션은 한원월드비전과 함께 제주도에 드라마 '태왕사신기' 세트장을 설치하고 그 배후 부지를 관광단지로 개발하는 사업을 추진할 회사(청암영상테마파크)를 설립했다. 이때 한원월드비전 주주들은 64%의 지분을 김종학 프로덕션에 넘기면서 '김종학 프로덕션이 한원월드비전의 동의 없이 주식을 처분할 경우 20억 원의 위약금을 지불한다'는 주식양도제한 약정을 체결하였다. 그러나 1년 뒤 김종학 프로덕션은 사전 동의 없이 상당 지분을 처분하였는바 주식양도제한 약정위반이 문제되었다. 김종학 프로덕션은 주식양도제한 약정이 공서양속에 위반하여 무효라고 주장하였지만, 대법원은 그 정도에 이르지는 않았다고 판시하면서 위약금을 지불해야 한다고 판시하였다.

[대법원 2000. 9. 26. 선고 99다48429 판결] 주식양도제한 약정

〈사실관계〉

1994년 포항제철과 코오롱그룹사 등 5개 회사가 합작투자 방식에 의하여 이동통신회사인 '신세기통신'을 설립하였고, 컨소시엄에 참여한 회사들은 주주간계약을 통하여 5년간 주식양도 제한 약정을 체결하였다. 그러나 ㈜경방은 이에 위반하여 5년이 경과하기 전에 0.5%의 주식을 제3자에게 31.5억 원에 매각하였고 신세기통신은 양수인의 명의개서를 거부하였다. ㈜경방은 신세기통신을 상대로 회사의 주주명부에 주주로 명의개서를 경료하라고 소송상 청구하였다.

〈주식양도제한 약정〉

"합작회사가 사전에 공개되는 경우를 제외하고 합작회사의 설립일로부터 5년 동안, 합작회사의 어느 주주도 합작회사 주식의 전부 또는 일부를 다른 당사자 또는 제3자에게 매각, 양도할 수 없다. 단 법률상 또는 정부의 조치에 의하여 그 주식의 양도가 강제되는 경우 또는 당사자들 전원이 그 양도에 동의하는 경우는 예외로 한다. 위 예외의 경우나 설립일로부터 5년이 경과한 후 합작회사의 공개 이전까지 포항제철이나 코오롱 이외의 주주가 보유하는 합작회사의 주식의 전부 또는 일부를 양도하고자 할 경우에는 포항제철과 코오롱이 주식매입시의 각자의 주식보유비율에 따라 동 주식을 우선 매수할 권리가 있다. 이때 양도인은 우선 포항제철과 코오롱에 서면으로 동 주식의 양도를 청약하여야 하고, 그 양도가액은 합의된 가격 또는 감정에 의한 공정가격으로 한다. 위 계약들에 의한 주식의 양도제한에 위배하여 합작회사의 주식이 양도된 경우 그 주식양수인은 위 계약들에 따른 어떠한 권리와 이익도 가지지 아니하며, 그 주식의 양도인은 본 계약 및 위 합의서 등의 서면에 의한 약정 및 의무에 대하여 계속 책임을 진다."

〈판결요지〉

설립 후 5년간 일체의 주식의 양도를 금지하는 약정은, 정관으로 규정하였다 하더라도 주주의 투하자본회수의 가능성을 전면적으로 부정하는 것으로서 무효이며, 정관으로 규정하여도 무효가 되는 내용을 회사나 주주들 사이에서 혹은 주주들 사이에서 약정하였다고 하더라도 이 또한 무효이다. 본 약정에 따른 회사의 명의개서 거부는 부당하며, 주식양수인의 명의개서 청구를 거부할 수 없다.

〈참고〉
최근 판례의 경향은 '주식양도제한 약정이 투하자본 회수가능성을 전면 차단하는지'에 관한 종전의 판례 기준을 완화하는 것으로 보인다. 예를 들어 출자자가 8명이고 약정기간이 1년에 불과하다면, 주식양도에 출자자 전원의 동의를 요구하더라도 유효하다가 판시하였다(대법원 2022. 3. 31. 선고 2019다274639 판결).

(5) 회사의 업무집행에 관한 주주간계약의 효력

주주간계약의 당사자는 주주들이기 때문에 계약위반이 발생하더라도 주주들 사이에서 손해배상책임을 묻는 것이 일반적이다. 그런데 주주간계약에서 주주의 권한 범위를 넘어서서 회사 또는 이사 등이 특정 행위나 업무를 수행하도록 정하는 경우가 있으나 이러한 약정은 회사에 대하여 아무런 효력이 인정되지 않으며, 이사 등의 권한을 제한하는 효력을 가질 수 없다.

설사 특정주주의 의사에 따라서 이사가 업무를 수행하도록 정관에 규정하더라도 회사법상 이사에게 부여된 고유의 업무권한을 제한하는 것이기 때문에 그 효력이 인정되지 않는다. 따라서 실무적으로는 회사가 직접 주주간계약의 당사자로 참여함으로써 회사가 직접 의무를 부담하게 만들 수 있다.

최근의 판례에 의하면, 회사가 유상증자 또는 감자를 실시하거나 회생절차 개시신청을 하기 전에 특정 주주에게 동의를 받도록 약정하더라도 이러한 사전동의권 부여에 의하여 다른 주주가 실질적·직접적 손해를 입은 것은 아니며 오히려 경영활동에 대한 감시의 기회를 제공한 것이므로 이를 불합리한 자의적 차별로 단정할 것은 아니라고 판시한바 있다(대법원 2023. 7. 13. 선고 2021다293213 판결, 대법원 2023. 7. 13. 선고 2023다210670 판결). 다만 주주와 체결한 계약의 내용을 회사에서 무조건 맹종해야 하는 것은 아니며, 부적절한 내용의 계약을 체결하여 그대로 이행할 경우에는 대표이사가 선관의무 위반의 민사책임 및 업무상 배임의 형사처벌을 감수해야 할 수 있다.

3 | 주주 이론

(1) 일반론

주주와 관련해서는 4가지 중요쟁점이 있다. 일단 ① 주식발행 단계에서 주식대금에 대하여 누구에게 출자를 받을 것인가, 즉 납입의무를 부담하는 자를 확정해야 하며, ② 주식인수 이후에는 누가 주주의 지위를 취득하는가, 즉 주주를 확정해야 한다. 그리고 ③ 주주권을 회사에 대하여 행사할 수 있는 자는 누구인가, 즉 주주총회에서 의결권을 행사한다거나 회사에서 배당금을 받을 자가 누구인지 확정해야 한다. 이와는 별개로 ④ 차명주식의 경우에는 어떻게 처리해야 할 것인지가 문제인바 관련 내용이 있을 때마다 설명한다.

특히 ③의 주주권 행사자는 주주명부에 주주로서 명의개서를 한 자로 확정해야 한다는 대법원 전원합의체 판례가 있기 때문에 다음 장에서 명의개서의 효력과 관련하여 상세히 살펴본다. 대법원의 입장은 기본적으로 주주지위의 취득의 문제와 주주권 행사의 문제를 분리하여 별개로 파악하는 관점이라서 주주의 지위를 취득하였다고 하여 당연히 회사에 대하여 주주권을 행사할 수 있는 것이 아니며 명의개서를 경료해야만 주주권을 행사할 수 있다. 주식을 양도했더라도 양수인이 명의개서를 하지 않고 있다면 명의개서가 남아 있는 양도인이 여전히 주주권을 행사할 수 있는 것이다. 다만 ②의 단계에서 주주의 지위를 취득하지 못한 자는 명의개서를 하더라도 위법한 명의개서로서 무효이기 때문에 주주권을 행사할 수 없다.

(2) 주금납입 의무자의 판단기준

주식을 자기 명의로 인수한 상황이라면 본인이 스스로 납입의무를 부담하는 것이 당연하다. 그러나 자기 명의가 아니었다면 문제가 발생한다.

주식대금을 납입받는 것은 회사의 물적기초를 형성하는 아주 중요한 문제이기 때문에 상법 자체에서 구체적으로 규정하고 있다. 실제로 주식을 인수하려는 갑이 타인 을의 승낙을 얻어서 을의 명의로 주식을 인수하였다면, 갑과 을은 연대하여 주금 납입의무를 부담한다(§332②). 만약 위 상황에서 을이 실제로 존재하지 않는 가설인이거나, 갑이 을의 승낙을 받지 않은채 임의로 을의 명의로 주식을 인수하였다면 을에게 책임을 물을 수 없고, 실질적으로 주식을 인수한 갑이 납입의무를 부담한다(§332①).

(3) 주주지위 취득의 판단기준

회사의 설립과정에서 주식을 인수한 자는 설립등기가 경료됨으로써, 회사 설립 이후에 신주발행 과정에서 주식을 인수한 자는 납입을 완료하고 주식대금 납입기간이 종료한 다음 날 주주의 지위를 취득한다(§423). 이미 발행된 주식에 대해서는 당사자 사이에 주식양도의 합의가 있고, 주권을 교부함으로써 양수인이 주주의 지위를 취득한다(§제336).

주주의 지위를 취득한 자는 회사와의 관계에서 적법하게 명의개서를 청구할 수 있고 명의개서가 경료되면 비로소 주주권을 행사할 수 있다. 또한 회사 외의 대세적 관계에서는 주식을 적법하게 양도함으로써 주주의 지위를 이전할 수 있다.

그런데 주식을 타인의 명의로 인수 또는 양수하는 차명주식에 있어서는 누가 주주의 지위를 취득하는지가 문제된다. 이는 기본적으로 계약 해석에 관한 문제이기 때문에 계약당사자 확정에 관한 민사상 일반원칙을 적용하여 해결한다. 즉 계약을 체결하려는 당사자들이 누구를 당사자로 인식하고 의도하였는지를 기준으로 당사자를 확정한다. 이하에서는 대략적인 유형을 나누어서 검토한다.

① 일단 가설인의 명의를 이용했다거나 타인의 승낙없이 명의를 도용한 경우를 생각할 수 있다. 이때 명의자가 실제로 주주가 될 것을 의도했다고 볼 수는 없기 때문에 실질적으로 주식의 인수·양수 과정을 주도하고 주식대금을 부담한 출자자가 주주의 지위를 취득한다. 의외로 이런 경우가 실제로 많이 문제되는데, 회사의 지배주주가 임직원들의 승낙을 구하지 않은 상태에서 임의로 임직원들 명의로 지배지분의 일부를 확보해놓기도 한다. 이에 갑자기 과세를 당하거나 탈세가 문제되어서 뒤늦게 주주지위의 부존재를 확인받기 위한 소송을 제기하기도 한다.

② 위와 달리 타인의 승낙을 받아서 그의 명의로 주식을 인수하는 경우를 생각할 수 있다. 주식인수계약 과정에서는 서면에 의하여 청약을 하고 법정 방식을 준수해야 하는바

이는 회사가 다수의 주주와 관련된 법률관계를 형식적 · 획일적 기준에 의해 처리함으로써 법적 안정성을 도모하려는 것이다. 이러한 제도적 취지를 고려할 때, 실제로는 출자자가 주식인수인이 되려고 의도하였더라도 이러한 사정을 회사가 인식하고 승낙하였다는 등의 특별한 사정이 없는 한, 주식인수계약의 상대방인 회사는 명의자를 주식인수계약의 당사자로 이해하였다고 볼 것이다. 따라서 판례는 주식인수의 명의자가 주주의 지위를 취득하는 것이 원칙이라고 판시한다.

③ 주식인수계약이 아닌 주식양도계약의 체결 과정은 개별적으로 양상이 다르기 때문에 위와 같이 일률적으로 파악하기는 곤란하다. 대표적인 경우에 대하여 계약당사자 확정의 법리를 적용해본다면, 갑이 자신의 주식을 을에게 양도하려는 과정에서 을이 실질적으로 주식대금을 부담하되 병의 명의를 사용하여 양수하고 병의 명의로 명의개서를 경료하였다면 주식양도계약 당사자들은 을을 주주로 인식하고 의도하였다고 판단할 수 있다. 이 경우 누구 명의로 계약했는지와 무관하게 을이 대외적인 관계에서 주주의 지위를 취득하며 적법하게 주식을 양도할 수 있다. 물론 회사에 대한 관계에서 주주권을 행사할 수 있는 것은 명의개서를 경료한 병이지만, 을은 언제든지 명의개서를 자기 앞으로 회복하여 주주권을 행사할 수 있다.

(4) 차명약정의 쟁점

앞서 살핀 바와 같이, 주식인수계약 과정에서는 주식인수의 명의자와 다른 실제 출자자를 주주로 삼으려는 차명약정이 존재한다는 점에 대하여 회사가 이를 인식하고 승낙하였다는 특별한 사정이 있다면 실제 출자자가 차명주식에 대한 주주의 지위를 인정받을 수 있다. 주식양도계약 과정에서는 당사자의 의사에 기초하여 좀 더 용이하게 실제 출자자가 차명주식에 대한 주주의 지위를 인정받을 수 있다. 이러한 경우에 차명약정이란, 실제 출자자와 명의자 사이에서 내부적으로 실제 출자자를 주식인수인 또는 주식양수인으로 삼으려는 합의를 의미한다.

실질주주가 차명약정을 근거로 '명의주주에게는 주주권이 존재하지 않는다'는 확인소송을 제기하는 경우가 많다. 그러나 차명약정의 계약서가 존재하지 않는 한 이를 입증하는 것이 매우 까다롭다. 단순히 주주명부상 명의자가 아닌 제3자가 주식대금을 부담하였다는 사정만으로는 차명약정을 인정받기에 부족하다. 판례는 '주주명부상 명의자와 실제 출자자 사이의 내부관계, 명의자가 주주명부에 등재된 경위 및 목적, 주주명부 등재 후 주주로서의 구체적인 권리행사 내용 등에 비추어 주주명부상 명의자가 순전히 당해 주식의 인수 또는 양수 과정에서 명의만을 대여해 준 것일 뿐이고 형식상의 주주에 불과하다고 볼 정도'에 이르러야 차명약정의 존재를 인정한다. 주주권 행사과정에서 실제 출자자에게 의결권을 위임하는 방식으로 이루어지고, 소유주식에 관한 세금 등을 실제 출자자가 지속적으로 납부해왔다면 차명약정을 입증하는데 도움이 된다.

한편 주주 갑이 을에게 자신의 주식을 명의신탁하면서 그 방편으로 형식적으로만 을에게 주식을 양도하고 을 명의로 명의개서를 경료하게 하였다면 민사상 명의신탁의 법리에 의하여 대외적인 소유권 역시 을에게 귀속한다. 갑과 을 사이에서 내부적으로는 차명약정의 채권적 효력을 인정할 수 있겠지만, 회사와의 관계에서 을이 주주권을 행사할 수 있는 것은 물론이고, 대외적인 관계에서 을이 주주의 지위를 취득하기 때문에 을은 적법하게 주식을 양도할 수 있다.

2008년 삼성비자금 특검 판례

〈사실관계〉

이건희, 이학수, 김인주 등은 삼성그룹 전현직 임원 486명 명의로 1,199개의 차명계좌를 운용하여 왔으며, 이건희 소유의 삼성전자 등 상장법인 주식을 2002년부터 2006년까지 약 1백만주를 매도하여 2,328억여원의 양도차익이 발생하였음에도 불구하고 양도소득 신고를 하지 않아 총 465억여원의 조세를 포탈하였다. 이에 대해 피고인 측은 선대회장인 이병철로부터 차명계좌 상태로 상속받은 것이며, 경영권 방어목적으로 차명주식을 소유하였을 뿐 조세를 포탈하려는 의도는 없었다고 주장하였다.

〈판시사항〉

피고인들이 매우 많은 차명계좌들을 운용하면서 입출금을 대부분 현금으로 하여 자금추적을 곤란하게 하고, 수표로 출금한 경우에는 금고에 장기 보관함으로써, 과세관청으로 하여금 계좌들 사이의 관련성을 발견하기 어렵게 하기 위해 다수의 차명계좌를 운용하였고, 이를 통해 주식이 피고인 이건희의 소유임을 부정하게 숨기려고 하였음이 명백하여 사기 기타 부정한 행위를 동원한 조세포탈죄가 성립한다고 판단하였다.

4 | 주식의 소유 및 양도의 제한

(1) 일반론

원칙적으로 주식은 자유롭게 양도할 수 있다(§335① 본문). 이로써 주주는 투자금의 회수를 위한 선택권을 보장받는다. 법률에 의하여 주식의 양도를 제한하는 경우 이외에는 정관으로도 주식의 양도를 제한할 수 없다. 오로지 정관 규정에 의하여 주식의 양도에 이사회의 승인을 얻도록 하는 방식만 허용되는데(§335① 단서), 이는 예외적으로 법률에 의해 인정되는 경우이기 때문에 법정된 엄격한 방식으로만 활용될 수 있으며 변형하여 규정하는 것은 무효이다.

원칙적으로 주식을 일부만 거래할 수는 없다. 주식을 양적으로 분리하여 거래하는 것은 불가능하며, 질적으로 의결권만 분리하여 거래하는 것도 불가능하다. 최근에는 상장회사 주식을 소수점 단위로 거래할 수 있기도 하지만 증권사를 통해서만 예외적으로 허용되기 시작한 거래방식이다. 또한 TRS와 같은 파생거래에 의한다면 주식의 소유권과 의결권이 분리되기도 하는데, 법적인 관점에서는 이를 의결권의 위임으로 처리하여 허용된다.

(2) 권리주 양도제한

새로 발행될 주식을 인수한 주식인수인의 지위를 권리주라 한다. 아직 정식으로 주주가 되기 전에 주식인수인의 지위를 거래하게 된다면 누가 진정한 주주인지 확정이 곤란할 수 있고 투기를 유발할 우려가 있다는 이유로 입법되었다.

권리주의 양도는 회사에 대하여 효력이 없으며 회사 역시 그 양도의 효력을 승인할 수 없다(§319, §425). 다만 권리주 양도계약의 당사자 사이에서 채권적 효력은 인정되기 때문에 계약위반에 대한 책임을 물을 수 있다.

(3) 주권발행전 주식양도의 제한

회사성립 후 또는 신주 납입기일 후 6개월이 경과하기 전까지 주권이 발행되지 않았다면 주식의 양도가 제한된다. 주식의 양도는 원칙적으로 주권의 교부에 의하여야 하는데 주권이 발행되지 않은 상태에서는 마치 권리주 상태가 지속되는 것처럼 취급하는 것이다. 이 경우 주식의 양도는 절대 무효인바, 회사가 양도를 승인하고 명의개서까지 하더라도 무효이고,

양수인은 회사에 대해 주권의 발행 및 교부를 청구할 수 없다(§335③ 본문). 다만 주식양도계약의 당사자 사이에서 채권적 효력은 인정되기 때문에 계약위반의 책임을 물을 수 있다.

그러나 회사성립 후 또는 신주 납입기일 후 6개월이 경과한 후에는 유효하게 양도 가능하며(§335③ 단서), 양수인은 주식양수사실을 증명하여 단독으로 회사에 대해 명의개서를 청구할 수 있다. 다만 주권발행은 양수인이 명의개서를 경료하여 대항력을 갖춘 이후에 청구할 수 있다. 주권이 발행되지 않은 상태에서 주식을 양도하는 것이기 때문에 주권을 교부할 수 없고, 따라서 민법상 지명채권 양도방식을 따른다. 즉 양도계약의 당사자 사이에서는 양도의 합의만 있으면 양도가 이루어지며, 양도인의 통지 또는 회사의 승낙에 의하여 회사에 대한 대항요건을 갖출 수 있다. 제2양수인 등의 제3자에 대한 대항요건을 갖추기 위해서는 확정일자 있는 증서에 의한 통지 또는 승낙이 필요한데, 우체국에서 내용증명우편 형식으로 발송하거나 법무법인에서 공증을 받거나 법원에서 송달하는 문서의 경우 확정일자 있는 증서로 인정된다.

[대법원 2012. 2. 9. 선고 2011다62076 판결] 주식병합과 주식양도제한

〈사실관계〉

원고는 1985. 1.경 이 사건 주식을 양도받게 되었으나(상속인들 사이에서 유언장의 내용을 기준으로 삼아서 자산을 양수도 하였음) 해당 주권을 보관하던 피고가 이를 교부하기 전에 분실하였다. 원고가 주권을 취득하지 못한 상태에서 피고 회사는 1987. 1.경 주식 액면금을 500원에서 5,000원으로 변경하는 주식병합을 실시하였음에도 불구하고, 피고는 1987. 8.경 구주권을 재발행 받아서 원고에게 교부하였다.

〈판결요지〉

원칙적으로 주식양도계약이 체결되고 해당 주권을 주식양수인에게 인도하기 전에 회사에 의하여 주식병합이 실시된 경우에는 주식양도인은 회사가 공고한 주권제출기간 내에 구주권을 제출하고 회사로부터 신주권을 교부받아 그 신주권을 주식양수인에게 인도하는 방법으로 주식을 양도할 수 있고, 한편 주식의 병합은 회사에 의하여 공고된 주권제출기간이 만료한 때에 그 효력이 생기므로 구주권은 주주가 이를 회사에 제출하였는지 여부와 관계없이 이 때로부터 유가증권으로서의 효력이 상실된다. 한편 주식병합의 효력이 발생하면 구주권은 실효되고 회사는 신주권을 발행하여야 하며 주주는 병합된 만큼 감소된 수의 신주권을 교부받게 되는데, 이에 따라 교환된 주권 역시 병합 전의 주식을 여전히 표창하면서 그와 동일성을 유지하는 것이다.

(주권발행전 주식양도의 법리를 종합하여 볼 때) 주식병합이 있어 구주권이 실효되었음에도 주식병합 후 6월이 경과할 때까지 회사가 신주권을 발행하지 않은 경우에는 주권의 교부가 없더라도 당사자의 의사표시만으로 주식양도의 효력이 생긴다고 볼 것이다. 이 사건에서 만일 피고 회사가 1987. 1.경 실시된 주식병합의 효력이 발행한 후 6월이 경과하도록 신주권을 발행하지 않았다면 원고가 이 사건 주식에 상응한 병합 후 주식의 소유권을 취득하였다고 볼 가능성이 있다.

위 두 가지 상황이 복합되는 경우가 있을 수 있다. 즉 회사성립 후 또는 신주 납입기일 후 6개월이 경과하기 전에 주식의 양도가 이루어졌기 때문에 당해 양도계약이 무효임에도 불구하고 회사가 주권을 발행하지 않은 채 회사성립 후 또는 신주 납입기일 후 6개월의 기간이 경과하였다면 이전에 이루어진 양도계약의 하자가 치유된다. 따라서 6월의 경과로 무효인 양도의 하자는 치유되고 양수인은 회사에 대하여 양도의 효력을 주장하면서 명의개서를 청구할 수 있다.

제도설계의 가능성 #20 **주식양도 금지규정의 과잉규제**

회사가 주식을 발행하기로 결정하였더라도 상당 기간 동안 주식의 양도가 제한된다. 즉 주식인수계약이 체결된 상태에서 주식인수인의 지위는 권리주에 해당하여 양도가 금지되며, 회사가 설립등기를 경료하여 성립하거나 신주를 발행하였으면 지체없이 주권을 발행하는 것이 원칙이며 주권이 발행되지 않은 상태에서는 6개월간 주식의 양도가 제한된다. 이는 주권이 없는 상태에서 주식이 유통됨으로 인하여 누가 주주인지 확정하기 어렵다는 애로사항과 투기적 거래가 우려된다는 현실적 문제에 기인한다.

그러나 블록체인 기술까지 신주발행에 활용되고 있는 첨단사회에서 겨우 그런 문제 때문에 주식양도를 원천적으로 상당한 기간 동안 전면 금지해야 한다는 것은 수긍하기 어렵다. 더군다나 그런 기술적인 사정 때문에 금지하는 것이다 보니 회사성립 또는 신주발행으로부터 6개월이 경과하는 순간 종전에 이루어진 주식양도의 하자가 치유되어 무효인 거래가 유효인 거래로 손바닥 뒤집듯이 뒤바뀐다. 애초에 주식양도를 절대 금지하면서 무효라고 엄격하게 규정한 것 자체가 너무 형식적이어서 우스워지는 상황이다. 또한 권리주 이전의 상황에서는 양도가 허용된다. 즉 구체적 신주인수권 상태에서는 양도가 가능하다. 다양한 방식으로 규제효과를 얻을 수 있음에도 불구하고 상당한 기간 동안 주식양도를 절대 금지하는 것은 불필요하고 과도한 규제이다.

* * *

참고로 종전의 판례는 주주명부의 기재가 회사에 대해서는 구속력이 없고 주주에 대해서만 편면적 구속력을 갖는다고 보면서, 주주명부를 신뢰함에 중과실이 있는 회사의 면책력을 부정하였기 때문에 회사 운영상 차명주식을 보유한 실질주주가 누구인지는 무시할 수 없는 문제였다. 그러나 2017년 전원합의체 판결에 의하여 주주명부의 기재가 회사에 대해서도 쌍면적 구속력을 가지며 면책력의 한계상황에 대한 판례가 폐기되었기 때문에 회사 입장에서 실질주주가 누구인지는 더 이상 중요한 문제가 아니게 되었다. 따라서 누가 주주인지 확정하기 어렵다는 사유는 더 이상 권리주의 양도를 금지하고 주권발행전 주식의 양도를 제한하는 규제의 정당한 근거가 되기 어렵다.

(4) 자기주식 취득의 제한

회사가 자기주식을 취득하는 것은 자본적 기초를 위태롭게 하여 회사와 주주 및 채권자의 이익을 해할 뿐만 아니라 주주평등의 원칙을 해하며, 경영진이 주주총회에 영향을 주어서 불공정한 회사지배를 초래할 우려가 있기 때문에 엄격하게 규제된다. 자기주식 취득을 통하여 특정 주주의 소유주식이 완전히 없어지는 경우만 아니라면, 경제적 실질의 관점에서 볼 때 동일한 지분비율을 유지하면서 현금을 지급받을 수 있는 것이어서 이익배당을 하는 것과 유사하게 평가된다. 실무적으로는 이익배당과 자기주식 취득을 호환적으로 활용한다. 과세방식이 달라서 각 주주의 선호는 다를 수 있다.

회사가 자기주식을 취득하면 의결권이 부정되는 것은 물론이고 일체의 공익권과 자익권이 인정되지 않기 때문에 사실상 소각된 것과 다름없다. 그런데 자기주식을 다시 제3자에게 처분하면 모든 주주권이 되살아난다. 경영권 방어 목적으로 자기주식을 우호주주에게 매각하여 기존 경영진의 이익에 부합하도록 의결권이 행사되도록 유도하는 경우가 많다. 경영권 방어 목적의 자기주식 처분에 대해서는 부당한 관행이라는 비판이 대부분이다.

자기주식을 취득할 때에는 여러 규제 요건을 준수해야 한다. ① 자기주식 취득의 재원은 배당가능이익을 한도로 제한된다(재원규제). ② 취득의 방법은 주주평등의 원칙을 준수해야 하는바 모든 주주에게 동등한 기회를 부여해야 한다(방법규제). 이와 같은 엄격한 절차에 의해서만 허용되기 때문에 이를 위반한 경우는 자기주식 취득이 무효이다. 배당가능이익을 산정하는 방식은 §462①에서 정하고 있다. 만약 해당 영업연도의 결산기에 배당가능이익이 부족할 우려가 있다면 자기주식을 취득하면 안 된다. 자기주식을 취득하였으나 결국 배당가능이익이 부족하게 되었다면 이사가 그에 대한 손해배상책임을 부담한다. 다만 이사는 자신의 무과실을 입증하여 책임을 면할 수 있다(§341④).

회사가 자기 명의로 자기주식을 취득하는 경우가 아니어도 특정한 상황에서는 자기주식의 취득으로 인정될 수 있다. 판례에 의하면, ① 회사가 취득자금을 출연하고 ② 주식보유에 의한 손익이 회사에 귀속되는 경우라면 실질적으로 회사가 자기주식을 취득한 것과 동일하게 평가될 수 있다. 따라서 자기주식 취득을 위한 요건을 준수하지 않았다면 무효이다. 주식취득에 따른 손익이 회사에 귀속되지 않는다면 단순히 자금을 지원한 것만으로 자기주식 취득의 규제가 적용되지는 않는다. 다만 판례는 손해와 이익이 모두 회사에 귀속되는 상황이 아닐지라도 당해 주식보유에 따른 손실이 회사에 전이될 우려가 있다면 자기주식 취득으로 평가하는 경향이 있다. 회사 입장에서는 자기주식 취득을 규제하려는 취지에 비추어 그와 유사한 위험을 초래할 우려가 있는 것이어서 동일위험에 대한 동일규제가 적용되는 것으로 이해할 수 있다.

[대법원 2003. 5. 16. 선고 2001다44109판결] 대한종금 사례

〈사실관계〉

대한종금의 제안에 따라 원고는 원고 또는 그가 지정하는 자의 이름으로 대한종금의 유상증자에 참여하기로 하되, 100억 원을 대한종금으로부터 대출받아 이를 신주인수의 청약대금으로 대한종금에 납입하고, 인수한 주식 전부를 대한종금에 담보로 제공하며, 대한종금이 영업정지를 받는 등의 사유가 발생하는 경우에는 그 전 일자로 대한종금에 대하여 원고가 위 주식의 매수(환매)를 청구할 수 있는 권리가 발생한 것으로 간주하고 그 매수가격을 발행가액으로 하여 원고의 위 대출금채무와 상계된 것으로 보고 이자 등 일체의 채권에 대하여 대한종금의 권리가 상실되는 것으로 계약을 체결하였다.

〈판시사항〉
이는 결국 원고가 청약하는 신주인수대금을 대한종금이 대출의 형식으로 제공하여 납입하게 하지만 원고에게는 그 대여금 상환의 책임을 지우지 아니하고 그 주식인수에 따른 손익을 대한종금에 귀속시키기로 하는 내용의 계약이라고 할 것이고, 따라서 이 계약의 실질은 대한종금의 계산 아래 대한종금이 원고 또는 원고가 지정하는 자의 명의로 대한종금 스스로 발행하는 신주를 인수하여 취득하는 것을 목적으로 하는 것으로서, 앞에서 본 법리에 비추어 자기주식의 취득이 금지되는 유형에 해당한다고 할 것이므로, 위 계약은 대출약정을 포함한 그 전부가 무효라고 할 것이고, 그 계약에 따라 원고가 대한종금의 대여금으로 신주대금을 납입한 것 역시 무효라고 할 것이다.

한편 배당가능이익과 무관하게 취득할 수 있는 경우도 법률에 규정되어 있다(§341－2). 즉 권리의 실행을 위하여 채무자 소유의 자기주식을 강제집행을 하여 경락을 받는다거나, 주주가 주식매수청구권을 행사하여 회사가 자기주식을 취득하는 경우 등이 있다. 예외적으로 자기주식을 무상으로 취득하는 경우와 같이 회사의 재산적 기초를 위태롭게 할 우려가 없다면 법률의 근거 없이도 배당가능이익과 무관하게 자기주식 취득이 허용된다.

제도설계의 가능성 #21 **자기주식 처분의 규제 필요성**

회사가 10%의 자기주식을 취득하였다가 제3자(A)에게 처분하는 경우에 대하여 생각해볼 수 있다. 이러한 상황은 회사가 기존주주들로부터 10%씩 자기주식을 각출 받아서 특정인 A에게 몰아주는 것으로 볼 여지가 있다.

개별 당사자별로 다음과 같이 상황을 검토할 수 있다. ① 회사는 자기주식취득 과정에서 지출한 금원을 A로부터 회수하므로 회사의 재산은 그대로 유지되는 것이고, ② 자기주식의 취득으로 주식 물량이 줄었다가 시장에서 자기주식을 처분하면 주식 물량이 다시 늘어났으니 주가에 대한 영향도 보합세이다. ③ 기존주주의 입장에서는 회사에 주식을 팔고 대가를 받았지만 지분비율이 감소하였고, ④ A 입장에서는 대가를 주고 회사로부터 주식을 받았지만 제3자 배정 방식의 규제를 받지 않았다.

종합적으로 득실을 따진다면, 제3자 배정 방식의 규제를 회피할 수 있었던 A가 득을 보았고, 기존주주는 자기 지분비율이 왜 감소했는지 상황파악도 하기 어려울 것이다. 여기서 한 걸음 더 나아가 A가 회사에 우호적인 백기사이기 때문에 자기주식을 매수할 수 있었던 것이라면 경영진 및 지배주주는 자기주식의 처분을 통하여 경영권 방어 및 참호효과를 누릴 수 있다. 특히 소수주주 입장에서는 이익배당 방식으로 받아도 될 금원을 자기주식취득 방식으로 받는 바람에 경영진과 지배주주의 지배권만 강화해준 결과가 된 것인데, 문제는 소수주주들이 이런 상황을 예상하지 못하였고 대처도 할 수 없었다는 점이다.

회사가 자기주식을 취득한 뒤에 자기주식과 교환할 수 있는 교환사채를 발행하는 경우에도 결과적으로는 이와 동일하다. 사채발행에 성공하였다는 점에 주목하여 회사 재무구조에 긍정적이라는 호평을 받을 수도 있지만, 나중에 교환사채를 교환하여 누가 자기주식을 받아가는지 알게 된다면 얘기가 다를 것이다.

* * *

기존주주의 지분비율 자체는 법적으로 보호되는 재산권이 아니기 때문에 지분비율이 감소되더라도 법적인 의미에서 손해라고 보지는 않는다. 다만 주주관계를 개인법적 재산권에 의해서만 파악할 것은 아니며, 회사제도의 신뢰유지와 지속성장을 위해서는 단체법적 관점도 중요하다. 우리나라는 단체법적 관점에서 지분비율이 함부로 손상되지 않도록 기존주주에게 신주인수권을 법적으로 보장한다.

형식적으로 자기주식을 처분하는 상황은 신주발행 상황과 엄밀히 구별되는 것이기 때문에 신주인수권이 적용되지 않지만 실질적인 관점에서는 기존주주의 지배권 희석을 제도적으로 규율하는 취지를 다시 생각해 볼 필요가 있다. 원래 자기주식을 취득한 회사는 이를 소각할 것으로 기대되는데, 소각하지 않은 자기주식을 제3자에게 매각하는 것은 제3자 배정 방식의 신주발행과 실질적으로 동일하게 평가할 수 있기 때문이다. 자기주식 처분 과정에서 기존주주의 지분비율을 보장하는 신주인수권을 인정할지 여부와 어떻게 규제할지는 정책적으로 정할 수 있는 문제이다.

만약 자기주식의 처분과정에서 신주인수권을 인정하지 않기로 결정하더라도, 적어도 경영권 방어 목적으로 백기사에게 자기주식을 매각하는 것은 마땅히 규제되어야 한다. 경영권 방어를 위하여 제3자 배정 방식으로 신주를 발행하는 것은 판례가 위법한 것으로 인정하여 무효사유에 해당하는데, 자기주식을 처분할 때에는 규제 사각지대로 남아 있는 것이다.

다른 나라의 입법례에서는 자기주식을 처분할 때 기존주주에게 신주인수권을 인정하거나 신주발행에 준하는 규제를 하고 있다. 자기주식 처분을 개인법적 관점에서만 파악하여 아무런 문제가 없다고 하는 것은 복합적인 현실을 외면하려는 것에 불과하다. 단체법적 관점에서 동일위험에 대한 동일규제를 실시하는 것이 마땅하다. 이런 관점에서 최근 상법개정 작업이 진행되었다.

(5) 자회사의 모회사 주식 취득금지

자회사는 모회사의 주식을 취득할 수 없다(§342-2①). 이에 위반하여 자회사가 모회사의 주식을 취득하면 자기주식 취득금지에 위반한 것과 마찬가지로 무효이다. 모회사란 자회사의 지분 50%를 초과하여 소유하는 경우를 의미한다. 이는 자본의 공동화 및 지배구조의 왜곡을 방지하기 위함이다.

예를 들어, A회사가 출자를 통해 B회사를 자회사로 설립한 뒤에, A회사가 유상증자를 할 때 B회사가 다시 A회사의 신주를 인수하면 동일한 자본으로 A회사와 B회사의 자본을 모두 증식시킬 수 있다. 즉 대외적으로는 A회사와 B회사가 모두 건실한 자본을 가진 것처럼 증자를 할 수 있지만 실질적으로는 A회사와 B회사 모두 자본금이 부실해지는 결과가 초래된다. 또한 A회사의 경영진은 자회사 B를 지배하면서 B회사가 가진 A회사의 의결권까지 좌우할 수 있으므로 A회사의 경영진은 본인이 출자하지 않았으면서도 A회사의 주주총회에서 의결권을 행사함으로써 지배구조를 왜곡할 수 있다. 이는 소유자(주주)가 지배한다는 자본주의 원칙에도 어긋난다.

예외적으로 ① 주식의 포괄적 교환 또는 이전, 합병 및 영업전부의 양수를 하는 경우와 ② 권리를 실행하기 위하여 필요한 경우에는 모회사의 주식을 취득할 수 있다(§342-2①). 삼각합병에서는 모회사의 주식을 취득하여 합병대가로 지급하는 방식을 취한다. 이러한 경우에 자회사가 모회사의 주식을 취득하였다면 그 의결권을 행사할 수 없으며(§369③), 다른 자익권 및 공익권도 인정되지 않는다. 나아가 취득한 날로부터 6월 이내에 처분하여야 한다(§342-2②).

(6) 주주의 재산권

제도설계의 가능성 #22 **주주의 재산권 보장 vs. 제한**

주주는 주식을 소유함으로써 의결권을 행사하고, 담보로 제공하여 자금을 융통할 수도 있으며, 양도·상속 등을 할 수 있다. 즉 주주는 주식을 사용·수익·처분할 수 있다는 점에서 사적 유용성을 가지며 그에 대한 원칙적 처분권을 내포하는 재산가치 있는 권리를 소유하는 것이기 때문에 헌법재판소는 재산권 보장의 대상으로 인정한다. 다만 주주의 재산권에 대한 제한이 금지되는 것은 아니다. 헌법재판소는 비례의 원칙(입법목적의 정당성, 수단의 적정성, 침해의 최소성, 법익의 균형성)을 적용하여 과잉금지원칙을 위반한 재산권 침해에 해당하는지 여부를 판단한다.

① 예를 들어 주식의 포괄적 교환과 같이 기업의 구조조정을 지원하는 제도가 달성하려는 공익에 비추어 볼 때, 주식교환에 의하여 기존주주가 새로운 회사의 주식으로 교환받아야 한다거나 주식교환에 반대하는 주주가 주식매수청구권을 행사하여 주주의 지위에서 탈퇴함으로 인하여 사익이 제한되는 정도가 균형성을 상실하지 않는다고 판시한다(헌법재판소 2015. 5. 28. 선고 2013헌바82, 2014헌바347·356(병합) 결정). 즉 회사제도를 설계함에 있어서 주주에게 다른 주식으로 바꾸어주거나, 주주의 선택에 의하여 금전을 대가로 지급하는 것이 허용될 수 있다. 물론 주식의 포괄적 교환의 요건으로 주주총회의 특별결의가 필요하며 교환비율 또는 주식대금은 공정하게 산정하도록 규정되어 있다.

② 또한 회사의 지분 95% 이상을 보유하는 지배주주가 소수주주의 주식을 전부 매수하는 것도 가능하다(§360－24). 물론 이러한 매수청구를 하기 위해서는 경영상 목적이 요건이지만 주주관리비용 절감 등의 사유도 경영상 목적으로 인정될 수 있는 것으로 해석하기 때문에 어려운 것이 아니다. 즉 회사제도를 설계함에 있어서 주주의 주식을 일방적으로 취득하는 것도 허용되며 공정한 가액을 대가로 지급하면 된다.

위 ①, ② 상황은 개인의 소유권이 보장되는 일반적인 경우와 사뭇 다르다. 누군가의 재산을 마음대로 빼앗으면서 돈으로 보상하면 된다고 하는 것은 사유재산제의 질서에 어긋나기 때문이다. 반면에 국가에서 개인의 토지를 수용하기로 결정하는 경우에는 금전으로 보상하는 것이 적법하다. 물론 수용 절차는 엄격한 방식으로 진행된다. 따라서 단체법적 관점에서 회사 또는 지배주주가 소수주주의 주식을 취득하면서 공정한 대가를 지급하도록 하거나 다른 주식으로 바꿔주면서 공정한 비율을 적용하도록 하는 것은 국가의 수용보상에 유사한 측면이 있다. 주주의 재산권을 회사 차원에서 제한할 경우에는 개인법적 관계가 아닌 단체법적 관점이 적용된다.

* * *

한편 주식병합에 의하여 소수주주가 축출되는 경우가 발생할 수 있다. 10,000대 1의 비율로 주식병합을 함으로써 10,000주 이하의 주식을 소유한 소수주주들은 주식을 1주도 받지 못하고 축출된 사례가 있다. 이때 판례는 결과적으로 소수주주의 축출이 이루어졌다는 것만으로는 신의칙을 위반한 것으로 인정할 수 없고, 오히려 단주의 처리과정에서 소수주주가 지위를 상실하게 된 것을 주주평등의 원칙의 예외로 인정하였다(대법원 2020. 11. 26. 선고 2018다283315 판결). 주주의 재산권이 회사법에 의하여 제한될 수 있다는 점이 다시 한 번 확인된 판례이다.

다만 문제는 주식병합 과정에서 축출되는 소수주주에게 공정한 대가를 지급하도록 규제하는 규정이 없다는 점이다. 단체법적 관점에서 주주의 재산권을 제한하더라도 공정한 대가를 지급해야 하는 것은 반드시 지켜져야 하는 부분이다. 미국 판례에서는 소수주주 축출 과정에서 공정한 대가를 지급하지 않은 경영진에게 신인의무 위반의 책임을 묻는다. 우리나라에서도 경영진에게 선관의무 위반의 책임을 물을 수 있을 것이며, 입법론적으로는 공정한 대가지급을 요구하는 절차규정이 마련되어야 한다.

* * *

주주의 재산권을 제한할 수 있다는 아이디어에서 출발한다면, 지배주주가 사망하였을 때 지배적 지분을 상속인이 포괄승계하는 것이 당연한 것인지 다시 한 번 생각해 볼 수 있다. 개별적인 주식을 상속하는 것은 재산권 보장 차원에서 당연한 것이지만, 지배적 지분의 주식을 소유하고 있는 상태라면 과연 이러한 지배력으로 인한 경영권까지 상속되는 것이 단체법적 관점에서 바람직한 것인지 의문이 든다.

창업주로서 회사의 지배적 지분을 소유하였다거나, 지분경쟁에서 승리하여 지배적 지분을 쟁취하였다면 당해 회사에 대한 나름의 비전을 가지고 가치를 높이려는 의지가 있었고 지배권 시장에서 능력을 인정받은 것이라 선해할 수 있다. 그렇기 때문에 지배주주가 지배력을 발휘하는 과정에서 현재의 회사가 만들어졌다고 인정할 수 있다. 지배주주의 경영권은 그 회사의 정체성을 형성한다. 회사의 정체성은 기업가치를 구성하기도 하고, 회사의 최선의 이익에 부합하는지 판단할 때 고려되어서 경영판단원칙을 발동시킬 수도 있는바, 단체법적으로 중요한 의미를 갖는다.

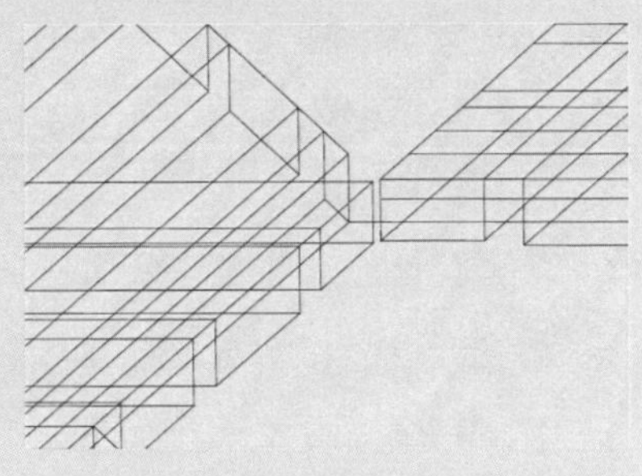

그러나 지배주주의 상속인 역시 그러한 비전과 의지가 있을 것으로 간주할 수는 없으며 시장에서도 인정받은바 없기 때문에 지배적 지분을 가지고 무책임하게 경영권을 행사하는 것은 치열한 경쟁상황에서 전쟁 중인 회사에게 매우 위태로운 일이다. 즉 지배주주 리스크 내지 지배권승계 리스크가 발생한다. 그렇다면 단체법적 관점에서 지배주주 사망으로 인한 상속인에게 공정한 대가를 지급하고 주식을 회수하는 방안을 검토할 필요가 있다. 예를 들어, 조합원 사망시 그 지분을 상속시키지 않고 조합에서 금전으로 반환해 주는 절차를 참고할 수 있을 것이다(민법 §719②).

물론 지배주주가 사망 전에 사전증여 방식으로 지배지분을 특정인에게 양도한다거나 미리 상속인을 지정해 놓는 방식으로 지배권의 승계자를 명확히 해놓는다면 회사에서 지배지분을 회수할 필요는 없을 것이다. 따라서 회사들의 입장에서는 지배권 승계플랜을 미리 준비함으로써 지배주주 리스크를 최소화할 필요가 있다.

Chapter

09 주주권의 행사와 주주총회

1 | 주권

(1) 주권의 발행

주권이란 주식 또는 주주권을 표창하는 유가증권을 의미한다. 회사는 성립 후 또는 신주의 납입기일 후 지체없이 주주에게 주권을 발행해야 한다(§355①).

다만 주주가 주권불소지 신고를 하였다면 주권을 발행하지 않으며, 이미 발행된 주권은 회사에서 제출받아 회수한다. 주권불소지 신고가 된 상태에서는 회사가 주권을 발행하더라도 무효이다. 주권불소지된 주식은 지명채권양도 방식으로도 양도할 수 없다.

(2) 주권이론

주권이 법적으로 효력을 발생하는 정확한 시점이 언제인지에 대한 학설의 대립이 있다. 이를 주권의 효력발생시기에 관한 주권이론이라고 한다. 주권의 효력이 발생하지 않았다면 도난을 당하거나 분실하더라도 제3자가 선의취득할 수 없으며, 채권자가 압류해도 효력이 발생하지 않기 때문에 논의의 실익이 있다.

이와 관련하여 ① 작성시설은 회사가 주권을 작성한 때에 주권의 효력이 발생한다고 본다. 따라서 회사가 주권을 작성하여 교부하지 않은채 회사에서 보관하고 있는 상태에서

도난을 당하더라도 제3자가 선의취득할 수 있는 문제가 있다. ② 발행시설은 회사가 주권을 작성하여 자신의 의사에 기해 교부를 하면 주권의 효력이 발생한다고 본다. 이 경우 주권을 교부받은 상대방이 적법한 주주가 아니어도 효력이 발생하고 제3자의 선의취득이 가능하게 된다. ③ 교부시설은 회사가 주권을 적법한 주주에게 교부한 때에 주권의 효력이 발생한다고 본다. 통설 및 판례는 교부시설을 따른다.

(3) 주권점유의 추정력

주권의 점유자는 주권의 적법한 소지인으로 추정한다(§336②). 즉 주주는 주권을 점유함으로써 스스로 주주임을 입증할 필요없이 회사에 적법하게 명의개서를 청구할 수 있다.

회사는 주권을 제시하면서 명의개서를 청구하는 자에게 명의개서를 경료해주면 설사 주주가 아니어도 악의나 중과실이 없는 한 책임을 부담하지 않는데, 만약 명의개서를 경료해 주지 않으면 부당거절에 해당한다. 회사가 주권을 제시하면서 명의개서를 청구하는 자에게 추가적인 서류의 제출을 필수적으로 요구하는 정관을 규정하더라도 이는 주권점유의 추정력에 반하기 때문에 무효이다.

(4) 주권의 선의취득

주권의 점유자로부터 주권 교부 방식으로 주식을 양도받은 자는 양도인이 무권리자라도 이에 대하여 악의나 중과실이 없는 한 주권을 선의취득하여 주주의 지위를 취득할 수 있다. 즉 양수인이 무권리자로부터 주식을 양도받는다는 사정을 알지 못한채 선의로 주권을 취득한다면 양수인은 적법하게 주권을 선의취득할 수 있다. 이는 주권의 점유자를 적법한 소지인으로 추정하기 때문에(§336②), 이를 신뢰한 제3자를 보호하는 것이다. 참고로 주식을 양도받는 것이나 상속받는 것과 같은 일반적인 경우에는 승계취득이라 하여 선의취득과 완전히 구별된다.

주권의 선의취득이 이루어지기 위한 요건은 어음·수표법상의 논의가 준용된다. 즉 ① 일단 주권이 효력을 발생하여 유효하게 존재해야 하며, ② 양도인이 주권을 절취하였다거나 분실된 주권을 습득하였다는 등 무권리자인 경우에 적용되며, ③ 양수인은 주권 교부 방식에 의하여 취득하였어야 하며, ④ 이때 양수인은 양도인이 무권리자라는 사정에 대하여 몰랐으며, 알지 못한데 중과실이 없었어야 한다. 주권 점유자는 적법한 소지인으로 추정되기 때문에 선의취득을 부정하는 자가 양수인의 악의·중과실에 대한 입증책임을 부담한다.

2 | 주주권 행사의 기준

(1) 주주명부의 역할

상법은 주식발행의 경우 회사로 하여금 주주명부에 주주의 성명과 주소, 각 주주가 가진 주식의 수와 종류 등을 기재하고 이를 회사의 본점에 비치하여 주주와 회사채권자가 열람할 수 있도록 하고 있다. 회사는 발행 주식에 관하여 주주권을 행사할 자를 확정하여 주주명부에 주주로 기재하는 것이다.

주주명부에 명의개서를 한 경우에 회사와의 관계에서 대항력이 인정되고, 주주명부상 주주의 주소로 통지를 하면 되며, 회사가 정한 일정한 날(기준일)에 주주명부에 기재된 주주에게 신주인수권 및 이익배당권 등의 권리를 부여할 수 있다.

상법이 주주명부제도를 둔 이유는 주식의 발행 및 양도에 따라 주주의 구성이 계속 변화하는 단체법적 법률관계의 특성상 회사가 다수의 주주와 관련된 법률관계를 외부적으로 용이하게 식별할 수 있는 형식적이고도 획일적인 기준에 의하여 처리할 수 있도록 하여 이와 관련된 사무처리의 효율성과 법적 안전성을 도모하기 위함인바, 해당 주주는 물론이고 회사 스스로도 이에 구속을 받도록 하기 위한 것이다(판례).

대법원은 '주식의 소유권 귀속에 관한 회사 이외의 주체들 사이의 권리관계'와 '주주의 회사에 대한 주주권 행사국면'을 구분하는바, 후자와 관련하여 주주명부상 기재 또는 명의개서에 특별한 효력을 인정한다. 즉 회사가 주주에 대한 실질적인 권리관계를 따로 조사하지 않고 주주명부의 기재에 따라 주주권을 행사할 수 있는 자를 획일적으로 확정하려는 것이다.

(2) 명의개서의 절차

판례에 의하면 주식 양수인은 양도인의 협력을 받을 필요없이 단독으로 회사에 대하여 주주명부에 명의개서를 경료해줄 것을 청구할 수 있다. 주권 교부방식으로 양수하였다면 주권 점유의 추정력에 기초하여 단독으로 청구하는 것이 당연할 수 있지만, 주권이 발행되지 않은 상태에서 지명채권 양도방식으로 주식을 양수한 경우에도 위 판례법리가 적용된다. 이는 민법상 지명채권 양도의 대항력이 인정되기 위해서 양도인의 통지 또는 채무자인 회사의 승낙이 필요한 것과 구별된다. 한편 주식양수인이 단순히 회사에 양수사실만 통지한 것은 명의개서를 청구한 것으로 인정되지 않기 때문에 명확하게 명의개서를 해달라고 청구할 필요가 있다.

주권 제시에 의하여 명의개서를 청구받은 회사는 청구자가 진정한 주권을 점유하고 있다는 점에 대해서만 형식적 자격을 심사하면 충분하다. 반면에 명의개서를 청구하는 자가 실질적으로 주주의 지위를 취득하였는지 여부를 심사할 의무는 없다. 즉 형식적 심사의무는 인정되지만 실질적 심사의무는 인정되지 않는다.

다만 명의개서를 청구하는 자가 적법한 주주인지 여부가 의심스러울 때 회사가 이를 심사할 권한이 있는지 여부에 대해서는 논란이 있다. 주주명부에 강력한 법적 효력을 부여하는 전원합의체 판결의 취지를 고려할 때 명의개서 자체에 대해서도 엄격한 심사가 가능하도록 허용할 필요가 있다. 주권 제시없이 주식 양수를 입증하는 방식으로 명의개서를 단독청구하는 경우에 무권리자임을 의심할만한 구체적 상황이 인정되는 경우라면 명의개서가 지체되더라도 회사에게 심사권한을 인정하고, 그로 인한 불이익은 명의개서 청구자에게 귀속되는 것으로 해석하는 것이 바람직하다.

(3) 명의개서의 대항력

주식의 이전은 취득자의 성명과 주소를 주주명부에 기재하지 아니하면 회사에 대항하지 못한다(§337①). 따라서 주식을 양수하였더라도 명의개서를 경료하지 않은 명의개서 미필주주는 회사에 대하여 주주권을 행사하지 못한다.

대법원 전원합의체 판결에 의하면, 위 법리는 '주주명부상의 주주만이 회사에 대한 관계에서 주주권을 행사할 수 있다'는 편면적 구속력에 그치지 않고 회사에 대해서도 쌍면적 구속력이 인정된다. 즉 회사 역시 주주명부 기재에 구속되기 때문에 회사는 주주명부에 기재된 자가 진정한 주주의 지위를 취득하지 못하였다는 등의 특별한 사정이 없는 한 그의 주주권 행사를 부인할 수 없으며 주주명부에 기재되지 아니한 자의 주주권 행사를 임의로 인정할 수도 없다.

쌍면적 구속력은 명의개서 미필주주 뿐만 아니라 차명주식의 경우에도 동일하게 적용된다. 즉 주식을 인수·양수하려는 자가 타인의 명의를 빌려 회사의 주식을 인수·양수하고 그 타인의 명의로 주주명부에의 기재까지 마치는 경우에도, 회사에 대한 관계에서는 주주명부상 주주만이 주주로서 의결권 등 주주권을 적법하게 행사할 수 있으며 회사가 임의로 실질주주에게 주주권을 행사하도록 허용할 수 없다.

언제든 주주명부에 주주로 기재해 줄 것을 청구하여 주주권을 행사할 수 있는 자가 타인의 명의로 주주명부에 명의개서를 경료한 것은 적어도 주주명부상 주주가 회사에 대한 관계에서 주주권을 행사하더라도 이를 허용하거나 받아들이려는 의사인 것으로 간주된다. 따라서 주주명부상 주주가 실질주주의 의사에 반하여 주주권을 행사한다 하더라도, 이는 주주명부상 주주에게 주주권을 행사하는 것을 허용함에 따른 결과이므로 그 주주권의 행사가 신의칙에 반한다고 볼 수 없다.

회사가 명의개서를 부당하게 거절하였다는 등의 특별한 사정이 없는 한, 주주명부에 적법하게 주주로 기재되어 있는 자는 회사에 대한 관계에서 그 주식에 관한 의결권 등 주주권을 행사할 수 있다. 회사 역시 주주명부상 주주 외에 실제 주식을 인수·양수하고자 하였던 실질주주가 따로 존재한다는 사실을 알았든 몰랐든 간에 주주명부상 주주의 주주권 행사를 부인할 수 없으며, 주주명부에 기재를 마치지 아니한 자의 주주권 행사를 인정할 수도 없다.

다만 회사가 주주의 적법한 명의개서 청구를 부당하게 지연하거나 거절하였다는 등의 극히 예외적인 사정이 인정되는 경우에는 주주명부 기재를 마치지 않고도 명의개서 미필주주가 회사에 대한 관계에서 주주권을 행사할 수 있다. 통상적으로 주식 양수인이 회사에 주권을 제시하면서 명의개서를 청구하였음에도 불구하고 회사가 즉시 명의개서를 해주지 않는다면 부당하게 거절된 것으로 판단하여 즉시 주주권을 행사할 수 있는 것으로 본다.

(4) 명의개서의 추정력

주주명부에 명의개서를 한 자는 회사의 주주로 추정한다. 상법에서 명의개서의 대항력을 인정하는 것에 기초하여(§337①), 대항력을 가진 자를 주주로 추정하는 것이 통설의 입장이다. 다만 추정적 효과를 인정하는 것에 불과하기 때문에 명의개서 자체로 권리가 창설될 정도의 효력이 인정되는 것은 아니며, 무권리자가 명의개서를 갖추었다고 해서 주주의 지위를 취득하는 것은 아니다.

명의개서가 경료되어 있는 상태에서는 주주로 추정되기 때문에 별도로 주주라는 입증을 할 필요없이 회사에 대하여 주주권을 행사할 수 있다. 따라서 주주총회에서 의결권을 행사할 수 있고, 이익배당을 받을 수 있다.

(5) 명의개서의 면책력

회사의 입장에서는 주주명부에 명의개서를 경료한 자에게 주주권을 행사시키면 충분하며 그가 진정한 주주가 아니라 할지라도 회사는 책임을 면한다(§353①). 즉 주주명부상 주주에게 주주총회 소집을 통지하고 의결권을 행사하도록 하며 이익배당을 하면 충분하다. 설사 차명약정에 의하여 실질주주가 별도로 존재하고 주주명부상 주주는 형식주주에 불과하더라도 주주권 행사는 주주명부상 주주에게만 허용하면 된다. 회사가 실질주주의 존재를 알고 있더라도 실질주주가 명의개서를 마치기 전까지는 명의주주에게 주주권을 행사시켜야 한다.

원칙적으로 명의개서의 면책력은 적법한 명의개서에 대해서만 적용된다. 따라서 무권리자가 어떠한 연유로든 명의개서를 경료하였다 하더라도 그러한 무권리자가 명의개서에 의하여 주주로서의 권리를 취득할 수 있는 것은 아니며 명의개서 자체가 위법하여 무효이다. 명의개서가 무효라는 점 또는 명의주주가 무권리자라는 점에 대하여 회사가 알고 있었다면, 악의인 회사가 명의개서의 면책력을 주장할 수 없는 것이 당연하다. 즉 면책력에도 한계가 있다.

종전의 판례는 명의개서가 무효라는 점에 대하여 '회사가 알았거나 중대한 과실로 알지 못하였고 또한 이를 용이하게 증명하여 의결권 행사를 거절할 수 있었음에도' 의결권 행사를 용인하거나 의결권을 행사하게 한 경우 그 의결권 행사는 위법하다고 판시하여 면책력의 한계상황에 대한 기준을 구체적으로 제시하였으나, 2017년 전원합의체 판결에서 차명주식에 관한 종전의 판례들을 폐기하는 과정에서 위 기준도 함께 폐기되어 버렸다. 이후 판례에서 면책력의 한계상황에 대한 기준을 별도로 제시한바 없기 때문에 면책력을 어디까지 인정할지는 회색지대에 있다.

그런데 명의주주가 무권리자여서 명의개서가 위법·무효라는 사정에 대하여 회사가 몰랐음에도 불구하고 명의개서의 면책력을 부정한다면 주주명부의 취지 자체가 몰각될 수 있다. 따라서 명의개서가 무효라는 점에 대하여 회사가 선의라면 명의개서의 면책력이 유지되며 회사는 무권리자인 명의주주에게 주주권을 행사시키더라도 면책된다. 즉 이익배당도 유효하고 주주총회결의에 하자도 없다.

사견으로는 회사에서 면책력을 남용하는 상황에 대해서까지 면책력을 허용하는 것은 민사법의 일반원칙인 신의칙에 반한

다. 따라서 회사에서 중과실로 명의주주의 무권리를 알지 못하였더라도 이를 용이하게 증명할 수 있을 정도의 상황이었다면, 회사에서 명의주주의 무권리를 용인 또는 외면하였다고 평가할 수 있을 것이고 회사가 면책력을 주장하는 것이 권리남용에 해당하여 허용될 수 없을 것이다.

(6) 명의개서 미필주주의 지위

주식을 양수하였으나 아직 명의개서를 경료하지 않은 명의개서 미필주주는 회사에 대하여 대항력이 없다(§337①). 이때 회사가 명의개서 미필주주에게 임의로 주주권을 행사시킬 수 있을지 문제되는데 회사 역시 명의개서의 대항력에 구속되기 때문에 명의개서를 하지 않은 자를 주주로 인정하는 것이 허용되지 않는다. 따라서 주식 양수인이 명의개서를 경료하지 않고 있는 사이에 회사에서 이익배당 또는 신주발행을 하게 되었다면 회사는 명의개서가 남아있는 양도인에게 배당금을 지급하거나 신주를 발행하게 된다.

그런데 양도인은 이미 주식을 양도하여 주주의 지위를 상실한 자이고 양수인에게 귀속되어야 할 이익을 양도인이 취득하였다는 점에서 법적 문제가 발생한다. 이때 회사는 면책력에 의한 보호를 받기 때문에 회사를 상대로 문제를 제기할 수 없으며, 양수인은 명의개서를 경료하지 않은 상태에서 회사에 대한 대항력이 없기 때문에 문제제기를 할 수도 없다. 따라서 양수인은 양도인과의 개인법적 법률관계에서 이익의 반환을 청구할 수 있다.

3 | 의결권

(1) 개념

의결권은 주주의 가장 중요한 공익권이자 고유권이다. 정관의 규정으로 의결권을 박탈하거나 제한하는 것도 불가능하다. 주주도 주식과 분리하여 의결권을 포기할 수 없다. 특히 주식 한 주당 하나의 의결권을 부여하는 1주1의결권 제도는 현재 강행적 성격을 인정받기 때문에 법률에 의하지 않고는 변형할 수 없으며 이와 다른 주주간의 합의는 무효이다. 가부동수 상태에서 의장 등 특정인에게 1주를 더 행사할 수 있도록 하는 방식(casting vote)도 1주1의결권 원칙에 위반하여 무효이다.

주식회사에서는 복수의결권 주식이 허용되지 않지만 유한 회사에서는 정관 규정에 의하여 도입 가능하다. 다만 주식회사에서도 의결권을 배제하거나 제한하는 종류주식을 발행함으로써 다른 보통주의 의결권 비중을 상대적으로 강화하는 효과를 가져올 수 있다(§344-3).

(2) 의결권의 대리행사

원칙적으로 의결권 행사의 자유가 보장되기 때문에 대리인을 통한 의결권 행사 역시 마찬가지로 보장된다(§368②). 다만 예전에 너무 많은 대리인을 동원하여 주주총회를 무산시키려는 경우가 있었기에 회사 중에는 정관으로 대리인의 자격을 주주로 제한하는 경우도 있다. 이에 대하여 판례는 대리인의 자격을 주주로 한정하는 정관은 주주총회가 주주 이외의 제3자에 의하여 교란되는 것을 방지하여 회사 이익을 보호하는 취지에서 마련된 것으로서 합리적 이유에 의한 상당한 정도의 제한이므로 적법하다고 판시하였다. 다만 이러한 정관이 있는 경우에도 회사의 주주가 법인 또는 국가라면 '소속 직원이나 소속 공무원으로 하여금 의결권을 행사하게 하는 것'이 주주총회를 교란한다거나 회사 이익을 침해할 위험이 있지는 않을 것이어서 위 정관에 위반하는 것은 아니라고 판시하였다.

의결권에 대한 대리권을 수여할 때에는 개별 의제별로 부여할 필요는 없으며 한 번의 주주총회를 하나의 단위로 하여 부여하면 된다. 다만 여러 번의 주주총회에 대하여 대리행사를 할 수 있는 포괄위임이 가능한지 논란이 있다. 판례는 부동산 프로젝트 사업기간 중에 개최되는 모든 주주총회에서 의결권을 포괄위임하는 약정을 유효한 것으로 판시한바 있다.

의결권을 대리행사하려는 자는 대리권을 증명하는 위임장을 주주총회에 제출해야 한다(§368②). 대리인이 위임장 원본을 제출하였음에도 불구하고 회사에서 추가서류의 제출을 요구하면서 대리인의 자격을 확인하려고 한다면, 이러한 추가서류를 제출하지 않더라도 다른 방법으로 위임장의 진정성을 증명할 수 있으면 족한 것이고 회사는 의결권의 대리행사를 거부할 수 없다.

[대법원 2009. 4. 23. 선고 2005다22701, 22718 판결] 국민은행 사건

〈사실관계〉
국민은행 노동조합은 그 소유 주식 12,214주에 대하여 노조대표자가 주주총회에 참석해서 의결권 불통일 행사를 하면 충분한데도 1주씩의 참석장 9,000장을 노조원들에게 나누어주고 이들로 하여금 의결권을 행사하게끔 하였다.

〈판시사항〉
주주의 자유로운 의결권 행사를 보장하기 위하여 주주가 의결권의 행사를 대리인에게 위임하는 것이 보장되어야 한다고 하더라도 주주의 의결권 행사를 위한 대리인 선임이 무제한적으로 허용되는 것은 아니고, 그 의결권의 대리행사로 말미암아 주주총회의 개최가 부당하게 저해되거나 혹은 회사의 이익이 부당하게 침해될 염려가 있는 등의 특별한 사정이 있는 경우에는 회사가 이를 거절할 수 있다.
국민은행이 주주총회 개최 등 방해금지 가처분결정을 얻어 이 사건 주주총회 당일 주주총회장 입구를 봉쇄하고 노조대표자 1인 이외의 다른 노조원들의 입장을 저지한 것은 주주총회 개최 및 진행을 위한 적법한 조치이다.

(3) 특별이해관계인의 의결권 제한

특별한 이해관계인이란 특정한 주주가 주주로서의 지위와 관계없이 개인적으로 이해관계를 갖는 경우를 뜻한다는 개인법설이 통설이다. 개인법설에 의한다면 ① 이사의 책임을 면제하는 결의를 할 때 그 이사인 주주, ② 영업양수도 등의 결의를 할 때 그 거래상대방인 주주, ③ 임원의 보수를 정할 때 그 임원인 주주 등은 특별이해관계인으로서 의결권이 제한된다.

그러나 이사·감사의 선임·해임 결의와 같이 회사 지배구조와 관련된 결의의 당사자라면 주주로서 의결권을 제한받지 않는다. 그런데 회사 구조조정 과정에 해당하는 합병에서 일방 당사자인 회사가 상대회사의 주주인 경우에는 개인적 이해관계에 해당하지 않는 것으로 본다. 다만 실질적으로는 합병과 영업양도의 경제적 실질이 유사함에도 불구하고 형식적 기준에 의하여 달리 취급하여 편법을 묵인한다는 비판이 있다.

(4) 상호주의 의결권 제한

두 회사가 서로 상대방 회사의 주식을 소유하는 상호주의 경우에도 자본금 공동화 현상 및 경영진에 의한 지배구조 왜곡이라는 폐해가 발생할 우려가 있다. 이에 상호주의 규모가 커지면 의결권을 제한한다. 의결권 이외의 공익권이나 자익권은 제한되지 않는다.

상호주 규제가 적용하는 상황은 다음과 같다. 즉 ① A회사가 C회사의 지분 10%를 초과하여 소유하는 경우에 C회사가 소유한 A회사의 주식은 의결권을 행사할 수 없으며, ② A회사 및 A회사의 자회사인 B회사가 공동으로 C회사의 지분 10%를 초과하여 소유하는 경우에 C회사가 소유한 A회사의 주식은 의결권을 행사할 수 없으며, ③ A회사의 자회사인 B회사가 단독으로 C회사의 지분 10%를 초과하여 소유하는 경우에 C회사가 소유한 A회사의 주식은 의결권을 행사할 수 없다(§369③). 반면에 C회사가 가진 A회사의 자회사에 대한 주식 또는 C회사의 자회사가 가진 주식은 의결권 제한을 적용받지 않는다.

위와 같이 상호주 규제가 적용되는 지분비율 10%를 초과하여 소유하는지 판단하는 시점은 A회사의 주주총회 당시이다. 이 시점에서 A회사가 C회사 주주명부에 주주로 명의개서를 하였는지 여부를 불문하고 A회사가 C회사의 주식 10%를 초과하여 취득하였다면 A회사는 C회사에 사실상의 영향력을 행사할 수 있을 것으로 보기 때문에 C회사는 A회사의 주주총회에서 의결권을 행사할 수 없게 된다.

(5) 통지의무 위반에 대한 의결권 제한

상호주 취득은 경영권 방어 목적으로 사용되기도 한다. 이를 일명 역공 방법(pac-man)이라 한다. 위 예시에서 C회사가 A회사의 지분 10%를 초과하여 취득한다면 A회사도 C회사의 주주총회에서 의결권을 행사하지 못하게 된다.

판례에 의하면 적대적 M&A에 의한 주식매집에 의하여 경영권의 안정을 위협받게 된

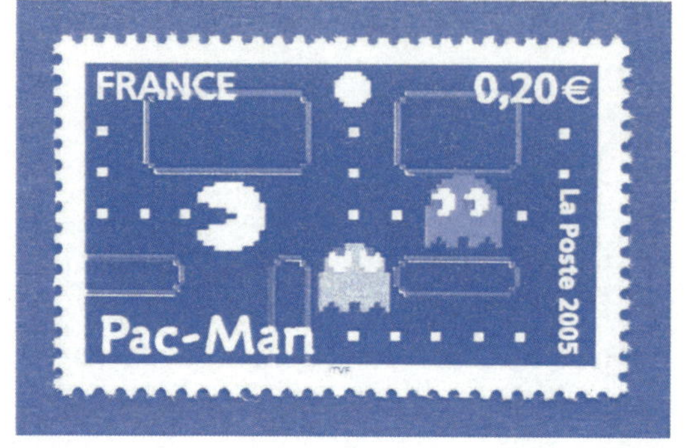

회사가 역으로 상대방 회사의 지분 10%를 초과하여 취득함으로써 상대 회사에 대하여 의결권을 행사할 수 없도록 함으로서 경영권의 안정을 도모할 수 있을 것이라고 설명한다.

이러한 취지에서 상대방 회사의 발행주식 10%를 초과하여 주식을 취득하는 경우에는 그 상대방 회사에 대하여 지체없이 통지할 의무가 있다(§342－3). 이를 통상 10% Rule이라고 부른다.

제도설계의 가능성 #23 **5% Rule과 후견적 과잉처벌**

한편 상장회사에 대해서는 5% Rule이 적용된다(자본시장법 §147). 즉 상장회사의 지분 5%를 초과하여 취득하는 자는 5일 이내에 금융위원회 및 거래소에 대량보유 보고의무를 부담하며, 이를 위반하였을 경우에는 의결권이 제한될뿐 아니라 형사처벌에 처한다(자본시장법 §445). 이때 보유란 의결권을 어떻게 행사할지에 대한 지시권한을 위임받는 것도 포함한다.

2015년 삼성물산과 에버랜드의 합병사안에서 헤지펀드인 엘리엇(Elliott Investment Management L.P.)은 6월 2일까지 삼성물산 주식 4.95%를 보유하고 있다가 6월 3일에 2.17%를 추가 확보하였음을 보고·공시하였다. 그런데 추가 확보물량은 예전에 이미 총수익교환(TRS) 파생상품거래를 체결해놓은 상태였는데 이러한 사실은 보고한바 없었다. 이에 대하여 증권선물위원회에서는 6월 2일까지 TRS를 통하여 보유하던 지분을 파킹거래로 판단하여 대량보유 보고·공시의무를 위반한 것을 문제삼으며 검찰에 통보하였다. 다만 검찰은 2020년에야 무혐의 처분을 하였다. 엘리엇에서 의결권 지시권한까지 위임받았다는 증거를 확보하지 못하였던 것으로 추측된다.

* * *

비교법적으로는 대량보유 보고·공시의무 위반에 대하여 과태료와 같은 행정제재를 하는 것이 일반적인데, 형사처벌을 하는 것은 세계적으로 유래를 찾기 힘들다. 우리나라에서는 개별 회사에 대하여 경영권 방어 방법을 허용하지 않고 있음에 반하여, 국가 형벌권을 동원하여 경영권 방어를 정부에서 관리한다는 점에서 시장제도의 발전이 미진하다. 사실 시장은 눈부시게 발전하였음에도 불구하고 시장의 역량에 대한 자신감이 부족하여 후견적 제도를 고수한다고 볼 수도 있다.

(6) 파생상품 거래방식에 의한 규제회피

파생상품 거래란 주식과 채권, 금, 원유 등 가격변동의 위험이 존재하는 자산(기초자산)을 기초로 삼아, 여기서 파생되는 새로운 현금흐름을 만들어서 각 거래 당사자가 서로 다른 방향으로 베팅하는 거래 방식이다. 금융투자업자와 일반투자자가 위험회피 목적의 파생상품 거래를 할 경우에는 형법상 도박죄가 적용되지 않는다(자본시장법 §10, §166-2). 기초자산에 내재된 가격변동의 위험을 헤지(hedge)하여 위험을 회피할 수 있다는 경제적 기능에 의하여 도박성을 이론적으로 정당화한다.

특히 총수익교환(total return swap; TRS) 계약은 일방 당사자가 관리하는 주식 등의 기초자산에서 발행하는 모든 수익을 상대방 당사자에게 지급하는 대신에 상대방 당사자는 일정한 수수료를 지급하는 방식의 신용파생상품 거래방식이다. 기초자산인 주식의 주가가 상승하거나 배당금이 지급되면 총수익 매수자에게 귀속되며, 기초자산인 주식의 주가가 하락하면 총수익 매수자가 기초자산 보유자에게 차액 상당의 손실을 보전한다.

기초자산 보유자는 가격하락의 위험을 회피할 수 있기 때문에 보장매입자 또는 신용위험 매도자/총수익 매도자로 부르며, 위험에 대비하는 보험적 성격을 갖는다. 기초자산 보유자에게 수수료를 지급하는 총수익 매수자는 신용위험 매수자/보장매도자로 부르며, 자신이 예측한 가격변동 가능성에 베팅하는 도박적 성격을 갖는다. 또한 총수익 매수자는 기초자산을 직접 매수하지 않고서도 기초자산에서 발생하는 현금흐름을 누릴 수 있기 때문에 실질적으로는 전액대출을 받아서 기초자산을 매입한 뒤에 상대방에게 양도담보를 설정해 준 것과 동일한 효과가 발생하는바, 담보대출의 성격도 갖는다. 실제로 수수료 규모는 기초자산을 매입하는데 필요한 자금을 대출받을 때 소요되는 이자 상당의 비용으로 책정된다.

해외에서는 TRS 계약을 통해 현금흐름을 얻고 그 대가로 수수료를 받는 그 자체에만 신경쓰는 경우가 대부분이어서 정작 의결권을 행사하는 기초자산 보유자는 주가 등락에 의한 손익과 무관하다. 따라서 기업가치 극대화를 위해 의결권을 행사하리라는 기본적인 신뢰가 무너지는 부작용이 발생한다. 이를 공의결권(empty voting)이라 하며 좀비와 같이 영혼없는 의결권 행사라 할 수 있는데 아직 규제 방법이 존재하지 않는다.

Business history TRS 투기

Bill Hwang은 1990년대초 현대증권 뉴욕법인에서 근무하던 중 페레그린 증권으로 옮겼다가 헤지펀드계의 선구자로 불리는 Julian Robertson이 운영하는 Tiger Management로 이직하고 2001년 Tiger Asia 헤지펀드를 운용하면서 Tiger cubs란 별명을 얻었다. 2013년 SEC의 규제를 받지 않는 family office 형태의 Archegos Capital Management(아케고스)로 이름을 바꾸고 2018년 이후에 본격적으로 파생상품을 활용한 투자를 개시한다.

아케고스는 보유자산 100억 달러의 5배가 넘는 500억 달러 규모의 주식투자를 진행하다가 프라임 브로커 역할을 하던 투자은행들의 마진콜(추가 증거금 요청)을 감당하지 못하고 부도를 선언한다. 이에 파생상품 계약을 체결했던 투자은행들은 총 100억 달러 규모(Credit Suisse 55억 달러, Nomura 증권 29억 달러, Morgan Stanley 및 UBS는 각 9억 달러)의 기록적인 손실을 입는다.

* * *

거래구조는 다음과 같았다. 아케고서가 투자를 원하는 주식 종목을 직접 구입할 자금은 부족하기 때문에 월가의 프라임 브로커가 그 주식을 대신 매입한 상태에서 당해 주식에서 발생하는 모든 이익과 손해는 아케고스가 부담하기로 하고 그 대신 아케고스는 프라임 브로커에게 주식매입대금의 금융비용에 상당하는 수수료를 지급하는 것이다. 이를 법적 개념으로 정리한다면, 프라임 브로커가 매입하여 소유하는 주식을 기초자산으로 하는 TRS 계약을 체결함으로써, 기초자산인 주식에서 발생하는 일체의 현금흐름은 총수익 매수자에게 귀속하고 프라임 브로커는 총수익 매도자로서 수수료를 지급받는 것이다.

외형적으로는 장외파생상품 거래이지만 실질적으로는 아케고스가 고도의 레버리지에 의한 자본차입을 하여 주식투자를 한 것에 해당하였다. 프라임 브로커들은 평균적으로 7배의 레버리지를 가능하게 해주었는바 자기 자본의 6배를 빌려와서 투자를 했다는 의미이다. 이러한 구조에 현금흐름을 수시로 정산하기 위하여 마진(margin) 개념이 추가된다. 즉 총수익 매수자는 총수익 매도자에게 최초 마진(예를 들어 15%)을 지급한 뒤, 주가가 10% 올랐다면 프라임 브로커는 10%의 변동 마진을 지급하고, 반면에 주가가 10% 하락하였다면 프라임 브로커는 10%의 변동 마진을 요청하는데 만약 총수익 매수자가 변동 마진을 추가적으로 지급하지 못한다면 기초자산으로 보유하던 주식을 매각하여 손실을 충당한다. 참고로 Credit Suisse의 경우에는 최초 마진을 원래 평균적으로 20%를 요구하였으나 2019년경 7.5%로 인하하였다.

아케고스는 주로 미디어 회사 및 중국 기술주에 집중 투자한 상태에서 중국 정부의 플랫폼 규제 강화는 주가 하락으로 이어졌고 Viacom CBS는 30억 달러 규모의 유상증자를 하겠다고 밝혔으나 대주주였던 아케고스가 불참하면서 목표액에 미치지 못하였고 주가가 23% 급락하였는 바 대규모 마진콜을 요청받았다. 아케고스가 추가 증거금을 감당하지 못하자 투자은행들은 기초자산인 주식들을 대량으로 매각하였고 이에 Viacom CBS의 주가는 당일에만 27%가 폭락하였다. 투자은행들이 기초자산을 매각할지 결정을 못하고 있던 중에 골드만삭스가 가장 먼저 17억 달러 규모의 3,500만 주 블록딜을 실시하였고 모건스탠리가 뒤를 이으면서 손실을 최소화하였지만 한 발 늦은 투자은행들은 막대한 손실을 입었고 Credit Suisse와 Nomura 증권의 주가는 약 19% 하락하였다.

* * *

이후 미국에서는 2021년 11월부터 TRS와 같은 증권기반 스왑상품에 대하여 보고의무가 적용되었다. EU에서는 투명성 지침에 의하여 의결권을 이전하는 방식의 TRS 계약에 대해서는 기초자산인 주식을 소유하는 주주에게 보고의무를 부과한다. 우리나라에서도 G20 합의에 따라 증권사들은 TRS 계약으로 의결권이 이전되는지 여부 및 레버리지 비율 등 장외파생상품에 대한 세부정보를 한국거래소에 보고할 의무를 부담한다. 우리나라에서 위 사건과 유사하게 주가폭락 사태를 야기했던 CFD(contract for difference)는 TRS의 일종이다.

우리나라에서는 TRS가 경영권 방어 또는 지배구조 규제의 회피를 위하여 많이 활용되었다. 이에 지배구조펀드라는 명칭으로 증권사에서 홍보하기도 한다. 이 경우 증권사가 당해 회사의 지분을 매입하여 소유하면서 이를 기초자산으로 삼아 대주주와 TRS 계약을 체결하고 의결권은 대주주에게 귀속하는 것으로 정할 수 있다. 따라서 대주주 입장에서는 외부적으로 드러나지 않는 지분을 지배하면서 규제를 회피하고 적대적 M&A에 대비할 수 있으며, 증권사 입장에서는 비교적 고율의 수수료를 받을 수 있다. TRS 방식은 아직 순환출자금지 및 과점주주에 대한 간주취득세 등의 규제에서 사각지대에 있다.

2022년부터 한국거래소는 TRS 계약에서 의결권을 누구에게 귀속시키는지에 관한 정보를 보고받아 거래정보저장소(trade repository; TR)에서 관리하기로 하였다. 이는 TRS 계약을 통한 탈법행위를 제어할 수 있는 최소한의 안전장치라 할 수 있다. 의결권 지시권한이 누구에게 귀속되는지에 의하여 실질적 관점에서 규제가 적용되어야 할 것이다.

[대법원 2020. 3. 30. 선고 2019다280481 판결] 현대엘리베이터의 TRS 대표소송

〈사실관계〉
현대엘리베이터는 2006년 현대상선에 대한 경영권을 유지하기 위하여 증권사와 TRS계약을 통해 현대상선의 지분 15%를 확보하였다. 즉 의결권은 사실상 현대엘리베이터에서 행사하기로 정하면서 대량보유 보고·공시도 마쳤다. 계약조건은 만기 시점에 발생하는 정산차익의 20%를 증권사에게 배분하고 정산차손은 전액 현대엘리베이터가 부담하는 것이었다. 일반적인 TRS 계약에서는 기초자산인 주식을 매입하는데 필요한 자금을 조달하는데 소요되는 비용 수준에서 증권사 수수료가 결정되는 것에 비하여 거래조건이 매우 불리하였고 결과적으로 현대엘리베이터는 막대한 손실을 입었다.

〈판결요지〉
결국 경영권 방어를 위하여 무리하게 TRS 계약을 체결하여 회사에 손해를 입혔다는 이유로 현정은 회장은 현대엘리베이터에 1,700억 원의 손해배상책임을 부담하였다. TRS 계약을 체결할 때에는, 그 '계약방식에 따르는 고유한 위험으로서 기초자산인 주식의 주가변동에 따른 손실 가능성 및 규모, 회사의 부담능력 등을 객관적·합리적으로 검토하고, 그에 따라 파생상품계약의 규모나 내용을 적절하게 조정하여 회사가 부담하는 비용이나 위험을 최소화하도록 조치'해야 한다.

4 | 주주총회

(1) 주주총회의 권한

주주총회는 법률 및 정관에 정해진 사항에 한하여 결의할 수 있다(§361). 상법은 대표이사 선임, 신주발행, 준비금의 자본전입, 전환사채 발행, 신주인수권부사채 발행 등의 경우 원칙적으로 이사회 결정 사항임에도 불구하고 정관에서 주주총회의 결정사항으로 바꾸어 정할 수 있도록 하였다. 다만 상법상 이와 같은 유보 조항이 없더라도 주주총회의 최고기관성

또는 권한분배의 자율성에 근거하여 정관으로 주주총회의 권한을 확장할 수 있는 것으로 해석한다.

(2) 이사회의 주주총회 소집결정

주주총회를 소집하기로 결정하는 것은 이사회의 권한이다. 이사회 결의로 주주총회 소집을 결정하였다면, 대표이사는 주주들에게 주주총회 소집을 통지하여야 한다.

다만 주주 1인이 주식 전부를 소유한 1인 회사라면 판례는 다음과 같은 예외를 인정한다. 즉 1인 주주가 주주총회에 출석하면 소집통지 절차에 하자가 있더라도 하자가 치유된다. 나아가 주주총회를 개최한 사실이 없더라도 1인 주주에 의하여 의결이 있었던 것처럼 의사록을 작성하였다면 주주총회 부존재에도 불구하고 그러한 내용의 결의가 있었던 것으로 인정한다.

(3) 주주총회결의

주주총회의 결의란 주주들의 개별적인 표결(가결 또는 부결)을 통하여 형성된 주주총회의 의사표시이다. 표결에서 결의요건을 충족하는 의결권의 수가 확정되는 순간 결의가 이루어진 것으로 파악한다.

보통결의에 성립정족수는 없으며, 출석 의결권 과반수 및 발행주식총수의 1/4 이상이 찬성하면 된다(§368). 정관변경, 영업양도, 이사감사 해임, 감자, 합병 등의 특별결의사항은 출석 의결권의 2/3 및 발행주식총수의 1/3 이상의 찬성이 필요하다(§434). 의사표시 하자에 관한 민법규정이 적용되지 아니하며 상법 제376조 이하의 사유에 의해서만 결의의 무효·취소가 인정된다.

(4) 주주총회결의 하자

주주총회결의의 절차에 하자가 있거나 내용이 정관에 위반한다면 주주총회 결의의 취소를 구할 수 있다(§376). 주주총회결의 취소소송은 당해 결의가 성립한 날로부터 2개월 이내에 제기하여야 한다. 이는 제척기간이므로 중단되거나 연장되지 않는다. 제소기간을 도과한 경우에는 소 각하된다.

한편 결의절차의 하자가 중대한 경우에는 결의부존재 사유에 해당한다. 결의내용이 법령에 위반하는 경우 주주총회 결의가 무효라는 확인을 소로써 구할 수 있다(제380조). 주주총회결의 부존재확인소송 또는 무효확인소송을 제기할 때에는 제소기간의 제약이 없다.

주주에게 통지를 하면서 통지기간을 준수하지 않았거나 통지를 아예 하지 않았더라도, 통지는 주주의 참석권을 보장하기 위한 것이므로 당해 주주의 명시적인 사전동의나 사후승인에 의하여 하자가 치유될 수 있다. 이사회의 소집결정에 하자가 있더라도 주주전원이 출석하여 만장일치로 결의한 경우에는 적법한 주주총회로 인정한다(판례). 이를 전원출석총회의 법리라 한다.

대부분의 주주에게 소집통지를 누락하였다면 주주총회결의 부존재사유에 해당한다. 그러나 과반수에 못 미치는 41%의 지분을 보유한 주주에 대한 소집통지를 누락한 경우에는 판례는 주주총회결의 취소사유로 인정하였다. 의장이 아닌 자가 회의를 진행한 경우에는 의사진행이 현저하게 불공정한 경우에 해당하여 취소사유에 해당하지만, 의장이 부당하게 퇴장한 경우에 임시의장을 선출하여 회의를 진행한 것은 취소사유에 해당하지 않는다(판례).

주주총회결의 취소소송은 형성소송에 해당하므로 취소판결이 확정되어야 주주총회결의가 소급적으로 무효가 된다. 따라서 제소기간 2개월을 경과하였다면 주주총회결의는 유효로 확정되며, 제소기간 내에 취소소송을 제기하였더라도 취소판결이 확정되기 전까지는 일응 유효하다. 취소판결이 확정되지 않았다면 다른 소송에서 주주총회결의의 하자를 문제삼을 수도 없다. 심지어 주주총회결의 취소소송에서 취소사유가 인정되더라도 법원은 재량에 의하여 소를 기각할 수 있다(§379). 즉 취소사유에 해당하는 하자가 경미하거나 결의를 취소하더라도 회사와 주주에게 손해일 것으로 인정되면 패소할 수 있다. 반면에 주주총회결의 무효소송 및 부존재소송은 확인소송에 해당하므로 다른 소송에서도 언제든지 주주총회 결의가 처음부터 무효 또는 부존재하다고 주장할 수 있다(판례).

[대법원 1983. 8. 23. 선고 83도748 판결] 하자 부정례

학익시장 건물 옥상에서 대표이사가 회사경영에 대한 책임을 문책당하자 주주들의 의사에 반하여 회의장을 자진하여 퇴장하였다면, 대표이사가 적절한 의사운영을 위한 직책을 포기하고 스스로 그의 권한 및 권리행사를 하지 아니하였으므로, 그 곳에 있던 주주들의 주총결의는 적법하다.

[대법원 2003. 7. 11. 선고 2001다45584판결] 하자 인정례

2000년 정기주총을 본점 14층 회의실에서 오전 10시에 개최하기로 결정하였으나, 당일 금감원 부원장 출신인사를 은행장으로 선임하는 관치금융 낙하산 인사라는 이유로 노조와 충돌이 발생하였고 대치가 계속되던 중 밤 10시에 6층 은행장직무대행실에서 주주총회를 개최하여 51.49%의 의결권 대리행사를 위임받은 A와 10.72%의 의결권 대리행사를 위임받은 의장 B의 찬성으로 원안이 통과되었다.
시간적으로 사회통념상 당초의 개회시각에 출석하였던 주주들의 참석을 기대할 수 없었기 때문에 이들의 참석권을 침해하였으며, 기다리고 있던 일반 주주들에게 소집장소가 변경되었다는 통지가 제대로 이루어지지 않아서 주총 참석의 기회를 박탈함으로써 주주총회의 소집절차가 현저하게 불공정하였다.

(5) 종류주주총회

회사에서 종류주식을 발행한 경우에는 동일한 종류의 종류주식을 소유한 주주들로만 구성된 종류주주총회를 별도로 인정한다. 서로 다른 종류주식에 대해서는 주식평등의 원칙이 적용되지 않기 때문에 종류주식별로 차별적일 수 있으며, 서로 다른 종류주식을 소유한 종류주주들의 이해관계는 서로 다를 수 있다. 이에 전체 주주총회에서 결정된 사항이 특정 종류주주들에게 피해를 주는 상황을 방지하는데 종류주

주총회의 존재의의가 있다.

예를 들어, 정관의 변경, 신주의 발행, M&A의 과정에서 특히 종류주주 사이의 이해관계가 대립할 수 있다. 따라서 위와 같은 내용으로 주주총회 결정이 이루어질 때에는 별도로 종류주주총회의 결의를 얻도록 하고 있다.

종류주주총회는 출석주주의 의결권의 2/3 이상의 찬성 및 발행주식총수의 1/3 이상의 찬성으로 결의한다. 만약 종류주주총회의 결의를 얻지 못하였다면 주주총회의 결정은 효력이 발생하지 않는다. 종류주주총회의 결의는 주주총회결의의 효력이 발생하기 위한 특별요건으로 볼 수 있다. 따라서 정관을 변경하는 주주총회의 결정이 있었지만 종류주주총회의 결의가 흠결된 경우에는 정관변경에 반대하는 주주의 입장에서 정관변경이 무효임을 확인하는 소송을 제기할 수 있다.

Reference

1. 신현탁, “주권미발행 회사의 명의개서에 관한 연구 - 대상판결: 대법원 2014. 4. 30. 선고 2013다99942 판결”, 「고려법학」 제77호(고려대학교 법학연구소, 2015)

PART

V

이사의 지위와 책임

10장 이사의 지위
11장 이사의 의무
12장 경영감독 시스템

10 이사의 지위

1 | 경영진 개관

(1) 이사회와 임원진

주식회사에서는 소유와 경영을 분리하는 타인기관의 원칙이 적용되므로 주주와 이사는 완전히 구별되는 법적 지위를 가진다. 즉 주주가 당연히 이사가 될 수 있는 것은 아니지만, 주주총회에서 특정 주주를 이사로 선임하는 것은 가능하다.

원칙적으로 주주는 이사의 선임과 해임을 통해 간접적으로만 회사 경영에 관여하는 것이 기본적인 지배구조의 체계이다. 주주들은 주주총회에 참석하여 주주총회 결의를 통해 이사를 선임하고, 이사로 하여금 회사의 경영을 책임지도록 한다. 이사는 회사의 경영에 관한 핵심적인 지위에 있으며, 가장 강력한 권한에 상응하는 무거운 의무를 부담한다. 이사만이 이사회(board of directors; BOD)의 구성원으로서 이사회 결정사항에 대한 의결권을 행사할 수 있다.

주주로부터 회사 경영에 관한 전권을 수여받은 이사는 회사업무를 수행하기 위한 내부조직으로 임원진을 구성한다. 우리나라에서는 임원에 대해서도 통상 이사라는 직함을 사용하기 때문에 이사와 임원을 혼동할 여지가 있으나, 주주총회에서 이사로 선출된 것이 아니고 단순히 대표이사에 의하여 내부적으로 전무이사 또는 상무이사로 임명된 경우에는 그 직함에도 불구하고 법적인 의미의 이사가 아니며, 이사로 등기할 수도 없다. 이러한 비등기이사는 임원에 해당한다. 임원진은 보통 자신의 업무영역을 가지고 있다. CFO는 재무분야를, CTO는 기술분야를 담당하는 식으로 수평적인 업무분장이 이루어지고, 같은 영업분야의 조직 내에서도 영업부문 전무이사와 영업부문 상무이사로 수직적인 관리체계를 형성한다. 임원에 대해서도 이사에 관한 법리가 준용되도록 회사법을 운용하여 이사와 동등한 수준의 법적 책임을 묻는 것이 일반적이다.

이사(director)와 임원(officer)을 통틀어서 넓은 의미로 경영진이라 한다. 다만 경영진이라는 용어가 법률에 나오는 법적 개념은 아니며, 회사의 경영(management)을 맡은 사람들을 통칭하는 사실상의 개념이다. 이사와 임원을 동시에 맡는 경우도 있다. 1990년대 이후에는 미국에서 주주 중심주의가 강화되고 이사회의 감독기능을 강화하면서 임원은 이사회 구성원으로 들어오지 않도록 조직을 상호 분리하고 감독이사회가 임원진을 견제·감독하는 방식이 일반화되었지만, 그 전에는 통상 임원진이 이사회도 장악하고 있었기 때문에 엄격하게 구별되지 않았다. 물론 그만큼 임원진에 대한 견제기능도 부실하였다.

오늘날 개별 회사의 지배구조 수준이 얼마나 발전했는지를 평가할 때 '이사회와 임원진이 얼마나 분리되었는지'를 평가 항목으로 보기 때문에 대부분의 미국 상장회사들은 이를 최대한 따르고 있다. 그래서 대부분의 임원진은 이사로 선임되지 않으며 대표이사(CEO)만 이사로서 이사회에 남아있는 경우가 제일 많다. 임원진이 이사회와 상당히 분리되었다면 임원진에 대한 감독기능을 중점적으로 수행하는 감독이사회(monitoring board)에 대응하여, 회사경영 업무를 전담하는 대표이사 및 대표이사가 선임한 임원진을 협의의 경영진(management)으로 부른다. 현재 기업지배구조는 이사회가 임원진에 대한 감독기능을 최대한 구현할 수 있도록 하는 방향으로 발전하고 있다.

(2) 경영자 중심주의

회사의 성공을 위하여 가장 중요한 것은 경영진의 역할이다. 주주 입장에서 투자는 하였지만 스스로 경영을 맡을 자신이 없으니 경영을 잘 할 수 있는 사람을 영입하는 것이며, 경영진이 성과를 내야 투자금을 회수할 수 있다. 감독이사회는 경영진에 대한 견제와 감독이 주요업무이기 때문에 감독이사회가 뛰어나면 좋은 경영자를 선임한다거나 경영부실을 막을 수는 있겠지만 사업을 직접 성공시킬 수는 없다. 어쨌든 골을 넣는 스트라이커는 경영진이다.

경영진이 사업의 성공을 위해 경영 재량을 충분히 발휘할 수 있도록 회사 경영에 있어서 모든 권한은 경영진에게 집중되며 모든 물적 자산과 인적 구성원에 대한 처분권과 자원배분

을 결정한 권리는 경영진이 독점한다. 경영진은 자신의 판단 결과에 대하여 보수로 또는 해임으로 책임지면 되는 것이며, 그러한 책임을 묻기 위한 전제로 경영진에게 전권을 행사할 기회가 주어지는 것이다.

회사제도가 구조적으로 경영진에게 의존할 뿐 아니라 사회적 현상이 경영진에게 유리하게 전개되기도 하였다. 미국에서도 20세기 초까지는 창업자 가문에서 지배지분을 소유했지만 은행차입이 많았기 때문에 J.P. Morgan과 같은 은행가의 간섭을 받았었다. 그런데 주식시장이 활황을 거치면서 전체 주주의 수는 20세기 초에 100만 명에서 1928년 700만 명으로 증가할 정도로 투자자의 저변이 확대되었다. 회사의 지분이 지배주주에게 집중된 형태에서 점차 수 많은 주주에게 소유가 분산되는 형태로 이행되었다.

분산주주는 경영진에 대한 견제 및 감독을 실시할 유인이 부족하고(collective action problem) 전문성도 부족하기 때문에 경영진은 권한을 전횡하더라도 견제받지 않았다. 따라서 한 번 경영권을 쟁취한 경영진은 지속적인 권력을 누리면서도 주주나 다른 이해관계자의 이익을 신경쓰지 않고 경영진에게 집중된 권한을 남용할 수 있었다. 이런 현상을 경영자 중심주의(managerialism)라 부르며, 20세기 중반 내내 수십 년간 지속되었다.

더군다나 당시 진화론의 영향으로 함께 유행했던 사회적 다윈주의는 우수한 능력을 가진 경영진을 최대한 자유롭게 풀어주면 자연스럽게 효율적이고 혁신적인 경영을 실시하면서 사회가 진보할 것이라는 믿음을 형성하였다고 한다. 즉 시장자유주의와 진화론이 뒤섞여서 경영자 중심주의라는 하나의 이데올로기가 만들어졌던 것이다. 이로 인하여 주주의 이익은 무시되었고 견제받지 않는 경영진은 혁신마저 등한시했기 때문에 전반적으로 경쟁력이 저하되어서 외국기업들에게 시장을 내주었고 경제의 활력이 꺼져가는 위기를 초래했다.

전통적으로 회사제도에서 경영진은 중앙집권적인 권력자에 해당하였다. 이러한 경영자 중심주의적 현상에 대해서는 지속적인 연구와 비판이 이루어졌다. 1930년대 Berle & Means의 역작, 「The Modern Corporation and Private Property」는 경영진에게 권한이 집중되고 행사되지만 견제와 감독이 이루어지지 않기 때문에 사회적 문제가 발생하는 메커니즘을 법경제학적 관점에서 실증적으로 규명한 것이 후대에 인정받아서 회사법학의 최고봉으로 추앙된다.

1970년대 Alfred Chandler는 「The Visible Hand: The Managerial Revolution in American Business」를 통하여 대량생산, 대량유통, 복수사업부문의 관리 체계화를 특징으로 하는 근대의 대규모회사가 외부시장을 내부화하는 과정에서 시장을 지배하던 보이지 않는 손을 경영진의 보이는 손이 대체하고 경영진에게 권한이 집중되는 현상을 Dupont 회사의 역사를 통하여 규명하였고, 기업사(business history)라는 새로운 학문분야를 창설하였다. 1970년대 이후의 법경제학은 경영진의 견제되지 않는 사실상의 권력을 견제할 수 있도록 대리인 이론(agency theory)을 제시하였고 이에 기반하여 1990년대에 이르러서 감독이사회 시스템이 미국에서 정착되었다.

(3) 모험사업과 경영진의 역량

경영진의 능력을 최대한 끌어낼 때 사업성공의 가능성도 극대화할 수 있다. 미국의 2차 산업혁명은 수많은 창업자들이 시장에서 치열한 경쟁을 벌여가면서 대규모회사를 만들어가고, 그 결과 눈부신 혁신과 경제발전을 이룩하는 과정을 생생하게 보여주었다. 카네기, 록펠러, 포드, 에디슨 등 당대의 카리스마 넘치는 창업가들의 번뜩이는 역량과 재능은 사람들의 마음속에서 미래에도 혁신적인 경제발전이 계속될 것이라는 희망찬 기대가 부풀게 해주었다. 이러한 기대감은 최대한 경영진이 능력을 발휘할 수 있도록 모든 것을 일임하여 맡기고 능력을 제약하는 부담은 모두 덜어주고 싶게 만든다.

그러나 사업의 리스크도 간과할 수 없다. 주식회사는 본래 동인도회사를 비롯하여 모험상선에 대한 투자에서 비롯되었다. 이슬람 국가와의 관계 악화로 인하여 바닷길을 봉쇄당한 유럽국가들이 새로운 항로를 개척하면서 먼 바다의 무역에 성공하였고, 인근 주민들의 쌈지돈을 모아서 배를 제작하고 선원을 모집하여 식량을 채워서 모험항해에 나서면 배가 귀한 향신료를 싣고 돌아오는 경우도 있었지만 난파되어 실종되는 경우도 많았다. 이러한 리스크를 감수하는 것이 회사제도의 본질이다.

Business history **부실회사의 투자사기**

그나마 위와 같은 상황은 회사가 정상적으로 운영되다가 불가피하게 부실해지는 경우도 있지만 심지어 처음부터 작정하고 허구적인 사업계획으로 투자자를 모집하는 사기적인 경우도 허다하다. 해저 보물선을 발견하였다거나 놀라운 신기술이 개발단계에 임박하였다는 고전적인 수법은 지금도 간혹 등장하곤 한다.

미국에서 2003년에 19살의 나이로 테라노스 회사를 설립한 Elizabeth Holmes는 2014년까지 7백만 달러의 투자를 유치하였고, 제2의 스티브 잡스로 불리면서 기업가치는 100억 달러에 달하였다. 그런데 테라노스는 피 한 방울로 암과 당뇨 등 250여 가지 질병을 한 번에 진단할 수 있는 신기술을 개발했다고 선전하였지만 제품을 출시한 적은 없었고 실제로 그런 기술 자체가 존재하지 않았다. 2016년 전문가들에 의하여 허위임이 탄로났고 주식은 가치를 상실한채 창업자는 감옥에 갔다. 결국 사기행각이 발각되기는 하겠지만 용의주도한 경영진이라면 자금을 챙겨서 잠적했을 것이고 투자자는 이미 투자금을 날린 뒤일 것이다.

이러한 사기적 투자유치 행위를 사후적 처벌에 의해서만 해결하겠다고 한다면 시장이 남아나질 않을 것이다. 경영진에게 전권을 부여하고 무조건 신뢰하라고 한다면 극심한 정보비대칭 상황을 남용하려는 창업자에게 투자자가 농락당하는 사건이 반복될 것이고 회사제도에 대한 시장의 신뢰는 처참히 무너지게 마련이다. 결국 '포용적 시장을 통한 경제발전'이라는 이상은 그 기반이었던 회사제도의 몰락으로 신기루처럼 사라질 것이다. 경영진에 대한 감독시스템을 마련하는 것이 중요한 이유이다.

(4) 경영진의 역할에 대한 딜레마

아무리 경영진을 믿고 전권을 맡기더라도 사업에 성공한다는 보장은 없으며 어느 회사가 성공할지도 예측하기가 어렵다. 이때 우려하게 되는 문제는 경영진의 변심이다. 어차피 성공이 불확실하고 경쟁은 치열해서 어떻게 더 경쟁력을 높일 수 있을지 힘겨운 상황인데, 경영진은 회사의 전권을 장악하면서 모든 인적·물적 자산을 마음대로 처분할 수 있다면

회사의 성공보다는 지금 당장 개인적 치부를 위해 마음이 움직이는 것도 이상하지 않다.

절대적 권한을 가진 경영진의 변심 가능성은 세계적으로 공통된 현상이다. 그래서 기업지배구조 이론은 경영진이 권한을 남용하는 행태, 즉 터널링(tunneling)을 다음과 같이 두 가지로 나누어 유형화한다.

① 소유구조가 분산되어서 지배주주가 존재하지 않는 회사에서는 경영진이 분식회계 등을 실시하여 회사의 외형적 성장을 가장하고 이를 통해 회사재산을 횡령할 가능성이 높다고 한다.

② 소유구조가 집중되어서 지배주주가 존재하는 회사에서는 지배주주와 경영진이 동일인이거나 적어도 경영진이 지배주주의 영향력 하에 있기 때문에 경영진이 지배주주를 위하여 회사재산을 헐값에 넘기는 자기거래(self dealing)가 주로 문제된다고 분석한다. 지배주주와 경영진이 한 배를 탄 상황에서는 굳이 분식회계를 통해 회사재산을 횡령하는 복잡한 절차를 우회할 필요없이 직접적인 터널링을 실시하면 충분하기 때문이다.

제도설계의 가능성 #24 **혁신과 안정의 딜레마**

경영진이 최대한 능력을 발휘할 수 있도록 전권을 일임하고 신뢰할 것인가 아니면 경영진이 허튼 생각을 하지 못하도록 사업진행을 감독할 것인가의 문제는 딜레마 상황을 가져온다. 무작정 믿고 기다리면서 성공의 과실을 나눌 수도 있겠지만 그러다가 배신당하는 경우도 실제로 많이 발생했으며, 일일이 간섭하다가는 모험사업을 시도하기가 어려워져서 아예 성공하지 못하는게 대부분이다.

혁신 지상주의에 의하여 투자자 손실과 사회적 피해를 감수하면서도 혁신적 사업에 의한 경제발전을 모색할 수도 있지만 자금조달 시장의 신뢰 자체가 붕괴될 우려가 있으며, 경영진에 대한 견제와 감독을 통하여 투자자의 신뢰를 확보하고 자금조달 시장을 안정적으로 유지할 수 있지만 혁신적 발전은 그만큼 더뎌질 것이다. 제도적 딜레마라 할 수 있다.

* * *

이러한 상황에서 어떤 방식으로 제도를 설계하고 운영해 나갈지는 당대의 사회적 합의가 필요한 부분이다. 지금까지 어떠한 입장을 취하였는지는 과거의 세대가 합의한 결과이며, 지금 현재에도 구속력을 갖는다고 단정할 필요는 없다. 혁신을 시도하는 과정에서 발생할 수 있는 시행착오로 인하여 감당해야 하는 충격을 시장이 얼마나 견뎌낼 수 있을 것인지가 관건이다.

그런데 현재의 시장은 수 십년 전의 상황보다 훨씬 강건하다. 코로나-19 전염병이 창궐하면서 전세계의 생산과 유통이 멈추고 주식시장이 폭락하였으며 세계경제가 위기로 빠져들었다. 자본주의 시장경제가 가장 두려워하고 절대 일어나지 않도록 철저히 조심하던 market freezing 상황이 급작스럽게 발생한 것이다. 이런 상황이 언제든 재발할 수 있다는 점에서는 대비에 대한 경각심이 높아졌다고 볼 수 있다. 그럼에도 불구하고 세계경제는 꿋꿋이 버티고 회복하였다는 점은 매우 고무적이다.

과거의 잣대로 시장의 취약성을 우려하며 무거운 규제장치를 겹겹이 쌓아놓을 필요가 없게 된 것이다. 때때로 위기가 왔지만 시장의 붕괴로 제도가 무너지고 사회가 혼란해져서 나라가 망할 것처럼 잔뜩 겁먹을 일이 아니었다. 적어도 시장경제의 근간에 해당하는 금융결제 시스템은 보수적인 관점에서 안정성을 최우선으로 삼아야 하겠지만, 일반적인 회사제도에서는 좀 더 진취적인 태도를 지향해도 좋을 것이다. 혁신을 촉진하고 지원할 수 있는 회사제도의 설계를 고민할 시점이다.

(5) 회사제도에 내재된 기본가치: 투명성과 안정성

1869년 Black Friday

미국은 2차 산업혁명을 거치면서 놀라운 발전을 거듭하였지만 실상은 금칠을 한 것에 불과한 도금시대(Robber Baron Age)라는 비난이 일상화될 정도로 당시에는 불투명한 회사 운영과 사기적인 시장 상황에 대하여 매우 큰 반감이 형성되어 있었다. 대차대조표와 보고서의 진실성은 의심스러웠고 실제로 많은 조작사건이 발생하였으며, 아예 제출되지 않는 경우도 많았다. 1869년 제이 굴드(Jay Gould)가 대통령의 조카와 결탁하고 극비정보를 활용하여 금 시가를 조작하면서 폭락 사태를 야기한 것은 투기가 만연하였던 당시의 사정을 대변한다.

결국 1929년 경제대공황 이후 그동안 만연했던 증권사기 및 주가조작 등을 규율할 목적으로 일련의 증권관계법이 제정되었고 루즈벨트 대통령은 1934년 미국 증권위원회(Securities and Exchange Commission; SEC)를 설립하여 증권을 발행하는 회사들에 대하여 정보공시를 의무화하고 경영진과 투자자 사이의 정보비대칭 문제를 완화한다. 미국 연방대법원의 Louis Brandeis 대법관이 "햇빛이 최고의 살균제이며, 가로등이 도둑을 제일 잘 막아준다"고 말한 바와 같이 회사 내부의 정보를 최대한 투자자에게 공개하고 투자자는 자기책임의 원칙 하에 투자를 할 때 시장이 건강하게 발전할 수 있다.

이러한 경영 투명성(transparency)에 대한 신념은 지금까지 회사제도에 배태되어(embedded) 근간을 형성하고 있다. 즉 창업자가 투자자에게 자신의 아이디어를 최대한 납득시키면서 사업을 진행하고, 경영진은 주주와 시장을 상대로 정보공시와 의사소통을 충실하게 하는 것이 당연한 것으로 회사제도가 운영되고 있다. 또한 자신의 투자가 실패하더라도 '충분한 투자정보를 제공받은 상태'에서 본인의 결정으로 발생한 결과이기 때문에 다른 사람을 탓할 수 없고 투자자 자신이 오롯이 책임져야 한다는 자기책임의 원칙은 현대 자본시장의 기초를 이루는 원칙이라 할 수 있는데, 자기책임의 원칙이 엄격하게 유지할 수 있는 것도 충분한 정보가 시장에 제공되고 있음을 전제로 하다.

제도설계의 가능성 #25 회사제도의 안정 vs. 혁신

투명성의 원칙과 시장의 안정성을 추구하는 현행 회사제도는 많은 사람에게 불만을 사기도 한다. 시대의 천재라 불렸던 스티브 잡스는 1976년 Apple 회사를 설립하였지만 매킨토시 컴퓨터에서 사용할 수 있는 소프트웨어가 부족했기 때문에 난항을 겪으면서 이사회에서 축출되기도 한다. 이후 13년만에 다시 Apple 회사로 복귀하여 입증한 창조적 역량을 생각한다면 당시 이사진에게 스티브 잡스의 비전을 이해할 역량이 부족했던 것이다.

이러한 사례는 지금도 벤처 투자에서 흔하게 발생한다. 벤처 창업가의 아이디어는 너무나 생소하기 때문에 투자자의 입장에서는 사업화를 거부하거나 당장 써먹을 수 있는 방향으로 수정하길 원하고 종종 갈등 상태에 놓이고 창업가는 투자자를 설득할 수 있는 만큼만 자신의 역량을 발휘할 수 있다. 투자자를 설득하지 못하면 사업의 기회도 없다. 이러한 현실은 혁신을 제약한다.

그럼에도 불구하고 자금조달 시장이 없으면 회사제도 자체가 존재할 수 없기 때문에 자금조달 시장의 안정을 위하여 혁신의 허용 범위가 축소될 수 밖에 없다. 현행 회사제도는 시장의 안정성을 위하여 경영의 투명성을 추구하고, 이러한 제도 범위 내에서만 혁신을 시도하도록 허용함으로써 안정성 위주의 균형 상태가 이루어져 있다.

* * *

다만 이러한 상태가 고정불변인 것은 아니며 장기적인 관점에서는 완전히 새로운 균형 상태로 진화하는 것도 불가능하지 않다. 경영진에게 경영 비전에 관한 설명을 요구하고 판단에 대한 책임을 추궁하는 회사제도에 의존하지 않더라도, 현재 미국 상장회사의 지분 80% 가까이 보유하고 있는 기관투자자들은 전문적인 식견에 근거한 보수 책정과 해고라는 당근과 채찍으로 경영진에게 밀착 관여(engagement)하면서 혁신적 역량을 최대한 끌어낼 수 있다고 자신한다.

주주분산 또는 오너경영의 상황에서는 제도적 견제기능이 작동해야 할 필요성을 외면할 수 없으나, 스튜어드십 코드에 기초하여 기관투자자들이 지배력을 행사하는 회사에서는 새로운 차원에서 자율적인 혁신 지상주의를 추구하는 방식도 고려할만 하다.

2 | 이사

(1) 일반론

회사와 이사의 법률관계는 위임관계에 해당하기 때문에 민법상 위임규정 준용한다. 따라서 원칙적으로 근로자성은 인정되지 않는다. 다만 경우에 따라서는 실질적인 관점에서 파악하였을 때 대표이사의 지휘를 받으면서 일정한 업무를 담당하는 등 고용에 해당하는 법률관계가 인정될 수 있다. 이런 경우에는 근로기준법이 적용되어서 임금을 받는 것으로 볼 수 있다.

이사는 회의체인 이사회를 구성해야 하기 때문에 3인 이상의 정원을 가져야 한다. 이사의 종류는 ① 사내이사, ② 사외이사, ③ 기타 비상근이사가 있다. 사내이사는 특별한 결격요건이 없는 상근이사이다. 사외이사는 지배주주와 경영진으로부터 독립적이어야 하기 때문에 일정한 결격요건이 적용되는 비상근이사이다. 기타 비상근이사는 특별한 결격요건이 없는 비상근이사이다.

참고 이사의 자격 vs. 능력

원칙적으로 이사에게는 아무런 자격요건이 없다. 어린아이나 자폐환자를 이사로 선임해도 된다. 주식회사는 모험사업에 투자하는 주주들이 그에 적합한 사람을 이사로 선임하여 경영을 맡기는 제도이며, 리스크를 감수하는 것은 기본이다. 스펙과 조건이 우수한지 여부와 무관하게 특출난 재능이 있어서 모험사업을 성공시킬 가능성만 보인다면 실패 위험을 감수하더라도 얼마든지 경영을 맡겨볼 수 있는 것이다. 스스로 위험을 감수하고 혁신을 시도하려는 주주들의 결정을 제약할 이유가 전혀 없다.

(2) 이사의 선임

이사의 지위는 주주총회의 선임결의가 있고 선임된 사람의 동의가 있으면 취득된다(대법원 2017. 3. 23. 선고 2016다251215 전원합의체 판결). 예전에는 주주총회의 선임결의와 별도로 대표이사와 이사로 선임된 자 사이에 임용계약이 체결되어야만 비로소 이사의 지위가 인정된다고 보았으나, 대표이사가 자의적으로 임용계약을 회피함으로써 주주총회의 결정을 무력화시킬 수 있는 문제가 발견되었기 때문에 종전 판례가 폐기되었다.

이사를 선임할 때에는 주주총회의 보통결의에 의하기 때문에 지배주주가 원하는 사람으로 모든 이사를 뽑을 수 있다. 이러한 다수결의 현실적 한계를 고려하여, 소수주주의 지분에 상당하는 이해관계를 반영할 수 있도록 집중투표제가 상법에 규정되었다(§382-2). 즉 3% 이상의 지분을 확보한 소수주주는 회사에 집중투표의 방법으로 이사를 선임할 것을 청구할 수 있다. 각 주주는 1주마다 선임할 이사의 수와 동일한 수의 의결권을 가지는데, 집중투표에 의할 경우 각 주주는 자신의 의결권들을 이사 후보자 1인에게 집중하여 투표할 수 있다. 다만 개별 회사는 집중투표제를 채택하지 않는 것으로 배제하는 정관 규정을 둘 수 있다.

예를 들어, 5명의 후보자 중에서 3명의 이사를 뽑으려는데 집중투표를 실시한다면 총발행주식 100주 중 30주를 가진 주주가 90개의 의결권(의결권 30개 X 이사 3명)을 1명의 후보자에게 몰표를 주어서 무조건 이사를 선임할 수 있다. 지배주주가 원하는 후보자 3명을 모두 91표 이상 받도록 투표하려면 273표가 필요한데, 지배주주가 나머지 70주를 모두 소유하더라도 그의 의결권은 전부 210개(의결권 70개 X 이사 3명) 밖에 안 되기 때문이다.

제도설계의 가능성 #26 **이사 지위의 단체법적 성질**

대법원 2017. 3. 23. 선고 2016다251215 전원합의체 판결은 이사의 지위가 단체법적 성질을 갖는다는 점을 분명하게 선언하였다. 상법상 이사의 선임은 주주들이 단체적 의사로 결정할 사항으로서 주주총회의 전속적 권한 사항에 해당한다. 대표이사와 이사 사이에 임용계약이 체결된다 하더라도 이사의 지위가 당해 계약에 근거하여 발생하는 것도 아니다. 종전에 이사의 지위를 계약관계에 기초하여 파악하고 법률관계를 분석하였다면, 이제는 위 판결의 취지를 반영하여 단체법적 관점에서 수정되어야 할 부분이 없는지 재고되어야 한다.

(3) 이사의 해임

이사를 해임할 경우에는 정당한 이유가 있어야 하는 것은 아니며, 언제든지 주주총회 결의에 의하여 이사를 해임할 수 있다. 다만 아직 임기가 남아 있는 상태에서 정당한 이유없이 해임하는 것이라면 회사가 손해배상책임을 부담해야 한다(§385①). 정당한 이유가 없음에 대한 입증책임은 손해배상을 청구하는 이사가 부담한다.

이때 정당한 이유란 주주와 이사 사이에 불화가 있다는 등의 단순히 주관적인 신뢰관계가 상실된 것만으로는 부족하다. 판례에 의하면, 이사가 법령이나 정관에 위배된 행위를 하였거나, 정신적 · 육체적으로 경영자로서의 직무를 감당하기 현저하게 곤란한 경우 또는 회사의 중요한 사업계획 수립이나 그 추진에 실패함으로써 경영능력에 대한 근본적인 신뢰관계가 상실된 경우 등과 같이 당해 이사가 경영자로서 업무를 집행하는 데 장해가 될 객관적 상황이 발생한 경우에 비로소 해임의 정당한 이유가 인정된다.

예를 들어, 지난 1년 동안 회사 경영계획 중 어느 하나 제대로 실천된 것이 없을 정도로 투자유치 능력이나 경영능력 · 자질이 부족하여 직무 수행이 곤란하고, 대표이사와 회사의 인적 신뢰관계가 무너져서 경영을 맡기기 어려운 경우에는 정당한 이유가 인정된다.

제도설계의 가능성 #27 **이사 신분보장의 수준**

회사와 이사의 관계에는 민법상 위임에 관한 규정을 준용한다(§382②). 따라서 별다른 규정이 없다면 민법상 위임관계에서와 같이 위임인과 수임인 서로 언제든지 해지할 자유가 인정되며(민법 §689①), 당사자 일방이 부득이한 사유 없이 상대방의 불리한 시기에 계약을 해지한 때에만 손해배상책임을 부담할 것이다(민법 §689②).

민법상 비영리법인에서 이사를 해임할 경우에는 다음과 같이 경우를 나누어서 판단한다. 즉 ① 정관에 특별히 이사 해임에 관한 규정이 없다면, 위임관계의 원칙에 따라서 정당한 이유없이 언제든지 해임할 수 있고 불리한 시기에 부득이한 사유 없이 해임한 경우에만 손해배상책임을 부담한다(대법원 2014. 1. 17.자 2013마1801 결정). ② 반면에 정관상 이사 해임사유 및 절차에 관한 규정이 있다면 이사의 신분보장을 하려는 의미로 파악하여, 이사의 중대한 의무위반 또는 정상적인 사무집행 불능과 같은 특별한 사정이 없는 이상 정관상 해임사유 없이 이사를 해임할 수는 없다(대법원 2013. 11. 28. 선고 2011다41741 판결).

즉 신분보장을 제공할지 여부가 결정적 차이를 가져온다. 다른 법률에서도 공무원, 군인, 법관, 교직원, 근로자 등에 대해서는 신분보장을 제공하기 때문에 임기 중 해임 자체가 매우 까다롭고 부당한 해임 · 해고는 소송상 효력을 다툴 수도 있다. 임용권자의 자의를 억제하고 객관적 기준에 따른 인사질서를 확립할 필요가 있는 경우에 신분보장에 제공된다. 반면에 공무원 중에서도 별정직 공무원은 임용권자가 필요하다고 인정할 때 언제든지 직권으로 면직할 수 있도록 허용하여 신분보장이 인정되지 않는다.

* * *

그런데 상법은 약간 다른 규정방식을 취한다. 일단 회사에서 언제든지 이사를 해임할 수 있으며 이때 정당한 해임사유가 필요하지 않은 것은 민법상 원칙이 준용된다고 볼 수 있지만, 이사의 해임을 위해서는 주주총회의 특별결의를 요구하고 이때 정당한 이유 없이 해임하였다면 그로 인한 손해를 배상하도록 규정한다(§385①). 이사 해임을 위한 회사의 절차적 부담이 가중되었고, 회사의 손해배상책임 발생사유도 더 넓게 인정된다.

상법은 이사 해임에 관한 회사의 부담을 가중함으로써 이사의 지위보장을 고려한 것으로 이해된다. 이사는 지배주주 및 대표이사의 사실상 영향력을 거슬러서 회사와 전체 주주의 이익을 위한 경영판단을 할 수 있어야 하기 때문에 업무의 자율성과 독립성을 고려하면 어느 정도 신분보장이 필요하다. 그러나 이런 장치는 다른 법률에서 신분보장을 제공하는 수준에는 현저히 못 미친다. 결국 이러한 상법 규정의 취지는 주주에게 지배권 통제수단을 제공하면서도 경영자의 지위 안정을 일부 도모함으로써 서로 상충할 수 있는 주주의 이익과 이사의 이익을 조화시키려는 것으로 파악한다(대법원 2004. 10. 15. 선고 2004다25611 판결).

* * *

반면에 위 상법 규정(§385①)은 대표이사에게 준용되지 않는다(대법원 2004. 12. 10. 선고 2004다25123 판결). 이사회에서 정당한 이유없이 언제든지 대표이사를 해임할 수 있다. 위임관계의 원칙에 의하여 부득이한 사유 없이 불리한 시기에 해임한 때에만 손해배상책임을 부담할 것이다. 통상적으로 신분보장은 임용권자로부터 사실상 영향을 받을 수 있는 자에게 임기를 보장함으로써 피해가능성을 최소화하고 제도 취지에 비추어 취약성을 보완할 필요가 있는 경우에 제공된다. 그런데 대표이사는 회사에서 가장 강력한 권한을 행사하는 자일 뿐 아니라 경영성과에 무한책임을 부담해야 하는 자이며 대표이사에서 해임되더라도 여전히 이사로 역할을 담당하는 자이다. 즉 신분보장이 제공될 필요가 없으며 오히려 신분보장이 제공되면 경영권을 유지하는 참호효과가 발생하여 주주와 회사의 손해가 막심할 우려가 있다.

한편 위 상법 규정(§385①)은 집행임원에게도 준용되지 않는다. 대표집행임원에게 준용하지 않는 것은 대표이사의 경우와 마찬가지로 납득할 수 있지만, 대표집행임원이 아닌 집행임원에게 이사 수준의 신분보장도 제공하지 않는 것은 제도적으로 균형적이지 않다. 물론 종전의 비등기이사에 대해서도 신분보장이 없었기 때문에 집행임원에 대하여 신분보장을 전혀 제공하지 않더라도 문제의식이 없을 수 있지만, 집행임원 역시 독자적인 경영판단을 할 수 있어야 할 것이므로 업무집행권의 자율성과 독립성을 고려하면 이사 수준의 신분보장이 필요하다.

(4) 이사의 보수

이사의 법적 지위는 민법상 위임관계를 준용하므로 이사의 보수는 무상인 것이 원칙이지만, 정관 또는 주주총회결의로 이사의 보수를 결정할 수 있다(§388). 그런데 이사의 지위는 단체법적 성질을 갖기 때문에 민법상 위임의 법리가 상당 부분 수정되어 적용된다. 즉 실질적 직무수행을 전혀 하지 않더라도 이사는 정관 또는 주주총회에서 결정한 보수를 받을 수 있다. 다만 그러한 보수지급이 오로지 회사자금을 개인에게 지급하기 위한 방편이라면 보수청구권이 인정되지 않는다(대법원 2015. 7. 23. 선고 2014다236311 판결). 또한 이사가 회사에 대하여 제공하는 직무와 지급받는 보수 사이에는 합리적 비례관계가 유지되어야 한다(대법원 2016. 1. 28. 선고 2014다11888 판결). 경영진의 보수가 과다하다는 비판이 세계적으로 논란이 되고 있음에 반하여 우리나라 대법원은 상당히 진보적인 입장을 취하였다.

[대법원 2016. 1. 28. 선고 2014다11888 판결] 보수의 균형성

〈사실관계〉

리조트사업을 하는 A회사의 대표이사 갑은 A회사의 지주회사 지분 100%를 소유하여 A회사의 지배권을 장악하고 있었음을 기화로 퇴직금 지급률을 종전의 5배(근속연수 1년당 5개월)로 늘리고 인상된 지급률을 임원의 근속기간에 대해 소급적용하는 퇴직금 규정을 주주총회에서 통과시키고 자신을 비롯한 임직원 10명의 연봉을 30~67% 인상하였다.

〈판시사항〉

상법이 정관 또는 주주총회의 결의로 이사의 보수를 정하도록 한 것은 이사들의 고용계약과 관련하여 사익 도모의 폐해를 방지함으로써 회사와 주주 및 회사채권자의 이익을 보호하기 위한 것이므로, 비록 보수와 직무의 상관관계가 상법에 명시되어 있지 않더라도 <u>이사가 회사에 대하여 제공하는 직무와 그 지급받는 보수 사이에는 합리적 비례관계가 유지되어야 하며, 회사의 채무 상황이나 영업실적에 비추어 합리적인 수준을 벗어나서 현저히 균형성을 잃을 정도로 과다하여서는 아니 된다</u>.

따라서 회사에 대한 경영권 상실 등에 의하여 퇴직을 앞둔 이사가 회사로부터 최대한 많은 보수를 받기 위하여 그에 동조하는 다른 이사와 함께 이사의 직무내용, 회사의 재무상황이나 영업실적 등에 비추어 지나치게 과다하여 합리적 수준을 현저히 벗어나는 보수 지급 기준을 마련하고 그 지위를 이용하여 주주총회에 영향력을 행사함으로써 소수주주의 반대에 불구하고 이에 관한 주주총회결의가 성립되도록 하였다면, 이는 회사를 위하여 직무를 충실하게 수행하여야 하는 상법 제382조의3에서 정한 의무를 위반하여 회사재산의 부당한 유출을 야기함으로써 회사와 주주의 이익을 침해하는 것으로서 회사에 대한 배임행위에 해당하므로, 주주총회결의를 거쳤다 하더라도 그러한 위법행위가 유효하다 할 수는 없다.

3 | 이사회

이사회는 이사 전원으로 구성되는 주식회사의 필수 상설기관으로서 회사의 중요한 업무집행에 관한 의사결정(§393①)과 이사 직무집행에 대한 감독을 담당한다(§393②). 이사회의 구체적인 업무집행은 대표이사가 수행한다. 상법이나 정관에서 이사회 결의를 요하도록 정한 사항은 이사회의 결의로도 대표이사에게 위임할 수 없지만, 명시적으로 열거되지 않은 사항은 대표이사에게 위임할 수 있다. 이사회는 이사의 업무집행의 타당성 또는 합목적성까지 감독할 수 있다.

이사회의 소집은 주주총회에 비하여 매우 완화되어 있다. 즉 소집통지의 방법에 제한이 없으므로 이메일이나 구두로 통지하여도 무방하며, 이사회 심의의 목적사항을 통지할 필요도 없고, 개최시기 및 장소에 제한이 없다. Video Conference 및 Conference Call 방식도 가능하다. 다만 이사회는 이사들의 직접적인 토의가 회의체의 핵심적인 기능이기 때문에 이사 본인이 출석하여야 하며, 대리출석이나 의결권의 대리행사는 허용되지 않는다.

이사회 결의는 이사 과반수의 출석(의사정족수) 및 출석이사 과반수의 찬성(의결정족수)에 의하여 이루어진다. 이사회의 절차상 또는 내용상 하자가 있는 경우에 대하여 상법에서 별도로 그 효력을 정하고 있지 않기 때문에 민법 일반원칙에 의하여 하자있는 결의는 무효로 된다. 하자있는 주주총회 결의에 대하여 취소소송이 인정되는 것과 대조적이다.

4 | 대표이사

(1) 일반론

대표이사는 대내적으로 회사의 업무를 집행하고, 대외적으로 회사를 대표하는 주식회사의 필요적 상설기관이다. 이사회에서 대표이사로 선임되었을 때 대표이사의 지위를 취득한다.

대표이사의 권한은 이사회 결의사항을 집행하는 것에 그치지 않고 그에 필요한 세부사항 및 일상업무에 대한 의사결정권 및 그 집행권까지 포함한다고 보는 것이 판례의 입장이다. 이때 일상업무란, 회사의 사업을 수행하기 위한 관리업무로서 관례적인 기준에 따라 처리할 수 있는 업무를 의미한다.

대외적인 업무집행을 위하여 대표이사의 대표권이 인정되는데 대표권은 회사영업에 관한 재판상의 모든 행위 및 재판 외의 모든 행위에 미친다. 이를 대표권의 포괄성이라 부른다. 또한 대표이사의 대표권을 내부적으로 제한하더라도 선의의 제3자에게 대항하지 못한다. 이를 대표권의 획일성이라 부른다(§389③, §209).

(2) 전단적 대표행위

[대법원 2021. 2. 18. 선고 2015다45451 전원합의체 판결]

대표권이 제한된 경우에 대표이사는 그 범위에서만 대표권을 갖는다. 그러나 그러한 제한을 위반한 행위라고 하더라도 그것이 회사의 권리능력을 벗어난 것이 아니라면 대표권의 제한을 알지 못하는 제3자는 그 행위를 회사의 대표행위라고 믿는 것이 당연하고 이러한 신뢰는 보호되어야 한다.

따라서 회사 정관이나 이사회 규정 등에서 이사회 결의를 거치도록 대표이사의 대표권을 제한한 경우에도 선의의 제3자는 §209②에 따라 보호된다. 거래행위의 상대방인 제3자가 §209②에 따라 보호받기 위하여 선의 이외에 무과실까지 필요하지는 않지만, 중대한 과실이 있는 경우에는 제3자의 신뢰를 보호할 만한 가치가 없다고 보아 거래행위가 무효라고 해석함이 타당하다.

중과실이란 제3자가 조금만 주의를 기울였더라면 이사회 결의가 없음을 알 수 있었는데도 만연히 이사회 결의가 있었다고 믿음으로써 거래통념상 요구되는 주의의무를 현저히 위반하는 것으로, 거의 고의에 가까운 정도로 주의를 게을리하여 공평의 관점에서 제3자를 구태여 보호할 필요가 없다고 볼 수 있는 상태를 말한다.

그러나 제3자가 회사 대표이사와 거래행위를 하면서 회사의 이사회 결의가 없었다고 의심할 만한 특별한 사정이 없다면, 일반적으로 이사회 결의가 있었는지를 확인하는 등의 조치를 취할 의무까지 있다고 볼 수는 없다. 특별한 사정이 없는 한 거래 상대방으로서는 회사의 대표자가 거래에 필요한 회사의 내부절차를 마쳤을 것으로 신뢰하였다고 보는 것이 경험칙에 부합한다.

(3) 대표권 남용

대표이사가 대표행위를 수행하면서 대표이사 본인 또는 회사 이외의 제3자의 이익을 위해서 대표권을 남용한 경우에는 당해 대표행위의 효력을 문제삼을 수 있다. 예를 들어, 자기채무를 변제할 목적으로 회사 명의로 어음을 발행하였다거나, 제3자의 채무에 대하여 회사 명의로 보증계약을 체결한 경우가 대표권 남용에 해당할 수 있다.

판례는 심리유보설의 입장에서, 거래 상대방이 대표이사의 이러한 주관적 의도 내지 남용적 의사를 알았거나 알 수 있었다면 민법 §107① 단서(비진의표시)를 유추적용하여 무효가 된다고 판시한다. 한편 권리남용설의 입장에서는 상대방이 대표이사의 남용적 의사를 알았거나 알지 못한데 중대한 과실이 있었음에도 불구하고 당해 법률행위가 유효임을 주장하는 것은 권리남용에 해당한다고 본다. 입증책임은 회사가 부담한다.

[대법원 2017. 7. 20. 선고 2014도1104 전원합의체 판결]

주식회사의 대표이사가 대표권을 남용하는 등 그 임무에 위배하여 회사 명의로 의무를 부담하는 행위를 하더라도 일단 회사의 행위로서 유효하고, 다만 상대방이 대표이사의 진의를 알았거나 알 수 있었을 때에는 회사에 대하여 무효가 된다.
따라서 상대방이 대표권남용 사실을 알았거나 알 수 있었던 경우 그 의무부담행위는 원칙적으로 회사에 대하여 효력이 없고, 경제적 관점에서 보아도 이러한 사실만으로는 회사에 현실적인 손해가 발생하였다거나 실해 발생의 위험이 초래되었다고 평가하기 어려우므로, 달리 그 의무부담행위로 인하여 실제로 채무의 이행이 이루어졌다거나 회사가 민법상 불법행위책임을 부담하게 되었다는 등의 사정이 없는 이상 배임죄의 기수에 이른 것은 아니다.
그러나 이 경우에도 대표이사로서는 배임의 범의로 임무위배행위를 함으로써 실행에 착수한 것이므로 배임죄의 미수범이 된다.
그리고 상대방이 대표권남용 사실을 알지 못하였다는 등의 사정이 있어 그 의무부담행위가 회사에 대하여 유효한 경우에는 회사의 채무가 발생하고 회사는 그 채무를 이행할 의무를 부담하므로, 이러한 채무의 발생은 그 자체로 현실적인 손해 또는 재산상 실해 발생의 위험이라고 할 것이어서 그 채무가 현실적으로 이행되기 전이라도 배임죄의 기수에 이르렀다고 보아야 한다.

(4) 공동대표이사

여러 명의 대표이사가 선임된 경우에는 각각의 대표이사가 단독으로 회사를 대표하는 것이 원칙이다. 그러나 공동대표이사제도에 의하여 여러 명의 대표이사가 공동으로만 회사를 대표할 수 있도록 지정하고 공동대표이사라는 직함으로 등기할 수 있다. 이 경우에는 공동으로 대표행위를 한 경우에만 유효하며, 한 명의 공동대표이사라도 누락하면 무효인 대표행위가 된다.

공동대표이사 중 1인에게 대표권의 행사를 일반적 · 포괄적으로 위임하는 것은 허용되지 않는다. 다만 공동대표이사들이 협의를 거쳐서 의사결정을 내린 상태에서 공동대표이사 중 1인에게 날인만 위임하는 것은 가능하다. 그 밖의 단독대표행위는 무효이다.

[대법원 1989. 5. 23. 선고 89다카3677 판결]

〈사실관계〉

원고회사는 김OO 및 조OO을 공동대표이사로 정하고 있었으나, 위 조OO은 회사경영에 거의 관여하지 아니한 채 그 권한행사를 위 김OO에게 위임하여 그의 인감 및 명판을 김OO에게 보관시켜 둔 상태에서, 실제 회사 업무는 위 김OO과 최OO이 상의하여 경영하여 왔다. 공동대표이사의 1인인 위 김OO은 다른 공동대표이사인 조OO으로부터 대표권 행사를 포괄적으로 위임받아 이 사건 약속어음을 발행하였다.

〈판결요지〉

주식회사에 있어서 공동대표제도를 인정한 것은 대외관계에서 수인의 대표이사가 공동으로만 대표권을 행사할 수 있게 하여 업무집행의 통일성을 확보하고, 대표권 행사의 신중을 기함과 아울러 대표이사 상호간의 견제에 의하여 대표권의 남용 내지는 오용을 방지하여 회사의 이익을 도모하려는데 그 취지가 있다.

따라서 공동대표이사의 1인이 특정사항에 관하여 개별적으로 대표권의 행사를 다른 공동대표이사에게 위임함은 별론으로 하고, 일반적 포괄적으로 그 대표권의 행사를 위임함은 허용되지 아니한다.

(5) 표현대표이사

표현대표이사로 인정되기 위한 §395의 요건을 모두 충족할 경우에는, 당해 법률행위에 한하여 마치 대표이사가 행위한 것과 같이 회사는 거래 상대방과의 관계에서 권리를 취득하고 의무를 부담하게 된다. 요건은 다음과 같다.

① 외관이 존재해야 한다. 즉 대표권이 존재하는 것처럼 보이는 표현적 명칭(외관)을 사용하여 대표이사의 자격을 참칭하였어야 한다. 이 경우 법문에서는 이사의 자격이 필요한 것으로 규정되어 있지만, 판례는 굳이 이사의 자격이 없더라도 §395가 유추적용될 수 있는 것으로 판시한다.

② 외관에 대한 회사의 귀책사유가 인정되어야 한다. 즉 표현적 명칭이 사용되는 것을 회사가 명시적 또는 묵시적으로 허락하였어야 한다.

③ 외관에 대하여 거래 상대방이 신뢰하였어야 한다. 즉 거래 상대방은 행위자에게 대표

권이 흠결되었다는 사정을 알지 못하였음에 중과실이 없어야 한다.

[대법원 1991. 11. 12. 선고 91다19111 판결]

〈사실관계〉
피고회사는 이사회 결의에 의하여 금OO과 권OO가 공동하여서만 회사를 대표하도록 정했는바 실제로 공동대표의 등기가 되어 있던 기간중인 1988.12.19. 과 1989.4.3. 위 금OO이 단독으로 피고회사를 대표하여 한국전력공사 의성지점과 전기공사 도급계약을 체결케 하는 등으로 그가 단독으로 대표이사의 명칭을 사용하여 행동하는 것을 방임해 왔다.

〈판결요지〉
이사자격이 없는 자에게 회사가 표현대표이사의 명칭을 사용하게 한 경우이거나 이사자격 없이 그 명칭을 사용하는 것을 회사가 알고 용인상태에 둔 경우에는 회사는 상법 제395조에 의한 표현책임을 면할 수 없다 할 것이고, 이러한 이치는 회사가 단지 공동대표이사에게 대표이사라는 명칭 사용을 용인 내지 방임한 경우에도 마찬가지라고 하여야 할 것이다. 피고회사는 공동대표의 정함이 있음에도 불구하고 소외 금OO이 단독으로 대표권한을 행사하여 한 위 차용금에 대한 연대보증행위를 묵인하였다 할 것이고, 원고는 위 금OO이 단독으로 피고회사를 대표할 수 있다고 믿은 선의의 제3자라고 할 것이므로 피고회사는 원고에게 이 사건 연대보증책임을 이행할 의무가 있다.

원래 회사는 적법한 대표이사가 누구인지 등기부에 기재하여 공시하기 때문에 대표이사 아닌 자가 표현적 명칭을 사용하면서 대표이사 자격을 참칭하더라도 회사는 보호되어야 한다. 즉 회사는 적법한 대표권자가 아니라는 사정을 모르고 속아서 거래한 선의의 제3자에게도 무권대표행위는 무효라고 대항할 수 있다(§37①). 이를 등기의 적극적 공시력이라 한다.

그럼에도 불구하고 위 §395의 요건을 충족하면 회사는 마치 적법한 대표자의 행위가 있었던 것처럼 책임을 져야 하기 때문에 표현대표이사 제도와 상업등기 제도의 모순적 관계를 어떻게 처리할 것인지 문제되었다. 이에 대하여 판례는 이차원설을 취하면서, 표현대표이사 제도와 상업등기 제도는 별개의 차원에서 법익을 달리 하는 것이므로 각각의 요건을 갖추면 그에 따른 효과를 얻을 수 있는 것이라고 설명한다. 따라서 회사는 적법한 대표이사를 등기하여 §37①에 따른 적극적 공시력을 얻을 수 있으나, 등기 여부와 무관하게 §395 요건이 충족되면 상대방에 대하여 책임을 부담하게 된다.

제도설계의 가능성 #28 **상업등기의 현대적 활용과 제도취지**

예전에는 등기소에 방문해야 법인등기부를 열람할 수 있어서 이용이 번거로웠다. 이에 사람들이 실제로 등기부를 잘 조회해보지 않는 점을 악용하여 회사들이 등기제도를 책임면탈 수단으로 삼는 경우가 많았기에 상업등기 제도와는 별도로 표현대표이사 제도에 의하여 선의의 제3자를 보호하였다. 즉 대법원은 이차원설에 의하여 §37와는 완전히 별개의 차원에서 §395 요건을 검토하면서, '§395의 책임을 물을 때에는 상업등기가 있는지 여부는 고려의 대상이 아니다'라고 판시하면서 상업등기가 경료되어 있다고 하여 이를 거래상대방이 알고 있다고 간주할 수는 없다고 하였다(대법원 1979. 2. 13. 선고 77다2436 판결).

* * *

그런데 현재는 인터넷등기소가 운영되며 사람들은 모바일로 접속하기 때문에 언제든지 정확하게 확인할 수 있다. 시장에 신뢰를 주기 위하여 적법한 대표이사가 누구인지 등기를 하는 것이고 이것이 상업등기 제도의 존재의의인데 거래상대방의 신뢰를 판단할 때 등기 여부는 제외하라는 것은 오히려 비현실적이다. 예전과 같이 등기부 확인이 번거로운 상황이 아님에도 불구하고 고려 대상에서 완전히 제외하는 것은 곤란하다. 등기가 되어 있다는 사정만으로 거래상대방이 이를 알았다고 단정해서는 안 되겠지만, 적어도 거래상대방이 등기부 기재를 간과한 사정에 중과실이 있었다면 신뢰 요건을 충족할 수 없는 것으로 판단되어야 할 것이다.

특히 공동대표이사를 등기하더라도 이러한 제한을 위반하여 한 명의 대표이사가 단독으로 대표행위를 하면 무효가 되는 것이 원칙이지만, 그러한 행위를 한 대표이사와 거래한 선의의 상대방은 표현대표이사 규정의 요건을 쉽게 충족할 수 있기 때문에 회사는 §395 책임을 져야 한다. 공동대표이사 제도가 이런 식으로 운영된다면 유명무실할 수 있다. 이러한 문제 역시 거래상대방이 등기부 기재를 간과하였음에 중과실이 있는지 현재의 관점에서 검토함으로써 보완될 수 있을 것이다.

5 | 경영권 쟁탈

(1) 경영권의 의의

경영권이란 원래 회사의 기본권이다. 회사 역시 법인격으로서 헌법상 기본권을 부여받으며 특히 재산권은 강력하게 보호받는다. 법인격의 테두리 안에 있는 주주 등 이해관계자들의 재산권과 밀접한 관계를 맺고 있기 때문이다.

그런데 회사의 재산권이 실현되려면 경영진의 자유로운 결정에 따라 회사가 재산을 취득하거나 처분하고 자유롭게 활용할 수 있어야 하는바 이를 회사의 경영권이라고 부른다(헌법재판소). 결과적으로 회사에서 경영권의 운영방향을 실질적으로 판단하는 주체는 경영진이다. 그렇다고 해서 경영권이 경영진의 배타적인 권리인 것은 아니다. 의사결정 권한이 경영진에게 귀속되니까 경영진이 경영권을 실현하는 것에 불과하며, 의사결정 과정에서는 구성원의 의견수렴이 합리적으로 이루어져야 한다.

제도설계의 가능성 #29 경영권과 근로자의 업무방해죄

경영권 개념을 경영진의 배타적 권한으로 오해함으로 인하여 우리나라에서는 구조조정에 반대하는 단순 쟁의행위에 참여한 근로자에 대해서도 '경영진의 구조조정 결정은 경영권의 영역인데 노동조합이 쟁의행위를 함으로써 위력에 의한 방해를 한다'는 이유로 업무방해죄에 의한 형사처벌을 할 수 있다. 회사 구성원의 의견수렴 과정은 경영권의 적절한 행사를 위하여 필요한 것인데, 경영권 행사를 위한 의견수렴 과정에서 이해관계자들을 형사처벌한다면 민주적 지배구조를 포기하는 것이다. 미국 연방대법원은 회사 내부에서 민주적 의견수렴이 이루어질 것을 전제로 경영진의 경영권 행사가 정당화된다고 보기 때문에 민주적 지배구조(internal democracy)를 갖추는 것이 당연하다고 판시한다.

* * *

미국에서도 대규모 구조조정은 첨예하게 이해관계가 대립하는 영역이다. 특히 M&A 과정에서 대량해고가 이루어지기 때문에 이 경우에 대량해고를 결정한 이사에게 책임을 물을 수 있을지가 관건이다. 미국의 주류적 입장인 주주중심주의 관점에서는 기업가치가 향상될 수 있는지를 기준으로 판단하기 때문에 근로자에 대한 배려는 기대하기 어렵다. 그러나 미국 30여 개의 주에서는 M&A 과정에서 경영진이 이해관계자의 이익을 고려하여 유연하게 결정할 수 있도록 주법을 제정하였다. 다만 법률의 강도는 조금씩 다르다. 일부는 경영진이 이해관계자의 이익을 의무적으로 고려하도록 규정하였고(must provision), 일부는 경영진이 이해관계자의 이익을 고려할 수 있는 것으로 규정하였다(may provision).

즉 미국은 지역에 따라서 시민들의 공감대가 어떻게 형성되었는지에 따라 다양한 방식의 제도가 운영되고 있다. 경영권 개념을 왜곡하여 이해관계자들의 목소리를 원천 차단하는 것은 전근대적이라 할 수 있다. 시장의 문제에 대하여 국가가 일방적으로 형사처벌권을 동원해야 할 시대는 지났다. ESG 경영과 이해관계자 자본주의가 중요한 가치로 자리매김하는 시대라는 점을 유의할 필요가 있다.

(2) 경영권 방어와 참호효과(entrenchment)

회사 내부에서 경영진에게 도전할 수 있는 자는 없기 때문에 경영진이 유일하게 두려워하는 것은 적대적 M&A이다. 적대적 M&A에서 경영권을 방어한다는 것도 일단은 지배지분을 유지하는 것이지만 지분경쟁에서 뒤처지더라도 그 다음 단계에서는 경영진의 지위를 빼앗기지 않으려 한다. 당장은 지분경쟁에서 열세라도 더 많은 이사를 확보하고 있고 이사를 변경하지 못한다면 그 동안 얼마든지 전세가 역전될 수 있다.

따라서 미국에서는 이사의 시차임기제와 황금낙하산을 경영권 방어 방법으로 많이 사용한다. 아직 임기가 남아있는 이사를 해임하려면 더 많은 지분이 필요하고 해임을 하더라도 상당한 손해배상금을 지급해야 한다면 경영진 변경에 실패하기 쉽다.

이와 같이 경영진 변경을 어렵게 하는 등의 방식으로 경영권 방어에 도움이 되는 내부 장치들을 '참호효과 규정'이라 한다. 마치 봉건시대의 영주가 성 주변에 참호를 파고 물을 채워 넣어서 적들이 함부로 쳐들어오지 못하게 방어하던 것에 비유된다. 경제학 및 경영학에서는 참호효과 규정이 많을수록 주가수익률이 더 부정적이라는 실증 연구결과를 내놓고 있기 때문에 근래에는 적대적 M&A에 대한 방어방법을 적게 가지고 있을수록 더 우수한 지배구조로 평가된다(G－Index). 최근에는 주주이익 보호를 얼마나 적극적으로 실현하는지가 지배구조의 평가 요소이기 때문에 참호효과 규정이 점차 줄어드는 추세이다.

특정 회사를 상대로 적대적 M&A를 시도한다는 것 자체가 그 회사의 역량과 잠재력은 충분한데 주가가 저평가

되어 있다는 것이고, 유능한 경영진으로 교체하면 주가를 다시 끌어올릴 가능성이 충분하다고 판단하기 때문에 주식을 매집하는 것이다. 즉 적대적 M&A는 경영진의 성과를 시장 메커니즘에 의하여 자율적으로 규율되기 만드는 장치인데, 적대적 M&A를 방해하는 것은 회사의 가치를 잠식할 우려가 있다. 따라서 미국에서는 기업지배권 시장(market for corporate control)이 활발하게 작동해야 전반적으로 기업가치가 향상되고 개별 기업에서 대리인 문제를 해소하여 경영진을 규제하고 주주이익을 보호할 수 있는 것으로 이해한다.

그런데 여기서 한 걸음 더 나아가 회사에서 경영진의 변경을 적극적으로 방해하려는 참호효과 행위를 자행한다면 그 행위의 법적 효과가 부정될 수 있다. 일반적으로 '참호효과 행위'란 현직 이사 등이 회사를 사실상 지배하고 있는 자신의 지위를 보전할 목적으로 권한을 행사하는 것을 말한다. 미국 판례법리는 이러한 참호효과 행위가 외형적으로 권한 내에서 적법한 방식으로 이루어졌다 할지라도 실질적으로는 부당하여 무효라고 판시한다. 이사의 지배권 뿐 아니라 지배주주의 지배권 유지를 위한 신주발행 등의 행위도 동일하게 판단한다.

우리나라에서도 대표권의 행사가 외형적으로는 대표이사의 권한 내에서 이루어진 적법한 행위라 할지라도 그 대표행위가 회사의 이익을 위한 것이 아닌 남용적 행위라면 이를 알았거나 알 수 있었을 상대방과의 관계에서는 무효라고 보는 것이 판례의 일관된 법리이다. 경영진의 권한남용에 대해서는 법적으로 견제가 이루어지는 것이 마땅하다.

Business history **적대적 M&A 사례**

영국이나 미국에서는 일반적으로 주주가 분산된 상태에서 적대적 M&A가 자유롭게 이루어지는 지배권시장이 활성화되어 있는 것에 비하여 우리나라에서는 대부분 지배주주가 있기 때문에 M&A는 보통 계열사로 편입하거나 그룹 내부적으로 구조조정을 하는 과정에서 합의에 의해 이루어졌다. 간혹 적대적 M&A의 시도가 이루어지면 사회적으로 주목을 받았다.

〈사례 1〉

미도파 백화점은 1922년 일본인 소유의 조지야 백화점(정자옥)으로 출발하였는바, 신세계 백화점 및 화신 백화점과 더불어 우리나라 최초의 백화점들이라 할 수 있다. 1946년 해방 후 소유자가 바뀌면서 중앙백화점으로 이름을 바꾸고, 1969년 대농그룹에서 인수한 뒤 시대 백화점과 가고파 백화점을 합병하며 규모를 키우고 상장도 한다.

그러나 1980년대 롯데와 현대가 백화점 사업에 진출하면서 경쟁이 치열해진다. 1996년 대농그룹은 재계서열 33위로 21개의 계열사가 있었지만 적극적인 사업다각화 과정에서 과도한 은행차입과 경기불황으로 적자가 누적되었다. 이때 대농그룹의 주요사업인 미도파 백화점에 대하여 신동방과 홍콩 페레그린 증권이 주식을 매집하면서 적대적 M&A를 시도하였고 미도파 백화점은 경영권 방어를 위하여 현금 1,200억 원을 투입하면서 지분을 사들였다. 적대적 M&A는 피할 수 있었지만 결국 재무적 압박이 심화되면서 부도 처리되었고, 2002년 롯데쇼핑에 5,200억 원에 인수된다.

〈사례 2〉

1998년에는 외환위기 이후 원활한 외자유치를 위해 외국인에 의한 적대적 M&A를 전면 허용하였다. 당시에는 국내 회사와 주요 자산들이 외국계 자본에 헐값으로 팔려나갔기 때문에 사회적으로 매우 예민하였다. 1999년 헤지펀드인 타이거펀드는 SK텔레콤의 주식을 매집하면서 경영권을 위협하면서 합의를 요구하였고(green mail), SK그룹이 이에 응하면서 타이거펀드는 6,300억 원의 시세 차익을 얻었다.

특히 ㈜SK에 대한 해외자본의 적대적 M&A 시도는 두고두고 회자된다. 2003년 SK글로벌은 가공자산 계상 및 부외부채 처리, 해외출자회사 평가손실 누락 등을 통해 1조 5천억 원이 넘는 기록적인 분식회계를 그룹 차원에서 조직적으로 실시한 것이 발각되었고 ㈜SK의 주가는 절반 수준으로 떨어진다. 이때 뉴질랜드계 사모펀드인 소버린(Sovereign) 자산운용은 SK그룹의 지주회사 ㈜SK의 지분 14.99%(1,700억 원 상당)를 확보하면서 2대 주주가 된다. 소버린 측은 지배구조 개선을 요구하면서 (i) 금고 이상의 형이 확정된 경우를 이사의 결격사유로 정관에 규정할 것을 제안함과 동시에 (ii) 최태원 회장을 해임하는 안건을 주주총회에 상정하여 표 대결을 벌였으나 다른 주주들의 지지를 얻지 못하고 완패한다.

분식회계의 규모를 볼 때 미국에서는 당연한 책임 추궁이자 주주 중심주의적 대응일 수 있지만 당시 우리나라의 정서로는 외환위기 이후 다시 한 번 외국 자본에 의한 침략을 당하는 심정이었기 때문에 소버린 측에 대한 반감이 거셌다. 결국 소버린은 ㈜SK의 지분 전량을 9,437억 원에 처분하였는데 2년 4개월만에 투자금의 4배 이상을 벌어서 나갔다고 먹튀라는 비난을 받는다. 아이러니한 결말이다.

Reference

1. 신현탁, "회사 지배권에 대한 법적 분석 및 제도설계의 방향", 「상사법연구」 제42권 제3호(한국상사법학회, 2023)
2. 신현탁, "이사의 의무에 관한 미국 판례법리 발전사", 「서울법학」 제28권 제4호(서울시립대학교 법학연구소, 2021)
3. 신현탁 · 조은석, "이해관계자 참여형 기업지배구조에 관한 연구 – 회사 구성원의 경영감독 참여를 중심으로 –", 「상사법연구」 제37권 제2호(한국상사법학회, 2018)

11 이사의 의무

1 | 경영판단의 원칙

(1) 일반론

경영진이 경영판단을 해야 하는 상황은 본질적으로 모든 것이 불확실하다. 결정 당시에는 어떻게 하더라도 미래를 정확히 예측할 수 없기 때문에 경영진에게 본인의 경험과 역량에 기초하여 최선의 판단을 시도하도록 믿고 맡기는 것이다. 다만 그 성과에 대하여 보수와 임기로 상응한 대우를 함으로써 사실상 책임을 묻는다.

그런데 경영판단이 내려진 이후의 시점에서 돌이켜볼 때 왜 그 당시에 다른 판단을 하지 못했냐고 추궁하는 것은 현실성을 결여한 흠잡기에 불과하다. 더군다나 경영에 전문성을 갖추지 못한 법원에서 경영판단이 최선의 결정이었는지 심사한다는 것도 용이하지도 않다. 따라서 법원은 경영판단에 대하여 사법적 심사를 자제하는 판례법리가 형성되었다. 이를 경영판단의 원칙이라 한다.

경영진의 법적 책임에 대한 부담을 덜어주고 자유로운 결정을 독려할 때 위험을 감수하는 혁신적인 경영이 성공할 가능성이 더 높아질 것이다. 회사제도가 추구하는 방향은 포용적 시장의 선순환을 통한 경제발전이기 때문에 경영판단의 원칙은 이러한 점에서도 정당화된다. 경영판단의 원칙에 의하여 경영진의 법적 책임을 완화하는 것은 경영자 중심주의를 지지하는 중요한 장치로서 현대의 기업경제가 발전하는데 핵심적인 역할을 하였다고 평가된다.

(2) 미국의 경영판단원칙(business judgment rule; BJR)

원래 경영판단의 원칙이란 미국의 판례법에서 유래한 것으로서, '이사가 업무를 수행하는 과정에서 ① 충분한 정보에 근거하여(informed) ② 성실하게(in good faith) ③ 회사의 최선의 이익을 위한다는 신념으로(for the best interest of corporation) 경영상 결정을 한 것이라면 법원은 이사의 경영판단이 적절히 이루어진 것으로 존중하여 책임을 묻지 않겠다'는 법원의 추정이다. 위 ①, ②, ③의 요건이 모두 충족되어야 한다.

또한 이러한 경영판단원칙이 적용되기 위한 전제로서 ① 당해 이사가 회사에 손해를 야기한데 대한 고의 또는 중과실이 없어야 하며, ② 회사와의 이해상충(conflicts of interest)이 없어야 하며, ③ 비이성적 판단(irrational decision)이 아닐 것이 요구된다. 회사재산을 무가치하게 낭비하는 것에 불과할 정도에 이른 경우(waste of corporate assets)에는 비이성적인 판단에 해당한다.

미국에서는 경영진이 법적 책임을 추궁당하더라도 경영판단의 원칙을 적용받을 수만 있다면 대부분 책임이 부정되고, 경영판단의 원칙의 요건을 충족하지 못한다면 웬만해서는 책임을 면할 수 없다. 따라서 경영판단의 원칙에 의한 보호를 받을 수 있는지 여부가 최대의 관심사이다. 회사들은 로펌이나 회계법인으로부터 의견서를 충실히 받아놓음으로써 전문가로부터 충분한 자문을 얻어서 결정하였음에 대한 입증수단으로 활용한다.

제도설계의 가능성 #30 **Business Judgment Rule의 한계와 ESG 경영 보호기능**

미국에서는 경영판단의 원칙이 사실상 경영진의 책임을 일도양단 식으로 결정짓는 기능을 수행하다 보니 법리적으로는 어려움도 많다. 복잡한 기업현실에서 경영진의 책임을 모 아니면 도 방식으로 재단하려면 구체적 타당성을 확보하기가 어려울 수 있다. 이에 미국에서 회사소송이 가장 많이 발생하는 델라웨어주의 대법원장 및 대법관은 논문을 통하여 경영판단원칙에 의한 이분법이 현대사회에 적합하지 않다는 고충을 털어놓았다. 나아가 경영진의 행위에 대하여 합리성(reasonableness) 기준에 의한 정교한 법적 판단이 가능해야 한다는 의견을 피력하기도 하였다. 참고로 우리나라는 경영판단의 원칙을 인정하면서도 사실상 경영진의 책임에 대하여 법원이 합리성 판단을 실시하고 있다.

아이러니한 것은 경영판단의 원칙에 의하여 구체적 타당성을 추구하는 정교한 판단을 하는 것이 어렵다는 점이 단점으로 지적되었지만, 다른 한편으로는 그렇게 허술한 성격을 가지고 있었기 때문에 ESG 경영을 실시하는 경영진의 경영판단에 대해서도 경영판단의 원칙을 별다른 수정없이 적용하면서 보호할 수 있다. 엄격한 법리가 확립되어서 경영판단원칙의 적용기준과 심사범위가 엄격하게 제약되었다면 ESG 경영을 위한 결정이 임무위배로 판단되었을 수도 있을텐데, 현재 미국 학계에서는 ESG 경영 역시 경영판단의 원칙으로 보호될 수 있다고 보는 것이 일반적이다.

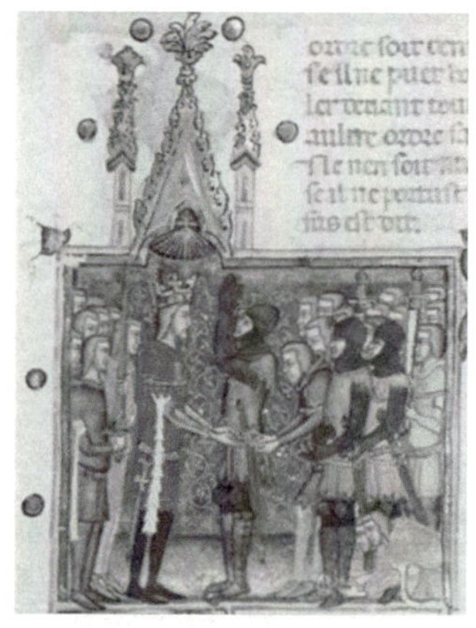

봉건시대 신종서약

중세유럽의 봉건제도에서는 국왕과 영주가 신종서약을 체결하였다. 영주는 국왕에게 군사력을 제공하고 국왕은 영주에게 봉토를 제공하면서 일정한 자치권을 허용하는 쌍무적 계약관계에 해당한다. 영주의 자치권을 존중하여 국왕은 영지의 내부적 문제에 대해서는 특별히 범죄 문제가 아니라면 개입을 자제하였다. 이를 불수불입권이라 하였다.

마치 회사내부의 경영판단에 대해서도 특별히 고의·중과실만 없다면 경영진의 적절한 경영판단이었으리라 추정해주는 것과 유사하다. 봉건제도에서 유래한 오래된 질서관념은 회사제도의 관계를 대중적으로 각인시키는데 도움이 되었을 것으로 본다.

다만 현대 시민사회에서 요구되는 민주주의적 정당성과 경제질서의 합리성은 봉건적 관념과 양립하기 어렵기 때문에 경영판단의 원칙이 절대적으로 운용되어서 주주 등의 피해에 대한 이사의 책임을 물을 수 없게 된다면 법치주의가 제대로 작동하고 있는 것인지 시민사회의 불만이 커질 수밖에 없다. 이에 미국 판례는 경영판단의 원칙을 제한하는 다양한 법리를 보완시키는 방향으로 발전해왔다.

Business history 월트디즈니 회사 경영진의 과다보수 사례

월트디즈니 회사는 1923년 월트 디즈니(Walt Disney; 1901－1966)와 그의 형인 로이 O. 디즈니(Roy O. Disney; 1893－1971)가 공동창업하였다. 반세기 동안 전 세계를 사로잡았던 월트디즈니 회사는 1982년부터 사업에 부진을 겪는다. 1984년 6월 월가의 금융인 스타인버그(Steinberg)는 월트디즈니 회사의 지분 11.1%를 매집하면서 적대적 M&A를 시도하였는바, 월트디즈니 회사는 스타인버그의 지분 전부를 시가보다 54.25$ 높은 주당 70.33$에 매입함으로써 약 3억 달러를 지급하고 비용보전 차원에서 2,800만 달러를 추가 지급하기로 합의한다(green mail).

가뜩이나 곤란한 회사 형편에 은행 차입금이 심각하게 불어나면서 반대세력을 결집하게 한다. 로이 O. 디즈니의 아들인 로이 E. 디즈니(1930－2009)는 한 때 임원직을 떠났다가 우호 주주들과 연합하여(지분 합계 35.5%) 월트 디즈니의 사위이자 당시 CEO인 밀러(Ron Miller)를 축출한다. 그 대신 아이스너(Michael Eisner)를 이사회 의장 겸 CEO로, 웰스(Frank Wells)를 사장으로 선임한다. 이후 다시 Disney Renaissance 시대를 실현하였으나 1994년 웰스 사장이 헬리콥터 사고로 사망하면서 후임자 선정 과정은 난항을 겪는다.

*　　*　　*

아이스너는 자신의 지인 오비츠(Michael Ovitz)를 사장으로 지명하였다. 아이스너와 오비츠는 1984년 아이스너가 Paramount 회사의 CEO 경쟁에서 탈락하여 퇴사했을 때 유명 레스토랑인 Morton에 예약도 못해서 낙담하고 있을 때 오비츠가 자신의 이름으로 자리를 잡아주면서부터 각별한 사이가 되었다고 한다. 오비츠는 스티븐 스필버그와 톰 크루즈 등이 소속된 기획사인 Creative Artists Agency의 창업자로서 20년째 엔터테인먼트 사업을 해 왔고, 소니의 콜럼비아 기획사 인수 및 마쓰시다의 유니버설 기획사 인수 등을 중개한 이력이 있었다.

아이스너는 오비츠의 도덕성에 대해서는 우려하였지만 사장의 공백을 빨리 메워야 한다고 생각하였고, 오비츠와의 연봉계약에 관한 모든 내용을 이사회에 공개하지 않은채 선임을 추진하였다. 이러한 불투명한 선임과정은 나중에 소송상 문제가 되었다. 1995년 오비츠는 연봉 1백만 달러에 5년의 임기를 보장받는 사장으로 선임되지만 업무 스타일에서 이사회 의장인 아이스너와 충돌하였고 결국 1997년 14개월만에 해임된다. 나중에 이루어진 회계법인의 조사에 의하면 오비츠가 임기 중 지출한 480만 달러의 비용 중 69만 달러만 규정에 적합하였다고 하며, 정식 취임 전에 자신의 집에 헐리우드 연예인들을 모아서 파티를 열고 9만 달러를 비용으로 청구하였다고 한다.

다만 해임 당시에 합당한 이유가 제시되지는 않았기 때문에 아이스너는 임기 잔여기간 동안의 연봉을 일시불로 지급받고 또한 해직보상금으로 현금 3,800만 달러 및 1억 달러 상당의 3백만 주를 스톡옵션으로 지급받는다. 이에 대하여 월트디즈니 회사의 주주들은 과다한 보수지급을 문제삼으면서 결정권자인 이사들의 신인의무 위반에 대한 손해배상책임을 묻는 대표소송을 제기한다.

* * *

델라웨어 주 대법원은 임원보수가 과다하게 결정된 것이 아닌지 검토하면서 다음과 같은 법리를 제시하였다. 즉 사장을 선임하는 이사회의 결정은 하나의 경영판단에 해당하기 때문에, 충분한 자료에 기초하여 회사의 최선의 이익을 위한다는 선의로 결정된 것이라면, 회사자산을 무의미하게 낭비하는 정도(waste of corporate asset)에 이르지 않는 한 보호되어야 한다고 판시하였다. 이러한 전제에서, '회사 측에서 어떠한 형태로든 반대급부를 받았고 보수의 규모가 과도하게 부당하여 비양심적 수준에 이르는 것만 아니라면 회사자산의 낭비에 해당하지는 않기 때문에 이사회의 보수에 관한 결정은 존중되어야 한다'고 판시하였다. 이에 관한 일련의 재판은 2006년에야 종결되었는데 당시 과도한 임원보수가 사회적으로 큰 문제가 되었기 때문에 재판과정이 크게 주목받았다.

(3) 행위기준과 심사기준의 분리

전통적으로 민사상 행위기준과 심사기준은 일치하는 것이 일반적이어서 불법행위가 인정되면 손해배상책임을 부과하였다. 그런데 회사법에서는 이사에게 통상적으로 기대되는 수준의 업무상 행위기준과 법적 책임의 근거가 되는 심사기준이 분리되어 있다. 이사에게는 당연히 높은 수준의 행위기준으로 과실없이 최선을 다할 것을 기대하며, 회사마다 소비자와 시장의 기대에 맞게 행동강령(code of conduct)을 제정하여 최선을 다하려 한다(best practice). 그러나 이사가 그런 상당한 수준의 행위기준에 미치지 못하였다고 하여 일일이 책임을 묻거나 처벌하지 않는다. 경영진을 엄격하게 규제한다면 최대한 안전하도록 보수적인 판단만 하게 될 것이며 이는 모험투자와 혁신경영을 촉진하려는 회사제도의 취지와 상반되기 때문이다.

따라서 이사의 법적 책임이 발생할 수 있는 심사기준은 훨씬 낮은 수준으로 운영하면서 이사에 대한 법적 기대수준을 낮추고 고의 또는 중과실, 이해상충이 있는 경우에만 책임을 묻는다. 이러한 차원에서 미국 판례법에서는 행위기준에 못 미치는 경영판단이라 할지라도 일단 경영판단의 원칙에 의하여 보호해주면서 심사기준을 위반하는 경우에 한하여 이사에게 책임을 묻는다. 우리나라 상법에서도 이사에게 책임을 묻는 경우는 통상적으로 고의 또는 중과실이 있는 경우로 제한되는 것이 일반적이며, 특별히 규정이 없더라도 이와 같이 해석한다.

회사제도는 이사로 하여금 주주를 대신하여 회사의 전권을 행사할 수 있도록 설계하였기 때문에 그러한 권한이 함부로 사용되지 않도록 최소한의 기준을 회사법에서 설정하고 있다. 즉 이사는 자신의 의무를 위반하는 잘못된 경영판단에 대해서는 민사상 손해배상책임을, 형사상 업무상 배임죄의 처벌을 감수해야 한다.

제도설계의 가능성 #31 자율규제에 의한 경영감독 필요성

이사에게 기대되는 행위기준보다 훨씬 낮은 수준에서 법적 책임을 인정하도록 심사기준이 운용되기 때문에 법적 의무만으로 경영진에 대한 견제가 충분하다고 볼 수는 없다. 오히려 법적 의무와 책임에 의하여 경영진에 대한 견제기능을 완벽히 수행할 수 있도록 제도설계를 하려면 경영진에게 법적 의무의 부담이 너무 커진다.

경영진이 법적 책임을 우려하여 모험과 혁신을 두려워하면서 안정적인 현상유지에 안주한다면 기본적인 회사제도의 목표를 달성할 수 없다. 회사제도는 사업실패의 위험과 책임이 주주에게 전가되는 것을 절연시켜서 사회가 이를 부담하면서 사업성공에 의한 이익과 혁신의 성과를 사회와 공유하도록 설계된 것이다. 그런데 회사의 부정적 외부효과는 사회에 전가되도록 허용하면서 혁신경영마저 포기한다면 회사제도의 정당성을 퇴색시킨다.

* * *

경영진에 대한 견제기능은 법적 의무와는 별개의 best practice 등 업계 자체의 자율규제

방식(self-regulation)을 활용할 필요가 있다. 엄격한 책임과 처벌이 수반되는 경성법(hard law)에 대응하는 개념으로, 높은 행위기준을 설정하여 자율적인 이행을 기대하는 행위규범을 연성법(soft law)이라고 부른다. 법적 의무 수준을 높여서 경영진을 위축시키는 것 보다는 경영진 스스로 자율규제를 선언하고 높은 경영윤리 수준을 실천하는 것이 가장 바람직하다.

나아가 자율규제를 통하여 경영진을 감독하는 과정에 다른 이해관계자들이 참여한다면 효과적인 견제와 균형 시스템을 형성할 수 있다. 이해관계자들은 특히 회사의 존속 여부에 큰 영향을 받는 지위에 있기 때문에 경영진 감독에 대한 강력한 인센티브를 갖는다. 현재 가장 강력한 자율규제의 흐름인 ESG 경영 방식을 적절히 활용한다면 도움이 될 것이다.

(4) 민사 판례상 경영판단의 원칙

우리나라에서는 미국법상의 경영판단의 원칙이 그대로 통용된다고 보기 어렵다. 대법원의 입장에 따르면, '이사가 충분한 정보에 바탕을 두고 회사의 최대의 이익을 위해서 합리적으로 판단하였다면 선관주의의무를 다한 것으로 인정할 수 있다'는 원칙하에, 이사가 결정을 할 당시의 구체적 사정을 종합적으로 고려할 때 당해 이사에게 허용되는 재량의 범위 내에서 이루어진 행위인지 여부를 심사한다. 당해 상황을 합리적으로 검토할 때 이사에게 허용된 재량범위 내에서 이루어진 경영판단에 대해서는 이사의 책임이 인정되지 않지만 재량범위를 벗어난 결정에 대해서는 선관의무 위반에 따른 책임을 인정한다.

제도설계의 가능성 #32 이사에게 허용되는 재량범위와 주주이익 극대화의 관계

경영판단의 원칙에 관한 판례는 마치 정부기관의 행정행위가 재량범위를 일탈했는지 여부를 판단하는 행정법상의 재량이론과 유사하다. 회사제도 초창기의 동인도회사는 인도를 통치하면서 행정기관의 역할을 수행하였고, 현재에도 회사의 지위를 준정부기관(quasi-government)으로 파악하는 연구도 있기는 하다. 과거에 우리나라 정부가 경제개발정책을 주도하면서 기업가적 정부를 지향하였고 경제성장이라는 목적을 위하여 정부와 회사들이 혼연일체되어 업무를 수행하였던 발전경로에 의하여 회사 내부의 경영판단에 대해서도 행정행위와 유사하게 인식하는 것이 아닌가 생각된다.

회사법의 주요 쟁점은 회사제도의 특성을 반영한 고유의 이론이 확립될 필요가 있다. 무엇보다도 경영진 견제기능을 효과적으로 수행하려면 명확한 기준이 제시되어야 할 것이다. 현재 경영판단의 원칙에 관한 판례법리는 이사에게 허용되는 재량 범위 내에서는 어떤 결정을 하든 무방하며 이사가 합리적으로 선택할 수 있는 것으로 인정한다(대법원 2023. 3. 30. 선고 2019다280481 판결). 따라서 재량 범위 내에서 어떠한 선택을 하여 결정하든 임무위배가 인정되지 않는다.

* * *

미국의 경영판단의 원칙에서는 회사의 최선의 이익을 위하여 결정할 것이 요구되며, 이때 회사의 최선의 이익이란 회사 및 전체 주주의 이익으로 이해한다. 즉 주주중심주의 관점에서 총주주의 이익을 위한 경영판단을 하였다면 경영진에게 책임을 묻지 않는다. 총주주의 이익이란 추상적인 개념이어서 개별 주주의 이해득실을 따지는 것은 아니다. 만약 지배주주의 이익을 위하여 경영판단을 하였고 결과적으로 소수주주에게 비례적으로 인정되어야 할 이익(ratable interests of shareholders)을 침해한다면 경영판단의 원칙에 의한 보호를 받을 수 없다.

나아가 주주중심주의 관점에서 주주이익 극대화가 요구된다. 즉 주주이익 극대화를 위한 결정이 아니라면 경영판단의 원칙의 보호를 받지 못한다. 물론 주주이익 극대화를 달성하지 않았다고 하여 바로 법적 책임이 발생한다는 것은 아니다. 미국 판례법리는 주주이익 개념을 넓게 해석한다. 즉 이해관계자의 이익을 고려하더라도 이를 통해 장기적인 관점에서 간접적으로라도 주주에게 이익이 될 수 있으면 충분하다는 계몽적 주주중심주의를 취한다. 영국에서는 계몽적 주주중심주의를 회사법에 도입하였다. 따라서 주주이익 극대화 원칙은 경영진의 판단범위를 제약하는 강력한 기준으로 활용되면서 경영진에 대한 견제기능을 수행하지만, 계몽적 주주이익 개념이 매우 넓게 인정되기 때문에 정상적인 경영판단의 경우라면 특별히 문제되지 않는다.

* * *

우리나라에서는 이사가 허용되는 재량 범위 내의 옵션 중에서 선택한 것이라면 주주이익 극대화와 상관없이 허용된다. 그런데 개별 상황에서 이사에게 허용되는 재량 범위가 어디까지인지는 법원의 합리성 심사를 통해 정해지는데 구체적인 심사기준이 있는 것은 아니며 법원에 맡겨져 있다. 경영감독의 관점에서는 경영진에 대한 견제기능이 부실할 우려가 있다. 행정기관이라면 재량 범위 내에서만 행정행위를 실시하더라도 불만이 없겠으나, 경영진에게 모든 물적·인적 자원을 지원하고 절대적인 권한을 부여하면서 공무원 수준의 결정을 기대하는 것이 아니다. 공무원이라면 실수하지 않고 정해진 업무를 매뉴얼에 따라 정확히 처리하는 것이 중요하겠지만, 경영진은 리스크를 감수하면서 매뉴얼이 없는 모험적 판단을 해야 하기 때문에 업무의 실질적 성격이 판이하다.

(5) 경영판단의 원칙에 의한 보호가 적용되지 않은 판례

[대법원 2007. 10. 11. 선고 2006다33333 판결] 대우그룹 계열사 지원

〈경영판단의 원칙 일반론〉

회사의 이사가 법령에 위반됨이 없이 관계회사에게 자금을 대여하거나 관계회사의 유상증자에 참여하여 그 발행 신주를 인수함에 있어서, 관계회사의 회사 영업에 대한 기여도, 관계회사의 회생에 필요한 적정 지원자금의 액수 및 관계회사의 지원이 회사에 미치는 재정적 부담의 정도, 관계회사를 지원할 경우와 지원하지 아니할 경우 관계회사의 회생가능성 내지 도산가능성과 그로 인하여 회사에 미칠 것으로 예상되는 이익 및 불이익의 정도 등에 관하여 <u>합리적으로 이용가능한 범위 내에서 필요한 정보를 충분히 수집·조사하고 검토하는 절차를 거친 다음, 이를 근거로 회사의 최대 이익에 부합한다고 합리적으로 신뢰하고 신의성실에 따라 경영상의 판단을 내렸고, 그 내용이 현저히 불합리하지 않은 것으로서 통상의 이사를 기준으로 할 때 합리적으로 선택할 수 있는 범위 안에 있는 것이라면, 비록 사후에 회사가 손해를 입게 되는 결과가 발생하였다 하더라도 그 이사의 행위는 허용되는 경영판단의 재량범위 내에 있는 것</u>이어서 회사에 대하여 손해배상책임을 부담한다고 할 수 없다.

〈경영판단의 재량범위 일탈〉

그러나 단순히 회사의 경영상의 부담에도 불구하고 <u>관계회사의 부도 등을 방지하는 것이 회사의 신인도를 유지하고 회사의 영업에 이익이 될 것이라는 일반적·추상적인 기대하에 일방적으로 관계회사에 자금을 지원하게 하여 회사에 손해를 입게 한 경우 등에는, 그와 같은 이사의 행위는 허용되는 경영판단의 재량범위 내에 있는 것이라고 할 수 없다</u>.

피고들은 아무런 채권확보나 채권회수조치 없이 이미 채무상환능력이 결여되어 있고 결국은 도산에 이르게 될 대우인터내셔날에 대하여 거액의 자금을 일방적으로 지원하게 하여 대우로 하여금 그 지원금을 회수하지 못하는 손해를 입게 한 행위는 허용되는 경영판단의 재량범위 내에 있는 것이라 할 수 없고, 위 피고들은 이사의 임무를 해태한 것으로서 그에 대한 손해배상책임을 져야 할 것이다.

[대법원 2019. 5. 16. 선고 2016다260455 판결] 강원랜드의 기부

〈사실관계〉

2012년 태백시가 주주로 있는 태백관광개발공사에서 운영하는 오투리조트에 자금난이 발생하였는바, 인근 지역의 카지노사업자인 강원랜드 주식회사에 자금지원을 요청하였다. 강원랜드는 기부행위에 부담감을 느꼈으나 태백시와 태백시의회는 강원랜드 이사회에 배임 문제가 발생하면 자신들이 민형사상의 책임을 감수하겠다는 확약서를 제공받았다. 이에 강원랜드는 폐광지역의 경제 진흥을 통한 지역 간 균형발전 및 주민의 생활향상이라는 공익에 기여한다는 취지에서 폐광지역 협력사업비 150억 원 기부안을 이사회에서 의결하였다.

〈판결요지〉
강원랜드의 기부행위가 폐광지역 전체의 공익 증진에 기여하는 정도와 갑 회사에 주는 이익이 그다지 크지 않고, 기부의 대상 및 사용처에 비추어 공익 달성에 상당한 방법으로 이루어졌다고 보기 어려울 뿐만 아니라 강원랜드 이사회에서 결의를 할 당시 위와 같은 점들에 대해 충분히 검토하였다고 보기도 어려우므로, 7명의 이사들이 위 결의에 찬성한 것은 이사의 선량한 관리자로서의 주의의무에 위배되는 행위에 해당한다. 이에 이사들은 강원랜드에 대하여 30억 원의 손해배상책임이 인정되었다. (다만 그 중 90%의 액수에 대해서는 별도 소송을 통하여 태백시가 책임지는 것으로 확정되었다.)

(6) 형사 판례상 경영판단의 원칙

형사 사건에 관한 판례에서 경영판단의 원칙을 인정하는 취지 자체는 민사상 경영판단의 원칙에서와 별로 다르지 않다. 즉 기업의 경영에는 원천적으로 위험이 내재하여 있어서 ① 경영자가 아무런 개인적인 이익을 취할 의도 없이 선의에 기하여 ② 가능한 범위 내에서 수집된 정보를 바탕으로 ③ 기업의 이익에 합치된다는 믿음을 가지고 신중하게 결정을 내렸다 하더라도 그 예측이 빗나가 기업에 손해가 발생하는 경우에 형사상 경영판단의 원칙이 적용된다.

그런데 민사상 경영판단의 원칙이 재량일탈의 여부를 심사하는 기준을 지칭하는 것에 비하여 형사상 경영판단의 원칙은 범죄자의 고의에 관한 판단기준으로 운용된다는 점에서는 완전히 다르게 활용된다. 경영판단의 원칙이 적용되는 상황에 대해서 범죄의 고의를 쉽게 인정한다면 이는 죄형법정주의의 원칙에 위배되는 것임은 물론이고 정책적인 차원에서 볼 때에도 영업이익의 원천인 기업가 정신을 위축시키는 결과를 낳게 되어 당해 기업뿐만 아니라 사회적으로도 큰 손실이 될 것을 우려한 것이다.

따라서 당해 경영판단에 이르게 된 경위와 동기, 판단대상인 사업의 내용, 기업이 처한 경제적 상황, 손실발생의 개연성과 이익획득의 개연성 등 제반 사정에 비추어 자기 또는 제3자가 재산상 이익을 취득한다는 인식과 본인에게 손해를 가한다는 인식(미필적 인식을 포함)이 없는데 단순히 회사의 손해가 발생하였다는 결과만으로 또는 주의의무를 소홀히 한 과실이 있다는 이유로 업무상 배임죄의 형사처벌을 할 수는 없다고 판시한다.

제도설계의 가능성 #33 경영진 형사처벌의 과잉규제 문제

상거래와 같은 기업활동 중에 이사가 의무를 위반하였다고 하여 자동적으로 형사처벌 대상이 되는 것은 과잉규제이다. 실무상 아주 위험하지 않은 수준의 투자나 거래의 경우에도 기본적인 모험성을 갖기 때문에 업무상 배임죄의 성립가능성을 완전히 배제할 수는 없는 노릇인데 형사처벌 가능성을 감수해야 하는 경영진 입장에서는 사업추진을 포기해야 하는 리스크로 받아들이게 마련이다. 회사제도가 정당성을 얻으려면 모험사업에 도전하는 것을 촉진해야 한다.

형사상 경영판단의 원칙이 판례법리로 확립되기는 하였으나 기업계에서는 업무상 배임죄로 처벌될 위험성에 항상 노출되어 있다고 여긴다. 민사와 형사에서 경영판단의 원칙이 작용하는 원리는 다르지만 실질적으로 유사한 기준이 활용되며 유사한 수준에서 책임 성립 여부가 결정된다. 즉 민사적으로 경영판단의 원칙의 보호를 받지 못하는 상황이어서 이사의 의무위반이 인정되는 사안이라면 형사적으로도 경영판단의 원칙에 의하여 배임죄의 고의가 부정되길 기대하기는 어려운 것이다.

* * *

한 때 어음·수표를 폐지하자는 논의가 있었다. IMF 사태 등의 금융위기 당시 자금경색 현상으로 연쇄부도가 발생하였고 이로 인하여 형사처벌되는 기업인들이 속출하였다. 어음·수표를 사용하여 부도가 나고 구속이 되는 것이니까 애초에 어음·수표를 사용하지 않아야 되겠다는 논리였다. 1,000년의 역사가 있는 어음·수표의 문제가 아니라 과잉처벌이 문제였다.

우리나라는 자본주의 시장경제가 심화되지 않은 상태에서 급속한 경제성장을 추진하였는바 그 과정에서 정부가 시장기능의 상당 부분을 담당한 측면이 있다. 즉 시장 참여자들의 신뢰메커니즘에 의하여 시장기능이 작동해야 하는데 그러한 신뢰가 형성되고 이에 기초하여 시장 참여자들이 자율적인 역량으로 참여하기까지는 많은 시간이 걸리기 때문에 정부가 개입하여 시장의 한 축을 지탱한 것이다. 그 덕분에 성과도 있었지만 시장기능이 충분히 성숙하지 못한 부작용도 있었다.

시장기능에 의한다면, 어음·수표로 지급할 때에는 당사자들의 신용도를 살펴서 얼마나 믿을 수 있는 것인지 자체적으로 평가를 해야 한다. 우리나라에서는 신용이 쌓이고 신용을 평가할 능력을 갖출 때까지 기다리기 어려웠던 반면 '부도내면 처벌된다'는 관념이 신용평가를 대체하였다. 어음·수표 거래는 활성화될 수 있었지만 IMF 사태와 같은 거대한 충격이 왔을 때 시장이 붕괴했다. 부도 상황에서 백방으로 뛰어다니며 자금을 마련해야 할 기업인들이 구속되어서 발이 묶이니 연쇄적인 부도사태가 발생했다. 형사처벌을 해도 부도를 막을 수 없다는 사실이 드러난 이상 어음·수표에 대한 신뢰가 무너졌고, 어음·수표를 제도적으로 폐지해야 한다는 주장이 나온 것이다. 그 후 어음·수표의 활용은 극적으로 줄어서 고사되다시피 하였고, 하도급 대금결제나 전자적 방식으로 사용되는 것이 대부분이다.

* * *

정부가 시장기능을 대체하면서 문제가 생길 때마다 특정 시장을 폐쇄하면 남아날 시장이 없다. 형사처벌에 의존하여 시장의 신뢰기능을 대체하던 종전의 관행은 이제 벗어날 때가 되었다. 물론 기업경제에서 너무나 많은 부정과 비리가 있기 때문에 그나마 형사처벌에 의하여 일부 교정되었던 것도 사실이다. 그러나 여기에 안주한다면 시장기능이 성숙할 수 없다. 정부개입이 시작되는 순간 시장기능은 멈추어 선다.

이제 고민해야 할 부분은 형사처벌에 의하여 경영감독 기능을 실시하던 종전의 회사제도를 점차적으로 시장에 의한 경영진 감독시스템으로 옮겨가도록 하는 것이다. 악의적인 기업범죄를 형사처벌하는 것은 세계 어디에서나 당연한 것이지만, 단순한 의무위반 상황에 대해서는 시장에서 자체적으로 정화할 수 있는 여지를 남겨놓을 필요가 있다.

미국에서는 이사에게 광범위한 내용의 신인의무(fiduciary duty)가 포괄적으로 적용되고, 지배주주에게 충실의무를 인정하지만 우리나라에서는 그러한 개념을 인정하지 않는다. 업무집행지시자 책임 규정에 의하여 지배주주에게 책임을 물을 수 있지만 원고가 지시를 입증한다는 것이 불가능에 가깝기 때문에 형사처벌 사안이 아니라면 사실상 사문화되어 있다. 사회적으로 주목받는 특정 사안에 한정하여 형사처벌을 통해 교정하는 것보다는 현실적 규범력을 갖춘 일반적 기준을 분명히 설정하여 시장기능이 작동하는 것이 바람직하다.

미국에서는 회사 내부적으로 독립적인 감독이사회를 구성하고 변호사와 회계법인의 일상적인 자문에 의한 내부통제시스템을 운영하며, 신용평가기관과 주식 애널리스트 등이 경영상태에 대한 평가정보를 시장에 제공하고, 경영이 부실하여 주가가 낮게 형성되었다는 점이 포착되면 적대적 M&A에 의하여 경영권 공격을 실시하여 경영진을 전부 해임해버리고 새로운 경영진으로 회사가치를 높이려 한다. 즉 다양한 문지기(gatekeepers)를 동원하여 시장 전체가 경영진을 감독하는 시스템(market monitoring system)을 지향한다.

* * *

약점을 보이면 공격을 당하는 정글과 같이 인정사정없다고 느낄 수 있지만 시장이란 원래 무자비한 속성을 갖는다. 법을 위반하면 경영판단의 원칙에 의한 보호를 받을 수 없으며, 부실경영을 하는 경영진에게는 지배권시장(market for corporate control)에서 가장 적합한 새로운 경영진이 그 회사를 빼앗아 차지할 수 있도록 내버려두는 것이다. 고용 유연화라는 개념에 상응하여 경영진도 참호 속에 숨어서 버티지 못하도록 하는 것이다.

우리나라에서도 경영진에 대한 의무를 정비하고 시장에 의한 경영진 감독시스템이 작동할 수 있도록 보완할 필요가 있다. 이러한 조치는 시장기능을 형성하기 위한 조치이므로 시장개입과는 다른 차원이다. 자본주의 자유시장을 지향하는 정부가 시장의 자정기능이 제대로 작동하도록 노력해야 하는 것은 당연하다.

이러한 제도적 보완을 전제로 할 때 그동안 일상화되었던 형사처벌을 완화하는 입법을 고려할 수 있을 것이다. 작정하고 저지르는 악의적 범죄라면 당연히 형사처벌 대상이 되겠지만 단순한 의무위반 사안에 대해서는 미국의 양형가이드라인을 참고할 수 있겠다. 미국에서는 내부통제시스템을 효과적으로 운영하고 있음에도 불구하고 발생하는 기업범죄와 관련하여 회사에 대한 처벌을 감경하는 가이드라인을 운영하고 있다. 우리나라에서도 공정거래 자율준수 프로그램(compliance program)의 운영성과에 따라 시정조치나 과징금을 감경받을 수 있는 제도가 도입되었다. 나아가 개별 회사 차원에서 경영진의 행위기준을 제고하는 행위규범(code of conduct)을 공식적으로 제정하고, 이를 합리적으로 내부통제 시스템 또는 ESG 플랫폼에 의하여 효과적으로 실행되도록 자율규제를 실시한다면 임의적 양형 감경 사유로 고려할 수 있을 것이다.

2 | 선관의무(duty of care)

(1) 일반론

민사상 위임관계의 수임인에게는 선량한 관리자의 주의로써 사무를 처리할 의무, 즉 선관의무가 인정된다(민법 §681). 회사법상 이사와 회사의 관계는 위임의 법률관계에 해당하기 때문에(§382②), 이사의 지위에서 일반적으로 요구되는 정도의 객관적 주의의무를 다해야 한다.

즉 이사는 직무를 수행함에 있어 법령에 위반하지 않도록 주의하고, 항상 회사에 최선의 이익이 되도록 결과를 추구해야 할 선관의무를 부담한다. 설사 주주총회나 이사회의 결의 또는 승인이 있었더라도 그것이 위법하거나 불공정한 것이라면 맹종해서는 안 되며 자신의 독자적인 판단에 의하여 행동해야 한다.

(2) 선관의무의 구체적 유형

선관의무의 하위 개념으로서 구체적인 형태의 의무유형들이 존재한다. ① 이사는 업무집행에 관하여 이사회에 보고할 의무가 있고, ② 회사에 현저하게 손해를 미칠 염려가 있는 사실을 발견하면 이를 감사 또는 감사위원회에 보고할 의무가 있다. ③ 직무상 알게 된 회사의 영업상 비밀은 재임중 뿐만 아니라 퇴임 후에도 누설금지 의무가 있다. ④ 가장 많이 문제되는 것은 감시의무이다. 모든 이사는 다른 이사의 업무집행을 감시할 의무가 있다.

이사가 다른 이사의 위법부당한 업무집행을 발견한 경우에는 이사회를 소집하여 이사회의 감독권을 발동하거나, 감사에게 제보하거나, 주주총회에 보고하는 등의 조치를 취해야 한다. 그러면 주주총회에서는 이사의 해임을 결정하거나 보수결정에 반영하는 등 불이익한 조치를 취하는 방식으로 견제할 수 있다. 판례에 의하면 평이사 또는 사외이사라 할지라도 다른 업무담당이사의 부정을 의심할만한 사유가 있으면 위와 같은 조치를 취하여야 함에도 불구하고 이를 방치한 때에는 감시의무를 위반한 것으로 판시한다.

미국에서 감독의무를 본격적으로 구체화한 Caremark case는 영업 중 불법행위를 저지른 임원에 대한 감독의무를 게을리하였다는 이유로 이사에게 책임을 물은 사건이다. 이에 대하여 법원은 “이사는 회사에 관하여 합리적인 정보를 제공받을 의무가 있는바 회사의 영업활동 및 그 적법성에 대한 충분한 정보에 기반하여 경영판단이 내려질 수 있도록 이사 및 임원에게 정확한 정보를 적시에 제공하는 정보수집·보고 체계가 조직 내에서 자리잡게 하기 위하여 최선을 다했어야 한다”고 판시하면서, “이사가 임직원의 불법행위에 대해서 설사 몰랐다 하더라도 합리적인 정보수집·보고 체계를 설치하려 전혀 노력하지 않는 등 이사의 감독의무 위반이 조직적으로 지속되었다면 신의성실 위반에 해당하여 손해배상책임이 인정되어야 한다”고 판시하였다. 위 기준은 사실심인 형평법원에서 판시된 것임에도 불구하고 이후 여러 대법원 판례에서 Caremark case를 인용하면서 판례법리로 인정되었고, 나아가 많은 후속판례에서 재확인되었다. 특히 수직적 관리·감독 관계에서는 신뢰의 원칙이 적용되지 않는다. 즉 임직원들이 자신의 주의의무를 다할 것으로 만연히 신뢰해서는 안 되기 때문에 내부통제시스템이 효과적으로 운영될 수 있도록 유의할 필요가 있다.

[대법원 2008. 9. 11. 선고2006다68636 판결] 대우그룹 분식회계 사건

감시의무의 구체적인 내용은 회사의 규모나 조직, 업종, 법령의 규제, 영업상황 및 재무상태에 따라 크게 다를 수 있다. 고도로 분업화되고 전문화된 대규모의 회사에서 공동대표이사와 업무담당이사들이 내부적인 사무분장에 따라 각자의 전문 분야를 전담하여 처리하는 것이 불가피한 경우라 할지라도 그러한 사정만으로 다른 이사들의 업무집행에 관한 감시의무를 면할 수는 없다.

그러한 경우 무엇보다 합리적인 정보 및 보고시스템과 내부통제시스템을 구축하고 그것이 제대로 작동하도록 배려할 의무가 이사회를 구성하는 개개의 이사들에게 주어진다는 점에 비추어 볼 때, 그러한 노력을 전혀 하지 아니하거나, 위와 같은 시스템이 구축되었다 하더라도 이를 이용한 회사 운영의 감시·감독을 의도적으로 외면한 결과 다른 이사의 위법하거나 부적절한 업무집행 등 이사들의 주의를 요하는 위험이나 문제점을 알지 못한 경우라면, 다른 이사의 위법하거나 부적절한 업무집행을 구체적으로 알지 못하였다는 이유만으로 책임을 면할 수는 없고, 위와 같은 지속적이거나 조직적인 감시 소홀의 결과로 발생한 다른 이사나 직원의 위법한 업무집행으로 인한 손해를 배상할 책임이 있다.

[대법원 2021.11.11.선고 2017다222368 판결] 철강담합 사건

〈사실관계〉

오랜 기간 영업담당임원과 영업팀장 모임을 통하여 여러 품목에 관하여 지속적이고 조직적으로 가격담합이 이루어졌음에도, 가격담합에 직접 관여한 임직원들은 대표이사인 피고를 비롯한 다른 임직원들로부터 그 어떠한 제지나 견제도 받지 않았다. 이는 회사의 업무 전반에 대한 감시.감독의무를 이행하여야 하는 대표이사인 피고가 가격담합 행위를 의도적으로 외면하였거나 적어도 가격담합의 가능성에 대비한 그 어떠한 주의도 기울이지 않았음을 의미한다. 철강산업은 자본집약적 장치산업으로 대량 생산을 하면서도 가격을 일정한 수준 이상으로 유지하기 위하여 동종 업체들이 담합하여 공동으로 가격을 인상하고 인상된 가격을 유지하려는 노력을 지속하려는 경제적 유인이 있다. 그럼에도 유니온스틸은 위와 같이 높은 법적 위험이 있는 가격담합 등 위법행위를 방지하기 위하여 합리적인 내부통제시스템을 갖추지 못하였던 것으로 보이고, 피고가 이를 구축하려는 노력을 하였다고 볼 만한 자료도 없다.

〈판시사항〉
감시의무와 관련된 내부통제시스템을 구축하고 그것이 제대로 작동되도록 하기 위한 노력을 전혀 하지 않거나 위와 같은 시스템을 통한 감시·감독의무의 이행을 의도적으로 외면한 결과 다른 이사 등의 위법한 업무집행을 방지하지 못하였다면, 이는 대표이사로서 회사 업무 전반에 대한 감시의무를 게을리한 것이라고 할 수 있다. 이러한 내부통제시스템은 비단 회계의 부정을 방지하기 위한 회계관리제도에 국한되는 것이 아니라, 회사가 사업운영상 준수해야 하는 제반 법규를 체계적으로 파악하여 그 준수 여부를 관리하고, 위반사실을 발견한 경우 즉시 신고 또는 보고하여 시정조치를 강구할 수 있는 형태로 구현되어야 한다. 대표이사인 피고가 이 사건 담합행위를 구체적으로 알지 못하였고 임원들의 행위를 직접 지시하지 않았다는 이유만으로는 그 책임을 면할 수 없고, 위와 같이 피고가 대표이사로서 마땅히 기울였어야 할 감시의무를 지속적으로 게을리한 결과 회사에 손해가 발생하였다면 피고는 이에 대해 배상할 책임이 있다고 보아야 한다.

(3) 충실의무 및 신인의무와의 관계

선관의무를 구체화하는 또 하나의 유형으로 충실의무가 있다는 견해가 있다(동질설). 이에 따르면 위임자의 이익을 위하여 직무에 전념해야 한다는 선관의무에 의하여 충실의무가 도출될 수 있기 때문에 충실의무는 선관의무와 동질적인 성격을 갖는다고 하며, 충실의무 일반규정(§382－3)의 독자성을 인정하지 않는다.

반면에 충실의무와 선관의무는 서로 구별되어야 하는 별개의 성격을 가진 의무 유형으로 파악하는 견해가 있다(이질설). 이에 따르면 선관의무는 이사의 지위에서 인정되는 것이기 때문에 담당업무를 목표한대로 수행해내면 되는 것이지 그와 별개로 자신의 이익을 도모하는 것이 금지될 수는 없다고 본다. 충실의무 일반규정(§382－3)과 회사기회유용 금지의무를 도입하고, 자기거래 금지의무를 확대한 것은 영미법상의 충실의무를 도입하려는 것이 입법취지였다. 즉 국제적인 스탠다드에 부합하도록 경영진에게 부과되는 의무수준을 제고시킨 것이다.

미국법에서도 이사의 선관의무(duty of care)와 충실의무(duty of loyalty)는 상호 구별되는 것으로 파악한다. 선관의무와 충실의무를 포괄하는 개념으로 신인의무(fiduciary duty)도 있다. 영미법의 보통법(Common law) 전통에 의하여 인정되는 신인의무는 '타인의 이익을 위하여 권한을 부여받은 자(fiduciary)는 그 권한을 남용할 수 있기 때문에 타인을 취약한 상태에 처하게 할 수 있다'는 특수한 상황을 규율하기 위하여 이러한 신인관계(fiduciary relationship)에 대하여 법적 권리와 의무를 부여한다. 이사 역시 주주들로부터 권한을 부여받은 자로 파악하기 때문에, 이사가 권한을 남용할 위험성을 방지하고 이사 견제를 위한 비용을 감소시키기 위하여 이사에게 포괄적인 신인의무를 부담시킨다.

3 | 충실의무

(1) 일반론

상법에서는 '이사는 법령과 정관의 규정에 따라 회사 및 주주를 위하여 그 직무를 충실하게 수행하여야 한다'는 충실의무 일반규정을 두고 있다(§382-3①). 본질적으로 충실의무는 이사가 그 지위를 이용하여 회사의 이익을 희생시키고 자기 또는 제3자의 이익을 꾀하여서는 안 된다는 부작위 의무에 해당한다.

충실의무는 이사로서의 직무집행과는 별개의 차원에서 개인적인 이익을 위하여 행동하는 것을 일단 금지하고 회사의 허락을 받도록 하는 이분법적 의무임에 반하여, 선관의무는 이사가 직무를 집행함에 있어서 요구되는 주의 수준을 만족할 정도로 최선을 다해야 한다는 의무의 수준에 관한 것으로 구별할 수 있다.

(2) 경업금지의무 및 겸직금지의무

이사는 자기 또는 제3자의 계산으로 회사의 '영업부류'에 속하는 거래를 할 수 없다(§397). 이때 영업부류의 판단은 실제로 수행하는 영업을 기준으로 한다. 따라서 회사가 실제 영위하는 사업과 시장에서 경합하고, 회사와 이사 사이에 이해충돌을 가져올 가능성이 있는 거래는 금지된다.

또한 이사는 '동종영업'을 목적으로 하는 다른 회사의 무한책임사원이나 이사가 되지 못하는 겸직 금지의무를 부담한다. 나아가 판례에 의하면 경쟁의 대상이 되는 영업을 준비하고 있는 회사에서도 겸직하거나 지배주주가 될 수 없다.

[대법원 1990. 11. 2.자 90마745 결정]

〈사실관계〉
신청인과 피신청인은 각자 우림 콘크리트공업㈜의 지분 50%를 소유하고 있는 대표이사이다. 피신청인은 동종영업을 목적으로 하는 한국하이콘㈜를 설립하여 이사 및 대표이사로 취임한 다음 공장부지를 매입하는 등 그 영업준비작업을 추진하였으나, 신청인의 항의를 받고 한국하이콘㈜의 이사 및 대표이사직을 사임하고 한국하이콘㈜의 주식을 전부 처분하였다.

〈판결요지〉
상법 §397①의 취지는 이사가 그 지위를 이용하여 자신의 개인적 이익을 추구함으로써 회사의 이익을 침해할 우려가 큰 경업을 금지하여 이사로 하여금 선량한 관리자의 의사로써 회사를 유효적절하게 운영하여 그 직무를 충실하게 수행하지 않으면 안될 의무를 다하도록 하려는데 있는 것이다. 아직 영업을 개시하지 못한 채 공장의 부지를 매수하는 등 영업의 준비작업을 추진하고 있는 회사라고 하여 경업이 금지된 위 법조항에 규정된 '동종영업을 목적으로 하는 다른 회사'가 아니라고 볼 것이 아니다.

(3) 자기거래 금지의무

이사, 주요주주(10% 이상 지분소유 하거나 사실상 영향력 행사하는 자) 및 그의 특수관계인(50% 이상 지분 소유하는 회사 및 그 자회사 포함)이 회사로부터 금전의 대여를 받거나 회사에 대하여 자기의 재산을 양도하는 등 자기 또는 제3자의 계산으로 회사와 거래하는 것을 자기거래(self-dealing)라 한다.

이사가 회사와 거래하는 직접 당사자가 아니더라도 당해 거래의 결과적인 이득이 이사에게 귀속되는 경우를 간접거래라고 한다. 이 경우에도 실질적으로는 이사와 회사 사이에 이해충돌을 야기하는 자기거래에 해당한다. 판례에 의하면 회사가 이사의 개인적인 채권자와 합의하여 이사의 채무를 인수하거나 보증한 경우가 간접거래 방식에 해당한다.

자기거래는 원칙적으로 금지되며 이를 유효하게 체결하기 위해서는 이사회의 승인을 받아야 한다. 이사회의 승인은 재적 이사의 2/3 이상의 찬성이 필요하며, 자기거래가 체결되기 전에 승인을 받아야 한다. 이사회의 승인은 원칙적으로 각 거래에 관하여 개별적으로 이루어져야 하지만, 반복적으로 이루어지는 동종거래에서는 기간 및 한도 등을 합리적인 범위로 정하여 포괄적 승인이 이루어질 수 있다.

이사회의 승인을 받는 과정에서 자기거래의 당사자는 이사회에 자신의 이해관계 및 중요사항을 알려야 한다. 이를 개시의무라 한다. 개시의무를 다하지 않은 경우에는 이사회의 결의가 있더라도 자기거래를 승인한 것으로 인정되지 않는다.

이사회의 승인을 받았더라도 불공정한 자기거래에 의하여 회사에 손해를 야기했다면 이사는 회사에 대하여 손해를 배상할 책임이 있다. 자기거래는 거래조건과 거래가격, 체결절차 등 이 공정해야 한다. 이사회의 승인을 받지 않은 자기거래의 효력은 당사자 사이에서 절대적으로 무효이지만, 이러한 사정에 대하여 선의·무중과실인 제3자에게는 무효를 주장할 수 없다(상대적 무효설).

(4) 회사기회유용 금지의무

이사는 직무를 수행하는 과정에서 알게 되거나 회사의 정보를 이용한 사업기회를 개인적으로 이용해서는 안 되며, 회사가 수행하고 있거나 수행할 사업과 밀접한 관계가 있는 사업기회를 유용해서는 안 된다(§397-2). 회사가 당해 사업분야에서 경험을 가지고 있고, 사업을 수행할 능력이 있으며, 사업확장을 위하여 합리적인 필요가 있는 경우에는 회사의 사업범위에 해당하거나 적어도 밀접한 관계가 있는 것으로 볼 수 있다.

예를 들어, 건물 지하실에 사무실이 있는 회사의 이사가 건물주와 단 둘이 얘기하다가 우연히 건물주가 다른 층에 있는 사무실을 좋은 조건에 임대할 계획임을 알고서는 이를 회사에 알리지 않고 개인적으로 유용하여 자신이 직접 저렴한 가격에 임대한 경우가 전형적인 미국 판례에서 인정하는 회사기회유용 상황이다.

그런데 본 규정은 국내 회사들이 지배주주가 소유한 계열사를 위하여 과도하게 일감 몰아주기를 함으로써 소수주주의 이익을 침해하는 경제현실이 문제가 되면서, 당시 공정거래법상 불공정거래행위(부당지원) 규제 및 세법상 일감 몰아주기(현저한 가격차이 또는 규모로 과다한 경제상 이익을 제공한 경우)에 대한 과세 입법과 함께 입법되었다.

실제로 2012년 삼성에버랜드의 내부거래 비중은 44.5%, 삼성SDS는 72.5.%, 현대글로비스는 86%, 현대 오토에버는 78.2%, SK C&C는 68%, 롯데알미늄 및 롯데 정보통신 등은 80%에 달하였다. SI 사업, 건설업, 물류·운송업, 광고업, 골프장 사업 등은 그룹 내부 수요 만으로도 어느 정도 규모의 경제를 유지할 수 있는 특성이 있었고, 때로는 그룹 전체를 위한 외주 창구의 역할을 하면서 일종의 통행세로 중간 마진을 얻을 수 있었다.

[대법원 2013. 9. 12. 선고 2011다57869 판결] 신세계백화점 대표소송 사건

〈자기거래 금지의무 판시사항〉

§398가 이사와 회사 간의 거래에 대하여 이사회의 승인을 받도록 정한 것은 이사가 그 지위를 이용하여 회사와 직접 거래를 하거나 이사 자신의 이익을 위하여 회사와 제3자 간에 거래를 함으로써 이사 자신의 이익을 도모하고 회사 또는 주주에게 손해를 입히는 것을 방지하고자 하는 것이다.

한편 자회사가 모회사의 이사와 거래를 한 경우에는 설령 모회사가 자회사의 주식 전부를 소유하고 있더라도 모회사와 자회사는 상법상 별개의 법인격을 가진 회사이고, 그 거래로 인한 불이익이 있더라도 그것은 자회사에게 돌아갈 뿐 모회사는 간접적인 영향을 받는 데 지나지 아니하므로, 자회사의 거래를 곧바로 모회사의 거래와 동일하게 볼 수는 없다. 따라서 모회사의 이사와 자회사의 거래는 모회사와의 관계에서 구 상법 제398조가 규율하는 거래에 해당하지 아니하고, 모회사의 이사는 그 거래에 관하여 모회사 이사회의 승인을 받아야 하는 것이 아니다.

〈경업 · 겸직 금지의무 판시사항〉

§397①의 취지는, 이사가 그 지위를 이용하여 자신의 개인적 이익을 추구함으로써 회사의 이익을 침해할 우려가 큰 경업을 금지하여 이사로 하여금 선량한 관리자의 주의로써 회사를 유효적절하게 운영하여 그 직무를 충실하게 수행하여야 할 의무를 다하도록 하려는 데 있다. 따라서 이사는 경업 대상 회사의 이사, 대표이사가 되는 경우뿐만 아니라 그 회사의 지배주주가 되어 그 회사의 의사결정과 업무집행에 관여할 수 있게 되는 경우에도 자신이 속한 회사 이사회의 승인을 얻어야 하는 것으로 볼 것이다.

한편 어떤 회사가 이사가 속한 회사의 영업부류에 속한 거래를 하고 있다면 그 당시 서로 영업지역을 달리하고 있다고 하여 그것만으로 두 회사가 경업관계에 있지 아니하다고 볼 것은 아니지만, 두 회사의 지분소유 상황과 지배구조, 영업형태, 동일하거나 유사한 상호나 상표의 사용 여부, 시장에서 두 회사가 경쟁자로 인식되는지 여부 등 거래 전반의 사정에 비추어 볼 때 경업 대상 여부가 문제되는 회사가 실질적으로 이사가 속한 회사의 지점 내지 영업부문으로 운영되고 공동의 이익을 추구하는 관계에 있다면 두 회사 사이에는 서로 이익충돌의 여지가 있다고 볼 수 없고, 이사가 위와 같은 다른 회사의 주식을 인수하여 지배주주가 되려는 경우에는 상법 §397가 정하는 바와 같은 이사회의 승인을 얻을 필요가 있다고 보기 어렵다.

〈회사기회유용 금지의무 판시사항〉

이사는 회사에 대하여 선량한 관리자의 주의의무를 지므로, 법령과 정관에 따라 회사를 위하여 그 의무를 충실히 수행한 때에야 이사로서의 임무를 다한 것이 된다. 이사는 이익이 될 여지가 있는 사업기회가 있으면 이를 회사에 제공하여 회사로 하여금 이를 이용할 수 있도록 하여야 하고, 회사의 승인 없이 이를 자기 또는 제3자의 이익을 위하여 이용하여서는 아니 된다.

그러나 회사의 이사회가 그에 관하여 충분한 정보를 수집·분석하고 정당한 절차를 거쳐 회사의 이익을 위하여 의사를 결정함으로써 그러한 사업기회를 포기하거나 어느 이사가 그것을 이용할 수 있도록 승인하였다면 그 의사결정과정에 현저한 불합리가 없는 한 그와 같이 결의한 이사들의 경영판단은 존중되어야 할 것이므로, 이 경우에는 어느 이사가 그러한 사업기회를 이용하게 되었더라도 그 이사나 이사회의 승인 결의에 참여한 이사들이 이사로서 선량한 관리자의 주의의무 또는 충실의무를 위반하였다고 할 수 없다.

4 | 이사의 손해배상책임

(1) 이사의 회사에 대한 손해배상책임

이사의 회사에 대한 손해배상책임은 위임계약의 불이행으로 인한 채무불이행 책임에 해당한다. 이는 과실책임이기 때문에 과실을 인정할 수 없다면 책임이 부정될 수 있다. 즉 로펌이나 회계법인 등 전문가의 조언을 얻는 확인절차를 최대한 거쳤음에도 법령 위반의 결과가 발생한 경우, 정부의 행정지도를 따라서 이루어진 행위가 사후적으로 법령 위반이라고 판명된 경우에는 이사의 과실이 부정될 가능성이 있다.

법령이나 정관 위반 또는 임무해태와 상당인과관계에 있는 회사의 손해에 한정하여 이사의 손해배상책임이 인정된다. 그런데 만약 당해 행위가 무효라면 이행된 급부도 반환되어야 하는바 원칙적으로 회사에 손해가 발생하지 않기 때문에 이사의 손해배상책임도 인정되지 않는다.

다만 당해 행위의 법적 효과는 무효라 할지라도 이미 회사에서 이행한 뒤에 상대방이 무자력이 되었다는 등의 현실적 이유로 인하여 회복이 불가능하다면 회사에게 발생한 현실적 손해에 대하여 이사가 손해배상책임을 부담한다. 민사와 형사의 법리 차이로 인하여, 실제 손해가 발생하지는 않았더라도 손해발생의 구체적 위험이 있었다면 형사상 배임죄(미수)로 처벌될 가능성은 있다.

(2) 손해배상책임의 제한

이사의 손해배상책임이 인정되는 경우에도 다음과 같은 방법에 의하여 손해배상책임을 면제하거나 감경할 수 있다.

① 총주주의 동의에 의한 이사 면책이 가능하다(§400①). 의결권 없는 주식의 주주를 포함하여 모든 주주의 동의가 필요하나, 묵시적 동의로도 가능하다.

② 재무제표 승인에 의한 이사 면책이 가능하다(§450). 다만 재무제표에 그 책임사유가 기재된 경우에만 제한적으로 인정된다.

③ 이사의 손해배상책임을 감경할 수 있다(§400②). 이를 위해서는 정관에 근거규정이 마련되어야 하며, 당해 근거규정에 따른 별도의 주주총회 결의가 있어야 한다.

④ 판례는 당해 사업의 내용과 성격, 당해 이사의 임무위반의 경위 및 태양, 평소 이사의 회사에 대한 공헌도, 임무위반 행위로 인한 당해 이사의 이득 유무, 위험관리체제의 구축여부 등 제반 사정을 참작하여, 손해분담의 공평이라는 손해배상제도의 이념에 비추어 손해배상액을 적절히 제한할 수 있다는 법리를 확립하였다. 통상적으로 회사에 대한 전체 손해배상금액 중 대표이사의 책임은 50% 내외, 사내이사는 30~50%, 사외이사는 10~30% 수준으

로 손해배상책임이 제한된다. 그러나 피해자의 손해를 피해자의 동의 없이 공평이라는 명목하에 법원에서 감액해주는 법리적 근거와 정당성이 부족하기 때문에 많은 비판을 받는다.

[대법원 1989. 1. 31. 선고 87누760 판결]

주식회사의 대표이사가 그의 개인적인 용도에 사용할 목적으로 회사명의의 수표를 발행하거나 타인이 발행한 약속어음에 회사명의의 배서를 해주어 회사가 그 지급책임을 부담하고 이행하여 손해를 입은 경우에는, 당해 주식회사는 대표이사의 위와 같은 행위가 상법 제398조 소정의 자기거래 행위에 해당한다는 이유로 같은 법 제399조 소정의 손해배상청구권을 행사할 수 있음은 물론이고 대표권의 남용에 따른 불법행위를 이유로 한 손해배상청구권도 행사할 수 있다.

총주주의 동의를 얻어 대표이사의 자기거래 행위로 손해를 입게 된 금액을 특별손실로 처리하기로 결의하였다면 그것은 바로 상법 제400조 소정의 이사의 책임소멸의 원인이 되는 면제에 해당되는 것이나 이로써 법적으로 소멸되는 손해배상청구권은 상법 제399조 소정의 권리에 국한되는 것이지 불법행위로 인한 손해배상청구권까지 소멸되는 것으로는 볼 수 없다.

* * *

물론 총주주의 동의를 얻어 대표이사의 손해배상책임을 면제시킨 당해 주식회사의 의사는 불법행위로 인한 청구권까지 포함시켰을 것으로 보는 것이 당연하다 하겠으나 불법행위로 인한 손해배상청구권의 포기는 그 의사표시가 채무자에게 도달되거나 채무자가 알 수 있는 상태에 있었어야만 그 효력이 발생하고 그 이전에는 면제의 의사표시를 자유로 철회할 수 있는 것이다.

임시주주총회에서 대표이사에 대한 채권을 부도채권으로 일시 특별손실로 처리하는 결의를 하고 회사의 장부상 일시 특별손실비용으로 계상하여 결산을 확정한바 있으나 이는 단지 원고회사의 내부적인 의사결정과정에 지나지 않으며, 일간지에 대차대조표를 공고하였다가 특별손실비용으로 처리한 것을 철회하고 회사의 자산계정에 유보시켜 둔 경우라면 채권포기의 의사를 확정적으로 외부에 표시하기 이전에 그 잘못을 발견하고 이를 바로 시정하였던 것임을 알 수 있는바 대차대조표의 신문지상 공고로 채권포기의 의사표시가 채무자에게 요지될 수 있는 상태에 있었다고 볼 수 없으므로 이 경우 대표이사에 대한 채권을 포기하였다고 볼 수 없다.

(3) 이사의 제3자에 대한 손해배상책임

이사의 행위가 제3자에 대하여 직접적인 손해배상책임을 발생시키는 불법행위 요건을 갖추지는 못하더라도, 이사가 고의 또는 중과실로 그 임무를 게을리한 때에는 제3자의 손해를 배상할 책임이 있는 것으로 규정하고 있다(§401). 단순한 채무불이행의 경우에 대해서까지 이사의 임무해태로 보지는 않는다. 단순한 채무불이행이 아니라 위법성이 인정되는 경우에는 이사의 책임이 인정될 수 있다.

[대법원 2002. 3. 29. 선고 2000다47316 판결] 사기적 채무불이행

주식회사 1 및 주식회사 2의 대표이사를 겸하고 있는 피고가 위 주식회사 1이 매수하기로 한 원고들 소유의 부동산을 대출의 담보로 제공하여 주면 그 대출금으로 위 주식회사 1의 매매잔금을 지급하여 주겠다고 제의하고 그에 따라 중소기업은행으로부터 위 주식회사 2의 명의로 3회에 걸쳐 합계 금 2,892,750,000원을 대출받고서도 그 중 금 17억 원만을 원고들에게 매매잔금의 일부로 지급하였을 뿐 나머지는 다른 용도에 사용하였고 위 대출금을 상환하지도 않았다면, 적어도 위 대출금 중 원고들에게 지급되지 아니한 차액인 금 1,192,750,000원에 대하여는 위 주식회사 1 및 주식회사 2의 대표이사를 겸하고 있는 피고가 그 대출금을 매매잔금으로 원고들에게 지급할 의사가 없었으면서도 그 의사가 있는 것처럼 원고들을 속이고 원고들 소유의 부동산을 담보로 제공받아 대출을 받고서도 이를 변제하지 아니한 것이 되어 위 각 회사의 대표이사인 피고가 위에서 말한 악의 또는 중대한 과실로 인하여 그 임무를 해태한 경우에 해당한다고 볼 여지가 충분히 있다.

이때 이사가 책임을 부담할 대상인 제3자란 주주 및 채권자 등을 의미하며, 손해유형으로는 직접손해 및 간접손해를 포함한다. 이때 간접손해란 회사에 손해가 발생한 결과 경제적으로 제3자가 손해를 입은 것과 같은 효과가 발생하는 경우를 의미한다.

다만 판례에 의하면 주주의 간접손해는 §401의 대상에서 제외된다. 따라서 대표이사의 회사 재산 횡령으로 인하여 주주의 경제적 이익이 침해되는 손해 등은 주주가 원고로서 직접 이사에게 손해배상책임을 주장할 수 없다. 이는 회사가 손해배상을 받으면 주주의 간접손해도 보전된다는 취지이기는 하지만, 회사가 도산하는 경우에는 주주가 보전받을 수 없기 때문에 주주보호에 소홀하다는 비판적 입장이 학계의 다수설이다.

[대법원 2012. 12. 13. 선고 2010다77743 판결] 주주의 직접손해 인정례

회사의 재산을 횡령한 이사가 악의 또는 중대한 과실로 부실공시를 하여 재무구조의 악화사실이 증권시장에 알려지지 아니함으로써 회사 발행주식의 주가가 정상주가보다 높게 형성되고, 주식매수인이 그러한 사실을 알지 못한채 그 주식을 취득하였다가 그 후 그 사실이 증권시장에 공표되어 주가가 하락한 경우에는, 그 주주는 이사의 부실공시로 인하여 정상주가보다 높은 가격에 주식을 매수하였다가 그 주가가 하락함으로써 직접 손해를 입은 것이므로, 그 이사에 대하여 §401①에 의하여 손해배상을 청구할 수 있다.

5 | 업무집행지시자 등의 책임

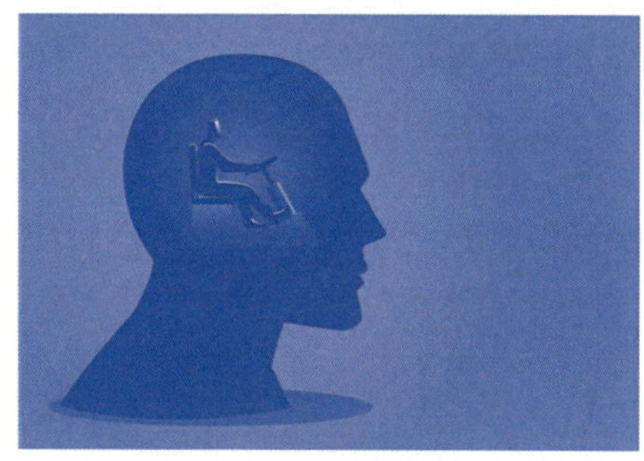

다음과 같이 사실상의 영향력을 행사하는 자에게는 이사에 준하는 책임을 부과한다(§401－2). ① 업무집행지시자란 주주총회 이외에서 사실상의 영향력을 행사하는 경우로서 특히 지배주주를 의미하며, ② 무권대행자란 명목상의 이사를 두고 자신이 그 이사의 도장을 보관하면서 모든 업무를 결정 · 집행하는 경우를 의미한다. 한편 ③ 표현이사란 회사의 업무를 집행할 권한이 있는 것으로 인정될 만한 명칭을 사용하는 자가 회사 업무를 집행한 경우를 의미한다. 비등기이사가 표현이사에 해당한다.

Reference

1. 신현탁, “프랑스 회사제도 변천사－회사이익 및 주주이익을 중심으로”, 「인권과 정의」 제533호(대한변호사협회, 2025)
2. 신현탁, “이사의 의무에 관한 미국 판례법리 발전사”, 「서울법학」 제28권 제4호(서울시립대학교 법학연구소, 2021)
3. 신현탁, “이사의 의무 위반과 경영판단원칙에 관한 미국의 판례법리 연구”, 「경영법률」 제31집 제2호(한국경영법률학회, 2021)

12 경영감독 시스템

1 | 주주의 경영관여의 원칙적 제한

회사의 개별적인 재산을 어떻게 처분할지는 경영진의 결정 권한에 속하며 이에 대하여 주주가 직접 구체적인 경영행위에 개입하여 판단방향을 지시할 수는 없다. 주주가 경영에 개입하기 위해서는 ① 이사를 선임하여 경영진에 포함시키거나, ② 주주총회에서 주주총회결의로 해결하는 것이 원칙이다. 그 밖에 ③ 소수주주권을 행사하여 감독기능을 행사하는 방식으로 경영에 관여하는 것이 가능하다. 즉 이사를 상대로 그 이사의 행위에 대하여 유지청구권을 행사하여 그 행위를 유지시키거나 또는 대표소송에 의하여 그 책임을 추궁하는 소를 제기하는 방법 등이 있다.

판례에 의하면 '주식회사의 주주는 주식의 소유자로서 회사의 경영에 이해관계를 가지고 있다고 할 것이나, 회사의 재산관계에 대하여는 단순히 사실상·경제상 또는 일반적·추상적인 이해관계만을 가질 뿐이며 법률상의 구체적인 이해관계를 가진다고는 할 수 없다'고 판시한다. 즉 주주는 주주총회의 결의를 통해서 또는 주주의 감독권에 의하여 회사의 영업에 영향을 미치는 한도에서 주주로서의 법적 권리를 행사할 수 있다는 취지이다. 주주가 회사와 제3자 사이의 거래관계에 직접 개입하여 회사가 체결한 계약의 무효를 주장하는 것은 곤란하다.

다만 이러한 설명방식은 현재의 회사 운영방식을 현상적으로 설명하기 위한 묘사에 불과하며, 반드시 그래야 할 당위성이 있는 것은 아니다. 주주 개입의 필요성이 인정된다면 얼마든지 적절한 방법을 고려하여 지배구조의 설계를 다시 검토할 수 있다.

2 | 소수주주권의 행사

(1) 소수주주의 주주총회소집 청구권 (§366)

3% 이상의 지분을 가진 주주는 목적사항과 소집이유를 적은 서면 또는 전자문서를 이사회에 제출하여 임시 주주총회의 소집을 청구할 수 있다. 전자문서는 이메일, 핸드폰 문자서비스, 카톡 메시지를 포함한다(대법원 2022. 12. 16.자 2022그734 결정).

참고 소버린의 ㈜SK 적대적 M&A 사건

2004년 10월 소버린은 "금고 이상의 형을 받을 수 있는 형사범죄 혐의로 기소된 이사는 선고가 확정될 때까지 직무수행을 정지하고 금고 이상의 형의 선고가 확정되면 이사직을 상실하도록 한다"는 취지로 ㈜SK의 정관을 개정하기 위하여 임시주주총회의 개최를 요구하였으나, 이미 부결되었던 안건이며 정기주총이 얼마 안 남았다는 이유로 이사회는 임시주주총회 소집을 만장일치로 거부하였다.

소버린은 소주주주권을 행사하여 임시주주총회 소집허가 신청을 하였지만, 1심 및 2심에서는 최태원 회장의 이사직 박탈을 목적으로 임시주주총회 소집청구권을 행사하는 것은 제도의 취지를 일탈한 권리남용에 해당한다고 판시하였다.

(2) 소수주주의 주주제안권 (§363-2)

3% 이상의 지분을 가진 주주는 주주총회일 6주 전까지 서면 또는 전자문서로 주주총회에서 심의할 의제 또는 의안을 제안할 수 있다. 의안이란 의제에 관한 구체적인 결의안을 의미한다.

소수주주가 주주제안권을 행사하더라도 회사는 상법 시행령에서 정한 사유에 해당할 경우에 소수주주의 제안을 거부할 수 있다(§363-2③, 시행령 §12). 예를 들어, 상장회사에서 임원을 임기 중에 해임할 것을 제안하더라도 회사가 거부할 수 있다.

(3) 이사선임의 집중투표제 (§382-2)

집중투표제에 의하여 이사를 선임할 경우에는 소유 지분에 따른 이사 선출이 가능하므로 소수주주를 보호하는 효과가 있다. 집중투표제를 실시하기 위한 요건으로는 ① 정관으로 집중투표를 배제하지 않을 것, ② 3% 이상의 지분을 가진 주주의 청구가 있을 것이 필요하다.

(4) 이사해임청구권 (§385②)

이사가 직무에 관하여 부정행위를 하였거나 법령·정관에 위반한 중대한 사실이 있음에도 불구하고 주주총회에서 해임안건이 부결되었다면, 3% 이상의 지분을 가진 주주는 그 주주총회일로부터 1월 이내에 그 이사의 해임을 법원에 청구할 수 있다.

(5) 이사의 위법행위 유지청구권 (§402)

1% 이상의 지분을 가진 주주는 이사가 법령·정관에 위반한 행위를 하려고 할 때에 이사에게 그 행위의 금지를 청구할 수 있다.

그러나 이사가 반드시 소수주주의 유지청구에 따라야 하는 것은 아니며, 이사는 선관의무를 다하여 독자적으로 결정하면 된다. 다만 나중에 법령·정관에 위반하였음이 확정되면 임무해태로 인한 책임을 부담할 것이며, 유지청구를 받은 이상 문제를 알 수 없었다는 변명이 통하지 않을 것이다. 소송에 의하여 유지청구를 하면서 가처분을 신청하면 즉시 금지효과를 얻을 수 있다.

참고 외환은행 M&A 사건

2011년 외환은행 노조는 "외환은행 이사들은 금융위원회가 하나금융지주의 외환은행 자회사 편입을 승인하기 전까지 직접 또는 외환은행 임직원들로 하여금 하나금융지주의 외환은행 인수에 협력해서는 안된다"는 취지의 이사의 위법행위유지 가처분을 신청하였다.

(6) 신주발행 유지청구권 (§424)

신주발행이 법령·정관에 위반하거나 현저하게 불공정한 경우, 그로 인하여 불이익을 받을 염려가 있는 주주는 회사에 대하여 신주발행 절차를 중단할 것을 청구할 수 있다. 이 역시 위법행위 유지청구권의 효력과 동일하다.

(7) 재무제표 열람·등사권 (§448②)

회사는 재무제표 및 그 부속명세서, 영업보고서와 감사보고서를 본점에 5년간 비치해야 한다. 위 서류에 대하여 주주는 영업시간 내에는 언제든지 열람할 수 있으며, 회사가 정한 비용을 지급하고 그 서류의 등·초본의 교부를 청구할 수 있다. 주주 1인도 청구할 수 있는 단독주주권이다. 회사의 채권자도 청구할 수 있다.

(8) 회계장부 열람·등사권 (§466①)

3% 이상의 주식을 소유한 주주는 이유를 기재한 서면에 의하여 회계장부(재무제표 작성의 기초가 되는 것으로서 원장, 전표, 분개장 등) 및 관련서류(회계장부의 기록을 위한 자료로서 계약서, 영수증, 납품서 등)의 열람·등사를 청구할 수 있다.

다만 회사는 주주의 청구가 부당함을 입증하여 열람·등사를 거부할 수 있다. 반면 회사가 정당한 이유없이 열람등사를 거부하면 주주는 열람·등사의 가처분을 신청하는 방법도 있다.

[대법원 2014. 7. 21.자 2013마657 결정] 현대엘리베이터 사건

상법에서 정하고 있는 주주의 이사회의사록 또는 회계장부·서류 등에 대한 열람등사청구가 있는 경우, 회사는 그 청구가 부당함을 증명하여 이를 거부할 수 있는데, 주주의 열람등사권 행사가 부당한 것인지 여부는 그 행사에 이르게 된 경위, 행사의 목적, 악의성 유무 등 제반 사정을 종합적으로 고려하여 판단하여야 한다. 특히 주주의 이와 같은 열람등사권 행사가 회사 업무의 운영 또는 주주공동의 이익을 해치거나 주주가 회사의 경쟁자로서 그 취득한 정보를 경업에 이용할 우려가 있거나, 또는 회사에 지나치게 불리한 시기를 택하여 행사하는 경우 등에는 정당한 목적을 결하여 부당한 것이라고 보아야 한다.
주주가 회사의 이사에 대하여 대표소송을 통한 책임추궁이나 유지청구, 해임청구를 하는 등 주주로서의 권리를 행사하기 위하여 이사회 의사록의 열람등사가 필요하다고 인정되는 경우에는 특별한 사정이 없는 한 그 청구는 회사의 경영을 감독하여 회사와 주주의 이익을 보호하기 위한 것이라고 할 것이므로, 이를 청구하는 주주가 적대적 인수합병을 시도하고 있다는 사정만으로 그 청구가 정당한 목적을 결하여 부당한 것이라고 볼 수 없고, 주주가 회사의 경쟁자로서 그 취득한 정보를 경업에 이용할 우려가 있거나 또는 회사에 지나치게 불리한 시기를 택하여 행사하는 등의 경우가 아닌 한 허용되어야 한다.

(9) 주주대표소송

1% 이상 지분을 가진 주주는 이사의 회사에 대한 책임을 추궁하면서 회사 대신 대표소송을 제기할 수 있다(§403). 실질적으로는 소수주주가 회사를 위하여 소송을 수행하는 것이지만, 형식적으로는 소수주주가 스스로 원고가 되어서 이사를 피고로 소송을 제기한다. 따라서 판결의 효력도 회사에 미치고 주주가 승소하면 손해배상금액은 회사가 지급받는다.

회사 스스로 해결할 것을 촉구하기 위하여 서면으로 먼저 회사에 제소청구를 해야 한다. 이러한 사전절차 없이 제소한 대표소송은 부적법하여 각하된다. 자회사 소속 이사의 임무해태 등으로 자회사에 손해가 발생한 경우 모회사의 주주가 자회사의 이사를 상대로 다중대표소송을 제기하는 것도 가능하다(§406-2).

3 | 감사의 감독기능

(1) 감사의 지위

주주는 경영감독을 위하여 주주총회에서 감사를 선임한다. 감사는 회사의 업무 및 회계에 대한 감사를 주된 임무로 하는 주식회사의 필요적 상설기관이다. 감사의 임기는 확정되어 있다. 즉 취임 후 3년 내의 최종의 결산기에 관한 정기총회의 종결시까지 임기가 계속된다(§410). 보통 취임 4년차에 개최되는 정기총회가 끝날 때 임기가 끝난다.

주주총회에서 감사를 선임할 때에는 3%를 초과하여 보유하는 주식의 의결권이 제한된다 (§409②). 지배주주가 감사와 경영진을 모두 선임하여 장악하면 경영진에 대한 감사기능이 실질적으로 작동하지 않을 우려가 있기 때문이다. 상장회사에서는 감사 또는 감사위원의 선임과 해임을 결의할 때 모두 주주의 의결권이 3%로 제한된다.

(2) 감사의 권한

감사는 이사의 직무 집행을 감사하는바 (§412①), 회계감사를 포함하여 업무집행 전반에 걸쳐 감사할 권한을 가진다. 감사는 이사의 업무집행의 적법성에 대한 감사를 수행하며, 상법상 명문의 규정에 의하여 허용되는 경우에는 이사의 업무집행에 관한 타당성에 대해서도 감사가 가능하다. 감사는 그 밖에도 ① 회사에 대한 영업보고요구권 및 보고수령권, ② 업무재산 조사권, ③ 전문가의 조력을 받을 권리, ④ 자회사에 대한 조사권, ⑤ 이사회 소집청구권, ⑥ 이사회출석·의견진술권, ⑦ 이사회의사록 기명날인·서명권, ⑧ 주주총회 소집청구권 등을 행사할 수 있다.

(3) 감사의 제3자에 대한 책임: 중과실 판단기준

감사는 이사의 직무집행에 대한 적극적 감시의무를 부담한다. 만약 감사가 고의나 중과실로 감시의무를 위반하여 분식회계 등을 방치하고 투자자 등 제3자가 손해를 입었다면 감사가 직접적인 손해배상책임을 부담한다. 이때 중과실 판단이 관건인데 다음과 같은 판례를 참고할 수 있다.

① 경리업무담당자의 부정행위가 교묘하게 저질러진 것이 아니어서 기본적인 조사만으로도 부정행위를 쉽게 발견할 수 있었을 것이라면 중과실에 의한 임무해태가 인정되었다.

② 조직적인 분식회계로 인하여 감사가 적발하기 어려웠다면 감사의 중과실은 부정된다.

③ 대규모 상장기업의 임직원이 권한을 전횡하고 있음에도 방치되고 있다거나, 중요 재무정보에 대한 접근이 조직적, 지속적으로 차단되고 있는 상황이라면 감사의 주의의무가

현격히 가중된다. 따라서 더 적극적으로 감사하지 않았다면 중과실이 인정될 수 있다.

[대법원 2008. 9. 11. 선고 2006다68636 판결] 대우 분식회계 사건

감사의 구체적인 주의의무의 내용과 범위는 회사의 종류나 규모, 업종, 지배구조 및 내부통제시스템, 재정상태, 법령상 규제의 정도, 감사 개개인의 능력과 경력, 근무 여건 등에 따라 다를 수 있다 하더라도, 감사가 주식회사의 필요적 상설기관으로서 회계감사를 비롯하여 이사의 업무집행 전반을 감사할 권한을 갖는 등 상법 기타 법령이나 정관에서 정한 권한과 의무를 가지고 있는 점에 비추어 볼 때, 위 피고들이 감사로 재직하였던 대우와 같은 대규모 상장기업에서 일부 임직원의 전횡이 방치되고 있었다거나 중요한 재무정보에 대한 감사의 접근이 조직적·지속적으로 차단되고 있는 상황이라면, 감사의 주의의무는 위 피고들의 주장과 같이 경감되는 것이 아니라, 오히려 현격히 가중된다.

대우의 경우 당시 회계분식 시도를 견제하기 위한 내부통제시스템이 구축되지 아니하였고 이사회도 형해화되어 감시기능을 전혀 수행하지 못하고 있었으며 그 결과 일부 임직원의 전횡이 관행이라는 명목으로 구조적·조직적으로 장기간 방치되어 온 상황에서는 재무제표의 작성과정에 의도적·조직적인 분식 시도가 개입되는지 여부에 관하여 일상적으로 주의를 기울일 것이 요구된다고 보아야 함에도, 위 피고들이 사무분장상 각 본부에 대한 내부감사에만 종사하였다거나 중요한 정보에 대한 접근이 제한되었다는 등의 이유로 위와 같은 주의의무를 지속적으로 게을리하고 필요한 회계감사를 제대로 실시하지 아니한 이상, 그 자체로 악의 혹은 중대한 과실을 인정할 수 있다.

제도설계의 가능성 #34 감사 역할의 한계

감사는 경영진의 직무집행이 적법한지 감사할 권한과 의무를 가지고 경영진 감독의 기능을 수행할 것이 기대되지만 현실에서는 상당히 무력할 수 있다. 감사가 적극적인 조사활동을 통하여 경영진의 위법행위를 적발하더라도 이를 회사 내부에서 문제삼을 수 있는 방법은 결국 주주총회에서 보고하는 것이다.

그런데 지배주주가 경영진을 비호하여 해임하지 않는다면 감사의 지위가 오히려 위험해진다. 준법경영을 직원들에게 요구하는 것은 어렵지 않지만 경영진과 지배주주에게 적용하려면 고양이 목에 방울달기와 같다.

감사를 선임하여 감사업무를 맡겨놓았다고 하여 회사의 준법경영이 보장되지 않는다는 점은 회사제도의 허점이라 할 수 있다. 단순히 감사 개인에게 해결하라고 맡겨놓는 것은 제도설계의 관점에서 무책임한 것이다. 이러한 문제로 인하여 일본에서는 감사를 여러 명 선임하도록 하였으나 실효성이 없는 것은 마찬가지였다. 시장 전체가 경영진 감독 기능을 수행할 수 있는 시스템(market monitoring system)을 추가적으로 확립할 필요가 있다.

4 | 감사위원회

감사위원회는 이사회의 하부위원회로서 3인 이상의 이사로 구성된다. 다만 감사위원회는 감사를 대체하는 독립적인 기관이어야 하므로 감사위원회가 감사업무에 관하여 결정을 내리면 이사회가 번복할 수 없다. 감사위원회를 설치하면 감사를 선임할 수 없다.

비상장회사 또는 자산총액 1천억 원 미만의 상장회사는 감사위원회를 설치할 의무는 없지만, 자율적으로 정관 규정에 의하여 감사를 대체하는 감사위원회를 설치할 수 있다. 이 경우 감사위원회 설치의 근거규정으로서 §415－2①이 적용된다. 즉 사외이사가 3분의 2 이상이어야 하고, 감사위원은 이사회에서 선임하며, 해임할 때에는 재적이사 2/3 찬성이 필요하다.

반면에 자산총액 2조 원 이상의 대규모 상장회사는 의무적으로 감사위원회를 설치해야 한다(§542－11). 자산총액 1천억 원 이상의 상장회사는 상근감사를 선임해야 하지만(§542－10), 자율적으로 정관 규정에 의하여 감사위원회를 설치할 수 있다(§542－11). 이 경우 감사위원은 일정한 자격요건을 갖추어야 하는바 상근감사의 결격사유가 적용되며, 적어도 1명은 회계·재무 전문가로 선임해야 한다. 이때 감사위원은 이사의 지위도 함께 갖기 때문에 원칙적으로 주주총회에서 이사를 모두 선임한 뒤에 다시 그 중에서 감사위원을 선임한다. 이를 일괄선출 방식이라 한다. 다만 감사위원은 감사의 성격도 함께 갖기 때문에 선임 과정에서 지배주주의 영향력을 제한하기 위하여 의결권이 3%로 제한된다. 그러나 이미 이사 선임 과정에서 지배주주의 영향력이 발휘된 상태이기 때문에 의결권 제한의 실효성이 떨어진다. 따라서 감사위원으로 선임할 이사 2인은 이사로 선임될 당시부터 주주의 의결권을 3%로 제한하여 선임한다. 이를 분리선출 방식이라 한다.

제도설계의 가능성 #35 감사위원의 이중적 성격

감사위원회는 감사의 지위를 대체하여 감사의 역할을 수행해야 함과 동시에 이사회의 하부위원회의 지위를 함께 갖는다. 이는 미국식 제도를 수용한 것인데, 주주분산이 이루어져서 지배주주의 영향력을 별로 고려하지 않는 미국에서는 감사 선임시 의결권 제한을 하지 않기 때문에 우리나라에서는 의결권 제한에 따른 고유의 문제를 해결해야 한다.

즉 감사위원은 이사의 성격과 감사의 성격을 동시에 갖기 때문에 이사와 감사에 대한 기존의 제도가 함께 적용되면서 충돌할 수 있다. 일괄선출 방식에 의하면 감사위원 선임 과정에서 지배주주의 영향력을 실질적으로 차단하지 못하는 문제가 있고, 분리선출 방식에 의하면 이사 선임 과정에서 의결권을 제한하기 때문에 법리적으로 근거가 부족하다.

이러한 감사위원의 이중적 성격으로 인하여 현재 상법은 일부 감사위원을 일괄선출 방식으로 선임하고 일부 감사위원을 분리선출 방식으로 선임하는 타협적 태도를 취하고 있다. 그 비율을 어떻게 정할지가 문제될 수는 있겠으나 이러한 입법방식 자체는 제도형성의 경로를 감안하여 이해할 수밖에 없다. 감사위원에 대하여 이사와 감사의 성격 중 어느 하나만 인정하려 한다면 오히려 감사위원의 이중적 지위를 고려하지 않았다는 비판에 직면한다.

저자 약력

신 현 탁 (申 鉉 卓)
고려대학교 법과대학 학사/석사
U.C. Berkeley 로스쿨 석사/박사 (LLM/JSD)
제42회 사법고시 합격
법무법인 충정 증권금융팀 구성원 변호사
(현재) 고려대학교 법학전문대학원 교수

보정판
회사제도의 상상력: 시장 자율과 ESG 경영

초판발행 2023년 9월 11일
보정판발행 2026년 1월 30일

지은이 신현탁
펴낸이 안종만 · 안상준

편 집 전혜민
기획/마케팅 김한유
표지디자인 이은지
제 작 고철민 · 김원표

펴낸곳 (주) 박영사
서울특별시 금천구 가산디지털2로 53, 210호(가산동, 한라시그마밸리)
등록 1959. 3. 11. 제300-1959-1호(倫)
전 화 02)733-6771
f a x 02)736-4818
e-mail pys@pybook.co.kr
homepage www.pybook.co.kr
ISBN 979-11-303-9938-6 93360

정 가 23,000원